ganz spontan!

ganz spontan!

A THIRD STAGE BBC RADIO GERMAN COURSE

by
JOHN TRIM
Course consultant and *Alles klar?*

KATRIN KOHL
Language adviser, pictorial introductory pages and *Info-Ecke*

RENATE AHRENS-KRAMER and IRIS SPRANKLING
Können Sie's?

Producer
IRIS SPRANKLING

BBC BOOKS

Ganz Spontan! is a third-year German course on BBC Radio 4 VHF, first broadcast from January 1988. The producer was Iris Sprankling.

The course consists of 15 radio programmes
This course book covering all the programmes
Two audio cassettes

Published to accompany a series of programmes
prepared in consultation with the BBC Educational
Broadcasting Council

This book was designed by Annette Peppis
and illustrated by Lorraine Harrison and Shirley Walker.

Cover design by Annette Peppis.
Cover illustration by Sue Hillwood Harris.
Glossary compiled by Tristam Carrington-Windo.

First published 1987
© The authors and the British Broadcasting Corporation 1987
Published by BBC Books, a division of BBC Enterprises Limited,
Woodlands, 80 Wood Lane, London W12 0TT.

ISBN 0 563 21352 3

Typeset in $10\frac{1}{2}$/12pt Times Roman, condensed by 13%.
Typeset, printed and bound in England
by Butler & Tanner, Frome, Somerset.

Acknowledgement is due to the following, whose permission is required for multiple reproduction:

ZEITVERLAG GERD BUCERIUS KG for the use of the cartoons depicting the Rhine as a skeleton of an eel by Thyrso Brisolla and as Lorelei with her hair dropping out by Luis Murschetz, taken from *Die Zeit* (14.11.1986);

FRANKFURTER RUNDSCHAU for the use of the article 'Leben wie in der Großfamilie', taken from *Frankfurter Rundschau* (Nov. 1986);

DER SPIEGEL for the use of the articles 'Fernsehen: Scheibe matt' (39/1986), 'Popmusik: Stahl in der Hose' (41/1986) and 'Wir stehen vor einem Trümmerhaufen' (19/1987). Used as source material only;

ADAC MOTORWELT for the use of the article 'Alle Autos mit Katalysator' (11/86). Used as source material only;

AUTHOR for the article 'Gleichbehandlung für alle Trümmerfrauen' by Isabella Finsterwalder, taken from *Süddeutsche Zeitung* (8.1.1987). Used as source material only;

BRIGITTE SYNDICATIONS for reproduction of their magazine cover for the issue dated 26 August 1987 (page 248);

KURIER ZEITUNGSVERLAG UND DRUCKEREI AG for the use of 'Wie Ihr Nachwuchs die Skination retten kann' by Claudius Rajchl taken from *Kurier* (13.02.87).

BRIGITTE/CAMERA PRESS for reproduction of the magazine cover of *Brigitte* for the issue dated 26 August 1987 (Page 248).

INHALT

INTRODUCTION

Ganz spontan! is a BBC Radio course in conversational German for people who already know some of the language. It's the third and last in a series of BBC German courses, following *Deutsch direkt!* and *Deutsch Express!*

The course consists of:
- this book
- two audio-cassettes
- and a series of radio programmes

The main aim of *Ganz spontan!* is to help you to take part in German conversations. In recordings made in the two capital cities Bonn and Vienna, people talk 'spontaneously' about matters of everyday interest and concern, the sort of things you might want to discuss with friends and colleagues from German-speaking countries. The topics range from politics to wholefoods, from pollution to sport, and we hope that by the end of the course you'll be able to join in similar conversations 'ganz spontan!' The interviews and conversations present the views of a wide range of German and Austrian people and portray a varied picture of life in the two countries today.

This book
Each of the ten chapters deals with a single topic such as farming, the media, work. It contains:
- the texts of the recorded conversations and interviews, each followed by a few simple comprehension questions.
- WAS MEINEN SIE DAZU? (Chapters 1–5). A discussion to react to with your own opinions.
- HÖREN SIE GUT ZU! (Chapters 6–10). A conversation for listening practice. Only questions are included in the book; the recording is on the accompanying cassette.

- WIE WAR DAS? A section to help you build up a stock of useful idiomatic German expressions.
- ALLES KLAR? Linguistic explanations, including an activity in which you can practise the language over and over again and FÜRS KÖPF-CHEN, grammatical paradigms to help you revise and consolidate your grammar.
- KÖNNEN SIE'S? Exercises for speaking or writing, finishing with an article for reading comprehension.
- INFO-ECKE. Background material in German about the topic of each chapter for you to read as and when it suits you.

Chapters 5 and 10 are followed by TESTEN SIE SICH!, tests to help you check your progress. And at the end of the book there's a REFERENCE SECTION containing a grammar index, answers to exercises and a German-English glossary.

The cassettes
These contain the recorded interviews and conversations, the HÖREN SIE GUT ZU! conversations for listening comprehension, and speaking and pronunciation exercises for you to take part in.

The radio programmes
First broadcast from January 1988, twenty 15-minute radio programmes (two per chapter of the book) concentrate on the character of the language used in the interviews and look at German or Austrian attitudes to the topics concerned. They introduce the recordings, give linguistic explanations and background information, and include plenty of practice for you to join in.

Using *Ganz spontan!*
First a don't. Don't think that you have to analyse and examine every word in the course. As long as you understand the sense of what you hear or read and can pick out what is relevant to you, for most of the time you don't need to look at every last detail of the language. This kind of understanding is a skill worth developing; you'll need it all the time in conversations with native speakers. What you *should* try to concentrate on are the linguistic points explained in the ALLES KLAR? section of each chapter and practised in the exercises. Everything else that rubs off – and, according to how much time you can spare, some of it certainly will! – is a bonus.

Now for the do's! As you use *Ganz spontan!* you'll find the way that suits *you* best, but here are some suggestions:

- Try to do a little every day rather than make a marathon effort once a week. Little and often is the best maxim.
- If you can, prepare for the first radio programme by going through the ALLES KLAR? section in the book. If it helps to see things in print before you hear them, have a look at some of the dialogues as well. Or listen in advance to the cassette.
- After the programme, listen to the recordings over and over again. Then, in any odd moment, when you're in the supermarket queue, for instance, or cleaning the car, walking the dog, washing up, take one particular conversation and try to recall some of the things people have said. Develop the habit of talking to yourself! Read the conversations, too, and try to answer the comprehension questions.
- After the second programme you'll be much more familiar with the language and ready for the exercises. Speak or write the answers as you prefer. If you can't finish, don't worry, you can always go back to them later.
- One final point, *Ganz spontan!* is about conversation. Do try to get together with other people learning German. If you can, join a class or practise with a friend. You'll not only make more progress, but you'll also have more fun. *Also, viel Spaß beim Lernen mit **Ganz spontan!***

Achievement test
If at the end of the course you'd like to know what progress you've made, you can take an Achievement Test, organised by the Royal Society of Arts. For details please write before the end of February 1988 to The Royal Society of Arts, 8 John Adam Street, Adelphi, London WC2N 6EZ. Candidates taking the test will have the chance to win a travel bursary to West Germany, generously donated by the Government of the Federal Republic.

VATER RHEIN

Romantik damals / Realität heute

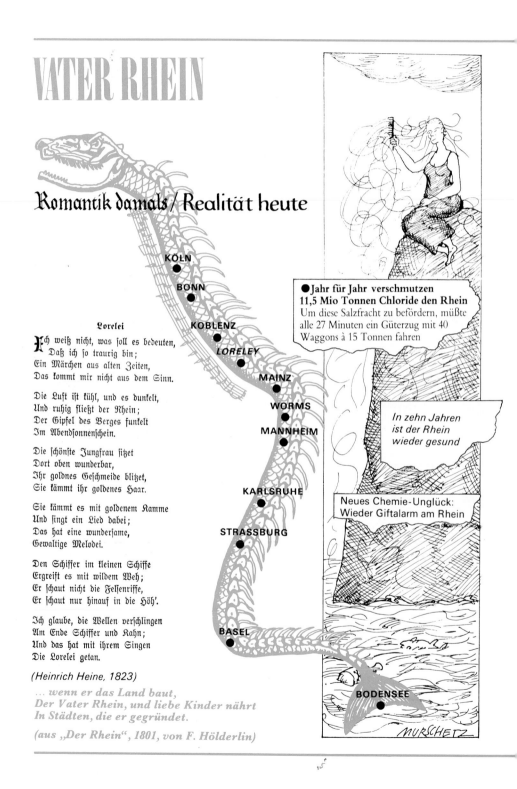

KÖLN

BONN

KOBLENZ

LORELEY

MAINZ

WORMS

MANNHEIM

KARLSRUHE

STRASSBURG

BASEL

BODENSEE

Lorelei

Ich weiß nicht, was soll es bedeuten,
Daß ich so traurig bin;
Ein Märchen aus alten Zeiten,
Das kommt mir nicht aus dem Sinn.

Die Luft ist kühl, und es dunkelt,
Und ruhig fließt der Rhein;
Der Gipfel des Berges funkelt
Im Abendsonnenschein.

Die schönste Jungfrau sitzet
Dort oben wunderbar,
Ihr goldnes Geschmeide blitzet,
Sie kämmt ihr goldenes Haar.

Sie kämmt es mit goldenem Kamme
Und singt ein Lied dabei;
Das hat eine wundersame,
Gewaltige Melodei.

Den Schiffer im kleinen Schiffe
Ergreift es mit wildem Weh;
Er schaut nicht die Felsenriffe,
Er schaut nur hinauf in die Höh'.

Ich glaube, die Wellen verschlingen
Am Ende Schiffer und Kahn;
Und das hat mit ihrem Singen
Die Lorelei getan.

(Heinrich Heine, 1823)

... wenn er das Land baut,
Der Vater Rhein, und liebe Kinder nährt
In Städten, die er gegründet.

(aus „Der Rhein", 1801, von F. Hölderlin)

● Jahr für Jahr verschmutzen 11,5 Mio Tonnen Chloride den Rhein
Um diese Salzfracht zu befördern, müßte alle 27 Minuten ein Güterzug mit 40 Waggons à 15 Tonnen fahren

In zehn Jahren ist der Rhein wieder gesund

Neues Chemie-Unglück:
Wieder Giftalarm am Rhein

MURSCHETZ

DAS IST EINFACH SCHLIMM

Talking about the environment
What to say if you're sad or angry
or if you want to complain

Die Bevölkerung der Bundesrepublik hat ein hochentwickeltes Umweltbewußtsein. Über Umweltschutz wird oft und eifrig diskutiert.

Auch in Bonn waren Umweltfragen Thema des Tages, denn man hatte sich kaum vom Schrecken über das Reaktorunglück in Tschernobyl erholt, als nach einem Brand im Chemiewerk Sandoz in der Schweiz Unmengen giftiger Chemikalien in den Rhein abgelassen wurden. Bonns herrliche Lage am Rhein gegenüber dem sagen-umwobenen Siebengebirge in der fruchtbaren Kölner Bucht ist eine Hauptattraktion der Bundeshauptstadt. Die Bonner waren empört.

1

Gerti Neuhaus ist wütend. Seit dem Unglück im Baseler Chemiewerk hat sie keine Lust mehr, an den Rhein zu gehen.

Jörn Was fühlen Sie denn, wenn Sie am Rhein spazierengehen?

Frau Neuhaus Ich bin ganz wütend im Moment, und die letzten Tage bin ich nicht mehr zum Rhein gegangen. Sonst bin ich jeden Tag mit dem Fahrrad vorbeigefahren, aber im Moment hab' ich keine Lust dazu.

Jörn Woran liegt das? Warum?

Frau Neuhaus Weil es eine große Katastrophe gab in den letzten Wochen. Es ist sehr viel Chemie in den Rhein gekommen; die Menschen, die am Rhein leben, hatten kein Wasser, sie mußten sich Wasser an einem Wasserwagen holen; und ja, das Schlimmste ist, daß so viel Chemie ins Wasser reinkommt, daß die Pflanzen nicht mehr leben können, daß die Tiere nicht mehr leben können; die Fische sterben, man kann die Aale oben schwimmen sehen, und ja, das ist einfach schlimm.

Man kann die Aale oben **schwimmen sehen**
You can see the eels floating on the surface

Notice that **sehen** here is used with the infinitive. The infinitive is often used in the same way with **hören, finden** and **fühlen:**

Wir **hörten** den Hund **bellen.** Wir **fanden** ein Paket vor der Tür **liegen.** Ich **fühlte** mein Herz **klopfen!**

Jörn Ja, es ist schrecklich, ich finde auch. Hat Sie das persönlich auch betroffen?

Frau Neuhaus Das betrifft alle. Also, ich bekomme kein Wasser aus dem Rhein, aber wenn so ein großer und eigentlich schöner Fluß stirbt, dann .. dann ist das einfach chaotisch, schrecklich. Und es gab ja auch in den letzten Jahren viele schlimme Dinge, die passiert sind, und das bringt mich manchmal bis zur Verzweiflung.

Woran liegt das? *What's the reason for that?*
ich finde auch *I think so too*
Hat Sie das betroffen? *Has that affected you?*
das bringt mich manchmal bis zur Verzweiflung *sometimes that almost makes me despair*

? Warum geht Frau Neuhaus nicht mehr gern an den Rhein?
Was ist für sie das Schlimmste an der Katastrophe?

2

Ursula Schulz-Telschow gibt zu, daß sie selbst nicht so sehr viel gegen die Umweltverschmutzung tut. Trotzdem macht sie sich Sorgen darüber. Sie erinnert sich gern an ihre Kinderzeit, als sie stundenlang ohne Angst draußen spielen konnte. *Die* Zeiten, sagt sie, sind heute vorbei.

Jörn	Was fühlen Sie persönlich, wenn Sie den Rhein sehen?
Frau Schulz-T.	Ja, der Rhein ist zunächst mal ein wunderschöner Fluß, aber wenn man sich das mal näher ansieht, dann ist das schon eine ... 'ne ganz schlimme Sache. Wie Sie wissen, hat ja eine Chemiefirma in der Schweiz Giftstoffe in den Rhein abgelassen. Die Bevölkerung ist hier schon ziemlich erregt. Die kleinen Lebewesen sind alle abgestorben. Momentan werden Tausende von toten Fischen aus dem Rhein gefischt; es ist wirklich furchtbar. So viel tote Fische, der ganze Rhein stirbt aus.
Jörn	Ja. Wir haben jetzt über den Rhein gesprochen, aber Umweltverschmutzung wird ja überall betrieben ...
Frau Schulz-T.	Ja, es macht mich sehr betroffen. Allerdings muß ich auch zugeben, daß ich selber nicht so sehr viel dran tue. Ich denke da beispielsweise an das Autofahren; ich habe mir vor zwei Jahren ein eigenes Auto zugelegt. Jetzt haben wir in der Familie zwei Autos, aber ich sage mir selbst: Ich wohne etwas außerhalb, und ich brauche das Auto.

Jörn	Finden Sie es schön, außerhalb zu wohnen, weil vielleicht die Umwelt dort noch heil ist?
Frau Schulz-T.	Ja, deshalb sind wir nach außerhalb gezogen. Wir haben einen kleinen Sohn, und wenn der mal spielen kann, und er draußen im Wald rumlaufen kann, dann ist das schon eine schöne Sache.
Jörn	Also, man kann auch bei Ihnen nichts vom Waldsterben sehen, oder ...?
Frau Schulz-T.	Doch, wenn man spazierengeht, dann kann man die Bäume beobachten und sehen, daß sie mittlerweile geschädigt sind.

Jörn	Was empfinden Sie denn dabei? Finden Sie es schlimm?
Frau Schulz-T.	Ich denke immer an meine Kinderzeit, wo ich sehr viel Zeit draußen verbracht habe und ohne Angst draußen rumlaufen konnte, und *die* Zeiten sind heute vorbei; ich werde mit meinen Kindern vorsichtiger sein.
Jörn	Sind Sie denn für die Zukunft eher optimistisch oder eher pessimistisch?
Frau Schulz-T.	Ja, ich glaube, so irgend etwas mittendrin. Man muß immer nach vorn sehen, und ich denke, unsere Eltern und Großeltern haben Kriege überlebt, und wir haben jetzt andere Aufgaben. Wir müssen mit der Natur kämpfen oder um die Natur kämpfen, und ich denke, das menschliche Hirn wird einen Ausweg finden ... muß irgendwo.

zunächst mal   *first of all*
es macht mich sehr betroffen   *it makes me very concerned*
irgend etwas mittendrin   *somewhere between the two*
nach vorn sehen   *to look ahead*

?

Was fürchtet Frau Schulz-Telschow, wenn sie die kleinen abgestorbenen Lebewesen und die vielen toten Fische aus dem Rhein sieht?
Warum wohnt sie gern außerhalb?
Sieht sie der Zukunft eher optimistisch oder eher pessimistisch entgegen?

3

Lutz Ribbe arbeitet als Naturschützer beim BUND (Bund für Umwelt und Naturschutz Deutschland). Der BUND hat 140.000 Mitglieder und ist somit der größte Naturschutzverband der Bundesrepublik. Herr Ribbe fürchtet, daß sich die Leute an die Zerstörung der Umwelt gewöhnen. Er hat ein paar einfache Tips, was jeder tun kann, um die Umwelt zu schützen.

Jörn	Was fühlen Sie persönlich, wenn Sie von der Umweltverschmutzung hören?
Herr Ribbe	Ich persönlich bin sehr traurig darüber, was mit unserer Umwelt geschieht. Die Bevölkerung hat zwar in der Bundesrepublik ein sehr hohes Umweltbewußtsein, aber sie handelt noch nicht entsprechend.
Jörn	Was bedauern Sie persönlich eigentlich am meisten?
Herr Ribbe	Ich find' es sehr bedauerlich, daß zum Beispiel immer mehr Tier- und Pflanzenarten aussterben und daß auch unsere Wälder in Deutschland – wir haben ja sehr viele Wälder hier – immer mehr absterben. Was wir sehen, und was auch mich sehr beängstigt, ist, daß man sich an diesen Zustand gewöhnt, daß immer mehr Leute den kranken Wald einfach hinnehmen, ohne wütend zu werden. Aber ich bin unheimlich sauer darüber.
Jörn	Ja, das frustriert mich auch immer sehr stark. Was kann ich eigentlich als Person tun?
Herr Ribbe	Ja, jeder Mensch kann seinen Beitrag zum Umweltschutz leisten. Das fängt an, indem man Energie spart, indem man einkaufen geht und wenig Abfall dabei produziert, indem man, so wie ich es tue, mit dem Fahrrad zur Arbeit fährt und nicht nur mit dem Auto, oder indem man Bus und Bahn benutzt und nicht mit dem Auto fährt. Das sind kleine Ansätze, die in der Summe sehr viel bewirken können. Es sind zu wenig, die das bisher heute tun, und das ist für uns sehr bedrückend.

indem

indem man Energie **spart**   *by saving energy*
indem man einkaufen **geht**   *by going shopping*
indem man mit dem Fahrrad zur Arbeit **fährt**   *by cycling to work*
indem man Bus und Bahn **benutzt**   *by using the bus and train*

Notice that the verb comes at the end of the clause.

Jörn	Fürchten Sie, daß das Problem noch größer wird?
Herr Ribbe	Ich habe Angst davor, daß das Problem immer weiter wächst. Und das liegt auch daran, daß man aus den Katastrophen, aus Tschernobyl und aus Sandoz, noch keine Konsequenzen gezogen hat.
Jörn	Sind Sie eigentlich eher optimistisch oder eher pessimistisch, wenn Sie so die Entwicklung bei uns sehen?
Herr Ribbe	Ich muß optimistisch sein, weil, wenn ich pessimistisch wäre, würde mir mein Beruf auch keinen Spaß mehr machen. Aber ich glaube auch, daß im Menschen so viel Gutes steckt, daß er die Umwelt noch retten kann.

immer mehr   *more and more*

Notice that instead of repeating the comparative you generally use **immer**:

immer weiter (=weiter und weiter)
immer schneller (=schneller und schneller)
immer größer (=größer und größer)
immer schwerer (=schwerer und schwerer)

Ich finde es sehr bedauerlich, daß **immer mehr** Tier- und Pflanzenarten aussterben und daß unsere Wälder **immer mehr** absterben.
Ich habe Angst davor, daß das Problem **immer weiter** wächst.

noch nicht   *not yet*
sich an etwas gewöhnen   *to get used to something*
einfach hinnehmen *(sep. vb.)*   *to simply accept*
ohne wütend zu werden   *without getting furious*
unheimlich sauer   *tremendously bitter*
einen Beitrag leisten   *to make a contribution, do your bit*
die Konsequenzen ziehen   *to take the obvious action*

?

Was findet Herr Ribbe an der Reaktion der Leute auf das Waldsterben beängstigend?
Welchen Beitrag kann jeder zum Umweltschutz leisten?
Warum fürchtet Herr Ribbe, daß das Problem der Umweltverschmutzung immer weiter wächst?
Wann würde ihm sein Beruf keinen Spaß mehr machen?

WAS MEINEN SIE DAZU?
JOACHIM UND JÖRN

If you followed *Deutsch direkt!* you may remember Joachim Kothe. Joachim lives in Bremen but he visited us in Bonn, and during a meal in a local restaurant with Jörn Behrens, our interviewer, their conversation roamed over the topics of *Ganz spontan!* The idea of this section is for you to pick out from their conversations some of the opinions that reflect your own, and then say what *you* think or, if you can, have a discussion with someone else about the subject.

Joachim hat einen Spaziergang am Rhein gemacht, und er findet die Verschmutzung wirklich schlimm. Aber was soll man tun? Für Jörn ist eine Lösung, das Bewußtsein der Menschen zu ändern, aber Joachim meint, das sei gar nicht so leicht.

Jörn   Du warst heute ja am Rhein runten, hab' ich gehört. Wie fandst du es denn da?

Joachim   Ja, ich war am Rhein, und ich fand es eigentlich schlimm, wie dreckig dieser Fluß ist. Das Wasser ... also irgendwo mal auf'n Grund gucken oder 'nen Fisch sehen ist fast unmöglich.

Jörn   Ja, man sieht höchstens tote Fische, nicht?

Joachim   Ja, zur Zeit ganz sicherlich, ja.

Jörn   Ja, das find' ich auch ganz fürchterlich, was dort passiert ist in der Schweiz, dieses Unglück bei der Firma Sandoz. Und jetzt hab' ich im Radio gehört, daß sogar die Firma Ciba Geigy noch Chemikalien in den Rhein geleitet hat. Also, ich bin ganz erschreckt darüber.

Joachim   Ja, nur was soll man tun? Ich mein', so ein Fluß ist ja typisch für Industriegebiete, und Industrien siedeln sich am Fluß an, weil sie den Fluß benutzen können – und von alters her haben sie ihn benutzt, nicht nur für Abwässer, auch als Kühlwasser, als Transportmittel – was kann man nun wirklich tun, um diesen Rhein wieder sauberer zu kriegen, und um die Landschaft drum rum wieder zu verbessern?

> **um ... zu** *in order to*
>
> **... um** diesen Rhein sauberer **zu kriegen**
> **... um** die Landschaft drum rum wieder **zu verbessern**
> **... um** die Umwelt **zu schützen**

Jörn	Also für mich scheint eine Lösung zu sein, daß man das Bewußtsein der Menschen ändern müßte.
Joachim	Ja, es ist sicherlich sehr leicht, das Bewußtsein der Menschen zu ändern, die von der jeweiligen Firma nicht finanziell abhängig sind. Aber was passiert, wenn eine Firma anordnet: Nun wird das da hineingelassen, dieses Abwasser; was soll der kleine Angestellte tun, der um seinen Job fürchtet, wenn er's nicht tut, der um seinen Job fürchtet, wenn er sich nach außen wendet und das bekanntgibt? Was soll man wirklich machen in der heutigen Zeit da?
Jörn	Na ja, eine Firma ist ja nicht irgend etwas. Das sind ja Leute, die dort die Befehle geben. Auch diese Leute müßten das Bewußtsein geändert haben; auch diese Leute müßten sich verantwortlich fühlen für die Umwelt. Was mich denn immer so ärgert, ist, daß die wirtschaftlichen Interessen so im Vordergrund stehen.
Joachim	Ja, ich glaube, daß eben die Firmen, die alteingesessenen Firmen, gerade die Chemieindustrie viel zu mächtig ist und viel zu viel zu verlieren hat, um jetzt daranzugehen, wirklich offen Umweltschutz zu betreiben.
Jörn	Ja, das mag sein. Ich hoffe ja nur immer noch, daß auch diese Leute, die dort in der Chemie diese Macht haben und vielleicht so kurzfristig denken, Kinder haben, so daß sie eines Tages erkennen, daß wir eine saubere Umwelt brauchen, auch damit ihre Kinder weiterleben können.
Joachim	Dieser Hoffnung möchte ich mich anschließen. Daran glaube tu' ich eigentlich nicht ganz.

zur Zeit   *at present*
von alters her   *from time immemorial*
bekanntgeben (*sep. vb.*)   *to make known*
immer noch   *still*
... möchte ich mich anschließen (*sep. vb.*)   *I'd like to go along with ...*
daran glaube tu' ich nicht ganz   *I don't quite believe in it*

?

Was fand Joachim am Rhein so schlimm?
Warum siedeln sich Industrien am Fluß an?
Worüber ärgert sich Jörn ganz besonders?
Welche Hoffnung hat er für die Zukunft?

WIE WAR DAS?

BUILD UP YOUR OWN LIST OF USEFUL EXPRESSIONS!
Saying something in German isn't simply a case of translating word for word from English. Look back at the texts of the recordings and see if you can fill in the words that are missing from these sentences. They're not always what you might expect! If you remember them, and use them, it will help to make your German really German. To help you the sentences are in the order in which they appear in the texts.

1 Ich bin ganz wütend ... Moment.
2 Eine Chemiefirma ... ... Schweiz hat Giftstoffe in den Rhein abgelassen.
3 Wir haben jetzt ... den Rhein gesprochen.
4 Ich denke da beispielsweise ... das Autofahren.
5 Ich habe mir ... ... ein eigenes Auto zugelegt.
6 Ich denke immer ... meine Kinderzeit.
7 Die Bevölkerung handelt ... ... entsprechend.
8 Was auch mich sehr beängstigt, ist, daß man sich ... diesen Zustand gewöhnt.
9 Das fängt an, indem man ... ... zur Arbeit fährt und nicht nur ... ...
10 Ich hoffe ja nur ... ..., daß auch diese Leute Kinder haben.

ALLES KLAR?

Disaster! After Chernobyl, heavy pollution of the Rhine! No wonder people are angry. No wonder they feel frustrated. What can we *do* about these threats to our environment and, ultimately, our existence and that of our children? Is there any hope for nature, and for mankind?

Notice how people ask each other about these matters, how they express their feelings, their fears, their beliefs and their hopes, so that you can join in their debates about pollution, or nuclear weapons, or unemployment, or any of the great issues of our time.

Asking people how they feel about an issue

Was **fühlen** Sie denn persönlich, Was **empfinden** Sie,	**wenn** Sie am Rhein spazierengehen? **wenn** Sie von der Umweltverschmutzung hören?
Finden Sie es schlimm, **Finden** Sie es schön,	außerhalb zu wohnen?
Hat Sie das persönlich **betroffen**?	

Saying you feel angry about something
Es ist **schrecklich.**
Ich bin schon ziemlich **erregt.**
Ich bin ganz **wütend** im Moment.
Das ist einfach **schlimm.**
Es ist wirklich **furchtbar.**

Es macht mich **sehr betroffen,**	**daß** die wirtschaftlichen
Ich finde es **sehr bedauerlich,**	Interessen so im Vordergrund
Ich bin **unheimlich sauer** darüber,	stehen.
Was mich **so erregt,** ist,	

Asking about and expressing fears and anxieties

Fürchten Sie,	**daß** das Problem noch größer
Ich **habe Angst,**	wird(?)
Was **mich beängstigt,** ist,	**daß** das Problem immer weiter
	wächst(?)
	daß man sich an diesen Zustand
	gewöhnt(?)

Das **finde** ich **ganz fürchterlich.**

Expressing frustration
Das **frustriert mich** immer sehr stark.
Das **bringt mich** manchmal **bis zur Verzweiflung.**
Was kann ich eigentlich als Person **tun?**

Asking about and expressing hopes, beliefs, scepticism
Sind Sie für die Zukunft **eher optimistisch** oder **eher pessimistisch?**
Ich **glaube, daß** die Chemieindustrie viel zu mächtig ist.
Ich hoffe ja nur immer noch, **daß** diese Leute Kinder haben.
Dieser Hoffnung möchte ich mich anschließen. Daran glauben tu' ich
eigentlich nicht ganz.

EXTEND YOUR GERMAN
To show how angry, etc. you are, you can use 'adverbs of degree':

ein wenig	ziemlich	sehr	ganz	außerordentlich
etwas	wirklich	einfach	unheimlich	

Ich bin schon **ziemlich erregt.**
Es ist **wirklich furchtbar.**

Das ist **einfach schlimm.**
Ich bin **ganz wütend.**

Notice the different ways of saying what it is you regret or are angry about:
Das ist einfach schlimm, zwei Autos in der Familie **zu haben.**
(*zu + infinitive*)
Was mich immer so ärgert, ist **die Umweltverschmutzung.** (*noun*)
Ich finde, es ist sehr bedauerlich, **daß die wirtschaftlichen Interessen so im Vordergrund stehen.** (*daß + clause*)

USE YOUR GERMAN

If you can, get together with other people to practise your German. But if you can't, don't give up. Try talking to yourself! Take on the roles of the various speakers and see how long you can keep talking.

Together with a friend, or as a group – or by yourself – hold a protest meeting about some threatening issue. Ask about each other's feelings, say how angry you are, what you're afraid of, how frustrated you feel, what you yourselves believe, what should be done, whether you're optimistic, pessimistic or sceptical. Each time you speak, try to make the same point in two or three different ways.

Zum Beispiel:

Freund	**Was fühlen Sie, wenn Sie die Vorbereitungen für die neue Autobahn sehen? Finden Sie es schlimm? Betrifft Sie das persönlich?**
Sie	**Ja, da bin ich schon ziemlich erregt. Das hat mich ganz traurig und wütend gemacht. Es ist wirklich furchtbar.**
Freund	**Fürchten Sie, daß die Autobahn mehr Umweltverschmutzung verursachen wird? Haben Sie davor Angst?**
Sie	**Was mich sehr beängstigt, ist, daß die Autobahn den Wald noch mehr zerstört. Das finde ich ganz fürchterlich.**
Freund	**Was kann man aber als Person tun? Sind die wirtschaftlichen Interessen nicht zu mächtig?**
Sie	**Das frustriert mich sehr stark und bringt mich manchmal bis zur Verzweiflung. Ich hoffe nur immer, daß das Geld dafür nicht da ist.**
Freund	**Dieser Hoffnung möchte ich mich anschließen. Daran glauben tu' ich eigentlich nicht ganz.**

Suggestions:
A nuclear power station is being planned on your doorstep; a new block of high-rise flats (**das Hochhaus**) will overlook your garden; medieval buildings are being destroyed to build a car-park.

CONSOLIDATE YOUR GERMAN

As you see, you can draw together most of the language you need by paying careful attention to the way Germans talk to each other. Were you taught at school never to copy but to express things in your own words? Forget it! German is not translated English. Attach yourself to the way Germans themselves speak. Build up your own repertory of expressions and *use* them! Of course, you have to vary the vocabulary according to the theme, and you have to use the appropriate tense as you switch from talking about today to talking about yesterday, or tomorrow. To ring the changes in this way you can't rely on fixed phrases. You have to have the grammar of the language at your fingertips. This is the point at which it pays to know the 'paradigms' and do exercises (as you would in any physical skill) to sharpen up your reflexes and cut down the reaction times! Of course, the exercises are artificial, as artificial as a pianist's scales or a ballet dancer's barre work. Mastering these formal skills can be as hard work for you as it is for them, but to do so is an effective way of combining fluency with accuracy. But always base yourself on the language the Germans themselves really use.

To help you we're printing grammatical paradigms for you to revise in each chapter. This is a chance to consolidate your knowledge and develop your skill. It will pay off!

The following tables show the endings added to determiners, adjectives and nouns, according to their number, case and gender:

'Definite' determiners

			singular						
	masculine			feminine			neuter		
nom.	der	junge	Mann	die	junge		das	junge	Kind
acc.	den		Mann			Frau	das		Kind
gen.	des	jungen	Mannes	der	jungen		des	jungen	Kindes
dat.	dem		Mann				dem		Kind

			plural
nom.	die		
acc.	die	jungen	Leute
gen.	der	jungen	
dat.	den		Leuten

'Indefinite' determiners

	masculine			feminine			neuter		
					singular					
nom.	ein (kein)	junger	Mann	eine (keine)	junge		ein (kein)	junges	Kind
acc.	einen		Mann			Frau	eines	junges	Kindes
gen.	eines	jungen	Mannes	einer	jungen		eines	jungen	Kindes
dat.	einem		Mann				einem	jungen	Kind

		plural	
nom.	keine		Leute
acc.	keine	jungen	Leute
gen.	keiner	jungen	
dat.	keinen		Leuten

No determiner

When there's no determiner, the adjective endings are as follows:

	singular					
	masculine		feminine		neuter	
nom.	guter	Wein	gute		gutes	Bier
acc.	guten	Wein	gute	Milch	gutes	Bier
gen.	guten	Wein(e)s	guter		guten	Bier(e)s
dat.	gutem	Wein	guter		gutem	Bier

	plural	
nom.	gute	
acc.	gute	Leute/Weine
gen.	guter	
dat.	guten	Leuten/Weinen

1

Das frustriert mich auch immer sehr stark!

You've left your car to be repaired. Each time you go back you're given another reason why it's not ready – and each time you become more angry. Arrange these expressions in the order in which you use them.

a Ich bin ganz wütend,
b Ich finde es einfach schlimm,
c Ich bin zwar ein wenig böse,
d Ich bin unheimlich sauer,
e Es ist allerdings etwas bedauerlich,
f Es ist wirklich furchtbar,

daß der Wagen immer noch nicht fertig ist.

Ja, tut mir leid. Aber wenn Sie morgen vorbeikommen ...!

2

Es ist bereits fünf vor zwölf

As a member of BUND you're interviewed by a reporter from WDR, **Westdeutscher Rundfunk.** Use the expressions on the clock to complete the interview. Warning! They'll all need to be either comparative (bigg*er*) or superlative (bigg*est*). (*See p. 178.*)

Reporter	Warum sind Sie Mitglied im BUND?
Sie	Der BUND ist mit 140.000 Mitgliedern der ... Naturschutzverband der Bundesrepublik.
Reporter	Und was ist das Hauptziel des BUND?
Sie	Wir müssen alle viel ... mit unserer Umwelt umgehen, damit unsere Kinder und Enkelkinder eine Überlebenschance haben.
Reporter	Sehen Sie das alles nicht viel zu pessimistisch?
Sie	Tja, manche Menschen in der Bundesrepublik sind sicher viel ... als ich. Aber ich glaube, es ist wirklich fünf vor zwölf.
Reporter	Wie haben die Leute Ihrer Meinung nach auf Tschernobyl reagiert?

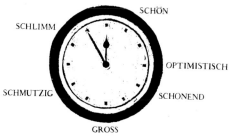

SCHÖN
SCHLIMM
OPTIMISTISCH
SCHMUTZIG
SCHONEND
GROSS

schonend *careful*

Sie	Das ... ist, daß nach Tschernobyl immer noch Kernkraftwerke gebaut werden.
Reporter	Und wie war Ihre Reaktion auf das Chemieunglück bei der Firma Sandoz?
Sie	Wir sind alle ziemlich erregt. Der Rhein ist jetzt bestimmt der ... Fluß Europas.
Reporter	Meinen Sie, daß es wirklich so schlimm ist?
Sie	Ja, und ich fürchte, daß das Problem noch ... wird.
Reporter	Was wünschen Sie sich für die Zukunft?
Sie	Na ja, am ... wär's, wenn wir alle in einer gesunden Umwelt leben könnten.

3

Überstunden – schon wieder

There's an emergency in the office. Everyone has to work on Saturday – yet again. What do they all say?

Bernhard finds it simply impossible, Annette is absolutely furious, Herbert hasn't anything against it but Peter thinks it's really terrible. What makes Trudi so angry is that it happens again and again and what upsets Dieter is that he worked last Saturday as well. Ilse finds it sad but what, she asks, can they do? Michael feels very concerned, too, and Helmut's terribly pessimistic; he's afraid they'll have to work on Sunday as well.

4

Meinungsverschiedenheiten

Your theatre workshop may have to close down and you're explaining why. These words will help to complete what you say:

an; gegen; daran; dagegen; darüber

Das liegt hauptsächlich ..., daß unsere Vorstellungen vom Theaterspielen zu unterschiedlich sind. Die einen wollen politisches Theater machen, die andern wollen experimentieren und sind nicht ... Gesellschaftskritik interessiert. Ich finde aber, daß man etwas tun muß ... die Probleme unserer Gesellschaft. Ich denke da zum Beispiel ... Themen wie Arbeitslosigkeit, Aufrüstung, Umweltverschmutzung. Wir dürfen uns nicht einfach ... gewöhnen, daß es diese Dinge gibt. Ich erschrecke immer wieder ..., daß die Leute so gleichgültig sind und nur ... sich denken. Wir müssen etwas ... tun. Deswegen möchte ich politisches Theater machen. Ich bin nur gespannt, ob's klappen wird.

5

Ich möchte mich beschweren

Anke is seething with rage at the bad postal service she's been receiving. You go with her to complain. What do you say?

Anke	Also, der Service der Post ist wirklich miserabel.
Sie	(*Yes, you think so, too.*)
Beamter	Na, das müssen Sie schon genauer erklären.
Anke	Briefe sind zum Beispiel oft tagelang unterwegs oder gehen einfach verloren.
Sie	(*Yes, doesn't he think that's bad?*)
Beamter	So häufig passiert das ja wohl auch nicht.
Anke	Und dann die Päckchen. Sie liegen oft einfach im Hausflur; nach dem Motto: Es wird sie schon jemand finden.
Sie	(*And what makes you so angry is that they're often damaged,* **beschädigt.**)
Beamter	Ich kann Ihnen versichern, daß wir wirklich unser Bestes tun.
Anke	Das glaub' ich einfach nicht. Zum Beispiel ist es doch nicht normal, daß ich sechs Wochen auf die Reparatur meines Telefons warten muß.
Sie	(*It's really terrible that people have to wait so long.*)
Beamter	Das war sicher in der Urlaubszeit.
Anke	Ja, ich hab' das Gefühl, daß bei Ihnen ständig Urlaubszeit ist. Zum Beispiel, wenn ich an die Öffnungszeiten denke, . . .

POSTWERTZEICHEN

Sie	(*Yes, it sometimes makes you almost despair.*)
Beamter	Wir haben keinen Bedarf für längere Öffnungszeiten.
Anke	Keinen Bedarf? Wie oft hab' ich schon in langen Warteschlangen gestanden!
Sie	(*It's often made you absolutely furious.*)
Beamter	Ich werde Ihre Beschwerden notieren.
Sie	(*And you hope he'll do something as well!*)

6

Katalysator – Ja oder nein?
Read the magazine article, then try the puzzle on p. 31.

Die Menschen in der Bundesrepublik sind umweltbewußter geworden in den letzten Jahren. Viele haben begriffen, wie schädlich zum Beispiel Autoabgase für die Umwelt sind, und wollen einen persönlichen Beitrag zur Abgasentgiftung leisten; sie kaufen sich deshalb ein Auto mit Katalysator oder lassen sich in ihr altes einen einbauen.

Aus der *ADAC-Motorwelt*, einer Zeitschrift für Autofahrer, hier nun ein Artikel (abgeändert) zu diesem Thema:

Der Katalysator gewinnt immer mehr Freunde
Sie haben beschlossen, sich ein neues Auto zu kaufen? Nun, so wird Sie bestimmt jeder sofort fragen: mit oder ohne Katalysator? Wenn Sie ein umweltbewußter Autofahrer sind, werden Sie sicher die Mehrkosten von etwa 1000 DM nicht scheuen und sich auch für ein Auto mit Katalysator, auch Abgasentgifter genannt, entscheiden. Auf eines müssen Sie allerdings dann achten: Sie dürfen nur noch bleifreies Benzin tanken. In der Bundesrepublik gibt es mittlerweile schon recht viele Bleifrei-Tankstellen; im Ausland ist das leider noch nicht immer der Fall. So wird derjenige, der mit seinem Auto zum Beispiel in Spanien Urlaub machen will, sich kaum ein Auto mit Katalysator kaufen. Ein anderer sucht sich vielleicht ein anderes Urlaubsziel, weil er wegen vier Wochen Urlaub nicht elf Monate lang zu Hause die Luft verpesten will. Ab 1988 werden Neuwagen in der Klasse über zwei Liter in allen EG-Ländern schadstoffarm sein müssen. Spätestens dann wird es sicher auch genügend Bleifrei-Tankstellen geben.

Also – wenn Sie etwas für die Umwelt tun wollen, leisten Sie sich ein Auto mit Katalysator.

Rätsel

Find the answers to the questions in the article on p. 29, then write them in the boxes below. In the centre will appear the name of the political party which is particularly concerned with the environment.

ö = OE;
ü = UE;
ß = SS

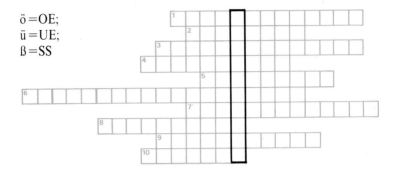

1 Wie müssen ab 1988 die Neuwagen in der Klasse über zwei Liter beschaffen sein?
2 Wie nennt man das Benzin, das Sie tanken, wenn Sie ein Auto mit Katalysator fahren?
3 Wie wird der Katalysator auch genannt?
4 Was schädigt die Umwelt?
5 Nennen Sie ein anderes Wort für „vergiften".
6 Wo gibt es bereits relativ viele Bleifrei-Tankstellen?
7 Was sind viele Menschen in der Bundesrepublik?
8 Was scheut ein umweltbewußter Autofahrer nicht?
9 Wie ist der Beitrag, den viele Menschen leisten wollen?
10 In welchem Land gibt es noch recht wenig Bleifrei-Tankstellen?

INFO-ECKE

DER RHEIN

Wußten Sie schon ...

... daß der Rhein etwa 1320 km lang ist?

... daß der Rhein zusammen mit dem Bodensee Trinkwasser für etwa 30 Millionen Menschen liefert? (Man fragt sich allerdings, ob das wirklich ein Segen ist!)

... daß die Rheinschiffahrt eine mehr als 3000jährige Tradition hat? Die Kelten segelten schon im 2. Jahrtausend vor Christus auf dem Rhein.

... daß der Rhein Europas wichtigste Wasserstraße ist?

... daß der Rhein an der Lorelei (das ist ein steiler Felsen) nur etwa 120 m breit ist und daß dort früher viele Schiffe zerschellten?

... daß Liebfraumilch ein Rheinwein ist?

... daß der Rhein mit sechs Ländern Kontakt aufnimmt? Mit der Schweiz, Liechtenstein, Österreich, der BRD, Frankreich und Holland.
... daß der Nibelungenhort (viel Gold!) im Rhein liegt? *Das Nibelungenlied* (um 1200) berichtet, daß Hagen zuerst Siegfried ermordete und dann den Schatz raubte und „in den Rîn" versenkte. Am besten suchen Sie in der Nähe von Worms! Richard Wagner war davon so fasziniert, daß er ein dreieinhalbtägiges Bühnenfestspiel darüber schrieb – den *Ring des Nibelungen*. Aber den Schatz hat er trotzdem nicht gefunden.

Die Lorelei

H. Heine   F. Silcher

1. Ich weiß nicht, was soll es be - deu - ten, daß ich so trau - rig bin,___ ein Mär - chen aus ur - al - ten Zei - ten, das kommt mir nicht aus dem Sinn.___ Die Luft___ ist kühl und es dun - kelt, und ru - hig fließt___ der Rhein;___ der Gip-fel des Ber - ges fun - kelt im A - bend-son - nen - schein.___

Vater Rhein – ein deutsches Symbol
Im 19. Jahrhundert war der Rhein mit seinen Burgen und landschaftlich eindrucksvollen Ufern ein romantisches Symbol für die Dichter; und für die Patrioten war er ein politisches Symbol, denn die Kriege zwischen Deutschland und Frankreich konzentrierten sich immer auf die Rheingegend. Der Rhein galt als Prüfstein deutscher Standhaftigkeit:

Es braust ein Ruf wie Donnerhall,
Wie Schwertgeklirr und Wogenprall:
Zum Rhein, zum Rhein, zum deutschen Rhein!
Wer will des Stromes Hüter sein?
Lieb Vaterland, magst ruhig sein;
Fest steht und treu die Wacht am Rhein!
(aus „Die Wacht am Rhein", 1840, von Max Schneckenburger)

Heute sieht alles etwas anders aus. Das Zeitalter der nationalen Begeisterung war nach dem Dritten Reich endgültig vorbei. Heute sorgt man sich darum, den Rhein am Leben zu erhalten: Zur Zeit ist er biologisch fast tot. Man hat inzwischen gemerkt, daß der Rhein ein internationaler Fluß ist und daß internationale Kooperation nötig ist, um die Rheinverschmutzung in den Griff zu bekommen: Ein Brand in einem Schweizer Chemiewerk sowie andere Störfälle in der Schweiz und in der BRD führten Ende 1986 dazu, daß für alle Rheinanlieger das Trinkwasser gefährdet war; und für alle ist das Absterben der Flora und Fauna des Flusses eine Tragödie. Mindestens ein bis zwei Jahrzehnte dürfte es dauern, bis das Ökosystem Rhein wieder einigermaßen intakt ist. Erst wenn dort wieder Fische schwimmen, kann man sich auf das Rheinwasser verlassen.

SCHNAPPSCHÜSSE-DIE ÄLTERE GENERATION

Maria Molly Limberg, geb. von Winkler
Geboren am 25.3.1920 in Reval/Estland. Mußte im Krieg die Heimat verlassen, lebt nun mit ihrem Mann in West-Berlin. Hat 2 Töchter, 1 Sohn, 6 Enkelkinder. Von Beruf Hausfrau. Interessiert sich für Kunst, malt selbst, ist Mitglied der Baltischen Landsmannschaft. „Gern erinnere ich mich an meine Jugendzeit auf einem Gut in Estland. Besonders ungern erinnere ich mich an die Flucht bei Kriegsende im kalten Januar 1945 mit meinen Eltern auf unseren Pferdewagen vor den immer dicht hinter uns einmarschierenden Sowjets. Wir waren $\frac{1}{2}$ Jahr in Etappen unterwegs und haben 4 Flüsse überschritten bis wir über die Weser kamen, wo wir ein neues Leben beginnen konnten."

Telefon-Aktion für Senioren vermittelt Hobby-Partner,
ganz gleich, ob nun der dritte Mann zum Skat fehlt, eine Partnerin zum Wettstricken oder Mitspieler für Theater- und Musikzirkel.

Oma-Hilfsdienst vermittelt „Ersatz-Omas" auf Bestellung

Helmut Willy Güttinger
Geboren am 17.1.1907 in Straßburg (damals deutsch). Aufgewachsen in Straßburg, Heilbronn und Berlin; mußte nach dem 2. Weltkrieg Berlin verlassen. Lebt jetzt mit seiner Frau Adelheid in einer 4-Zimmer Mietwohnung bei Stuttgart. Hat 2 Töchter, 1 Stieftochter, 1 Sohn, 2 Enkelkinder. Von Beruf Diplomingenieur. Malt seit seiner Jugend, singt, seine Leidenschaft ist nach wie vor die Technik. „Besonders ungern erinnere ich mich natürlich an die beiden Kriege. Besonders gern erinnere ich mich an einiges, z.B. an mein erstes Automobil – ein Horch (eigentlich das Auto meines Alten Herrn, aber der fuhr es trotz Führerschein immer in den Straßengraben, aber das war damals alles nicht so schlimm)."

„Kompanie des guten Willens"
Handwerker, Techniker und Facharbeiter im Ruhestand stellen ihr Wissen und handwerkliches Können als Nachbarschaftshilfe zur Verfügung.

Aktion „Rentner helfen jungen Unternehmern" Frühere Manager, Beamte und Sekretärinnen beraten kostenlos junge Leute bei Existenzgründungen.

WÄREN SIE GERN NOCH MAL JUNG?

Old age and retirement
Saying what you would do if...
Giving what you say the right feel
Talking about the past

1

In der Altenbegegnungsstätte Haus Elisabeth in Bonn spricht Jörn mit drei älteren Damen. Die erste, Josefine Rixen, wird bald 80, aber sie wäre ganz gern wieder 40. Was würde sie anders machen, wenn sie noch einmal 40 sein könnte?

Jörn	Guten Tag!
Frau Rixen	Guten Tag!
Jörn	Wie heißen Sie, bitte?
Frau Rixen	Josefine Rixen.
Jörn	Leben Sie schon lange in Bonn?
Frau Rixen	Ja, seit 53 Jahre*. Ich bin gebürtige Kölnerin.
Jörn	Darf ich auch nach Ihrem Alter fragen?
Frau Rixen	Ja, im Februar werd' ich 80!
Jörn	Sie werden 80?
Frau Rixen	Ja.
Jörn	Das sieht man Ihnen nicht an! Wären Sie gern noch mal jung?
Frau Rixen	Ja, so die Hälfte, so um 40 rum, ja. 40 Jahre wohl schon, aber nicht mehr jünger.
Jörn	Warum wären Sie gern noch mal 40?
Frau Rixen	Oh, na ja, dann weiß man doch schon besser, nicht wahr, weiß man doch schon besser Bescheid, nicht?
Jörn	Was würden Sie anders machen, wenn Sie noch mal 40 sein könnten?
Frau Rixen	Ich würde vielleicht in meinem Beruf bleiben, denn ich bin gelernte Krankenschwester. (Ja.) Vielleicht würd' ich in meinem Beruf bleiben, in Köln, nicht?
Jörn	Hat Ihnen Ihr Beruf viel Spaß gemacht?
Frau Rixen	Ja, doch. Ja.
Jörn	Was, würden Sie sagen, war so das schönste Erlebnis in Ihrem Leben?

Frau Rixen	Och, im allgemeinen also viel Reisen machen und so, wir sind früher viel gereist; das hat mir schon Freude bereitet, nicht?
Jörn	Wohin sind Sie so gereist?
Frau Rixen	In viele Badeorte und so weiter, nicht?
Jörn	Hier in Deutschland?
Frau Rixen	Ja. Und ich hab' zwei Jahre in Holland gelebt, nicht?
Jörn	Wie kam das?
Frau Rixen	Ja, das ist, wenn man jung ist, hat man den Drang, immer mal rauszukommen, nicht? Und dann Sprachen lernen ... *ik spreek Hollands*, nicht wahr, dadurch, nicht?
Jörn	Ja, gut. Und was, denken Sie, wäre die schlimmste Zeit in Ihrem Leben gewesen?
Frau Rixen	Ja, das war natürlich die beiden Weltkriege, nicht, 14 –18 ...
Jörn	Sie haben zwei Weltkriege ... ?
Frau Rixen	Ja. Und ich würde heute sagen: „Frieden schaffen ohne Waffen." Das würd' ich heute sagen.
Jörn	Ja. Was würden Sie der Jugend noch raten? Gibt es noch andere Anliegen, die Sie haben?
Frau Rixen	Ich finde sehr nett, daß es junge Leute gibt, die alte Leute mit hier betreuen, das find' ich sehr nett. (Ja.) Und so lieb und so nett machen die das.
Jörn	Gibt es viele junge Leute, die das machen?
Frau Rixen	Ja, es sind viele junge Männer, die das anstatt Soldat ... anstelle Soldat** machen die dann die Altenbetreuung mit. Ich find' das sehr gut.

* **Jahren** would be grammatically correct.
** Young men have to do 15 (from 1989, 18) months national service, **Wehrdienst**, but instead of serving in the forces, they can opt for 20 (from 1989, 24) months community service, **Zivildienst**, in hospitals, for example, or old people's homes.

Das sieht man Ihnen nicht an!   *You don't look it!*
Bescheid wissen   *to know about things, know what's what*

Was würde Frau Rixen tun, wenn sie noch mal 40 wäre?
Was hat ihr viel Freude bereitet?
Was würde sie heute sagen, nachdem sie zwei Weltkriege erlebt hat?

Josefine Rixen

2

Auch Doris Berresheim ist als junge Frau gern gereist. Wie Frau Rixen hatte auch sie ihre schlimmsten Erlebnisse im Krieg, als viele Teile Bonns zerstört wurden. Denn Krieg, sagt sie, darf keiner mehr kommen.

Doris und Theodor Berresheim

Jörn	Guten Tag!
Frau Berresh.	Guten Tag!
Jörn	Wie heißen Sie, bitte?
Frau Berresh.	Ich heiße Doris Berresheim und wohne hier in Bonn Ippendorf.
Jörn	Wie lange wohnen Sie schon hier?
Frau Berresh.	In Ippendorf 25 Jahre.
Jörn	Erzählen Sie uns ein bißchen aus Ihrem Leben vielleicht. Was war so das Schönste in Ihrem Leben ... ?
Frau Berresh.	Ja, nach der Hochzeit sind wir viel gereist. Durch daß* mein Mann auf Montage war, bin ich immer wieder mitgereist und hab' dadurch eine sehr schöne Zeit gehabt, bis nach Sizilien runter. Also, es war wirklich herrlich.
Jörn	Zu welcher Zeit ist das gewesen?
Frau Berresh.	'36, 1936, '37, '38 noch, ja bis dann der Krieg kam. '40 wurd' mein Mann schon gemustert. Ja, da war's dann vorbei.
Jörn	Was war denn dann Ihr schlimmstes Erlebnis?
Frau Berresh.	Ja, wie wir total ausgebombt sind.** Da wohnt' ich noch in Bonn, da kamen Brandbomben, und da war alles restlos ausgebrannt. Und mein Mann war im Krieg, der wußte nichts davon.
Jörn	Ja, ist Bonn überhaupt schwer zerstört gewesen?
Frau Berresh.	Ja, sehr, sehr, doch, unbedingt. Ich hatt' 'n Telegramm geschickt, da stand er vor den Trümmern und wußte nicht, wo wir waren. Da hat er dann da rumgehorcht und gefragt, da waren wir in Finxel, dat*** ist auf der anderen Seite bei ... über Beuel runter, nicht. Da mußte man noch über die Brücke; nachher konnte man ja nicht mehr über die Brücke, weil die ja ... eh, einfach zerschossen, nicht?

Jörn	Ja.
Frau Berresh.	Denn Krieg darf keiner mehr kommen, ja. Wer will das sagen, nicht?

* More usual would be **dadurch, daß** ...
** Standard German would be **wurden**.
*** **dat** = **das** (Rhineland dialect).

auf Montage   *away on jobs*
doch, unbedingt   *yes, without question*

Warum ist Frau Berresheim nach 1938 nicht mehr viel gereist?
Was war ihr schlimmstes Erlebnis?

3

Für Isabella Faulberg ist ihr Familienleben das Allerwichtigste. Es macht ihr nichts aus, daß ihre Enkel sich nicht von ihr beraten lassen, denn das möchte sie auch nicht.

Isabella Faulberg

Jörn	Guten Tag!
Frau Faulberg	Guten Tag!
Jörn	Wie heißen Sie, bitte?
Frau Faulberg	Isabella Faulberg.
Jörn	Und Sie wohnen auch hier in Bonn?
Frau Faulberg	Ja, aber vom neunten Lebensjahr an erst.
Jörn	Darf ich auch Sie fragen, wie alt Sie sind?
Frau Faulberg	75.
Jörn	Ganz schön alt schon für meine Begriffe! (Ja.) Glauben Sie, daß es den Leuten heute gutgeht, den alten ... ?

Frau Faulberg	Oh ja. Oh ja. Wir sind zufrieden, die alten Leute, durchweg.
Jörn	Sie meinen nicht, daß es Ihnen noch bessergehen könnte, vielleicht?
Frau Faulberg	Nein, ich bin zufrieden.
Jörn	Was, würden Sie sagen, war in Ihrem Leben das schönste Erlebnis?
Frau Faulberg	Tja, ein wunderbares Familienleben, heute noch. Ich habe vier Söhne, vier Schwiegertöchter, sieben Enkel und zwei Urenkel.
Jörn	Ja, das ist schön.
Frau Faulberg	Die sind alle auswärts, also nicht sehr weit weg, sondern Umgebung Bonn.
Jörn	Was tun Sie, wenn Sie zu Ihren Kindern kommen?
Frau Faulberg	(lachend) Vor allen Dingen mal schön gut essen! Ja, die verwöhnen einen immer.
Jörn	Haben Sie auch ein gutes Verhältnis mit Ihren Enkelkindern?
Frau Faulberg	Oh ja.
Jörn	Was würden Sie Ihren Enkelkindern denn raten für die Zukunft?
Frau Faulberg	Wenn sie sich beraten ließen! Die haben alle ihre eigenen Gedanken heute, da können Sie nicht viel drinreden.
Jörn	Ihre Enkelkinder lassen sich von Ihnen nichts sagen?
Frau Faulberg	Möcht' ich auch nicht. Die sollen ihr Leben leben, wie sie's für richtig halten.

auswärts *out of town*

? Was hält Frau Faulberg vom Leben der alten Leute heutzutage?
Warum möchte sie ihre Enkelkinder nicht beraten?

STAMMBAUM

Urgroßvater/Urgroßmutter

⇑⇑

Großvater/Großmutter

⇑⇑

Onkel   Vater/Mutter   Tante

⇑⇑

Schwägerin/Bruder ⇐ SIE ⇒ Schwester/Schwager

⇓⇓

Schwiegertochter/Sohn   Tochter/Schwiegersohn

⇓⇓

Enkel   Enkelin

4

Leiterin der Altenbegegnungsstätte ist Schwester Karoline. Sie glaubt, daß es den alten Leuten noch nie so gutgegangen ist wie heute.

Jörn	Wie oft hat die Tagesstätte hier offen?
Schwester K.	Fünf Tage in der Woche.
Jörn	Und ist es jedesmal voll?
Schwester K.	Ja, voll ist zuviel gesagt, es wäre auch unmöglich; das Gemütliche, das Familiäre würde darunter leiden. Heute sind es 72, das ist immer so montags, aber 30, 35, das ist so der Durchschnitt der anderen Tage, und das ist das Schöne dabei. Sonst jeden Tag in der Menge kann man sich nicht den Leuten widmen, das wirkt dann nicht mehr familiär.

nouns from adjectives

gemütlich – das Gemütliche
familiär – das Familiäre
schön – das Schöne

nouns from verbs

basteln – das Basteln
töpfern – das Töpfern
klönen – das Klönen

Freitags ist **dem Basteln** gewidmet.
Was war so **das Schönste** in Ihrem Leben?

Jörn	Was machen sie, wenn sie hier sind?
Schwester K.	Ja, wir haben unser Programm, zum Beispiel montags schon der Tanz, dienstags immer irgendeine Film- oder Diavorführung, mittwochs sind wir eifrig am Basteln, wir töpfern, freitags ist eben wieder dem Basteln gewidmet, und das Spiel ist täglich dabei; und Klönen, das ist ein deutscher Ausdruck, der in England bestimmt nicht verstanden wird! Jetzt müssen wir's auch übersetzen!
Jörn	Ja, was heißt klönen?
Schwester K.	Klönen, so ganz gemütlich leger beisammen sein.
Jörn	Wie viele Tagesstätten gibt es in Bonn?
Schwester K.	36, davon sind sechs städtisch.
Jörn	Meinen Sie, daß das genug ist?
Schwester K.	Das kommt drauf an. Die älteren Jahrgänge sind ja prozentual sehr stark angestiegen, und deswegen werden vielleicht mehr benötigt; aber

Senioren im Haus Elisabeth

	die Leute müssen sich erst daran gewöhnen und den Weg dazu finden, und das ist noch nicht ganz so tagtäglich, also gar nicht ganz so sicher, daß sie das benutzen.
Jörn	Wissen Sie, woran das liegt?
Schwester K.	Sie sind nicht genügend orientiert, meines Erachtens.
Jörn	Was, meinen Sie, könnte die Stadt noch mehr tun, um das vielleicht ... um 'n besseres Angebot für alte Leute zu schaffen?
Schwester K.	Ja, ich glaube, Mangelware ist das Angebot nicht. Wenn man mit der Stadt selbst – wir sind ja städtisch – arbeitet, sieht man, wieviel Anstrengungen gemacht werden, ob es aufs Heim ist, ob es auf die Begegnungsstätten sind.
Jörn	Ja, meinen Sie, daß es den alten Leuten heute gutgeht?
Schwester K.	Ich glaube, sogar sehr gut; wie noch nie in den vergangenen Jahrzehnten und Jahrhunderten.

eifrig am Basteln   *busy making things*

?

Warum möchte Schwester Karoline nicht, daß die Tagesstätte jeden Tag voll ist?

Warum nutzen ihrer Meinung nach manche alten Leute die Tagesstätte nicht?

5

Als Lehrer wird man normalerweise mit 65 pensioniert. Helmut Lennarz würde aber lieber schon mit 60 Jahren in den Ruhestand gehen.

Jörn	Wie stellen Sie sich zum Beispiel Ihr Alter vor? ... Ich mein', (Ja.) Sie hätten Zeit und könnten über diese Zeit verfügen, haben Sie sich Gedanken darüber gemacht?

Herr Lennarz	Es kann natürlich alles anders werden, als ... wenn der Punkt eintritt. Also jetzt könnte ich mir vorstellen, daß Dinge, die ich neben meinem Beruf jetzt mache, daß die dann stärker zum Tragen kommen. Da fällt mir also ein mein Garten mit meinem Teich, den ich gebaut habe, da fällt mir ein so ein bißchen töpfern – ich mache ab und zu einmal völlig laienhaft Figuren aus Ton, ich könnte mir vorstellen, wenn ich dann noch gehen kann, daß ich auch mal gerne Tennis weiterspielen würde und so etwas, ja.
Jörn	Bereiten Sie sich heute schon auf Ihren Ruhestand vor?
Herr Lennarz	Bewußt, nein. Nein. Ich denke schon daran, daß der kommen wird, und denke daran nicht mit Bedauern, sondern eher, das wird ganz gut werden. Ja, ich gehe allerdings doch davon aus, daß ich zumindest am Anfang die Schule ein bißchen vermissen werde.
Jörn	In welchem Alter kann man in Ruhestand gehen?
Herr Lennarz	Bei uns, also im Normalfall mit 65 Jahren. Also ich hätte noch 15, jetzt kann man davon vielleicht aber doch ein paar abziehen, einfach wenn man auch krank werden kann, oder weil wir zu viel Lehrer haben, das ist denkbar. Aber das muß ich abwarten, nicht?
Jörn	Hoffen Sie, daß Sie früher als mit 65 in Ruhestand kommen können?
Herr Lennarz	Ja, ja. 65 ist mir zu lang. 60 genügen auch.
Jörn	Warum wäre Ihnen 65 zu lang?
Herr Lennarz	Weil die Schule als Job sehr anstrengend ist, und ich glaube, es wird anstrengender, je älter man wird. Und es wird immer schwieriger, sich auf den jungen Menschen einzustellen, und irgendwo gibt es eine Altersgrenze, da ist der Lehrer eigentlich verbraucht.

---

reflexive pronouns

Ich könnte **mir** vorstellen, daß ich auch mal gerne Tennis
weiterspielen würde.
Wie stellst **du dir** deinen Ruhestand vor?
Es wird immer schwieriger, **sich** auf den jungen Menschen
einzustellen.
Haben **Sie sich** Gedanken darüber gemacht?
Die Leute müssen **sich** erst daran gewöhnen.

---

sich Gedanken machen   *to think*
zum Tragen kommen   *to come into their own*
ich gehe allerdings doch davon aus   *I should think, though*

?

Was würde Herr Lennarz machen, wenn er viel Zeit hätte?
Warum will er schon mit 60 in den Ruhestand gehen?

WAS MEINEN SIE DAZU?
JOACHIM UND JÖRN

Joachim und Jörn diskutieren über den idealen Ruhestand. Für beide ist das noch etwas lange hin; sie machen sich trotzdem schon Gedanken darüber. Was meinen Sie dazu? Was wäre für Sie der ideale Ruhestand?

Jörn	Wie stellst du dir denn deinen Ruhestand vor?
Joachim	Schön! Ja, wie stell' ich mir den vor? Das ist eigentlich noch etwas lange hin … ich würde viel reisen, ich würde alles das unternehmen, was ich in meiner Arbeitszeit nicht unternehmen konnte, … würde Hobbys verfolgen, würde viel fotografieren, das würde ich machen. Und du, was würdest du machen?
Jörn	Also ich … ich würde mich am meisten über die viele Zeit freuen, die ich dann hätte.
Joachim	Da bin ich noch gar nicht so sicher, ob ich mich darüber freuen würde. Ich glaube, ich würde meinen Beruf auch vermissen, denn bislang macht er mir noch Spaß, so daß ich mich eigentlich noch nicht so sehr auf den Ruhestand freue. Das Ganze hat sicherlich zwei Seiten. Ich glaube, man wird seine Arbeit vermissen.
Jörn	Aber man könnte das arbeiten, was man gerne wollte.

---

das, was …

Ich würde **alles das** unternehmen, **was** ich in meiner Arbeitszeit nicht unternehmen konnte.
Aber man könnte **das** arbeiten, **was** man gerne wollte.

Joachim	Ja, das muß man eben tun. Man muß sich die Zeit einteilen, und man muß sich Dinge vornehmen. Viele Leute meinen, der Ruhestand wäre so eine bessere Schlafenszeit, und das ist sehr gefährlich, glaube ich.
Jörn	Also ich glaube, ich hätte wenig Probleme, mit meiner Zeit richtig umzugehen. Ich hab' so viele Hobbys, die ich dann alle machen könnte, daß ich, glaube ich, ganz gut mit meiner Zeit zurechtkäme.
Joachim	Das würde mir sicher ähnlich gehen. Die Hauptsache ist nur, daß wir dann noch gesund sind.

sich freuen über   *to be pleased about*
sich freuen auf   *to look forward to*
eine bessere Schlafenszeit   *not much better than sleeping*
… mit meiner Zeit richtig umzugehen   *… in using my time properly*

Wie stellt sich Joachim seinen Ruhestand vor?
Warum freut er sich noch nicht darauf?
Was ist für ihn die Hauptsache im Alter?

Der Ruhestand – eine bessere Schlafenszeit?

WIE WAR DAS?

MORE USEFUL EXPRESSIONS (*See p.21*)

1 Sie werden 80? Das . . . . nicht . . .!
2 Dann . . . man doch schon besser . . ., nicht?
3 Was würden Sie Ihren Enkelkindern denn raten für die Zukunft? Wenn . . . . . . beraten . . .!
4 Die sollen ihr Leben leben, wie sie's . . . .
5 Ich mein', Sie hätten Zeit und könnten . . . diese Zeit . . ., haben Sie . . . . gemacht?
6 In welchem Alter kann man in Ruhestand gehen? Bei uns, also im Normalfall . . . .
7 Ja, ja. 65 . . . . 60 genügen auch.
8 Es wird anstrengender, ... man wird.
9 Da bin ich . . . . sicher, ob ich mich darüber freuen würde.
10 Man muß . . . ., und man muß sich Dinge vornehmen.

ALLES KLAR?

If only life were different! If I were younger! What would I do if I were in a position to retire? Notice how people speculate about their future, about what might have been if only . . . . Notice particularly the verb forms corresponding to 'if I *were* . . . ', and what 'I *would* do'.

Asking someone to speculate
Wären Sie gern noch mal jung?
Was **wäre** für Sie der ideale Ruhestand?

Was **würden** Sie	anders **machen**?
Und du, was **würdest** du	**machen**?

Könnte die Stadt noch mehr für Sie tun?
Meinen Sie, daß es Ihnen noch bessergehen **könnte**?

Or simply:

Wie stellst du dir	deinen Ruhestand	**vor?**
	dein Alter	
	das Leben im Altersheim	

Saying what you imagine or guess might be, or might have been

Ich **würde**	viel **reisen**
	viel **fotografieren**
	Hobbys **verfolgen**
	meinen Beruf auch **vermissen**
	vielleicht in meinem Beruf **bleiben**

Ich **hätte** wenig Probleme.
Ich **käme** gut mit meiner Zeit zurecht.
Man **könnte** das machen, was man gerne wollte.

Sometimes the same form is used out of politeness to make requests and statements less direct, more tentative:
Ich **würde** heute **sagen:** „Frieden schaffen ohne Waffen".
Was **würden** Sie der Jugend noch **raten**?
Was, **würden** Sie **sagen**, war so das schönste Erlebnis in Ihrem Leben?

Another polite way of putting a delicate question is to ask permission to pose the question:
Darf ich fragen, wie alt Sie sind?
Darf ich auch nach Ihrem Alter fragen?

Notice also how people report a statement or opinion they don't believe:
Viele Leute meinen, der Ruhestand **wäre** so eine bessere Schlafenszeit.
Sie klagen trotzdem alle, sie **hätten** kein Geld. (*siehe S.88*)

EXTEND YOUR GERMAN
Mal, doch, ja, wohl. Learning to use these 'modal particles' and similar adverbs is the key to speaking German in a way that really communicates feelings and attitudes and establishes the right atmosphere. Notice how our senior citizens use some of them:

aber

often expresses mild surprise:
Das ist aber schön!

also

can be used for an expansion or explanation:
Die sind alle auswärts, also nicht sehr weit weg, sondern Umgebung Bonn.

doch

generally answers 'yes' to a negative question, or is used for emphasis:
Hat Ihnen Ihr Beruf viel Spaß gemacht? Ja, doch. Ja.
Doch can also be used to overcome an imagined objection:
Ich bin doch ein Mensch.
or to put the other side of a question, as when Herr Lennarz says:
(Nicht mit Bedauern ...) Ich gehe allerdings doch davon aus, daß ich zumindest am Anfang die Schule ein bißchen vermissen werde.

eigentlich

softens a statement:
Irgendwo gibt es eine Altersgrenze, da ist der Lehrer eigentlich verbraucht.

gar

is used to emphasize a negative:
Da bin ich gar nicht so sicher.

ja

can mean something like 'after all', as when Schwester Karoline says:
– wir sind ja städtisch –

mal

is sometimes equivalent to 'once in a while':
Man hat den Drang, immer mal rauszukommen.
Ich könnte mir vorstellen, daß ich auch mal gerne Tennis spielen würde.

schon

often means 'already':
'40 wurd' mein Mann schon gemustert.

so	is often used to show you're making a rough approximation: **Ja, so die Hälfte, so um 40 rum**. **... oder so** can be added to a statement to show that it's a rough guess: **Ich glaube, er ist Soldat oder so.**
sogar	like 'even' is used to mark a step up to a stronger expression: **Geht es den alten Leuten gut? Ich glaube, sogar sehr gut.**
wohl	often indicates probability, short of certainty: **40 Jahre wohl schon, aber nicht mehr jünger**.

It's often very difficult to pin down the effects of these words – the German lexicographer's despair. But the conversation of these old people owes its warmth and liveliness to them. So listen carefully and develop a feeling, **Fingerspitzengefühl**, for their force and use.

Inviting people to argue

In English we use 'tag questions' – very tricky for foreign learners! If we're sure, we invite agreement by a falling tone of voice: 'You're tired, aren't you?' If we're not so sure, we use the same words, but pronounce the tag with a rising tone, as a genuine question. German is simpler. People add **nicht wahr?** or **nicht?**, usually on a rising note, to invite agreement with what they say. This often becomes an unconscious habit. If there's some doubt, you can add **oder?** or **ja?** instead:

Ich hab' zwei Jahre in Holland gelebt, nicht?
Sie sind müde, oder?

Was? or (in Southern Germany) **gelt?** (pronounced **gell?**) are also used:
Er singt schön, was?
Du kommst pünktlich nach Hause, gelt?

USE YOUR GERMAN

Have you found a friend yet, to converse with? Conversation, too, is a game that it takes two (at least) to play! It's best, of course, to meet, but if that's not on, a telephone link is a good second best. Ask each other about your past lives, with such questions as:

Wo sind Sie geboren?
Wo haben Sie als Kind gewohnt?
Was war die beste Zeit in Ihrem Leben?
Und die schlimmste?
Sind Sie viel gereist?

Then ask each other what you would do, if . . . , e.g.:

Was würden Sie tun, wenn Sie viel, viel Geld hätten?
. . . , wenn Sie kein Geld hätten?
. . . , wenn Sie in Ruhestand wären?
. . . , wenn Sie eine Weltreise unternehmen könnten?
. . . , wenn Sie einen anderen Beruf wählen könnten?

FÜRS KÖPFCHEN

sein *to be*

	Present	*Imperfect*	*Imperfect Subjunctive*
ich	bin	war	wäre
du	bist	warst	wär(e)st
er/sie/es/man	ist	war	wäre
wir	sind	waren	wären
ihr	seid	wart	wär(e)t
Sie/sie	sind	waren	wären

	Perfect	*Future*	*Conditional*
ich	bin gewesen	werde sein	würde sein
du	bist gewesen	wirst sein	würdest sein
er/sie/es/man	ist gewesen	wird sein	würde sein
wir	sind gewesen	werden sein	würden sein
ihr	seid gewesen	werdet sein	würdet sein
Sie/sie	sind gewesen	werden sein	würden sein

haben *to have*

	Present	*Imperfect*	*Imperfect Subjunctive*
ich	habe	hatte	hätte
du	hast	hattest	hättest
er/sie/es/man	hat	hatte	hätte
wir	haben	hatten	hätten
ihr	habt	hattet	hättet
Sie/sie	haben	hatten	hätten

	Perfect	*Future*	*Conditional*
ich	habe gehabt	werde haben	würde haben
du	hast gehabt	wirst haben	würdest haben
er/sie/es/man	hat gehabt	wird haben	würde haben
wir	haben gehabt	werden haben	würden haben
ihr	habt gehabt	werdet haben	würdet haben
Sie/sie	haben gehabt	werden haben	würden haben

KÖNNEN SIE'S?

Wenn das Wörtchen „wenn" nicht wär',
Wär' mein Vater Millionär!

1

Was wäre, wenn ... ?

Herr Barth is old and querulous. All he can think of is, 'If only ... '.
Complete the first half of each sentence with **hätte, könnte** or **wäre**,
then choose the most suitable ending from the second column.

a	Wenn ich noch mal jung ...,	i	... würde ich viel Musik hören.
b	Wenn ich eine Stereoanlage ...,	ii	... würde ich sie gerne verwöhnen.
c	Wenn ich noch Sport treiben ...,	iii	... könnte ich draußen in der Sonne sitzen.
d	Wenn ich Enkelkinder ...,	iv	... würde ich vieles in meinem Leben anders machen.
e	Wenn ich noch Auto fahren ...,	v	... würde ich jeden Tag einen Spaziergang machen.
f	Wenn ich einen Garten ...,	vi	... würde ich gerne schwimmen gehen.
g	Wenn ich Heimwerker ...,	vii	... könnte ich meine Möbel reparieren.
h	Wenn ich besser gehen ...,	viii	... würde ich oft aufs Land fahren.

Und wenn ich mich nicht dauernd beklagen würde, hätte ich mehr
Energie für andere Dinge!

2

Wenn ich das gewußt hätte!

You thought you'd won 5.000 DM in a competition. But – yes, you find you've forgotten to post your entry! With the help of the drawings, say what you would or wouldn't have done during the day, if only you'd realised you hadn't won the money. What you would have done is in colour, what you wouldn't, in black.

Beispiel: **Wenn ich das gewußt hätte, wäre ich zu Fuß in die Stadt gegangen.**

3

Das ist ja wirklich eine Leistung!

Denn, doch, eben, ja, mal, schon, wohl. Choose a suitable word to complete the gaps left in this conversation.

It's Herr Bingen's 100th birthday. He lives in Hamburg and a reporter from the *Hamburger Abendblatt* is interviewing him.

Reporter	Zunächst ... herzlichen Glückwunsch. Das ist ... wirklich eine Leistung, hundert Jahre alt zu werden. Wie haben Sie das gemacht?
Herr Bingen	Och, wissen Sie, ich bin ... ein glücklicher Mensch.
Reporter	Aber so einfach haben Sie's ... nicht gehabt.
Herr Bingen	Nee, das stimmt .... Die Kriege waren ... schlimm.
Reporter	Wo waren Sie ... zum Beispiel während des zweiten Weltkrieges?
Herr Bingen	Na, ich hab' ... immer hier in Hamburg gelebt.
Reporter	Wie lange sind Sie ... jetzt schon hier im Altersheim?

Herr Bingen	Tja, das müssen . . . so um die 25 Jahre sein.
Reporter	Fühlen Sie sich . . . wohl hier?
Herr Bingen	Ja, ... Ich bin durchweg sehr zufrieden.
Reporter	Kriegen Sie . . . auch oft Besuch?
Herr Bingen	Oh ja. Die Kinder und Enkel verwöhnen mich immer. Familie zu haben ist . . . das Schönste, was es gibt.
Reporter	Darf ich Sie fragen, was Sie sich für das kommende Jahr wünschen?
Herr Bingen	Na, daß ich einen hundertsten Geburtstag feiern kann. Das wäre . . . wirklich eine Leistung!

4

Ich bin zufrieden

Frau Diehl is nearly 90. When she invites you round for **Kaffee und Kuchen** you ask her about her past.

Sie	(*Could you ask her how old she is?*)
Frau Diehl	Ja, natürlich. Ich werde bald 90!
Sie	(*90! She doesn't look that old! Would she like to be young again?*)
Frau Diehl	Ja, vielleicht noch mal 50. Bestimmt nicht mehr jünger.
Sie	(*Could you ask her why not?*)
Frau Diehl	Ach, wissen Sie, die beiden Weltkriege, wir haben ja Furchtbares erlebt.
Sie	(*What would she say was the worst experience in her life?*)
Frau Diehl	Ja, wir wurden total ausgebombt. Wir haben alles verloren, mein Bruder ist umgekommen. Das war wirklich schlimm.
Sie	(*Yes, terrible. What would she say was the happiest time of her life?*)
Frau Diehl	Bestimmt die letzten paar Jahre. Ich habe vier Kinder, zehn Enkel, sechs Urenkel und seit zwei Monaten eine süße kleine Ururenkelin. Ich hab' ja ein wunderschönes Familienleben.
Sie	(*Does she think things could be better for her?*)
Frau Diehl	Nein, ich bin zufrieden.

5

Erinnerungen an die Vergangenheit

Clara Bethig has been asked to contribute to a book of *Erinnerungen an die Vergangenheit*. Her eyesight isn't too good so you write the article for her. Here are your notes. Can you write the article? Try linking sentences with words like **und, aber, dann, später** so that the finished article reads smoothly. If you need help with verbs in the past, see pp. 48, 97 and 121.

Clara Bethig
1906 in Herford, Nordrhein-Westfalen geboren. Macht 1925 Abitur. Studiert in Berlin Medizin. Ist eine der ersten Studentinnen dort. Bekommt nach dem Studium eine Stelle in einem Berliner Krankenhaus. Arbeitet während des Krieges als Ärztin für das Rote Kreuz. Hat nach dem Krieg ihre eigene Praxis in Herford. Geht 1971 in Ruhestand. Bis 1984 schreibt sie noch Artikel für eine medizinische Zeitschrift. Zieht 1984 wegen ihrer schlechten Augen ins Altersheim. Ist heute zufrieden mit ihrem Leben. Würde alles wieder so machen.

Hier nun der Titel und der Anfang des Artikels:

Der Beruf war immer das Wichtigste in ihrem Leben

Clara Bethig wurde 1906 in Herford in Nordrhein-Westfalen geboren. 1925 machte sie ihr Abitur und studierte dann Medizin in Berlin ...

6

Das ist doch ungerecht!

When you've read the article, work out which of the definitions following it are correct.

In der Bundesrepublik sind seit einigen Jahren die „Trümmerfrauen" Thema einer sehr kontroversen Diskussion. „Trümmerfrauen" sind Frauen, die in der Nachkriegszeit bei der Beseitigung der Trümmerfelder (*clearance of the rubble*) mithalfen und gleichzeitig ihre Kinder aufzogen. Diskutiert wird die Frage, ob alle oder nur die ältesten „Trümmerfrauen" nachträglich Geld für ihre Erziehungsleistung erhalten sollten.

Aus der *Süddeutschen Zeitung*, einer Münchner Tageszeitung, hier nun ein Bericht (abgeändert) von einer Initiative besonderer Art:

Gleichbehandlung für alle „Trümmerfrauen"
Die Senioreninitiative „Seniorensolidarität" in München kämpft seit Juli vergangenen Jahres mit einer Unterschriftenaktion um die absolute Gleichbehandlung aller Trümmerfrauen bei der Anrechnung von Erziehungszeiten. Ernst Walter, der Gründer der Aktion, bat mehr als 90 Altenorganisationen um Unterstützung. In einem Rundschreiben wies er darauf hin, daß immerhin 4,6 Millionen Trümmerfrauen 11,2 Millionen Kinder großgezogen haben und daß alle diese Frauen berechtigt sind, rückwirkend ab 1. Januar 1986 für ihre Erziehungsleistungen den monatlichen Zuschlag von 25 Mark pro Kind zur Rente zu erhalten. Die Bundesregierung plant stattdessen eine „Stufenregelung". Zunächst sollen die Jahrgänge 1906 und alle früher Geborenen Zuschlagszahlungen bekommen und später dann alle anderen. Die „Seniorensolidarität" hatte nicht viel Erfolg mit ihrer Aktion. Viele Altenorganisationen bemühten sich gar nicht um eine Unterschriftensammlung. Bis Dezember gingen nur 818 Unterschriften bei der „Seniorensolidarität" ein. Für Ernst Walter trägt die mangelnde Resonanz der verschiedenen Institutionen gegenüber der Aktion dazu bei, auch noch den letzten alten, aktiven Menschen den Mut und die Kraft für politisches Engagement zu rauben. Doch noch hat Ernst Walter nicht aufgegeben. Er schickte die ersten 818 Unterschriften an Arbeitsminister Norbert Blüm und will die Aktion auch noch eine Weile fortsetzen. Für ihn steht fest: „Es ist einfach ein großes Unrecht, Mütter in zwei Klassen einzuteilen."

Eins ist immer nur richtig

1 Was ist eine „*Trümmerfrau*"?
 a eine Frau, die von den Trümmern verschüttet wurde
 b eine zertrümmerte Frau
 c eine Frau, die die Trümmer mit beseitigte

2 Was versteht man unter *Erziehungsleistung*?
 a das Geld, das jemand für die Kindererziehung bekommt
 b die Leistung, Kinder erzogen zu haben
 c der Bau von Schulen und Universitäten

3 Was ist eine *Senioreninitiative*?
 a eine Initiative zur Unterstützung der Senioren
 b eine Initiative gegen Senioren
 c eine von Senioren gegründete Initiative

4 Was versteht man unter einer *Unterschriftenaktion*?
 a eine Aktion zur Sammlung von Unterschriften
 b eine Aktion zur besseren Lesbarkeit von Unterschriften
 c eine Aktion zur Verweigerung von Unterschriften

5 Was ist mit „*Stufenregelung*" gemeint?
 a der stufenweise Abbau von Regeln
 b die Begradigung von Treppenstufen
 c die stufenweise Einführung einer Regelung

6 Was versteht man unter einer *Zuschlagszahlung*?
 a Geld, das man zahlt, wenn man jemanden geschlagen hat
 b zusätzliches Geld, das jemand erhält
 c Geld, das man bekommt, wenn man geschlagen worden ist

INFO-ECKE

SENIOREN-SCHUTZ-BUND – GRAUE PANTHER

Der „Senioren-Schutz-Bund – Graue Panther" wurde 1975 von Trude Unruh gegründet. Den Beinamen bekam der Senioren-Schutz-Bund von der Presse, die eine Ähnlichkeit mit den „Grauen Panthern" in den USA feststellte. Mit Beratung, Hilfsdiensten, Versammlungen, Demonstrationen, offenen Briefen, Pressearbeit usw. setzt sich die Organisation für die Rechte alter Menschen in der Bundesrepublik ein, also besonders für eine angemessene Rente, für menschenwürdige Wohnverhältnisse und für menschenwürdige Behandlung *aller* alten Menschen.

Trude Unruh, Gründerin und 1. Vorsitzende der „Grauen Panther". Sie lebt zusammen mit ihrem Mann in der Wuppertaler Wohngemeinschaft.

Die „Grauen Panther" haben ihre Bundeszentrale in Wuppertal (Nordrhein-Westfalen) und sind mit fast 200 Außenstellen und ca. 20.000 Mitgliedern über die ganze BRD verteilt. Gut 70 Prozent der Mitglieder sind Frauen, denen es oft wirtschaftlich nicht gutgeht (viele davon sind Witwen ohne eigenen Rentenanspruch, die nur 60 Prozent der Rente des Ehemannes erhalten). Die „Grauen Panther" gelten inzwischen – so die Zeitschrift *Stern* – als „das wichtigste Sprachrohr der alten Menschen in dieser Gesellschaft".

Der Senioren-Schutz-Bund arbeitet überparteilich und überkonfessionell. Seit der Bundestagswahl 1987 ist allerdings die „Oberpantherin" Trude Unruh Mitglied des Bundestags, da die Partei der Grünen ihr einen sicheren Listenplatz gegeben hat. Wie Lisette Milde, die 2. Vorsitzende der „Grauen Panther", sagt: „Damit machen zum ersten Mal die Alten ihre eigene Politik im Parlament!"

2

Trude Unruh und die „Grauen Panther"

56

Aus einem Artikel der *Frankfurter Rundschau*

Dreimal die Woche ist abends „high life" – mit Tanz und allem Drum und Dran. Wenn einer lieber in Ruhe Tschaikowsky hört, na, soll er doch! Das Haus in Barmen-Wichlinghausen, einem Stadtteil von Wuppertal, ist für jede Fasson groß genug. Dort wohnen und leben seit zwei Jahren fünfzehn ältere Menschen. Und „jeder findet den Freiraum, den er braucht, und keiner ist allein".

Mit 1000 Mark im Monat ist Mann und Frau dabei. Jeder hat ein eigenes Zimmer, das Bad muß er sich mit einem zweiten WGler* teilen, dazu kann er alle Gemeinschaftsräume und den Garten benutzen.

Wer einmal eingezogen ist, der bleibt bis zu seinem Tod – halt so, „wie das früher auch war. Da stand die ganze Familie um das Bett herum, wenn der Großvater starb." Man will familienähnlich miteinander leben – am liebsten wie in einer Großfamilie, mit mehreren Generationen unter einem Dach.

* WGler = Wohngemeinschaftler, d.h. jemand, der in einer Wohngemeinschaft wohnt.

DIE BUNDESREPUBLIK DEUTSCHLAND (BRD)

**BONN Hauptstadt der BRD –
aber Metropole?**

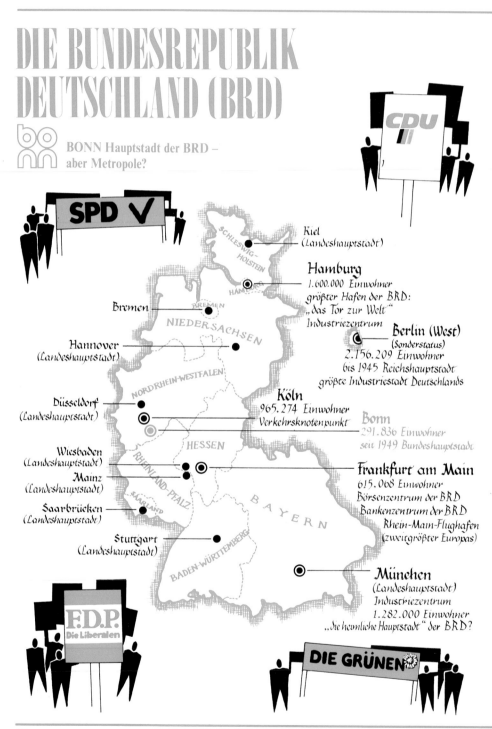

CDU

SPD ✓

Kiel
(Landeshauptstadt)

Hamburg
1.600.000 Einwohner
größter Hafen der BRD:
„das Tor zur Welt"
Industriezentrum

Bremen

NIEDERSACHSEN

SCHLESWIG-HOLSTEIN

HAMBURG

BREMEN

Berlin (West)
(Sonderstatus)
2.156.209 Einwohner
bis 1945 Reichshauptstadt
größte Industriestadt Deutschlands

Hannover
(Landeshauptstadt)

NORDRHEIN-WESTFALEN

Düsseldorf
(Landeshauptstadt)

Köln
965.274 Einwohner
Verkehrsknotenpunkt

Bonn
291.836 Einwohner
seit 1949 Bundeshauptstadt

HESSEN

RHEINLAND-PFALZ

Wiesbaden
(Landeshauptstadt)

Mainz
(Landeshauptstadt)

SAARLAND

Saarbrücken
(Landeshauptstadt)

Frankfurt am Main
615.068 Einwohner
Börsenzentrum der BRD
Bankenzentrum der BRD
Rhein-Main-Flughafen
(zweitgrößter Europas)

BAYERN

Stuttgart
(Landeshauptstadt)

BADEN-WÜRTTEMBERG

München
(Landeshauptstadt)
Industriezentrum
1.282.000 Einwohner
„die heimliche Hauptstadt" der BRD?

F.D.P.
Die Liberalen

DIE GRÜNEN

3 WAS HALTEN SIE VON DER POLITIK?

**A look at politics and issues of the day
Asking people what they think
Saying what you're for and against
and what must or ought to be done**

Die wichtigsten Themen der Zeit

In Bonn erwähnten die Leute folgende Themen. Was ist Ihre Meinung dazu?

die Abrüstung   *disarmament*
die Arbeitslosigkeit   *unemployment*
die Außenpolitik   *foreign affairs*
die dritte Welt   *Third World*
die Friedenssicherung   *maintenance of peace*
die Innenpolitik   *home affairs*
die Kernkraft   *nuclear power*
die Umwelt   *environment*
die Wirtschaft   *economy*

Am 25. Januar 1987 waren in der Bundesrepublik Bundestagswahlen. In der Bundeshauptstadt Bonn fragten Jörn Behrens und Anke Hoffmann etwa acht Wochen vor den Wahlen Vertreter der vier Hauptparteien, welche Themen sie für die wichtigsten der Zeit halten.

1

Robert Camp arbeitet in der Geschäftsstelle der Grünen.

Jörn	Was, denken Sie, sind die wichtigsten Themen der Zeit?
Herr Camp	Es gibt deren natürlich sehr viele, und es ist auch schwierig, das in eine Reihenfolge zu bringen. Ich denke, das bewegt sich auf den Feldern einmal der Abrüstung; es ist notwendig, möglichst schnell die wahnwitzigen Waffenpotentiale und Massenvernichtungsmittel zu redu-

zieren und abzubauen. Zum zweiten ist es notwendig, in der Wirtschaftsweise und im gesellschaftlichen Leben stärker auf die natürlichen Grundlagen Rücksicht zu nehmen. Und zum dritten ist es notwendig, mit den Ländern der sogenannten dritten Welt nicht ein verschleiertes koloniales Verhältnis zu haben, sondern zu einem partnerschaftlichen Verhältnis zu kommen. Zum vierten ist es notwendig, alle gesellschaftlichen Gruppen, auch diejenigen, die nicht stark sind, die an den Rand gedrängt sind, die sich nicht wehren können, selber stärker zu Wort kommen zu lassen.

---

der Reihenfolge nach

zum ersten ..., zum zweiten ..., zum dritten ..., zum vierten ...

Jörn	Welches dieser Themen ist Ihrer persönlichen Meinung nach das wichtigste?
Herr Camp	Also mir selber liegt sehr am Herzen die Dritte-Welt-Politik. Und wenn ich sage, sogenannte dritte Welt, dann geht das davon aus, daß es nur eine Welt gibt, und daß die Aufteilung in reiche und arme Länder, in machtvolle und abhängige Länder, ein Ende finden muß.

in eine Reihenfolge bringen   *to arrange in order*
das bewegt sich auf den Feldern ...   *it's in the areas ...*
die Wirtschaftsweise   *way in which the economy is run*
Rücksicht nehmen auf   *to show consideration for*
zu Wort kommen lassen   *to allow a chance to speak, be heard*

?

Was sind für Herrn Camp die wichtigsten Themen der Zeit?
Welches Thema ist ihm am wichtigsten?

Robert Camp

Bundestagsgebäude am Rheinufer

2

Stellvertretender Sprecher der liberalen FDP (Freie Demokratische Partei) in Bonn ist Hans-Rolf Goebel.

Jörn	Was, denken Sie, sind die wichtigsten Fragen der Zeit?
Herr Goebel	Unserer Meinung nach gibt es da verschiedene Punkte, die in unserer Zeit sehr wichtig sind: Einmal die Sicherung des Friedens, das heißt also eine erfolgreiche Außenpolitik, dann, was für die Innenpolitik von großer Bedeutung ist, eine ... eine Reduzierung der Arbeitslosenzahlen. Wir sind bemüht, im nächsten Jahr die Arbeitslosenzahlen unter zwei Millionen zu drücken; sie sind im Moment noch etwas über zwei Millionen. Das sind zwei Kernaufgaben, die wir sehen.
Jörn	Was, glauben Sie, kann man dafür tun?
Herr Goebel	Die Außenpolitik ist, ... das bedeutet für uns, daß man kontinuierlich und sehr geduldig verhandeln muß, besonders mit den ... mit den Staaten des Warschauer Paktes*; in der Innenpolitik, was ich angesprochen habe, Arbeitslosigkeit, das heißt, wir brauchen eine ... eine gut funktionierende Wirtschaft, um möglichst viele neue Arbeitsplätze schaffen zu können, um damit die Arbeitslosenzahlen zu reduzieren.
Jörn	Welche Probleme liegen Ihnen persönlich besonders am Herzen in der heutigen Zeit?

Herr Goebel	Ich muß sagen, daß mir ganz besonders am Herzen liegt, daß die Friedenspolitik erfolgreich ist.

* Mitgliedsstaaten des Warschauer Paktes vom 14.5.1955 sind Albanien, Bulgarien, Polen, Rumänien, die Sowjetunion, die Tschechoslowakei, Ungarn und seit 1956 die DDR.

eine Reduzierung der Arbeitslosenzahlen *a reduction in the number of unemployed*
was ich angesprochen habe *as I've already said*

?

Welche Themen hält Herr Goebel für die wichtigsten der Zeit?
Welches Problem liegt ihm besonders am Herzen?

3

Die größte Oppositionspartei ist die SPD (Sozialdemokratische Partei Deutschlands). In ihrem Büro im Bundeshaus trifft Anke Pressesprecherin Helga Wanke.

Anke	Können Sie die Hauptziele der SPD nennen?
Frau Wanke	Die Hauptziele der SPD heute sind eine Verbesserung der Umwelt, eine Friedenssicherung für die ganze Welt, beginnend mit einer eigenständigen Kraft Europa, und vor allen Dingen Problem Nummer eins in der Bundesrepublik, eine Bekämpfung der Arbeitslosigkeit. Die Bundesrepublik hat zur Zeit neun Prozent Arbeitslosigkeit; das Übel aber daran ist vor allem die Jugendarbeitslosigkeit, die ungefähr sieben Prozent beträgt.
Anke	Was kann man Ihres Erachtens dafür tun?
Frau Wanke	Hier sind nach Meinung der SPD vor allem Beschäftigungsprogramme notwendig, die der Staat mitfinanziert. Ich glaube, man kann ein solches Problem einfach nicht dem freien Spiel der Kräfte und dem freien Markt überlassen, wie es die anderen Parteien wollen. Deswegen muß der Staat immer regulierend eingreifen, nicht zum gesamten Teil, aber zu einem großen Teil.

eine eigenständige Kraft *an autonomous power*
das Beschäftigungsprogramm *job-creation scheme*
mitfinanzieren (*sep. vb.*) *to help finance, sponsor*
das freie Spiel der Kräfte *free play of market forces*

?

Was sind die Hauptziele der SPD?
Was, sagt Frau Wanke, ist das Hauptübel an der Arbeitslosigkeit?

4

Michael Maiworm vertritt die konservative CDU (Christlich-Demokratische Union), die mit der bayerischen CSU (Christlich-Soziale Union) die größte Fraktion im Bundestag stellt.

Anke	Welche Ziele vertritt die CDU?
Herr Maiworm	Das kann man in drei Sätzen natürlich nicht sagen, aber ich möchte einige Punkte herausgreifen. Die CDU tritt ein für die Sicherung des Friedens in Freiheit. Sie tritt ein für soziale Gerechtigkeit, und sie tritt ein für das Offenhalten der deutschen Frage* und für die Lösung der deutschen Frage im Rahmen eines europäischen Friedensvertrages.
Anke	Was, glauben Sie, sind die wichtigsten Fragen in dieser Zeit?
Herr Maiworm	Wie ich vorher schon sagte, ich glaube, eine der wichtigsten Fragen ist die Sicherung des Friedens in Freiheit. An der Lösung dieser Frage müssen alle Demokraten in Europa sich beteiligen, auch die in Großbritannien, und die tun es ja auch, wie ich weiß. Eine wichtige Frage, um nur noch einen Punkt zu nennen, ist auch der Umweltschutz. Wir müssen unsere Umwelt zwar nicht unversehrt, aber – das unversehrt geht gar nicht – aber doch möglichst heil den kommenden Generationen überliefern.

* d.h. die Wiedervereinigung Deutschlands

---

möglichst ...

möglichst schnell   *as quickly as possible*
möglichst heil   *as intact as possible*
möglichst viel   *as many as possible*

Es ist notwendig, **möglichst schnell** die wahnwitzigen Waffenpotentiale zu reduzieren.
Wir müssen unsere Umwelt **möglichst heil** den kommenden Generationen überliefern.
... um **möglichst viele** neue Arbeitsplätze schaffen zu können.

---

eintreten für (*sep. vb.*)   *to stand for*
im Rahmen   *within the framework*

Welche Ziele vertritt die CDU?
Wie, meint Herr Maiworm, müssen wir unsere Umwelt den kommenden Generationen überliefern?

5

Mit Wahlspots im Radio versuchten die Parteien, immer mehr Stimmen für sich zu gewinnen. Hier ein Auszug aus einer Sendung der CDU.

Moderator	Vier Jahre CDU Bundesregierung, das heißt vier Jahre erfolgreiche Politik; Leistungen, die sich hören lassen. Die Wirtschaft wächst wieder, der Aufschwung ist da. Er schafft Arbeitsplätze und sichert Wohlstand für alle. Die Arbeitsplätze sind sicher. Unser Erfolg: in zwei Jahren über eine halbe Million Beschäftigte mehr. Die Preise sind stabil. Lohn- und Rentenerhöhungen werden nicht mehr von der Inflation aufgefressen. Wir senken die Steuern. Familien erhalten erheblich höhere Freibeträge. Mit der CDU in eine gesicherte Zukunft.
Moderatorin	Der Erfolg der Regierung Helmut Kohl beweist, die CDU hat die Kompetenz, die Zukunft zu gestalten; fortschrittlich und menschlich.
Moderator	Entscheiden auch Sie mit für eine gute Zukunft statt rot-grüner* Krisen.
Moderatorin	Am 25. Januar mit Erst- und Zweitstimme** für die CDU.
Moderator	Mit beiden Stimmen CDU – die Zukunft.

* Farben der SPD und der Grünen
** siehe S. 80

Bundeskanzler Helmut Kohl leitet eine Sitzung des Bundeskabinetts

Johannes Rau am Rednerpult

6

Und hier ein Teil einer Sendung der SPD.

Johannes Rau	„Wer wirklich will, daß in unserem Land das Gebot der Sozialgerechtigkeit wieder Geltung bekommt, wer wirklich will, daß uns die ökologische Erneuerung der Industriegesellschaft gelingt, und wer wirklich will, daß von deutschem Boden Impulse ausgehen für Abrüstung und Frieden, der muß jetzt mit uns streiten für eine sichere und soziale Zukunft für alle."
Moderator	Auch darüber wird am 25. Januar entschieden: Umdenken und erneuern. Deutschland braucht wieder einen Kanzler, dem man vertrauen kann, Johannes Rau. Sie können dafür sorgen. Mit Ihren beiden Stimmen für die SPD schaffen Sie die Mehrheit für Johannes Rau.
Johannes Rau	„Und es wird ja doch in der Tat höchste Zeit, daß dieses Land endlich wieder einen Bundeskanzler bekommt."

Leistungen, die sich hören lassen   *achievements to be proud of (adapted for radio purposes from the expression* sich sehen lassen*)*
erheblich höhere Freibeträge   *considerably higher tax allowances*
Geltung bekommen   *to gain validity*

Was sagt der CDU-Wahlspot über die Arbeitsplätze?
Was für Impulse sollten nach Johannes Raus Meinung von deutschem Boden ausgehen?

7

Die Ziele der politischen Parteien hören sich ja schön an, aber nicht jeder ist auch wirklich vom guten Willen der Politiker überzeugt.

Altes Wasserwerk, umgebaut zum provisorischen Plenarsaal für den deutschen Bundestag

Jörn	Interessiert Sie Politik? Was halten Sie von der Politik?
Frau Schulz-T.	Na ja, also das Tagesgeschehen interessiert mich schon sehr; ich möchte allerdings nicht selber Politik betreiben, weil ich das also ein ziemlich schlimmes Geschäft finde.
Jörn	Was, glauben Sie, ist für die Politiker die wichtigste Frage in der Politik?
Frau Schulz-T.	Zur Zeit, meine ich, der Umweltschutz, denn es ist gerade eine Umweltverschmutzung größeren Ausmaßes passiert, daß der Rhein vergiftet wurde, und ich glaube, das hat die Bevölkerung doch ziemlich geschockt.
Jörn	Wäre das denn auch für Sie die wichtigste Frage?
Frau Schulz-T.	Ja, eine ... zumindest eine sehr wichtige Frage. Ich glaube, da ist eine Menge zu machen.
Jörn	Ja, finden Sie, daß die Regierung jetzt richtig handelt?
Frau Schulz-T.	Nun, wenn man etwas energischer vorgehen würde, glaub' ich, daß man die Bevölkerung zu mehr Dingen anhalten müßte, streng kontrollieren müßte.
Jörn	Was halten Sie von Politikern allgemein?
Frau Schulz-T.	Also, ich muß sagen, ich habe keine sehr gute Meinung von Politikern. Sie sind nicht immer ehrlich sich selbst gegenüber.

größeren Ausmaßes   *on a large scale*

?

Was hält Frau Schulz-Telschow von der Politik?
Was hat die Bevölkerung ziemlich geschockt?
Und was für eine Meinung hat Frau Schulz-Telschow von Politikern?

WAS MEINEN SIE DAZU?
JOACHIM UND JÖRN

Kernkraft oder Solarenergie? Joachim meint, daß Kernenergie nicht abzuschaffen ist, aber für Jörn wäre Solarenergie nicht nur sicherer, sondern wohl auch billiger. Was meinen Sie?

Jörn	Also ich bin gegen Kernkraft. Ich finde, wir sollten mehr die Solarenergie anstreben.
Joachim	Aber wir haben die Kernenergie. Ich glaube, wir brauchen sie zur Zeit auch, um unsere Energieversorgung decken zu können.
Jörn	Aber meiner Meinung nach wird überhaupt nicht versucht, eine andere Technologie zu entwickeln, sondern man macht nur Kernkraft und immer mehr Kernkraft.
Joachim	Ich glaube auch, daß man vielleicht zur Zeit vorsichtig sein sollte, neue Kernkraftwerke zu bauen, aber alle jetzt abschalten und auf Sonnenenergie umstellen, das geht, glaub' ich, nicht.
Jörn	Ich stimme mit dir überein, daß es nicht sofort geht, aber man muß doch versuchen, es möglichst schnell zu machen. Nach dem Unglück in Tschernobyl haben wir doch gesehen, was passiert. Wir konnten keinen Salat essen, wir konnten nicht nach draußen gehen, die Kinder konnten nicht im Sand spielen. Überhaupt jetzt, die Milch ist verseucht, das kann doch nicht so weitergehen.
Joachim	Das ist ja auch nicht so weitergegangen. Das war ein Einzelfall, der sich hoffentlich nicht wiederholen wird.
Jörn	Aber die Technik kann nicht sicher sein. Ich meine, wir müßten sichere Techniken entwickeln.
Joachim	Aber gerade in Europa, gerade in unserer Region, hier in Deutschland, ist doch so wenig Lichtenergie vorhanden, und sie ist so wechselhaft, daß man sich darauf eigentlich nicht verlassen kann.

Jörn	Aber ich denke, daß es auch andere Wege geben müßte, nicht Solarenergie als einziges, nur Wege, die sicherer sind als die heutigen. Ich glaube, es müßte irgendwas anderes geben, vielleicht Wasserstoff oder ... oder Wasserenergie überhaupt.
Joachim	Nur ist das meiste Geld bisher in die Kernkraft investiert worden; soll man das nun einfach zum Teufel schicken? Ich bleibe bei meiner Meinung, daß die Kernkraft auf lange Sicht nicht abzuschaffen ist.
Jörn	Vielleicht hast du recht. Ich glaube trotzdem, daß die Solarenergie langfristig der bessere Weg ist und wahrscheinlich auch der billigere.

unsere Energieversorgung   *our energy supply*
wird überhaupt nicht versucht   *no attempts are being made*
ich stimme mit dir überein   *I agree with you*
auf lange Sicht   *in the long run*

?

Warum, glaubt Joachim, brauchen wir Kernenergie?
Was ist nach dem Unglück in Tschernobyl passiert?
Was ist für Joachim der Nachteil der Lichtenergie?
Welche alternativen Energiequellen würde Jörn bevorzugen?
Warum?

WIE WAR DAS?

BUILD UP YOUR OWN LIST OF USEFUL EXPRESSIONS

1 Die Bundesrepublik hat ... ... neun Prozent Arbeitslosigkeit; das Übel aber daran ist ... ... die Jugendarbeitslosigkeit.
2 Wir müssen unsere Umwelt ... nicht unversehrt, aber ... möglichst heil den kommenden Generationen überliefern.
3 Familien erhalten ... ... Freibeträge.
4 Es wird ja doch in der Tat ... ..., daß dieses Land endlich wieder einen Bundeskanzler bekommt.
5 Ich glaube, das hat die Bevölkerung ... ... geschockt.
6 Umweltschutz ist zumindest eine sehr wichtige Frage. Ich glaube, ...
7 Ich ... ..., daß es nicht sofort geht, aber man muß doch versuchen, es ... ... zu machen.
8 Überhaupt jetzt, die Milch ist verseucht, das ... ...
9 Ich ... ..., daß die Kernkraft auf lange Sicht nicht abzuschaffen ist.
10 Vielleicht ... ... Ich glaube trotzdem, daß die Solarenergie langfristig der bessere Weg ist.

ALLES KLAR?

It's election time. What are the parties? What are their aims? What do they believe? What are the important issues? Where do the parties stand? What has the government done? Or left undone? What are they for and against? What will they do?

So many questions! But how convincing are the answers? Listen to the politicians being interviewed. Judge what they say for yourself, and notice the phrases they all use at different stages in the argument:

Defining the issues
Questions:

Was	sind	die wichtigsten Fragen der Zeit?
Was, glauben Sie,		die wichtigsten Themen?
Was, denken Sie,		die größten Probleme?
	ist	die wichtigste Frage in der Politik?
		das größte Problem?

Was, glauben Sie, ist für die Politiker **die wichtigste Frage** in der Politik?
Welches Thema ist das wichtigste?

Answers:

Eine wichtige Frage	ist	der Umweltschutz.
Problem Nummer eins		die Reduzierung der Arbeitslosen-
Von großer Bedeutung		zahlen.

Das sind zwei **Kernaufgaben.**

Proclaiming the party's aims
Questions:

Können Sie die Hauptziele	der SPD	nennen?
	der Grünen	

Welche Ziele vertritt	die CDU?
	die FDP?

Answers:

Die CDU	tritt ein für	soziale Gerechtigkeit.
Die SPD		eine gut funktionierende Wirtschaft.

Saying what you believe in, what really matters to you
Question:
Welche Probleme **liegen Ihnen** besonders **am Herzen**?

Answers:
Also **mir** selber **liegt** sehr **am Herzen** die Dritte-Welt-Politik.
Ich muß sagen, daß **mir** ganz besonders **am Herzen liegt,** daß die Friedenspolitik erfolgreich ist.

Saying what you're against

Also ich **bin gegen**	Kernkraft.
	Solarenergie.
	die Aufteilung in reiche und arme Länder.

Ich **habe keine** sehr **gute Meinung von**	Politikern.
	der Regierung.

Das **kann** doch **nicht so weitergehen!**
Das **muß ein Ende finden!**

Saying what can and must be done
Das **kann man** in drei Sätzen natürlich **nicht sagen.**

Man **muß**	eine andere Technologie **entwickeln.**
Wir **müssen**	kontinuierlich und geduldig **verhandeln.**

So many opinions! Notice the phrases people use to show that they're expressing an opinion, not necessarily stating a fact:

Ich **meine,**	wir sollten mehr die Solarenergie anstreben.
Ich **glaube,**	wir müßten sichere Techniken entwickeln.
Ich **denke,**	es müßte irgendwas anderes geben.
Ich **finde,**	da ist eine Menge zu machen.
Ich **bin der Meinung,**	

Meines Erachtens	ist das eine wichtige Frage.
Meiner Meinung nach	

And if you agree with someone, you can say:
Ich **stimme** mit dir **überein.**
Ich **glaube auch**, daß man vorsichtig sein sollte.
or, rather grudgingly: **Vielleicht hast du recht.**

But if you prefer to keep to your own point of view, say: **Ich bleibe bei meiner Meinung!**

EXTEND YOUR GERMAN
Reden und Schlagworte. In political speeches and slogans, sentences come in all shapes and sizes. In his 'Advice to a Good Speaker' **(Ratschläge für einen guten Redner)**, Kurt Tucholsky, the foremost political journalist in the Berlin of the Twenties and (early!) Thirties, advocated simple sentences: **Hauptsätze. Hauptsätze. Hauptsätze.** (Who follows this advice in the speeches we have reported?) But was Tucholsky right?

Look at (or listen to) the texts (recordings) again. Find:

– five simple sentences (just one clause with one verb), e.g. **Die Preise sind stabil.**

– one or two compound sentences (two or more clauses joined by **und, aber, oder, denn,** etc.), e.g. **Das kann man in drei Sätzen natürlich nicht sagen,** *aber* **ich möchte einige Punkte herausgreifen).**

Most sentences used by politicians are complex – some of them very complex – as they try to express more complicated thoughts and the relations between them. Study the way they do it, and learn to listen your way through the labyrinth. But *you* have no need to talk like that unless you want to! On the other hand, as you begin to link up ideas as the Germans do, German will become more *your* language. You use expressions quite as complicated as that in English without giving them a moment's thought. Watch out particularly for ways of treating a whole clause, expressing a whole idea, as though it were a noun:

Mir liegt besonders am Herzen	**die Dritte-Welt-Politik.** **, daß die Friedenspolitik erfolgreich ist.**
Ich bleibe bei meiner **Meinung,**	**daß die Kernkraft auf lange Sicht nicht abzuschaffen ist.**

Finally, look at some of the sentences that have no verb at all, especially the slogans:
Unser Erfolg: in zwei Jahren über eine halbe Million Beschäftigte mehr.

Mit der CDU in eine gesicherte Zukunft.
Umdenken und erneuern.

Simplicity can be very effective. Was Tucholsky right? If so, try restructuring the politicians' speeches in simple sentences. Is the effect more convincing?

P.S. The party with the most simple sentences won the election!!

USE YOUR GERMAN

Why not organise a hustings? Or a radio interview? Or broadcast a party political address? You can organise the interview with a friend. Ask each other such questions as:

Welche Partei vertreten Sie?
Was sind für Sie die wichtigsten Fragen der Zeit?
Welche Ziele vertritt Ihre Partei?
Was liegt Ihnen besonders am Herzen?
Was kann man dafür tun?
Was würden Sie tun, wenn Sie an die Macht kämen?

If you're working alone, put the answers together to make a continuous speech and record it. But remember! Keep closely to the forms of expression the Germans themselves use, and watch your grammar when you ring the changes!

FÜRS KÖPFCHEN

Pronouns

Personal pronouns are used instead of nouns when the person or thing referred to is obvious. They vary according to person as well as number, case and gender:

			nom.	*acc.*	*dat.*
	1st person		ich	mich	mir
	2nd person	*(familiar)*	du	dich	dir
		(polite)	Sie	Sie	Ihnen
sing.	*3rd person*	*(masc.)*	er	ihn	ihm
		(fem.)	sie	sie	ihr
		(neut.)	es	es	ihm
	1st person		wir	uns	uns
pl.	*2nd person*	*(familiar)*	ihr	euch	euch
		(polite)	Sie	Sie	Ihnen
	3rd person		sie	sie	ihnen

It's unusual to use a personal pronoun for a thing after a preposition. Instead, the prefix **da-** or **dar-** is placed before the preposition: **daran, darin, damit, daneben, davor, dazu, etc.:**

Was, glauben Sie, kann man **dafür** tun?
Das geht **davon** aus, daß es nur eine Welt gibt.
Die Bundesrepublik hat zur Zeit neun Prozent Arbeitslosigkeit; das Übel aber **daran** ist vor allem die Jugendarbeitslosigkeit.

KÖNNEN SIE'S?

1

Es ist schwierig, das in eine Reihenfolge zu bringen
Was sind die wichtigsten Fragen der Zeit?
Zum ersten ist es . . ., zum zweiten . . ., zum dritten . . . usw.

Look back at the list of issues on page 59. What order of importance would *you* place them in?

2

Vorsingen im Opernverein
It's not only politics you'll want to express your opinion about. For example: It's audition time in the local operatic society. What do the people on the panel think of Herr Lautstimm?

3

Jeder hat seine eigene Meinung

Every member of the Schmidt family has a different view as to which current issue is the most important. When asked for their opinions, they all begin their answers in a different way. What does each one say? Again the list on page 59 will help.

Herr Schmidt ist Geschäftsmann.
Frau Schmidt sagt: „Frieden schaffen ohne Waffen."
Gerd sucht seit einem Jahr eine Arbeitsstelle.
Barbara geht gern im Wald spazieren und ist Mitglied bei den Grünen.
Onkel Fritz ist viel in Afrika gereist.
Tante Trude interessiert sich nur für das, was innerhalb der Bundesrepublik passiert.

4

Was tun?

It's one of those days. Everything goes wrong; panic all round. Everyone offers opinions about what should be done – but even these have got mixed up. Rearrange the opinions so that it all makes more sense.

1   Der Hund hat den Sonntagsbraten aufgefressen. Ich denke, wir müssen den Klempner holen.

2 Der kleine Peter hat Fieber. Ich denke, wir sollten ihn zum Tierarzt bringen.

3 Die Waschmaschine ist kaputt, und die Küche steht unter Wasser. Ich glaube, wir sollten nicht zu Hause sein.

4 Es ist bei uns eingebrochen worden. Ich würde sagen, wir brauchen einen Elektriker.

5 Die Sicherung ist durchgebrannt. Meiner Meinung nach sollten wir die Feuerwehr holen.

6 Die Katze sitzt oben im Baum und kann nicht herunter. Ich bin der Meinung, wir sollten den Arzt kommen lassen.

7 Tante Lore kommt ausgerechnet heute zu Besuch. Meines Erachtens sollten wir die Polizei rufen.

5

Das kann man nicht in drei Sätzen sagen

The elections are coming. You're asked where you stand. Here are your opinions. What do you say? If you need help, refer back to pp. 69 and 70.

Unemployment and the environment are two key questions. But problem number one is maintaining peace; we have to negotiate continuously and patiently with other countries. Your party also stands for social justice; there's a great deal to be done there. You're opposed to nuclear power; we ought to develop solar energy. And we need to lower taxes. You don't think the government is taking the right action. In fact we need a new government.

Now see if you can say what you really think!

6

Das kann doch nicht Ihr Ernst sein!

You're having a heated political discussion with Herr Steiger who isn't the slightest bit interested in the key issues of modern times.

Herr Steiger	Meiner Meinung nach ist dieses ganze Gerede um Probleme wirklich überflüssig. Es geht uns doch gut.
Sie	(*You don't believe that everyone's all right.*)
Herr Steiger	Ich muß sagen, ich möchte in keinem anderen Land auf der Welt leben. Hierzulande haben wir keine Probleme.
Sie	(*No problems! In your opinion unemployment, for example, is a very important problem. It can't go on as it is.*)
Herr Steiger	Wer wirklich arbeiten will, findet auch Arbeit.
Sie	(*You don't agree at all. A reduction in the number of unemployed is problem number one.*)

Herr Steiger	Die paar Arbeitslosen! Denken Sie doch an unser enormes Wirtschaftswachstum, keine Inflation … Man kann den Politikern ruhig alle Probleme überlassen.
Sie	(*Well, you have to say, you haven't much of an opinion of politicians. For instance they ought to do more to protect the environment.*)
Herr Steiger	Ach, hören Sie mir doch mit dem Thema Umwelt auf!
Sie	(*Is he interested in ensuring peace then?*)
Herr Steiger	Frieden? Haben wir doch seit über 40 Jahren.
Sie	Um Gottes willen! Da kann man ja nur hoffen, daß es nicht zu viele Leute gibt wie Sie!

7

Die Grünen

Read the magazine article below and see if you can find out which of these statements are true (**richtig**) and which are false (**falsch**).

1 Die Partei der Grünen ist aus Bürgerinitiativen entstanden.
2 Die Grünen wollten eine Opposition zu den etablierten Parteien bilden.
3 Das erste Ziel der Grünen war es, gegen die Arbeitslosigkeit zu kämpfen.
4 Die Partei ist sich in allen Fragen einig.
5 Die Realos streben erreichbarere Ziele an als die Fundis.
6 Die Fundis sind stets zu Kompromissen bereit.
7 Eine rot-grüne Koalition in Bonn liegt in weiter Ferne.
8 Die Grünen sind eine Oppositionspartei.

Im In- und Ausland findet die Partei der Grünen, die 1983 das erste Mal in den Bundestag einzog, immer mehr Beachtung. Bei der Bundestagswahl 1987 erhielten die Grünen 8,3 Prozent der Stimmen.

Der folgende Artikel (abgeändert) aus dem Nachrichtenmagazin *Der Spiegel* beschäftigt sich mit den Erfolgen und den Problemen dieser jungen Partei:

Auf der Suche nach Alternativen

Die Partei der Grünen entstand aus verschiedenen Bürgerinitiativen und alternativen Gruppierungen vor allem der Anti-Atomkraftbewegung, die sich zusammenschlossen, um eine – wie sie sagen – wahre Opposition zu den etablierten Parteien CDU/CSU, FDP und SPD zu bilden. Das erste erklärte Ziel der Grünen war es, gegen die Zerstörung der Umwelt zu kämpfen; weitere Ziele sind hinzugekommen: Kampf gegen Aufrüstung, gegen Arbeitslosigkeit, gegen eine Teilung der Welt in arm und reich. Sie haben Erfolg mit ihrer Politik. Für immer mehr Menschen in der Bundesrepublik ist diese Partei wählbar geworden. Ganz problemlos konstituiert sich eine neue Partei natürlich nicht. Von Anfang an waren die Grünen in zwei Lager gespalten. Da gibt es einmal die Realos, die nur die einigermaßen erreichbaren Ziele anstreben und weder Koalitionen noch Kompromisse scheuen. Otto Schily und Joschka Fischer können als Hauptvertreter dieser Gruppierung angesehen werden. Fischer war immerhin bis Februar 1987 als Umweltminister in Hessen erster grüner Minister in einer rot-grünen Koalition. Die Fundis, das heißt so Leute wie Petra Kelly, Jutta Ditfurth und Thomas Ebermann, kämpfen gegen Koalitionen mit den bürgerlichen Parteien. Sie ziehen es vor, an ihren radikalen Utopien festzuhalten und diese nicht zu verwässern.

Nach den letzten Bundestagswahlen, bei denen die SPD nur 37 Prozent der Stimmen erhielt, ist eine rot-grüne Koalition in Bonn ja auch in weite Ferne gerückt. So werden die Grünen erst einmal weiterhin von der Oppositionsbank aus alternative Politik betreiben und das gründlich, denn sie gelten als die fleißigsten und engagiertesten Politiker in Bonn.

INFO-ECKE

BUND UND LÄNDER

Ein bißchen Geschichte ...

Bekanntlich ist Deutschland erst seit dem zweiten Weltkrieg ein geteiltes Land. Am Kriegsende waren sich die vier Besatzungsmächte zwar einig, daß das besiegte Deutschland „entnazifiziert" und „demokratisiert" werden sollte, aber darüber, *wie* diese Demokratie nun aussehen sollte, herrschte keineswegs Einigkeit – westliches oder östliches Modell? Schließlich wurde dann am 23. Mai 1949 in den

Besatzungszonen der USA, Großbritanniens und Frankreichs die Bundesrepublik Deutschland (BRD) gegründet und am 7. Oktober 1949 in der sowjetischen Besatzungszone die Deutsche Demokratische Republik (DDR). In beiden Teilen Deutschlands galt die Teilung eigentlich als provisorisch, jetzt aber sieht sie eher nach harter politischer Realität aus, mit Berliner Mauer und einer scharf bewachten Grenze, die nicht nur Deutschland, sondern ganz Europa teilt.

Graffiti an der Berliner Mauer

Noch heute merkt man, daß die BRD nur als Übergangsstaat bis zur (baldigen) Wiedervereinigung Deutschlands gedacht war. Statt einer Verfassung ist ihre rechtliche Grundlage noch immer das sogenannte *Grundgesetz*, das nur „für eine Übergangszeit" (Präambel) gelten sollte, um dann die Grundlage für eine gesamtdeutsche Verfassung zu bilden. Als Übergangslösung galt auch die Wahl der Bundeshauptstadt: Da Berlin seit 1945 einem besonderen Viermächtestatus unterlag, kam West-Berlin als Hauptstadt der Bundesrepublik nicht in Frage, und man wählte daher als vorläufige Hauptstadt das relativ kleine, provinzielle Bonn.* Selbst die Bonner würden wohl zugeben, daß ihre Stadt mit London, Paris oder Rom nicht mithalten kann!

Wieso eigentlich *Bundes*republik?

Die BRD ist ein föderativer Staat, der aus den folgenden Bundes-
ländern besteht: Schleswig-Holstein, Hamburg, Niedersachsen,
Bremen, Nordrhein-Westfalen, Hessen, Rheinland-Pfalz, Saarland,
Baden-Württemberg, Bayern und außerdem Berlin (West), das jedoch
einen Sonderstatus hat (die Hansestadt Hamburg, Hansestadt Bremen
sowie Berlin (West) sind Stadtstaaten). Im Prinzip ist jedes Land ein
Staat für sich, mit einer eigenen Verfassung und einem eigenen Parlament (*Landtag* bzw. im Stadtstaat *Bürgerschaft* oder *Abgeordnetenhaus*). Die Länder sind für die regionale Verwaltung zuständig
und regeln manche Bereiche des öffentlichen Lebens, besonders den
kulturellen Bereich. So hat zum Beispiel jedes Land ein etwas anderes
Schulsystem, und die meisten Länder besitzen eine eigene Rundfunkanstalt (Radio/Fernsehen). Für Bereiche wie Außenpolitik und
Verteidigung ist allerdings nur der Bund zuständig.

*Dabei mag eine Rolle gespielt haben, daß Konrad Adenauer (1949–1963
Bundeskanzler) bei Bonn wohnte!

PARTEIEN IM BUNDESTAG

Christlich-Demokratische Union Deutschlands (außer Bayern)
Christlich-Soziale Union in Bayern

gegründet:	20.–22. Oktober 1950 (CDU); 8. Januar 1946 (CSU)
Hochburgen:	Bayern, Baden-Württemberg, katholisch-ländliche Gegenden
Stammwähler:	Selbständige, Angestellte, Landwirte, Katholiken
Tendenz:	konservativ
Farbe:	schwarz

Sozialdemokratische Partei Deutschlands

gegründet:	23. Mai 1863
Hochburgen:	Ruhrgebiet, Teile von Hamburg, Bremen, Niedersachsen, Saarland
Stammwähler:	Arbeiter, Angestellte
Tendenz:	sozialdemokratisch
Farbe:	rot

Freie Demokratische Partei

gegründet:	11./12. Dezember 1948
Hochburgen:	Großstädte außerhalb des Ruhrgebiets
Stammwähler:	Selbständige, (leitende) Angestellte
Tendenz:	liberal
Farbe:	blau-gelb

Die Grünen

gegründet:	12.–14. Januar 1980
Hochburgen:	Hamburg, Baden-Württemberg
Stammwähler:	18–40jährige
Tendenz:	alternativ
Farbe:	grün

Kanzler Kohl vor dem Bundestag

BUNDESTAGSWAHLEN

Der *Bundestag* ist das Parlament der BRD, mit Sitz in Bonn. Er hat
496 voll-stimmberechtigte Abgeordnete und dazu noch 22 Abgeordnete
aus West-Berlin, die kein volles Stimmrecht haben (Sonderstatus).
Die Bundestagswahlen finden alle vier Jahre statt. Wählen darf jeder
Bundesbürger ab 18 Jahren.

Das Wahlsystem der BRD ist eine ziemlich komplizierte Mischung
aus Mehrheitswahl und Verhältniswahl. (Das System ist so kompliziert,
daß die Zeitungen es den Bürgern vor jeder Wahl bis ins Detail
erklären!) Jeder Wähler hat zwei Stimmen: Mit der *Erststimme* wählt
man direkt einen Kandidaten, und mit der *Zweitstimme* bestimmt man
das Verhältnis der Parteien im Bundestag. Man wollte aus den Fehlern
der Weimarer Republik lernen und die Vorteile der Mehrheitswahl
(z.B. Großbritannien) mit den Vorteilen der Verhältniswahl kombinieren. Das Ergebnis: das sogenannte *personalisierte Verhältniswahlrecht.*

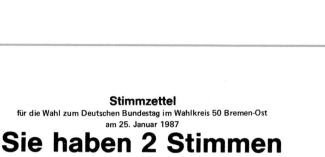

Stimmzettel

für die Wahl zum Deutschen Bundestag im Wahlkreis 50 Bremen-Ost
am 25. Januar 1987

Sie haben 2 Stimmen

hier 1 Stimme
für die Wahl
eines Wahlkreis-
abgeordneten

Erststimme

hier 1 Stimme
für die Wahl
einer Landesliste (Partei)
- maßgebende Stimme für die Verteilung der
Sitze insgesamt auf die einzelnen Parteien -

Zweitstimme

	Erststimme				Zweitstimme	
1	Waltemathe, Ernst — Bundestagsabgeordneter, Hützelstr. 53, Bremen — **SPD** Sozialdemokratische Partei Deutschlands	○		○	**SPD** Sozialdemokratische Partei Deutschlands — Koschnick, Waltemathe, Grunenberg, Lüneburg, Frau Mentzen	1
2	Hinrichs, Wolfgang — Dipl.-Volkswirt, Einzelhandelskaufmann, Emmastr. 19, Bremen — **CDU** Christlich Demokratische Union Deutschlands	○		○	**CDU** Christlich Demokratische Union Deutschlands — Neumann, Hinrichs, Frau Bohling, Urban, Frau Hofmeier	2
3	Beck-Oberdorf, Marieluise — Lehrerin, Celler Str. 52 A, Bremen — **GRÜNE** DIE GRÜNEN	○		○	**GRÜNE** DIE GRÜNEN — Frau Beck-Oberdorf, Ruffler, Frau Bernbacher, Bohnsack	3
4	Dr. Eick, Christian — Dipl.-Volkswirt, Am Kapellenberg 7, Bremen — **F.D.P.** Freie Demokratische Partei	○		○	**F.D.P.** Freie Demokratische Partei — Richter, Dr. Eick, Frau Pautzke, Kuhnert, Frau Ahlers	4
5	Griep, Franz Gerhard — Rentner, Batteriestr. 10, Schiffdorf-Bramel — **ASD** Alle Sozialversicherten und Rentner Deutschlands- (Rentnerpartei)	○		○	**ASD** Alle Sozialversicherten und Rentner Deutschlands- (Rentnerpartei) — Griep, Frau Obendiek, Lammertz, Frau Düning, Meyer	5
				○	**Mündige Bürger** Die Mündigen Bürger — Wiesner	6
				○	**FRAUEN** FRAUENPARTEI — Frau Salewski, Frau Homburg, Frau Weichler	7
				○	**FAP** Freiheitliche Deutsche Arbeiterpartei — Seeger, Privenau, Beste	8
				○	**MLPD** Marxistisch-Leninistische Partei Deutschlands — Briese, Frau Braun, Eicker, Barth, Frau Barth	9
10	Weidenbach, Hans-Otto — Umschüler, Schillingstr. 25/27, Bremen — **NPD** Nationaldemokratische Partei Deutschlands	○		○	**NPD** Nationaldemokratische Partei Deutschlands — Vorsatz, Weidenbach, Hashagen, Frau Steinkampf, Swoboda	10
11	Komp, Lothar — Kfm. Angestellter, Bardowickstr. 148, Bremen — **Patrioten** Patrioten für Deutschland	○		○	**Patrioten** Patrioten für Deutschland — Komp, Lampe, Grabowski	11
12	Dr. Busche, Ernst — Lehrer, Ulrichsstr. 10, Bremen — FRIEDEN	○				

DIE MEDIENLANDSCHAFT

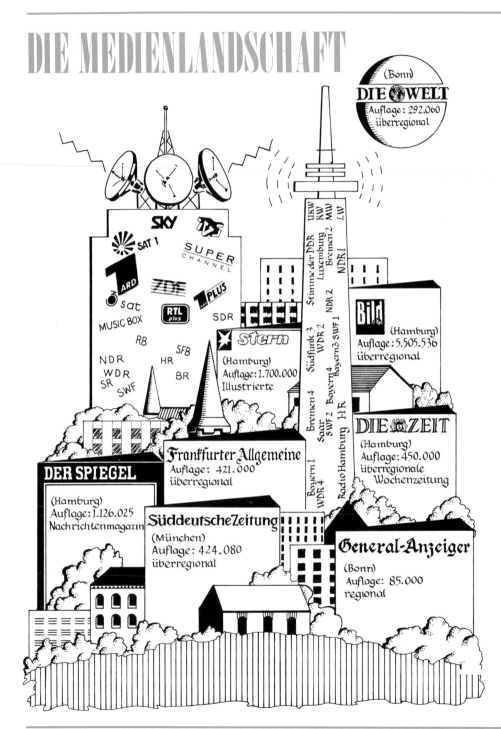

(Bonn)
DIE WELT
Auflage: 292.060
überregional

SKY · TV5 · SAT 1 · SUPER CHANNEL

ARD · ZDF · 1PLUS · 3sat · RTL plus · MUSIC BOX · SDR

RB · SFB · NDR · HR · WDR · BR · SR · SWF

UKW · KW · MW · LW

Stimme der DDR · Luxemburg · Bremen 2 · NDR 1

Südfunk 3 · WDR 2 · NDR 2 · Bayern 3 SWF 1

Bremen 4 · Saar · SWF 2 · Bayern 4 · HR · Radio Hamburg

Bayern 1 · WDR 4

Stern
(Hamburg)
Auflage: 1.700.000
Illustrierte

Bild
(Hamburg)
Auflage: 5.505.536
überregional

DIE ZEIT
(Hamburg)
Auflage: 450.000
überregionale
Wochenzeitung

Frankfurter Allgemeine
Auflage: 421.000
überregional

DER SPIEGEL
(Hamburg)
Auflage: 1.126.025
Nachrichtenmagazin

Süddeutsche Zeitung
(München)
Auflage: 424.080
überregional

General-Anzeiger
(Bonn)
Auflage: 85.000
regional

DA MUSS ICH WIDERSPRECHEN

Talking about the media
Giving reasons
Holding your own in a discussion

Über Radio, Fernsehen und Zeitung hat jeder seine Meinung, wie diese Leute aus Bonn. Was meinen Sie?

Helmut Lennarz

„Also samstags, wenn die Bundesliga läuft, dann höre ich das im Radio. Es ist für mich spannender, samstags das im Radio zu hören, als die Endergebnisse nachher im Fernsehen zu sehen, und dann ein paar Ausschnitte."

WDR

WDR 1 **9.05** Erlebte Geschichten. **9.30** Schwarze Bluesgit- arristen (3). **10.05** Echo West. **11.45** Landreport. **12.05** „Dig it!". **13.05** Die Schlagerrallye. **15.00** Sport und Musik. **18.05** **American Top 40. 20.00** Disco Night. **22.05** Sport. **0.05-4.00** Nachtrock

Joachim Kothe

„Aber im Fernsehen sieht man doch viel mehr Filme, die man sich im Kino nie angucken würde, wo man hinterher sagt: „Um Gottes willen, wie schrecklich war das und wie langweilig, und fast eingeschlafen bin ich."

Christoph Larsen

„Informationen, die über das Fernsehen und über das Radio kommen, sind immer von kurzer Dauer; ich kann ja eine Zeitung langsam lesen und mir langsam eine eigene Meinung bilden."

1

Helmut Lennarz sieht gern Sport und politische Sendungen im Fernsehen, hört Sport und Musik im Radio und liest regelmäßig *Die Zeit* und den Bonner *General-Anzeiger*. Auf welches Medium könnte er am ehesten verzichten? Und warum?

Jörn	Sehen Sie selbst Fernsehen?
Herr Lennarz	Ja, ich sehe selbst Fernsehen, ja, und zwar vor allen Dingen zwei Arten des Programms: erstens Sportsendungen, das ist einfach, weil mich das interessiert; zweitens politische Sendungen, gerne also Magazine irgendwelcher politischer Machart. Spielfilme seltener. Ab und zu mal einen Krimi, aber das ist nicht so entscheidend.
Jörn	Warum sehen Sie eigentlich politische Sendungen so gerne?
Herr Lennarz	Eigentlich nicht wegen der Information, sondern eher wegen der Diskussion. Ich glaube nicht, daß im Fernsehen die politische Information da an erster Stelle steht. Das kriegt man, glaube ich, eher aus Zeitungen verschiedenster Art und dann eben auch mit unterschiedlichen Informationen, ja. Mich interessiert dann eher die Auseinandersetzung zwischen den einzelnen Parteien oder den einzelnen Positionen, im Fernsehen, ja.
Jörn	Sie sagten, daß Information mehr aus den Zeitungen kommt. Welche Zeitungen lesen Sie denn gern?
Herr Lennarz	Also die Zeitung, die ich regelmäßig lese, das ist *Die Zeit*; das ist eine Wochenzeitung, die am Donnerstag rauskommt, ja. Also *Die Zeit* ist eine überregionale Zeitung*. Dazu lese ich selber noch den Bonner *General-Anzeiger;* das ist eine regionale Zeitung mit einer Verbreitung eben in Bonn und Umgebung. Da ist der Akzent dann eigentlich eher auf regionalem Geschehen, auch im Sport zum Beispiel oder sonst, ja.
Jörn	Ja, wenn eines dieser drei Medien, Radio, Fernsehen oder Zeitungen, (Ja.) übermorgen abgeschafft werden sollte, auf was könnten Sie am ehesten verzichten?

---

one of …

eines dieser drei Medien *because it's* **das** Medium
eine der populärsten Sendungen *because it's* **die** Sendung
einer der besten Spielfilme *because it's* **der** Film

Herr Lennarz	Oh … ja, ich glaube, auf das Radio. Samstags, gut, dann höre ich da Sport, aber darauf kann man verzichten. Sonst ist es eigentlich für mich zur Hauptsache da, um Musik zu hören, und das geht auch auf andere Weise.

Jörn	Auf das Fernsehen wollten Sie nicht verzichten?
Herr Lennarz	Nein. Nein. Es ist bequem, wenn man den Tag gearbeitet hat, sich abends hinzusetzen und einfach passiv was über sich ergehen zu lassen.

* siehe S.103

etwas über sich ergehen lassen   *to let something wash over you*

Was für Sendungen sieht sich Herr Lennarz im Fernsehen an?
Was für eine Zeitung ist *Die Zeit*?
Auf welches Medium könnte er am ehesten verzichten?

2

Die populärsten Fernsehsendungen, meint Herr Lennarz, sind *Dallas* und *Der Denver Clan* (*Dynasty*). Man hat ihm einmal gesagt, er sehe aus wie Jock Ewing. Finden Sie auch?

Jörn	Was, glauben Sie denn, sind die populärsten Sendungen in Deutschland?
Herr Lennarz	Durchgehend populäre Sendungen sind amerikanische Reihen, die alle 'ne Dreiviertelstunde lang sind und alle nach dem gleichen Muster gestrickt sind: Eine Szene darf nicht länger als zwei Minuten sein, dann muß gewechselt werden. Die Figuren sind dann hier bekannt; man braucht immer wieder dieselbe Gestalt, denselben Bösewicht oder so etwas, ohne jede Abwechslung, katastrophal aber beliebt.

---

derselbe, dieselbe, dasselbe

Notice that, although these are written as single words, you use the correct form of the definite article together with the appropriate adjective ending:

Man braucht immer wieder **die**selbe Gestalt, **den**selben Bösewicht.

Jörn	Sehen Sie solche Sendungen selbst?
Herr Lennarz	Eigentlich nie. Ich habe zum ersten Mal diese Sendung angesehen, nachdem hier ein Kollege von mir behauptet hat, ich sehe aus wie der Großvater aus dieser Sendung. Daraufhin habe ich mir diese Sendung einmal angesehen, da war der Großvater aber inzwischen verstorben; ich weiß also nicht, ob ich so aussehe.
Jörn	Welche Sendung war das genau?
Herr Lennarz	Ich glaub', das war *Dallas*. Irgendwo tauchte ein Großvater auf, der in den Bergen dann umgekommen ist; ich glaub', es war *Dallas*. Ganz sicher bin ich nicht mehr.

Jock Ewing (Jim Davis) und Helmut Lennarz

nach dem gleichen Muster gestrickt *cast in the same mould* (lit. *knitted in the same pattern*)
dann muß gewechselt werden *then there has to be a change*
katastrophal *atrocious*

?

Welche Fernsehsendungen sind nach Meinung von Herrn Lennarz in Deutschland am populärsten?
Sieht er sich diese Sendungen auch an?

3

Gerti Neuhaus ist von Beruf Heilpädagogin. Sie hat jeden Tag besonders mit kleinen Kindern zu tun und findet, daß sie zu viel fernsehen.

Frau Neuhaus	Ja, ich denke, daß die Kinder viel zu viel Fernsehen schauen, und das finde ich oft ganz schlimm; einmal von der Zeit her, daß sie zu ... zu viele Stunden am Fernsehen sitzen und nicht genug Zeit haben fürs Spielen. Und dann denk' ich, daß man nicht genug mit ihnen darüber redet, und daß sie Sendungen sehen, die für Kinder nicht geeignet sind.

Jörn	Glauben Sie, daß im Fernsehen zu viel Sex und Horror und Gewalt gezeigt wird?
Frau Neuhaus	Also, ich denke, daß viel Gewalt gezeigt wird und auch viel Horror gezeigt wird. Ich arbeite mit Kindern, ich habe jeden Tag mit Kindern zu tun, und ich sehe, wie sie dann die ... die Dinge aus dem Fernsehen gerne nachspielen, weil sie das toll finden, weil sie so sein möchten, wie der Held aus dem Fernsehenstück*. Und viele Dinge verstehen sie gar nicht, und sie versuchen sie aber im Alltag mit ihren Freunden zu spielen.
Jörn	Und Sie glauben, das ist schlecht für die Kinder?
Frau Neuhaus	Ja, man sollte die ... die grausamen Filme nicht so zu Zeiten senden, wenn die Kinder noch auf sind und nicht im Bett sind.

* A slip of the tongue! She means **Fernsehstück**.

ich habe jeden Tag mit Kindern zu tun   *I deal with children every day*

?

Warum spielen Kinder Dinge aus dem Fernsehen nach?
Wann sollte man nach Meinung von Frau Neuhaus keine grausamen Filme senden?

4

JOACHIM UND JÖRN

Joachim und Jörn diskutieren über das Fernsehen. Joachim war gerade in England, wo er das Fernsehen anders fand als zu Hause.

Jörn	Du warst gerade in England. Sag mal, wie war denn das Fernsehprogramm eigentlich?
Joachim	Das Fernsehprogramm war anders, und ich fand es nicht so gut wie in Deutschland.
Jörn	Ja, was ist denn anders? Kannst du Unterschiede feststellen?
Joachim	Ja, es gibt sicherlich Unterschiede zwischen dem englischen und dem deutschen Fernsehen. Der erste liegt schon darin, daß in der BBC* überhaupt keine Werbung ausgestrahlt wird, im ITV* dafür um so mehr. In Deutschland ist das ja anders, da haben alle Fernsehanstalten das Recht, Werbung zu machen, aber nur in der Zeit zwischen 6 und 8 Uhr abends. Und das ist eigentlich ganz angenehm, wenn ich daran denke, daß jeder interessante Spielfilm der ITV* alle Viertelstunde unterbrochen wurde von einem Werbespot, der mich überhaupt nicht interessierte.
Jörn	Ja, in Deutschland wird also das Fernsehen finanziert von den Zuschauern, oder?

Joachim	Ja, in Deutschland gibt es Gebühren, in England gibt es auch Gebühren; aber die Gebühren in England zieht nur der BBC* ein, die ITV* lebt vollständig von Werbung. In Deutschland teilen sich die Fernsehanstalten, und zwar die elf Rundfunkanstalten der Länder** und das Zweite Deutsche Fernsehen, dieses Gebührenaufkommen und finanzieren damit ihr Programm. Und zusätzlich haben sie Werbeeinnahmen – täglich zwischen 6 und 8 darf Werbung ausgestrahlt werden, das ist auch noch zeitbegrenzt – und damit werden zusätzliche Programme finanziert. Sie klagen trotzdem alle, sie hätten kein Geld.

und zwar

und zwar is often used when you want to be more precise about something you've just said:

Ich sehe selbst Fernsehen, ja, **und zwar** vor allen Dingen zwei Arten des Programms.
In Deutschland teilen sich die Fernsehanstalten, **und zwar** die elf Rundfunkanstalten und das Zweite Deutsche Fernsehen, dieses Gebührenaufkommen.

Jörn	Wie fandst du denn die Programme überhaupt?
Joachim	Ich war nicht begeistert; das ist aber mein persönlicher Geschmack. Das deutsche Programm ist für mich ernsthafter, es bringt mehr Anlaß zur Diskussion, es bringt mehr Eigenproduktionen, kauft nicht nur Serien aus Amerika oder macht relativ billige *Comedy Shows,* sondern bringt auch ernsthaftes Fernsehspiel, bringt ernsthafte politische Sendungen.
Jörn	Also ich hab' jetzt einen Monat kein Fernsehen gesehen, und ich bin ganz glücklich, daß ich das durchgehalten hab'.
Joachim	War das denn sehr schwer? Ich könnt' mir das eigentlich ganz angenehm vorstellen.
Jörn	Also ich würde jetzt ganz gerne mal wieder was sehen. Ich finde Fernsehen ganz schön, manchmal.
Joachim	Du würdest das Fernsehen also nicht abschaffen wollen?
Jörn	Oh nein. Nein, nein.
Joachim	Aber wir sind uns sicherlich einig, daß eines der wichtigsten Dinge am Fernsehapparat der Abschaltknopf ist.
Jörn	(*lachend*) Das find' ich gut!

* The gender of BBC and ITV is uncertain. Joachim uses both **der** and **die**!
** In fact there are only nine. (*See p. 104*).

. Programm
Cosbys Familien-Bande
Damenwahl. Komödie
Wahlen in Hamburg
und Rheinland-Pfalz
Soirée in Wien
Galaabend, präsentiert
von Peter Alexander
Die Gauner von der
Copacabana. Spielfilm

18. Mai

1. Programm
) Ein Stück aus Ihrem Leben
Senioren-Wettbewerb
5 Spuk in der Schule
Neue Jugendserie
5 Das Boot (4)
0 Bericht über New York
)0 Jonas. Kabarett
)0 Gelbes Land. Spielfilm

2. Programm
15 Tennis World Team Cup
50 Spionin wider Willen
.30 Ein Stück vom Glück
TV-Spiel mit Grete Wurm
.00 WISO. Wirtschaftsmagazin
.10 Literatur im Gespräch:
Gabriel Garcia Marquez
2.55 ZDF JazzClub

DI 19. Mai

1. Programm
16.00 Frauengeschichten
Angé Loock, Fotomodell
16.45 Spaß am Dienstag
20.15 Wortschätzchen. Spiel
21.00 Monitor. Zeitberichte
21.45 Miami Vice: Samurai
23.00 Kulturwelt: 40 Jahre
Filmfestspiele in Cannes

2. Programm
13.15 Tennis World Team Cup
17.45 Teufels Großmutter
19.30 Die Reportage:
Betrug im Kühlhaus
20.15 Der Kapitän. Spielfilm
mit Heinz Rühmann
22.10 Ehe – nein danke?
Live-Diskussion

MI 20. Mai

16.00 Der Samenkrieg. Beri
17.15 Computerzeit: Robote
20.15 Ein Kartenhaus. TV-S
21.45 Brennpunkt. Aktuelle
23.00 Fußball-UEFA-Pokal
Zweites Endspiel
23.45 Einsatz in Manhatta

dafür   *to make up for it*
bringt mehr Anlaß zur Diskussion   *triggers off more discussion*
wir sind uns sicherlich einig   *I'm sure we agree*

Wie fand Joachim das Fernsehprogramm in England?
Zu welcher Zeit wird im deutschen Fernsehen Werbung ausgestrahlt?
Wer teilt sich in Deutschland die Gebühren?
Warum findet Joachim das deutsche Programm besser?
Was ist für ihn eines der wichtigsten Dinge am Fernsehapparat?

WAS MEINEN SIE DAZU?

Jörn und ein paar Freunde machen sich zusammen einen gemütlichen Abend. Bei Kerzenlicht und Tee spielen sie das Ballonspiel.

Es geht so: Drei Leute sitzen in einem Ballon, aber der Ballon ist leider defekt. Um den Ballon zu retten, muß einer aus dem Korb springen. Soll das Anke, die Chefin aller Fernsehanstalten, sein oder Norbert, der Chef aller Radioanstalten, oder Christoph, der Chef aller Zeitungen? Die drei diskutieren darüber, wer am wichtigsten ist, und dann wird gewählt, wer abspringen muß.

Hier ist der letzte Teil ihrer Diskussion. Wie würden *Sie* wählen?

Anke   *Christoph*   *Norbert*

Christoph   ... Ja, eine Zeitung kann ich überall lesen, sofern ich die Zeitung habe, und das ist ohne große Probleme möglich.

Anke   Nein, das stimmt nicht, denn bei der Zeitung müssen die Leser sich erst hinsetzen und lesen, das heißt, sie müssen aktiv etwas tun, während das beim Fernsehen einfacher ist. Und wenn die Menschen von einem langen Arbeitstag nach Hause kommen, sind sie oft nicht mehr in der Lage, noch Zeitung zu lesen.

Norbert   Und wer liest denn heute überhaupt noch Zeitung? Radio hören, das kann jeder, und er braucht sich auch da nicht so unterhalten zu lassen wie im Fernsehen, sondern er kann dabei arbeiten und andere Sachen tun.

Anke   Ich denke, daß das Fernsehen gegenüber der Zeitung den Vorteil hat, daß Informationen schneller als bei der Zeitung vermittelt werden können, und gegenüber dem Radio hat es den Vorteil ...

Christoph   (*unterbricht*) Es gibt da doch die Boulevardzeitungen: große Überschriften, schnelle Information, das geht auch bei uns. Wir haben ein breites Spektrum anzubieten. Ich kenne da die *Times*, die *Neue Zürcher Zeitung*, die *Frankfurter Allgemeine*, die *Frankfurter Rundschau*, von rechts nach links, von oben nach unten.

Norbert   Und wer soll sich in diesem Wust noch zurechtfinden? Außerdem soll man ja eine schlechte Zeitung, die Boulevardzeitung, nicht als Beispiel für Kurzinformation bringen. Im Radio kann ja Kurzinformation auch sachlich präsentiert werden.

Christoph	Die freie Auswahl der Information ist aber doch ein wesentlicher positiver Gesichtspunkt.
Anke	Ich denke, daß das Fernsehen am besten ist; die meisten Hörer und Hörerinnen wollen sich nicht informieren, sondern unterhalten werden, und dazu bietet das Fernsehen mit seinem Film eine einzigartige Möglichkeit.

> **sondern** *but*
>
> **sondern** is used after a negative when you're correcting a wrong idea:
>
> **nicht** wegen der Information, **sondern** eher wegen der Diskussion.
> Er braucht sich da **nicht** so unterhalten zu lassen wie im Fernsehen, **sondern** er kann dabei andere Sachen tun.
> Die meisten Hörer und Hörerinnen wollen sich **nicht** informieren, **sondern** unterhalten werden.
>
> And **nicht nur** is followed by **sondern auch:**
>
> Es kauft **nicht nur** Serien aus Amerika, **sondern** bringt **auch** ernsthafte politische Sendungen.

Norbert	Also ich bin ja dafür, daß das Radio überleben sollte. Das Radio ist die optimale Möglichkeit, sich kurz, knapp, unterhaltend und schnell zu informieren, und ich möchte noch mal sagen, daß Radio ganz klar besser ist als die Zeitung, weil im Radio kurze Informationen und auch ausführliche Informationen geboten werden, die der Bürger auswählen kann, was in der Zeitung nicht möglich ist.
Christoph	Da muß ich widersprechen. Wir Zeitungsleute plädieren für die Zeitungen, weil die Zeitungen ein riesiges Spektrum an Information, kurz und klein, groß und bunt, oben und unten, links und rechts, bieten, was kein Radio bieten kann. (*alle applaudieren*)

Nun, wer soll abspringen? Wie Jörn und seine Freunde gewählt haben, können Sie in der *Ganz spontan!* Radiosendung hören oder auf der Kassette.

Wer liest denn heute überhaupt noch Zeitung?   *Who still reads papers today anyway?*
die Boulevardzeitung   *tabloid*
Wer soll sich in diesem Wust noch zurechtfinden?   *Who's supposed to find his way through that hotchpotch?*

Welchen Vorteil hat in Ankes Augen das Fernsehen gegenüber der Zeitung?
Was spricht Norberts Meinung nach für das Radio?
Warum plädiert Christoph für die Zeitung?

WIE WAR DAS?

MORE USEFUL EXPRESSIONS FOR YOUR COLLECTION

1 Ich glaube nicht, daß im Fernsehen die politische Information da ... ... steht.
2 Sonst ist es eigentlich für mich ... ... da, um Musik zu hören, und das geht auch ... ...
3 Ich habe ... ... diese Sendung angesehen, nachdem hier ... ... behauptet hat, ich sehe aus wie der Großvater aus dieser Sendung.
4 Man sollte die grausamen Filme nicht so ... ... senden, wenn die Kinder noch auf sind.
5 Der erste Unterschied liegt schon darin, daß in der BBC ... ... Werbung ausgestrahlt wird.
6 Das ist eigentlich ganz angenehm, wenn ich daran denke, daß jeder interessante Spielfilm der ITV ... ... unterbrochen wurde von einem Werbespot, der mich ... ... interessierte.
7 Das deutsche Programm kauft ... ... Serien aus Amerika oder macht ... ... *Comedy Shows*, ... bringt ... ernsthaftes Fernsehspiel.
8 Und wer liest denn heute ... ... Zeitung?
9 ... ... Hörer und Hörerinnen wollen sich nicht informieren, ... unterhalten werden.
10 Also ... ..., daß das Radio überleben sollte.

ALLES KLAR?

The media: print, radio and television are complementary. They do different jobs and we can benefit from the special contributions each has to make to the common task of informing us. But no-one can resist comparing them and most people prefer one to another. Which is most dispensable? Which is most interesting? For which purposes? And why?

Asking about preferences
Was, glauben Sie denn, sind die **populärsten** Sendungen?
Auf was könnten Sie **am ehesten** verzichten?
Glauben Sie, daß im Fernsehen **zu viel** Sex und Horror gezeigt wird?

Making comparisons
Ich sehe Spielfilme **seltener als** Sportsendungen.
Das Radio ist ganz klar **besser als** die Zeitung.

Es ist für mich **spannender,** ein Fußballspiel samstags im Radio **zu hören, als** die Endergebnisse nachher im Fernsehen **zu sehen.**
Das deutsche Programm ist für mich **ernsthafter,** es bringt **mehr** Anlaß zur Diskussion.

Ich sehe politische Sendungen gern, nicht wegen der Information, sondern **eher** wegen der Diskussion.
Ich fand das Fernsehprogramm **nicht so gut wie** in Deutschland.
Sie findet, daß Kinder **viel zu viel** fernsehen, daß sie **zu viele** Stunden am Fernsehen sitzen.

Die drei diskutieren darüber, wer **am wichtigsten** ist.
Ich denke, daß das Fernsehen **am besten** ist.

But not everyone, of course, will agree with your own preferences. What happens if you get caught up in an argument or discussion?

Underlining your point
Es gibt da **doch** die Boulevardzeitungen.
Aber im Fernsehen sieht man **doch** viel mehr Filme, wo man hinterher sagt: „Um Gottes willen, wie schrecklich war das!"
Die freie Auswahl ist aber **doch** ein wesentlicher positiver Gesichtspunkt.

In Deutschland ist das **ja** anders.
Ich kann **ja** eine Zeitung langsam lesen.
Im Radio kann **ja** Kurzinformation auch sachlich präsentiert werden.

Ich möchte **noch mal** sagen, daß Radio **ganz klar** besser ist.

Conceding a point
Samstags, **gut,** dann höre ich da Sport, aber ...
Das **mag sein.** (*siehe S. 20*)

Asking for clarification
Können Sie Unterschiede **feststellen?**
Was ist denn anders?
In Deutschland wird also das Fernsehen finanziert von den Zuschauern, **oder?**

Clarifying your point
Erstens Sportsendungen, **weil** mich das interessiert, **zweitens** politische Sendungen ...
Einmal von der Zeit her, **und dann** denke ich, daß man nicht genug mit ihnen darüber redet.

Das heißt, sie müssen aktiv etwas tun.
Da ist der Akzent eher auf regionalem Geschehen, auch im Sport **zum Beispiel.**

Challenging a point
Wer soll sich in diesem Wust noch **zurechtfinden?**
Wer liest **denn überhaupt** noch Zeitung?

Disagreeing
Nein, **das stimmt nicht.**
Da **muß ich widersprechen.**

Adding an afterthought
Außerdem soll man ja eine schlechte Zeitung nicht als Beispiel für Kurzinformation bringen.

And finally ...
If you're not quite sure any more: **Ganz sicher bin ich nicht mehr.**
And to finish on a conciliatory note: **Aber wir sind uns sicherlich einig, daß ...**

Much of the language we've already covered in *Ganz spontan!* would be useful in an argument or discussion. Look back at the *Alles klar?* sections of the first three chapters. How many expressions can you find that you could use?

EXTEND YOUR GERMAN
Wie? Was? Wo? Wann? Warum?
Many questions, such as **Sehen Sie selbst Fernsehen?** can be answered with a simple **Ja** or **Nein**. But if, like Herr Lennarz, you're in a conversational mood, you can fill out the answer to: **Ja, ich sehe selbst Fernsehen, ja,** go on to elaborate your answer: **und zwar ... erstens** $\boxed{A}$, weil $\boxed{X}$, **zweitens** $\boxed{B}$, **gerne also** $\boxed{Y}$, **seltener** $\boxed{C}$, **ab und zu mal** $\boxed{D}$, and you're off!

However, **W-Fragen** (questions beginning **Wie?**, **Was?**, etc.) require a piece of information rather than a plain yes or no, as young children know very well! Exasperated parents may reply to the tenth **Warum?** with **Darum!** and close the conversation. Even when we wish to be informative, a phrase or a word to accompany an action may be all that's needed: **Wie macht man das zu? Mit dem Verschluß hier. So.** In a discussion, the answers to such questions usually have to be fuller. And, of course, you may wish to give the information without being asked. There are many examples in the conversations. Here are some of them:

Wann?	**wenn** die Bundesliga läuft **wenn** man den Tag gearbeitet hat **nachdem** ein Kollege von mir das behauptet hat
Warum?	**weil** mich das interessiert **weil** sie das toll finden **wegen** der Information **wegen** der Diskussion **um** Musik **zu** hören **um** den Ballon **zu** retten
Was?	Ich finde, **daß** die Kinder zu viel fernsehen. Ich denke, **daß** viel Gewalt gezeigt wird. Ich sehe, **wie** Kinder die Dinge aus dem Fernsehen gerne nachspielen.
Was für?	**ein Werbespot, der** mich überhaupt nicht interessierte **Filme, die** man sich im Kino nie angucken würde **amerikanische Reihen, die** alle nach dem gleichen Muster gestrickt sind
Welche?	**eine Wochenzeitung, die** am Donnerstag rauskommt **die Zeitung, die** ich regelmäßig lese **Sendungen, die** für Kinder nicht geeignet sind **Informationen, die** über das Radio kommen
Wer?	**ein Großvater, der** in den Bergen dann umgekommen ist dann wird gewählt, **wer** abspringen muß

Try asking the questions that all these expressions answer.

USE YOUR GERMAN

Organise your own balloon debate. You could discuss which of the following to throw out. The words in brackets should start you off.

For a trip from Bonn to Vienna: **der Langstreckenbus, der Intercity-Zug, der eigene Wagen, der Intercity-Flug.**
(schnell, ruhig, bequem, billig, interessant, anstrengend, gefährlich)

or: **das Wasser, der Wein, das Bier, der Kaffee.**
(„Im Wasser die Klarheit, im Wein die Wahrheit" – Spruch auf einem

Wiener Bierdeckel; **gesund, gesellig, billig, guter Geschmack, schöne Farbe, erfrischend, männlich)**

or: **die Hausfrau, der Marineoffizier, der Bankdirektor, die Modedesignerin.**
(sympathisch, arbeitsam, reich, nützlich, produktiv, schön, stark, hilfreich, geschmackvoll, tüchtig, einflußreich)

If you're working alone, make out a for-and-against chart for each candidate and record (without writing it out first!) the speech made by each candidate asking to be left in.

Then why not play with one or more friends 'How? When? Where?' using **'W-Fragen'** such as: **Wann magst du das? Wie magst du das? Warum magst du das?** One of you thinks of an object (**Schwarzwälder Kirschtorte, Rheinhessischer Landwein, ein Krimi**) or an activity (**Schwimmen, Kochen, Lesen**), the others ask questions and try to guess the object from the answers.

FÜRS KÖPFCHEN

Weak verbs
Points to remember:
- When the stem ends in **s, ß** or **z,** the s in the **du** form is omitted (e.g. du reist, du grüßt).
- When the stem ends in **d** or **t,** this is always followed by **e** (e.g. du arbeitest, wir antworteten).
- To find the stem of weak verbs ending in **-eln** or **-ern** you just remove the final **n** (e.g. sammeln: er **sammelt**). The plural forms of the present tense are then: **wir sammeln, ihr sammelt, Sie/sie sammeln.** Verbs ending in —**eln** drop the e in the **ich** form (e.g. ich **sammle**).

	Present	Imperfect and Imperfect Subjunctive
ich	höre	hörte
du	hörst	hörtest
er/sie/es/man	hört	hörte
wir	hören	hörten
ihr	hört	hörtet
Sie/sie	hören	hörten

	Perfect	Future	Conditional
ich	habe gehört	werde hören	würde hören
du	hast gehört	wirst hören	würdest hören
er/sie/es/man	hat gehört	wird hören	würde hören
wir	haben gehört	werden hören	würden hören
ihr	habt gehört	werdet hören	würdet hören
Sie/sie	haben gehört	werden hören	würden hören

KÖNNEN SIE'S?

Für und Wider

Three friends are discussing a thriller they've just seen on television. Frau A is unenthusiastic about it, Frau B thought it great and Frau C is up in arms about the influence it might have on young children. Fill in beneath the pictures who says what.

A	B	C
☐☐☐☐☐	☐☐☐☐☐	☐☐☐☐☐

1   Ich bin fast eingeschlafen.
2   Einfach toll!

3   Um Gottes willen! Wie langweilig war das!
4   Ich finde es wirklich schlimm, daß so viele Krimis gesendet werden.
5   Ich sehe sehr gern ab und zu mal einen Krimi.
6   Außerdem denke ich, daß viel zu viel Gewalt im Fernsehen gezeigt wird.
7   Mich interessieren Krimis eigentlich nicht besonders.
8   Man sollte diese grausamen Filme nicht so zu Zeiten senden, wenn die Kinder noch auf sind.
9   Ich war ja nicht besonders begeistert.
10   Ein guter Krimi ist doch immer so spannend.
11   Ich finde, es wäre viel besser, wenn man früh abends mehr *Comedy Shows* und Ratespiele sehen könnte.
12   Ich würde ihn ganz gern mal wieder sehen.
13   Solche Krimis kann ich überhaupt nicht ertragen.
14   Allerdings ist es natürlich ganz angenehm, passiv etwas über sich ergehen zu lassen.
15   Ich finde es schön, mich abends bei so einem Krimi zu entspannen.

Aber wir sind uns sicherlich einig, daß eines der wichtigsten Dinge am Fernsehapparat der Abschaltknopf ist!

2

Was sind Ihre Lieblingssendungen?
With the help of the drawing, say which programmes you like seeing

and hearing. In each case choose an appropriate reason to explain why and complete it with **denn, wegen** or **weil**.

Beispiel: Ich sehe gern *Comedy Shows*, denn sie sind oft lustig.

1   ... ich selbst viel Sport treibe.
2   ... ich möchte über das Tagesgeschehen informiert sein.
3   ... der verschiedenen Meinungen der Zuhörer.
4   ... ich sehr gern reise.
5   ... ich sehr gerne mitspiele.
6   nicht ... der Information, sondern eher ... der Diskussion.
7   ... sie bringen viel Abwechslung.
8   ... man kann seiner Phantasie dabei freien Lauf lassen.
9   ... der herrlichen Bilder von Pflanzen und Tieren.
10   ... Musik ist bei mir eine Leidenschaft.

3

Immer wieder dasselbe!

Sabine is in a really bad mood. Her life has become so monotonous. Complete her grumbles with the right forms of **derselbe, dieselbe** or **dasselbe**.

Die Nachbarn hören jeden Tag ... Musik.
Im Fernsehen reden sie jeden Abend ... Quatsch.
Wir wohnen seit Jahren in ... Wohnung.
Mit unserem Vermieter haben wir immer wieder ... Krach.
Ich habe immer noch ... Job.
Ich habe jahrein, jahraus mit ... Chef zu tun.
Und warum muß es jedes Jahr ... Ferienort sein?

4

Sollten wir uns wirklich einen Videorecorder anschaffen?

The Lohses are discussing the pros and cons of getting a videorecorder. Read the conversation and see if you can pick out the German equivalents for these expressions. They'll be useful if you find yourself involved in an argument!

It's not true ...
I think it's not good ...
I'm really against ...
Let's get one thing clear ...
I'm in favour of ...

You don't have to forgo ...
I think that's unfair ...
That's certainly an important aspect ...
I don't see it like that at all ...
I'm still not convinced ...

Frau Lohse	Also, ich bin wirklich dagegen, daß wir uns einen Videorecorder anschaffen.
Gerd	Mensch, Mutti, warum denn? Alle haben schon längst einen, nur wir nicht.
Frau Lohse	Ich denke, daß es nicht gut ist, wenn ihr noch mehr Zeit vor dem Fernseher verbringt.
Herr Lohse	Ihr! Meinst du etwa auch mich damit?
Frau Lohse	Ja, sicher. Du sitzt doch fast jeden Abend vor dem Fernseher.
Herr Lohse	Na, das stimmt ja nun nicht. Ich wähle sehr genau aus, was ich mir ansehen will.
Anja	Ja, Mutti, und das geht mit einem Videorecorder noch viel besser. Du brauchst dann zum Beispiel auf einen guten Spielfilm nicht mehr zu verzichten.
Frau Lohse	Das ist sicher ein wichtiger Gesichtspunkt, aber ich sehe wirklich die Gefahr, daß wir dann überhaupt nichts anderes mehr machen als Fernsehen oder Videos angucken.
Herr Lohse	Das sehe ich überhaupt nicht so. Ich glaube, daß wir uns einfach nur noch bessere Sendungen ansehen würden.
Gerd	Und ich könnte mir endlich auch Kassetten von Freunden ausleihen.
Frau Lohse	Also, um eines ganz klarzustellen: Solche Horrorfilme kommen mir nicht ins Haus.
Gerd	Als ob ich mich nur für Horrorfilme interessieren würde. Das finde ich unfair.
Frau Lohse	Ihr seht, wir streiten uns schon, bevor wir überhaupt einen Videorecorder haben.
Herr Lohse	So eine Diskussion ist doch wichtig. Ich bin dafür, daß wir ganz klar festhalten, wie wir das Gerät nutzen wollen. Und daran müssen sich dann alle halten.
Frau Lohse	Ich bin nach wie vor sehr skeptisch, ob das gutgehen wird.
Anja	Warum willst du jetzt auf einmal festlegen, was für Filme wir aufnehmen sollen? Wir sehen uns doch im Fernsehen auch alles an.

5

Welche Zeitung lesen Sie?
Herr Harms asks you which paper you read. Somehow he manages to slightly annoy you. Another conversation for you to join in.

Herr Harms	Welche Zeitung lesen Sie?
Sie	(*You read the* Observer.)
Herr Harms	Ist das eine Tageszeitung?
Sie	(*No, it's a Sunday paper.*)
Herr Harms	Und ist sie eine regionale Zeitung?
Sie	(*No, it's a national paper, but you read the* Yorkshire Post *as well. There's more of an emphasis there on local events.*)
Herr Harms	Warum lesen Sie denn keine überregionale Tageszeitung?
Sie	(*You simply haven't time in the week. You hear everything that's important in the mornings on radio and in the evenings you read the* Post *and watch the news on television.*)
Herr Harms	Aber Hintergrundinformationen bekommt man am besten aus der Zeitung, nicht aus dem Radio oder aus dem Fernsehen.
Sie	(*You must disagree with him there. You see lots of interesting programmes on politics. You're certainly as well informed as he is!*)

Und das liest man in Deutschland

6

Die Droge Fernsehen

Read the article, then decide which of the statements following it are true and which are false.

Etwa 71 Prozent der Bundesbürger über 14 sehen täglich fern, im Schnitt 243 Minuten, ohne mal abzuschalten. 30 Prozent der Drei- bis Fünfjährigen verbringen ganze Nachmittage allein vor dem Bildschirm. Das sind erschreckende Zahlen.

Der folgende Artikel (abgeändert) aus dem *Spiegel*, einem wöchentlich erscheinenden Nachrichtenmagazin, berichtet in diesem Zusammenhang von einem ganz ungewöhnlichen Experiment aus Süddeutschland:

Fernsehfreie Woche im oberbayrischen Penzberg

Letztes Jahr im September gab es im 14.000 Einwohner großen Penzberg ein bisher einmaliges Experiment: Die Bürger versuchten eine Woche lang auf die Droge Fernsehen zu verzichten. Überall in den Schaufenstern mahnten Plakate zur Fernsehpause. Wer durchhielt, bekam vom Bürgermeister eine Urkunde: „Mit Respekt werden die Bemühungen um die Unabhängigkeit vom täglichen Fernsehkonsum bestätigt."

Ausgegangen war dieser Großversuch gegen die Droge Fernsehen vom „Arbeitskreis Kinderfernsehen". Doch es machten schließlich auch viele andere mit: Parteien, Feuerwehr, Polizei, Kirche, Theater- und Musikgruppen. Jeden Tag ab 14.00 Uhr wurden interessante Veranstaltungen wie Theater, Spielnachmittage, Jogakurse, Grillparties und Musikkurse angeboten, um die Bevölkerung vom Fernsehrausch abzuhalten.

So ganz glatt verlief die Woche natürlich nicht für alle Familien. Da gab es schon mal Tränen, wenn auch für *Biene Maja* und *Schweinchen Dick* die Scheibe matt blieb. Manch einer wurde richtig aggressiv, weil er nun plötzlich auch auf *Dallas* oder *Was bin ich?** verzichten sollte.

„Aber", so sagt Ursula Arnstadt, die Sprecherin des Arbeitskreises Kinderfernsehen, „unser Ziel ist schon erreicht, wenn die Penzberger merken, wie abhängig sie bereits vom Fernsehen sind."

Der Erfolg der Aktion war letztlich überragend. Fast alle haben mitgemacht und hinterher festgestellt, wie sehr diese Woche ihren Gemeinschaftsgeist gefördert hat. Bürgermeister Kurt Wessner sagte abschließend: „Wir haben uns alle viel besser kennengelernt."

* German version of *What's my Line?*

Na, ob das alles wirklich stimmt?

1 90 Prozent der Bundesbürger über 14 sehen täglich fern.
2 Die Penzberger Bürger versuchten auf das Radio zu verzichten.
3 Wer durchhielt, bekam eine Urkunde.
4 Ausgegangen war dieser Großversuch von der Kirche.
5 Jeden Nachmittag ab 14.00 Uhr gab es interessante Veranstaltungen.
6 Trotzdem gab es in manchen Familien auch Tränen.
7 Die Penzberger sollten merken, wie unabhängig sie vom Fernsehen sind.
8 Die Aktion hatte letztlich großen Erfolg.

DAS PRESSEWESEN

Die meisten Bundesbürger lesen eine Tageszeitung; welche, hängt davon ab, wo man lebt, denn die föderative Struktur der BRD macht sich auch in der Presse bemerkbar.

Etwa 70 Prozent der Zeitungen werden im Abonnement direkt vom Verlag bezogen, denn der Abonnementspreis ist niedriger als der im Straßenverkauf, und man bekommt die Zeitung jeden Morgen direkt ins Haus geliefert. Überregional verbreitete Abonnementszeitungen sind die *Frankfurter Allgemeine* (konservativ-liberal), die Münchner *Süddeutsche Zeitung* (liberal), die Hamburger Zeitung *Die Welt* (konservativ) und die *Frankfurter Rundschau* (linksliberal). Allerdings haben einige ausschließlich regional verbreitete Zeitungen eine größere Auflage als diese überregionalen Blätter: Die Essener *Westdeutsche Allgemeine* zum Beispiel ist mit 675.000 die auflagenstärkste Abonnementszeitung. Die Ortszeitungen, die sich auf eine bestimmte Stadt oder einen bestimmten Landkreis beschränken, haben natürlich kleinere Auflagen; viele sind nicht selbständig, und viele sind in den letzten Jahrzehnten eingegangen.

Weit populärer als die Abonnementszeitungen ist die Boulevardzeitung *Bild* des Hamburger Axel Springer Verlags: Mit einer Auflage von über 5 Millionen hält *Bild* den absoluten Rekord. Dieses Blatt ist berühmt-berüchtigt für seinen reißerischen Stil und die sensationelle Aufmachung (mehr darüber in Heinrich Bölls* Erzählung *Die verlorene Ehre der Katharina Blum*). Boulevardblätter kauft man an Zeitungskiosken, beim Zeitungshändler oder aus Kästen auf dem Bürgersteig, die darauf vertrauen, daß die Käufer das richtige Geld einwerfen.

Sonntagszeitungen gibt es nur wenige. Die wohl seriöseste und dickste Wochenzeitung ist *Die Zeit,* die donnerstags erscheint (man braucht auch mindestens eine Woche, um sie zu lesen!). Viel gekauft wird das ebenfalls wöchentlich erscheinende Nachrichtenmagazin *Der Spiegel,* und in der Unterhaltungspresse dominieren die Illustrierten *Stern* und *Bunte*. Alles in allem ist die westdeutsche Presse also ein recht buntscheckiges Wesen.

* Heinrich Böll (1917–1985), Schriftsteller; schrieb vorwiegend sozialkritische Romane und Erzählungen. Erhielt 1972 den Nobelpreis für Literatur.

ÖFFENTLICH-RECHTLICHE RUNDFUNKANSTALTEN

Ein verlorenes Monopol

Hörfunk und Fernsehen sind Sache der Länder, nicht des Bundes. Es gibt in der BRD neun öffentlich-rechtliche Rundfunkanstalten:

- Bayerischer Rundfunk (München)
- Hessischer Rundfunk (Frankfurt a. M.)
- Radio Bremen
- Saarländischer Rundfunk (Saarbrücken)
- Sender Freies Berlin
- Westdeutscher Rundfunk (Köln, für Nordrhein-Westfalen)
- Norddeutscher Rundfunk (Hamburg; versorgt auch Niedersachsen und Schleswig-Holstein)
- Süddeutscher Rundfunk (Stuttgart)
- Südwestfunk (Baden-Baden; versorgt Teile Baden-Württembergs und Rheinland-Pfalz)

Diese Rundfunkanstalten bieten jeweils zwei bis vier Radioprogramme. Das System der drei Fernsehprogramme ist weitaus komplizierter. Die neun Rundfunkanstalten bilden zusammen die **ARD** (Arbeitsgemeinschaft der öffentlich-rechtlichen Rundfunkanstalten der Bundesrepublik Deutschland) und liefern gemeinsam die Sendungen für das **Erste** Programm (Deutsches Fernsehen), das im gesamten Bundesgebiet empfangen wird. Das **Zweite** Deutsche Fernsehen (**ZDF**) basiert auf einem Staatsvertrag aller Bundesländer und erreicht aus seiner zentralen Fernsehanstalt in Mainz ebenfalls das ganze Bundesgebiet. In den **Dritten** Programmen strahlen die einzelnen Landesanstalten regionale Programme aus, die sich besonders auf Länderangelegenheiten und Bildung (z.B. Schulfernsehen) konzentrieren, aber zunehmend auch Unterhaltung bringen. Finanziert wird das öffentlich-rechtliche Fernsehen durch Fernsehgebühren und auch durch Werbung, die allerdings auf die Zeit zwischen 18 und 20 Uhr beschränkt ist und nur in Blöcken ausgestrahlt werden darf.

Bis 1981 waren Hörfunk und Fernsehen eine rein öffentlich-rechtliche Angelegenheit, seitdem aber dürfen sich auch private Gesellschaften am Angebot beteiligen. Wie sich die Rundfunkanstalten im Kampf gegen die privaten Gesellschaften verhalten sollen, ist eine Frage, die zwischen den verschiedenen Länderregierungen zu Konflikten führt und das Rundfunkwesen stark politisiert hat.

Mit Kabelanschluß mehr erleben ...

Mit diesem Spruch versucht die Bundespost, die Bürger für den Anschluß an ihre Kabelnetze zu gewinnen. Anfang 1987 hatten

6.752.000 Haushalte die Möglichkeit, angeschlossen zu werden; 2.312.000 Haushalte waren tatsächlich angeschlossen. Kabelanschluß ermöglicht besseren Empfang und ein breiteres Programmangebot: Zusätzlich zu den drei etablierten Programmen gibt es zur Zeit z.B. das private Satelliten-Fernsehen **SAT 1**, den Sender **RTL plus** von Radio Luxemburg, **3 SAT** (ein gemeinsames Programm des ZDF, ORF/Österreich, SRG/Schweiz), **EINS PLUS** (ein Satellitenprogramm der ARD), **Sky Channel** und **Super Channel** (englisch), **T.V.5** (französisch) usw. Ob sie sich alle finanziell über Wasser und Land halten können, bleibt abzuwarten.

... nichts weiter als eine Kopie der US-Seifenopern

Seit dem durchschlagenden Erfolg von *Dallas* und *Der Denver-Clan* bemühen sich die deutschen Fernsehproduzenten um ähnlich wirksame Mittel, das Publikum Woche für Woche an den Bildschirm zu fesseln. *Die Schwarzwaldklinik* war denn auch ein Knüller – Millionen von Zuschauern verfolgten gespannt die Liebesaffären und Intrigen von Chefärzten, Krankenschwestern und Patienten; das Thema Krankheit und Kur scheint dem deutschen Geschmack besonders entgegenzukommen. Die *Lindenstraße* zieht auch gut (ob die wohl nach dem Muster *Coronation Street* gebaut ist?). Und dann ist da noch die Serie *Das Erbe der Guldenburgs*, in der es um einen Bierkrieg zwischen zwei Brauerfamilien geht. Der Kritiker der Fernsehzeitschrift *Gong* war hellauf begeistert: „Es stimmt einfach alles: die Kulisse, das Drehbuch, die Besetzung. Der Kameramann konnte sich an dem Prunk und der Landschaft austoben. Durch die ständig wechselnden Schauplätze, das Schloß, die Großstadt Hamburg, Drehorte in Südeuropa und Afrika, kommt das Große-weite-Welt-Gefühl auf." Die von *Gong* befragte Studentin Christiane Müller meinte dagegen: „Für mich eine Serie mehr mit Reichtum und Intrigen im Mittelpunkt – und nichts weiter als eine Kopie der US-Seifenopern."

LANDWIRTSCHAFT AKTUELL

1950 ernährte ein Landwirt 10 Mitbürger, heute ernährt er 64.

In den letzten 36 Jahren wurden täglich mehr als 70 Bauernhöfe aufgegeben (insgesamt 926.000).

Es gibt etwa 720.000 landwirtschaftliche Betriebe in der BRD. Fast 50% sind kleiner als 10 Hektar (viele davon Familienbetriebe). Nur 5% haben 50 Hektar und mehr.

Alte Bauernregel (vermutlich unecht):
Wenn der Hahn kräht auf dem Mist,
Ändert sich's Wetter, oder's bleibt wie's ist.

WIE DIE BRD IHREN BODEN NUTZT

Wald 29,59%   Siedlungsfläche 11,95%

Landwirtschaftsfläche 55,16%   Andere Flächen, Gewässer 3,28%

Jedes Jahr über 100 Kilo Fleisch pro Kopf

Schweinefleisch 60,1 kg

Rindfleisch 21,4 kg

Geflügel 9,7 kg

Innereien 5,7 kg

Kalbfleisch 1,7 kg

Schafs- und Ziegenfleisch 0,8 kg

sonstiges Fleisch 1,0 kg

SIE SIND RELATIV KLEIN

Farming and country life
Saying roughly how big, or how much, or where
Making suggestions
And some animal talk

In der Umgebung von Bonn findet man praktisch alles, was in der Bundesrepublik landwirtschaftlich erzeugt wird: zwischen Bonn und Köln viel Gemüsebau, nach Süden hin am Rhein den Weinbau, nach Westen und Osten hin Milcherzeugung, und dann gibt es auch noch Ackerbau, wie zum Beispiel auf dem Heiderhof.

1

Der Heiderhof ist ein verhältnismäßig großer Bauernhof in Königswinter-Finxel, etwa 15 Kilometer südöstlich von Bonn. Als Nebenbetrieb hat der Heiderhof eine Pensionspferdehaltung. Jörn spricht im Pferdestall mit dem Verwalter Franz Kuck.

Franz Kuck

Jörn	Was betreiben Sie hier für Landwirtschaft?
Herr Kuck	Wir haben hier einen 60-Hektar*-großen Ackerbaubetrieb mit hauptsächlicher Fruchtfolge Zuckerrüben, Winterweizen, Wintergerste. Und als Nebenbetrieb haben wir eine Pensionspferdehaltung.
Jörn	Was ist das?
Herr Kuck	Wir haben Pferdeboxen – wir haben 20 Pferdeboxen – und die sind vermietet. Die Leute haben hier ihre Pferde untergestellt für einen monatlichen Betrag von zirka 350 Mark und können denn** hier die Reitanlage, die hier ist, wie Reithalle, Reitplatz, in Anspruch nehmen, und die Pferde werden von uns praktisch versorgt. Sie werden gefüttert, eingestreut und ausgemistet. Also dafür ist der Betrag von 350 Mark.
Jörn	*(ein Pferd schnaubt)* Wieviel Pferde haben Sie überhaupt?

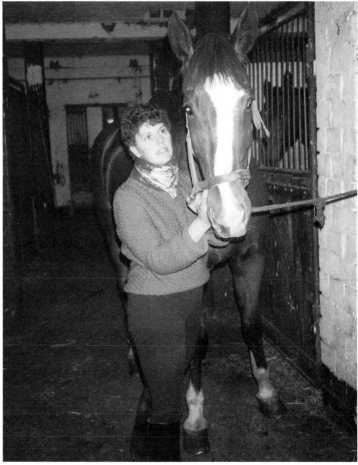

Ute Fröhlich mit Dalibor

Herr Kuck	Wir haben im Moment eh 17 Pferde hier – 18, 18 Pferde. Wir können ja mal weitergehen, kann man die Pferde auch sehen. Die Pferde haben alle Namen; der heißt zum Beispiel ... der Schimmel heißt Skarat, der Name, der an der Box steht, stimmt nicht mehr, denn** haben wir noch Flegel ... denn** der heißt *Lucky Boy* ...
Jörn	Sieht auch sehr glücklich aus, der *Lucky Boy*!
	(Jörn sieht eine junge Frau, die gerade vom Reiten zurückkommt)
Jörn	Guten Tag, wie heißen Sie?
Ute	Ich heiße Ute Fröhlich.
Jörn	Was machen Sie hier auf dem Heiderhof?
Ute	Ja, ich versorge Pferd', und ich reite hier auch, das schon seit fünf Jahren.
Jörn	*(zeigt auf das Pferd, das sie eben geritten hat)* Gehört Ihnen das Pferd?
Ute	Nein, ist nur zur Pflege hier.
Jörn	Ja, welches Pferd ist das? Vielleicht gehen wir da mal hin.
Ute	Können wir hinten hingehen ... Ja, ich reite das Pferd hier, – *(zu einem anderen Pferd)* geh mal rüber, Dicker – das heißt Dalibor, ist zwölf Jahre alt, ist 'n sehr liebes Tier, manchmal 'n bißchen stur, aber ich komm' ganz gut mit ihm zurecht.... Na, Dicker, komm mal her! Komm! Dalibor, komm! Komm nach vorne, komm! Komm ein Stück ... So ist's schön. Komm! So ist's brav. So, schön steh, steh! Ja, so ist's gut, na. *(tätschelt das Pferd)* So ... nee, bleib hier! Bleib hier! So, gut, jetzt steht er, hoff' ich!

* 1 Hektar = 10.000 m^2
** **denn** is local dialect; in standard German this would be **dann**.

---

roughly speaking – 1

verhältnismäßig groß   *comparatively big*
etwa 15 Kilometer   *about 15 kilometres*
zirka 350 Mark   *about 350 marks*

die Fruchtfolge   *crop rotation*
der Weizen, die Gerste   *wheat, barley*
in Anspruch nehmen   *to take advantage of*
Dicker   *term of endearment* (lit. *fatty*)

Was für einen Nebenbetrieb hat der Heiderhof?
Wie werden die Pferde versorgt?
Was macht Ute Fröhlich auf dem Heiderhof?

2

Dr. Helmut Born ist stellvertretender Generalsekretär des Deutschen Bauernverbandes. Der Verband vertritt die Interessen der etwa 720.000 bäuerlichen Betriebe in der Bundesrepublik, von denen die meisten viel kleiner sind als der Heiderhof. Wie groß sind sie zum Beispiel im Vergleich zu den Bauernhöfen in Frankreich und Großbritannien?

Mähdrescher bei der Weizenernte

Dr. Born   Sie sind im Vergleich zu den landwirtschaftlichen Betrieben in Frankreich und Großbritannien recht klein; die durchschnittliche Größe beträgt nur 15, 16 Hektar, nicht mehr. Etwa die Hälfte unserer Betriebe, von den 720.000 also 360-, 370.000, sind Nebenerwerbslandwirte, *part-time farmers* im Englischen. Sie verdienen ihr Haupteinkommen außerhalb der Landwirtschaft, in der Industrie, in Dienstleistungsunternehmen, und bewirtschaften daneben ihren kleinen Bauernhof. Also in toto die bäuerlichen Betriebe bei uns sind relativ klein, aber sie sind zum Teil sehr intensiv wirtschaftende Betriebe. Wir haben also Betriebe mit 20 bis 30 Hektar als Vollerwerbsbetrieb, der eine ganze bäuerliche Familie ernähren muß, die 600, 800 Schweine halten, die 60 oder 80 Kühe halten. Wobei man hinzufügen muß, daß sehr viele landwirtschaftliche Betriebe in der Bundesrepublik gleichzeitig auch Wald haben; ich selbst komme aus einer Mittelgebirgsgegend im Sauerland, und wir haben zu Hause die Hälfte der Fläche als Wald, die andere Hälfte als Grünland und damit als Grundlage für die Milchviehhaltung.

> **roughly speaking – 2**
>
> etwa 720.000 bäuerliche Betriebe *about 720,000 farms and*
>   *smallholdings*
> die meisten *most*
> recht klein *quite small*
> die durchschnittliche Größe *average size*
> etwa die Hälfte *about half*
> relativ klein *relatively small*
> zum Teil *partly*
> 20 bis 30; 60 oder 80; 600, 800

stellvertretender Generalsekretär *deputy general secretary*
im Vergleich zu *in comparison with*

?

Was sagt Dr. Born über die Größe der deutschen landwirtschaftlichen
Betriebe?
Wo verdienen die Nebenerwerbslandwirte ihr Haupteinkommen?

3

Katharina Bauer (der Name paßt!) studiert in Bonn Landwirtschaft.
Zum Studium gehört ein Praktikum von mindestens sechs Monaten.
Sie hat es auf einem typisch deutschen Bauernhof gemacht, genau wie
Dr. Born ihn beschrieben hat.

*Katharina
Bauer*

Katharina	Das Praktikum hab' ich in der Nähe von Marburg gemacht, auf einem Betrieb, der Schweinezucht und -mast hatte und nebenbei auch 35 Hektar Ackerland und 'ne große Fläche Wald hatte.
Jörn	Was hast du auf diesem Hof gemacht?
Katharina	Ich war hauptsächlich im Stall tätig, mußte dort alle Arbeiten miterledigen, die anfallen; das umfaßt jetzt füttern, misten ...
Jörn	Oh, das hat gestunken!
Katharina	Ja, da mußte man sich dran gewöhnen, aber das ist gar nicht so schlimm – und dann auch speziell, was mir auch sehr Spaß gemacht hat, bei der Geburt der Ferkel mithelfen.
Jörn	Und wieviel Ferkelchen wirft so eine Sau?
Katharina	Das ist unterschiedlich, aber normal so um die zehn.
Jörn	Das ist ja eine ganze Menge! Die machen ja sicherlich auch 'ne Menge Krach und 'ne Menge Arbeit, oder?
Katharina	Ja, aber das macht wie gesagt Spaß, weil man mitkriegt, wie etwas Kleines, Lebendiges geboren wird, und oft auch für den Erfolg mitverantwortlich ist.

roughly speaking – 3

so um die zehn   *round about ten*
eine ganze Menge   *quite a lot*
eine Menge Arbeit   *a lot of work*

Schweinezucht und -mast   *pig breeding and fattening*

Auf was für einem Bauernhof hat Katharina ihr Praktikum gemacht?
Was hat ihr besonders Spaß gemacht?

Tiergespräche

Ein Schwein grunzt
Ein Pferd wiehert
Ein Vogel zwitschert
Ein Huhn gackert
Eine Gans schnattert
Ein Ferkel quiekt

Ein Hahn kräht – Kikeriki!
Eine Ente quakt – Quak, quak!
Eine Katze miaut – Miau!
(oder schnurrt)
Eine Kuh muht – Muh!
Ein Schaf blökt – Mäh!

Ein Hund bellt (oder knurrt)

4

In der Bundesrepublik gibt es viele kleine Betriebe, die ohne Subventionen kaum über die Runden kämen. Von diesen EG-Subventionen kann Norbert Schmelz (von Beruf Lehrer, nicht Landwirt!) einige Geschichten erzählen.

Herr Schmelz | Durch die Subventionen geht's dem Bauern schon gut, und wenn da ein Bauer geschickt laviert, kann er schon seinen Schnitt dort machen. Also ich hab' ein lustiges Beispiel, das ist auch in der deutschen Presse gewesen. Da hat ein Fabrikant ein großes Grundstück gehabt, und er wollte das nicht immer mähen, und der Gärtner war auch sehr teuer. Was hat er gemacht? Er hat sich sechs* Heidschnucken – Heidschnucken sind Schafe, robuste Schafe, die man nicht groß pflegen muß – die hat er sich angeschafft, und auf einmal hatte er etliche hundert Mark auf seinem Konto von der EG-Behörde. Dann hat er nachgefragt, was das soll. Ja, er betrieb doch da Schafzucht, und das wurde subventioniert, und er hat ... ohne einen Antrag zu stellen, hat er dort Subventionen für diese acht* Tiere bekommen.

113

Jörn	Das ist ja toll!
Herr Schmelz	Ja, also ich kenne selbst einen Besitzer eines Bauernhofes, der also sich diese EG-Agrarpolitik zu eigen gemacht hat. Der hat zuerst mit Subventionen sich Milchkühe angeschafft, dann hat er mit Subventionen die Milchkühe wieder abgeschafft, dann hat er sich mit Subventionen eine Schafzucht aufgebaut, die hat ungefähr sechs Jahre gedauert, und zur Zeit macht er Schweinezucht. Ich weiß jetzt nicht, wie das da mit den Subventionen ist, aber so wie ich ihn kenne, muß da doch wohl auch einiges laufen.
Jörn	Denken Sie, daß die EG vielleicht abgeschafft wird, oder die Subventionspolitik?
Herr Schmelz	Ja, die EG, die Europäische Gemeinschaft, wird hoffentlich nicht abgeschafft, aber ich denke, wir werden nicht davon abkommen können, diese Subventionspolitik abzuschaffen.

*As he tells the story the number grows!

roughly speaking – 4

Mitte der 70er Jahre *in the mid-seventies*
etliche hundert Mark *a few, several hundred marks*
ungefähr sechs Jahre *about six years*

über die Runden kommen *to pull through, make ends meet*
geschickt lavieren *to play your cards right*
seinen Schnitt machen *to make a profit, do all right*
die man nicht groß pflegen muß *which don't take a lot of looking after*
ohne einen Antrag zu stellen *without making an application*
sich etwas zu eigen machen *to take advantage of*
muß da doch wohl auch einiges laufen *there must be something in it for him there as well*

Was hatte der Fabrikant auf einmal auf seinem Konto?
Wie hat der Besitzer des Bauernhofes die EG-Agrarpolitik zu seinem Vorteil ausgenutzt?

5

Durch die Flurbereinigung* seit dem zweiten Weltkrieg sind zwar die Betriebe größer und rentabler geworden, aber andererseits auch Probleme entstanden. Besonders Erholungssuchende beklagen sich über die Zerstörung des natürlichen Landschaftsbildes. Dr. Born erklärt, wie man jetzt versucht, die Landschaft wieder attraktiver zu gestalten.

Dr. Born Und nun kam nach dem zweiten Weltkrieg noch hinzu, daß in hohem Maße tierische Zugkraft, Pferde, Kühe ersetzt wurden durch Traktoren, dadurch natürlich die Möglichkeit bestand, größere Flächen zu bewirtschaften, was wiederum zur Folge hatte, daß sehr viele kleinere Flächen zusammengelegt wurden, Hecken gerodet wurden, Bäche begradigt wurden, was dann wiederum zur Konsequenz hatte, daß viele Nicht-Landwirte, Erholungssuchende, gesagt haben: „Das ist gar nicht mehr die Landschaft, wie wir sie kennen oder gerne haben möchten; da gibt es keine wilden Vögel, Fasanen und Rebhühner mehr. Wir möchten, daß diese Landschaft doch wieder stärker etwas Rücksicht nimmt auf die natürlichen Gegebenheiten." Und dieser Umdenkungsprozeß, der hat dazu geführt, daß wir heute nach und nach wieder versuchen, in diese Landschaft mehr belebende Elemente hineinzubekommen, kleine Büsche, Hecken oder Bachläufe, die also in Schlangenlinien geführt werden, um dieses Landschaftsbild wieder attraktiver zu machen.

consequences

dadurch
das hatte zur Folge, daß ...
das hatte zur Konsequenz, daß ...
das hat dazu geführt, daß ...

* re-allocation and consolidation of agricultural land (*See p. 127*)

tierische Zugkraft *animals for drawing ploughs, etc*
die Gegebenheiten *environment, conditions*
nach und nach *gradually*

Was war die Folge davon, daß es nach dem Krieg möglich wurde, größere Flächen zu bewirtschaften?
Warum kritisieren Nicht-Landwirte diese Entwicklung?

WAS MEINEN SIE DAZU?
JOACHIM UND JÖRN

Kommen wir jetzt von der hohen Politik wieder ein bißchen herunter. Würden Sie lieber auf dem Lande wohnen oder in der Stadt? Joachim und Jörn diskutieren nicht allzu ernsthaft darüber. Was sagen Sie?

Joachim	Wir sind ja nun beide Großstadtkinder, was hältst du denn eigentlich vom Leben auf dem Lande?
Jörn	Also ich bin nicht ganz Großstadtkind. Ich würd' dir raten, mal dorthin zu kommen, wo ich wohne. Das ist fast auf dem Lande.
Joachim	Und was soll ich da?
Jörn	Also du könntest dir zum Beispiel die schönen Bäume ansehen, du könntest morgens, wenn du aufwachst, die Vögel zwitschern hören, und du könntest die reine Luft atmen.
Joachim	Also nichts gegen die reine Luft, aber die Vögel morgens, die stören mich.
Jörn	(*lachend*) Stören dich? Das versteh' ich überhaupt nicht.
Joachim	Ja, ich muß . . . ich will doch schlafen!
Jörn	Ja, aber kannst du bei dem Autokrach in der Stadt schlafen?
Joachim	Ich hab' keinen Autokrach in der Stadt. Ich wohne so, daß ich von den Autos nichts höre. Ich wohne ziemlich weit weg von einer Straße und hab' Doppelfenster.

---

roughly speaking – 5

in hohem Maße *to a large extent*
fast auf dem Lande *almost in the country*
ziemlich weit weg von *quite a long way away from*

Jörn	Ja, dafür kann ich bei offenem Fenster schlafen, und es ist trotzdem ruhig. Nachts schlafen auch die Vögel!
Joachim	Aber die Landluft – uh!
Jörn	Ah nein, das stimmt nicht. Ich finde nicht, daß es bei uns stinkt; das kann man nicht sagen. Autos stinken, es ist sehr schön auf dem Lande.
Joachim	Na gut, man kann sich an alles gewöhnen, nur ich hab' mich eben an die Großstadt gewöhnt.

?

Wo wohnt Jörn?
Was könnte Joachim auf dem Lande alles tun?
Warum hört er in der Stadt keinen Verkehrslärm?

Die Vögel morgens, die stören mich

WIE WAR DAS?

TEN MORE USEFUL EXPRESSIONS TO REMEMBER

1　In der Umgebung von Bonn findet man praktisch ..., ... in der Bundesrepublik landwirtschaftlich erzeugt wird.

2　Sie sind ... ... den landwirtschaftlichen Betrieben in Frankreich und Großbritannien recht klein.

3　Wir haben ... ... die Hälfte der Fläche als Wald, die andere Hälfte als Grünland.

4　Das macht wie gesagt Spaß, weil man mitkriegt, wie ... ..., Lebendiges geboren wird.

5　Die Einkünfte der bäuerlichen Betriebe sind praktisch seit ... ... nicht mehr gestiegen.

6　Die hat er sich angeschafft, und ... ... hatte er etliche hundert Mark auf seinem Konto von der EG-Behörde.

7　Das ist ... ... die Landschaft, wie wir sie kennen.

8　Dieser Umdenkungsprozeß, der hat dazu geführt, daß wir heute ... ... wieder versuchen, in diese Landschaft mehr belebende Elemente hineinzubekommen.

9　Was ... du denn eigentlich ... Leben auf dem Lande?

10　Na gut, man kann ... ... alles ..., nur ich hab' ... eben ... die Großstadt ....

ALLES KLAR?

Yes, the smallholdings are small – but not always the words that describe them! German is (in)famous for the length of its compound words. Some famous ones:

siebenmilliardensiebenhundertsiebenundsiebzigmillionensiebenhundertsieben-undsiebzigtausendsiebenhundertsiebenundsiebzig *(7, 777, 777, 777)*

die Schauinslandseilschwebebahnschaffneruniformknöpfe (*the buttons on the uniform of the conductor on the Schauinsland cableway*)

der Hottentottenpotentatentantenattentäter (*the assassin of the aunt of the Hottentot potentate*)

In fact, compound words are an efficient and economical way of relaying information, and sometimes the difference between English and German is more apparent than real. Compare **Milcherzeugung** with 'milk production'. The English expression is spelt as two words, but pronounced as one, with the stress on *milk*. The German expression is pronounced with the same stressing and so, with German logic, spelt as one word, too. And compare the economy of **als Nebenbetrieb hat der Heiderhof eine Pensionspferdehaltung** (seven words) with 'as a sideline Oak Farm looks after other people's horses on a sort of boarding-house basis'.

In many cases, German builds up its vocabulary for more complex ideas layer by layer from simple elements of everyday language, where we have preferred to take over words from Latin and Greek and fit them to the patterns of English. Compare:

Landwirtschaft *agriculture*
gleichzeitig *simultaneous*
Gemeinschaft *community*

The effect is that complex German words are often much easier to decipher providing you can break them up properly:

Nebenerwerbslandwirte *part-time farmers*

Many international words have now come into German: **die Diskussion, die Politik, das Problem, die Subvention, der Traktor.** Many of these can be converted into verbs by means of the suffix **-ieren,** e.g. **diskutieren, subventionieren.** There are often synonymous pairs, e.g. **reflektieren/ nachdenken, exzeptionell/außergewöhnlich.** For an English person, these Latin or French-based words may come more easily than the German compounds. They're usually understood by educated Germans, but sound rather learned, and there may be subtle differences of meaning and use compared with English. For instance, **die Politik** means both 'politics' and 'policy'.

EXTEND YOUR GERMAN
Du and **Sie**.

When Ute's talking to her horse she says: „**Geh mal rüber! Komm mal her! Schön steh! Steh! Bleib hier!**". This is the way to tell someone you call **du** to do something. Whether you call someone **du** is a matter of your personal relations. **Du** is always used to animals, and to all children up to about 16. It's a proud day for an adolescent when a stranger addresses him as **Sie** for the first time. **Du** is used among members of the family and among children, students and close colleagues. In fact, most young people up to the age of about 25 use **du** to each other. It's very important to remember just who you're on **du** terms with. Even after years of separation, friends may feel aggrieved if you greet them as **Sie** once you've agreed to use **du.** They'll feel that you're putting a distance between yourself and them. So it's your relationship with a person and not the formality of the situation that determines whether you say: „**Setz dich**" or „**Setzen Sie sich**".

Getting people to do things

German is more direct than English – at least the English of many middle-class people. There's no German equivalent of 'I wonder if you'd mind closing the window?' It's quite acceptable to say: „**Machen Sie bitte das Fenster zu**". **Bitte** (and your tone of voice!) is the hallmark of normal politeness. If you want to be especially polite, you can say: „**Könnten Sie bitte das Fenster zumachen?**" **Mal** is also frequently used to create a warm friendly feeling. „**Komm mal her**" to children makes it clear that there's no threat and that they're not going to get into trouble. **Doch** is used to overcome a real or imagined objection: „**Komm doch mal her**" implies something like 'Come on, don't worry, I won't hurt you.' As we said in Chapter 2, listen carefully to the ways Germans use these 'modal particles' to create an atmosphere. They're most important to personal relations and have no close equivalents in English, where their role is generally performed by intonation.

USE YOUR GERMAN
With a friend, argue the relative merits of town and country living:

Wo lebt man gesünder, natürlicher? Sind Sie Naturfreund? Ist das Leben auf dem Lande angenehm, ruhig, langweilig? Möchten Sie hauptberuflich in der Stadt arbeiten und dann nebenberuflich einen kleinen Bauernhof bewirtschaften?

Was halten Sie von der Agrarpolitik der Europäischen Gemeinschaft? Finden Sie es gut, daß die Landarbeiter und Kleinbauern nicht mehr in Armut und Elend leben? Trägt die Rationalisierung der Landwirtschaft

zum allgemeinen Wohlstand bei? Oder ist es widersinnig, so viel Geld auszugeben für landwirtschaftliche Erzeugnisse, die am Ende niemand ißt? Besonders dann, wenn es in der Industrie so viele Arbeitslose gibt.

Try to draw up a balance sheet, for and against, and come to a conclusion – in German, of course.

Der Heiderhof

FÜRS KÖPFCHEN

Strong verbs

Points to remember:

● In the **du** and **er/sie/es** parts of the present tense some verbs change the vowel, e.g.

| fahren: | du fährst | er fährt | laufen: | du läufst | er läuft |
| helfen: | du hilfst | er hilft | sehen: | du siehst | er sieht |

● Strong verbs change the vowel in the simple past tense (imperfect), e.g.

fahren: fuhr   helfen: half   schreiben: schrieb

● In the past participle the vowel may be the same as in the infinitive, or the same as in the imperfect, or it may change yet again, e.g.

fahren: ist gefahren   schreiben: hat geschrieben
helfen: hat geholfen

● Some perfect tenses (of both strong *and* weak verbs) are formed with **sein.** They include **sein** itself (see p. 48), **werden, bleiben** and most verbs indicating movement (e.g. **gehen, kommen**) or a change of state (e.g. **wachsen, aufwachen**).

● All verbs that take a direct object and all reflexive verbs form the perfect tense with **haben** (e.g. Sie **hat** das Pferd **gesehen.** Ich **habe mich** daran **gewöhnt.**).

● In the imperfect subjunctive **a, o** and **u** add an umlaut.

	Present	Imperfect	Imperfect Subjunctive
ich	sehe	sah	sähe
du	siehst	sahst	sähest
er/sie/es/man	sieht	sah	sähe
wir	sehen	sahen	sähen
ihr	seht	saht	sähet
Sie/sie	sehen	sahen	sähen

	Perfect	Future	Conditional
ich	habe **gesehen**	werde sehen	würde sehen
du	hast **gesehen**	wirst sehen	würdest sehen
er/sie/es/man	hat **gesehen**	wird sehen	würde sehen
wir	haben **gesehen**	werden sehen	würden sehen
ihr	habt **gesehen**	werdet sehen	würdet sehen
Sie/sie	haben **gesehen**	werden sehen	würden sehen

KÖNNEN SIE'S?

1

Donaudampfschiffahrtselektrizitätshauptbetriebswerkbauunterbeamten-gesellschaft!

One of those typically German compound words! Try forming some yourself. Here are five beginnings and five endings. How could you complete them? Use the texts of the recordings to help you, and remember that the gender is always that of the last word. There may be more than one way of doing it!

1	Land ...	5	Neben ...	9	... kinder
2	Reit ...	6	... haltung	10	... krach
3	Bauern ...	7	... land		
4	Pferde ...	8	... zucht		

How many more words like this can you find in the texts of the recordings? Or you could try making up some of your own.

One other suggestion: how many smaller words can you make using letters from the title of this exercise?

2

Verkehrte Welt

Something's gone wrong with the animals! Can you sort them out?

1 Die Kühe grunzen.
2 Die Hunde wiehern.
3 Die Enten zwitschern.
4 Die Hühner krähen.

Beispiel:
Die Kühe sollten muhen.

5   Die Katzen bellen.
6   Die Vögel gackern.
7   Die Schafe muhen.
8   Die Hähne quaken.
9   Die Pferde schnurren.
10 Die Schweine blöken.
11 Die Gänse quieken.
12 Die Ferkel schnattern.

Wer hätte gedacht, daß
sie alle so gut
Fremdsprachen können!

3

Ja, ein braver Hund bist du!

And what about trying some animal talk yourself? You meet a dachshund called Fritz.

Call him and tell him to come here. Come a bit further. That's fine like that. Right, now sit ... and stay! Yes, he's a good dog.

4

Ferien auf dem Bauernhof

For the first time you're spending your holiday on a farm, so you decide to keep a diary. Complete the entries in the diary with the correct parts of these verbs. Be careful! Some are separable and some aren't. Each verb appears only once.

anschaffen	einstreuen	verdienen
aufwachen	ernähren	zurechtkommen
ausmisten	genießen	zurückfahren
ausreiten	gewöhnen	zusehen
aussehen	mithelfen	
bewirtschaften	schwerfallen	

---

21. Juli Heute bin ich früh ... und habe beim Melken .... Ich ... das Landleben und ... mich gut. Die frische Milch, die frischen Eier, der Käse, das Gemüse, das Fleisch – ich werde bestimmt dick.

---

23. Juli Ich ... wirklich gut mit den Pferden .... Ich ... sogar jeden Tag ... und ... dann neu .... Dann ... ich für ein oder zwei Stunden ....

---

27. Juli   Die Besitzer des Bauernhofes ... bestimmt nicht schlecht. Sie ... riesengroße Flächen und haben jetzt noch 50 Kühe ....

30. Juli   Heute habe ich das erste Mal bei der Geburt von Ferkeln .... Sie ... wirklich ganz niedlich ....

3. August   Morgen ... ich wieder ... nach Hause. Es ... mir richtig ..., daran zu denken, so sehr habe ich mich schon an das Landleben ....

5

Berlin ist eine Reise wert

You want Robert to go to Berlin with you, so you make all sorts of suggestions to persuade him to come. Use these expressions to complete your conversation:

Hättest du nicht Lust ...?	Wie wär's ...?
Vielleicht sollten wir ...	Wir können sicher ...
Wir könnten ja zum Beispiel	Wir sollten ...
auch ...	Hättest du was dagegen ...?
Und was hältst du dann von ...?	

Sie	......, nächstes Wochenende mit mir nach Berlin zu fahren?
Robert	Lust hätte ich schon, aber –
Sie	...... bei Freunden von mir wohnen.
Robert	Ja? Das wäre natürlich nicht schlecht. Aber – ach ich weiß nicht. Ich kenne die Leute doch gar nicht.
Sie	...... sie mal anrufen und fragen.
Robert	Na, okay. Das können wir ja ruhig tun.
Sie	...... unbedingt in eine der Jazzkneipen gehen.
Robert	Och, Jazz höre ich eigentlich nicht so gern.
Sie	...... mit einem guten Theaterstück?
Robert	Für Theater interessiere ich mich auch nicht so besonders.
Sie	...... einem Ausstellungsbesuch?
Robert	Das kommt sehr darauf an. Moderne Kunst zum Beispiel mag ich überhaupt nicht.

Sie	...... einen Tag nach Ostberlin fahren.
Robert	Das würde mir schon eher gefallen.
Sie	......, wenn wir dein Auto nehmen würden?
Robert	Ach, deshalb liegt dir so viel daran, daß ich mitkomme!

6

Nicht schlecht, so ein Bauernhof am Meer

You work on a farm in Schleswig-Holstein. Your friend Sylvia from town comes to visit you and you have to answer all her questions.

Sylvia	Der Bauernhof liegt ja wirklich wunderschön. Wie weit ist es denn von hier bis zur Ostsee?
Sie	(*You'd say about two kilometres.*)
Sylvia	Und wie groß ist der Hof?
Sie	(*It's relatively big, round about 80 hectares.*)
Sylvia	Was baut ihr hier an?
Sie	(*Mainly grain*, Getreide, *but also some rape*, Raps.)

Sylvia	Und wie viele Kühe habt ihr?
Sie	(*Oh, comparatively few. You have about 100 cows.*)
Sylvia	Vorhin habe ich auch Pferde gesehen.
Sie	(*Yes, we do quite a lot of horse breeding.*)
Sylvia	Sind das die berühmten „Holsteiner"?
Sie	(*Most of them, yes.*)

Sylvia	Seit wann arbeitest du jetzt eigentlich hier?
Sie	*(For almost exactly five years.)*
Sylvia	Findest du den Job sehr anstrengend?
Sie	*(Yes, there's always a lot to do.)*
Sylvia	Sehnst du dich nicht manchmal nach einem Leben in der Stadt?
Sie	*(No, not at all. You like it here.)*

7

Landwirtschaft und Industrie

Read the article, then try the puzzle that follows.

Ohne Maschinen ist die heutige Landwirtschaft überhaupt nicht mehr denkbar. Doch wann begann eigentlich dieser Prozeß der Industrialisierung auf dem Lande?

Der folgende Artikel (abgeändert) aus der Wochenzeitung *Die Zeit* berichtet in diesem Zusammenhang von einem interessanten Projekt:

Landwirtschaftsmuseum in Meldorf

Nur etwa eine Autostunde von der Hansestadt Hamburg entfernt, hoch im Norden der Bundesrepublik, liegt Dithmarschen, eine Region, in der von jeher die Bauern den Ton angaben. Dithmarschen machte im letzten Jahr auf sich aufmerksam, als im 7.300 Einwohner großen Meldorf das erste deutsche Landwirtschaftsmuseum eröffnet wurde. Das Projekt ist außergewöhnlich – es beginnt dort, wo Freilichtmuseen zumeist aufhören: bei der Industrialisierung in der Mitte des vergangenen Jahrhunderts. „Landleben und Landarbeit in der Industrie" lautet folglich auch die Überschrift einer Informationsbroschüre. Die Geschichte des Museums begann mit einer Sammlung von alten Geräten und Maschinen aus der Landwirtschaft, die Heinz Landmann, Direktor der Landwirtschaftsschule, in Bauernhöfen aufgestöbert hatte. Geld wurde gesammelt, ein Grundstück erworben und schließlich ein Museumsgebäude im Stil einer alten Scheune errichtet.

Das Museumskonzept sah vor, daß das Museum mehr als eine Maschinensammlung werden sollte. Mähdrescher, Eggen, Pflüge, Sensen, Schlepper oder die Schmiedewerkstatt sollten deutlich machen, was innerhalb der vergangenen 150 Jahre in der Landwirtschaft passiert ist: eine Veränderung durch zunehmende Industrialisierung.

Am Beispiel der Milchzentrifuge läßt sich das Prinzip erklären. Vor gut hundert Jahren entdeckte man, daß mit ihr Milch und Sahne getrennt werden können. Nachdem Louis Pasteur herausgefunden hatte, daß Milch durch Erhitzen haltbar wird, wurden die ersten Meiereibetriebe gegründet. Nun war es möglich, Milch über größere Strecken bis in die stetig wachsenden Großstädte zu transportieren. Das war der Beginn der Spezialisierung und Produktionssteigerung in der Landwirtschaft. Die Bauern kauften weitere Milchkühe und brauchten nun auch mehr Futter. „Ertragssteigerung" hieß das Zauberwort der Zeit.

Die Themen des Museums reichen bis in die Gegenwart. Am Ende des Rundgangs werden auf Bildtafeln die Probleme der heutigen Landwirtschaft – wie zum Beispiel die Überproduktion von Milch – angesprochen. Ganz am Schluß steht dann die Frage: „Der Prozeß der Industrialisierung geht weiter – aber wohin?" Doch ein Landwirtschaftsmuseum wäre wohl überfordert, diese schwierige Frage zu beantworten.

Rätsel

Hidden in the box are six agricultural implements, which were all mentioned in the article you've just read. They're printed across, down or diagonally. Can you find them? (Ä =AE).

A	N	H	J	X	G	T	A	K	S	F	C	B	U	P
B	M	A	E	H	D	R	E	S	C	H	E	R	D	Y
V	Q	W	C	G	X	F	H	J	H	X	O	A	A	B
F	U	Z	B	D	G	S	V	E	L	I	L	O	D	N
R	E	S	O	P	V	E	H	J	E	W	E	I	X	V
K	L	A	E	W	E	H	K	L	P	A	O	C	B	N
X	B	H	L	N	A	O	E	D	P	B	U	O	N	D
B	Q	W	O	I	S	R	T	X	E	B	P	N	M	P
M	I	L	C	H	Z	E	N	T	R	I	F	U	G	E
B	N	H	L	O	P	I	R	G	S	V	L	B	N	U
S	A	D	B	N	X	C	V	I	Z	U	U	W	A	S
O	C	Z	H	J	A	D	F	V	B	N	G	E	O	V

DIE EUROPÄISCHE GEMEINSCHAFT

Gott gibt Sonnenschein
für des Armen Brot und des Reichen Wein. (alte Bauernregel)

Ziele der gemeinsamen Agrarpolitik:

- Steigerung der landwirtschaftlichen Produktivität und Erhöhung der Einkommen durch ein System von Abnahmegarantien und Mindestpreisen.
- Stabilisierung der Märkte.
- Sichere Versorgung der Bevölkerung mit Nahrungsmitteln.
- Angemessene Preise für den Verbraucher.

Gibt's im Februar weiße Wälder,
freuen sich Wiesen und Felder.

Probleme:

- Wachsende Produktivität (jährlich +2% in der EG) bei stagnierender Nachfrage (jährlich +0,5%) führt seit 1979 zu Überschußproduktion (Butterberg, Milchsee).
- Der Löwenanteil der Subventionen (rund 45 Milliarden Mark in der EG) erreicht oft nicht die Bauern, sondern vor allem den Großhandel und die Weiterverarbeitungsindustrie (Molkereien, Schlachthöfe usw.).
- In der BRD hat die EG-Agrarpreispolitik zu einem Rückgang der landwirtschaftlichen Erzeugerpreise beigetragen, und damit zu einem Rückgang des realen landwirtschaftlichen Einkommens. Das Einkommen außerhalb der Landwirtschaft ist dagegen stetig gestiegen.

Der Februar muß stürmen und blasen,
soll im Mai das Vieh schon grasen.

FLURBEREINIGUNG – ÖKONOMIE STATT ÖKOLOGIE?

Was soll die Flurbereinigung? Die „Flur" ist die landwirtschaftliche Nutzfläche, die zu einem Ort gehört. Viele landwirtschaftliche Betriebe haben einen sehr zersplitterten Landbesitz mit vielen kleinen Feldern und Weiden, die oft weit auseinanderliegen. Hecken, Bäume, Bäche, Wege und Straßen machen es oft schwierig, Landmaschinen zu benutzen. Zweck der staatlich organisierten Flurbereinigung ist es, die landwirtschaftlichen Nutzflächen rationeller zu strukturieren: Das Land wird neu aufgeteilt, um den Besitz jedes Betriebes zusammenzufassen, Wege werden begradigt usw. Generell soll die Flurbereinigung das Leben und Arbeiten auf dem Lande leichter, angenehmer und wirtschaftlicher machen.

Manche Kritiker meinen allerdings, daß die Flurbereinigung ökologische Probleme aufwirft: Die Begradigung von Wegen und Bächen sowie die Beseitigung von Hecken und Bäumen tragen zum Aussterben vieler Pflanzen- und Tierarten bei und zerstören die ökologisch wichtige Vielfalt der Landschaft.

Flurbereinigung vorher (links) und nachher (rechts)

Siehst du die Schwalben niedrig fliegen,
wirst du Regenwetter kriegen.

ALTERNATIVE LANDWIRTSCHAFT
Was heißt „alternativ"?

„Biologischer", „ökologischer", „biologisch-dynamischer", „organisch-biologischer" Landbau – was unterscheidet diese „alternativen" Landbaumethoden vom konventionellen Landbau? Hier einige Grundprinzipien der alternativen Landwirtschaft:

- die landwirtschaftliche Produktion gilt als ganzheitlicher Prozeß,
- Ziel ist ein geschlossener Betriebszyklus mit vielfältiger Struktur (viele verschiedene Feldfrüchte, vielfältige Fruchtfolge), der den naturgesetzlichen Kreislauf zwischen Boden, Pflanze, Tier und Mensch beachtet,
- alle Arten der Umweltbelastung werden vermieden bzw. reduziert (oberflächliche Bodenbearbeitung, keine Chemikalien),
- gute Pflege und Ernährung der Bodenlebewesen (organische Düngung, keine Pestizide).

Januar hart and rauh
nutzt dem Getreidebau.

Der Nordwind ist ein rauher Vetter,
aber er bringt beständig Wetter.

Bietet der alternative Landbau eine wirtschaftliche Alternative?
Zur Zeit arbeiten in der BRD nur rund 0,2% der landwirtschaftlichen
Betriebe (etwa 1500) nach alternativen Landbaumethoden. Die Erträge
alternativer Betriebe sind zum Teil niedriger als im konventionellen
Landbau; allerdings zahlen die Verbraucher für „biologische" Erzeugnisse höhere Preise. Oft benötigen alternative Betriebe mehr Arbeitskräfte als konventionelle Betriebe; andererseits haben sie wesentlich
weniger Ausgaben für Landmaschinen, Chemikalien usw.

Menschen und Juniwind
ändern sich geschwind.

Es gibt noch nicht viele Studien, die den alternativen mit dem
konventionellen Landbau vergleichen. Generell scheint jedoch der
alternative Landbau inzwischen einen festen Platz innerhalb der
Agrarstruktur zu haben. In einer Zeit des wachsenden Umwelt- und
Gesundheitsbewußtseins gewinnen alternative Landbaumethoden
immer mehr an Interesse.

Juli Sonnenbrand –
gut für Leut und Land.

TESTEN SIE SICH! (1)

Based on Chapters 1–5

This is the first of two tests to give you the chance to see how well you can use the language you've learnt in *Ganz spontan!* Section A tests things you should be able to say, section B is a comprehension test, section C tests how well you know the expressions in WIE WAR DAS? and section D is a check on vocabulary. You'll find the answers on p. 278.

Work through the test when you feel familiar with Chapters 1–5. Give yourself 2 marks for each answer you get right in section A (1 for a near miss), 1½ marks for each correct answer in section C (1 for a near miss) and 1 mark for each right answer in sections B and D. How near to 100 can you get?

A   WIE SAGT MAN DAS?

Friends you're visiting in the Black Forest take you to see some of the dying trees.
Say:
1   you're quite upset
2   it's really terrible
3   you're afraid the problem will get even bigger
And ask:
4   what they feel when they hear about pollution
5   whether they're optimistic or pessimistic about the future

Your host takes you to visit an elderly aunt.
Ask her:
6   if you could inquire how old she is
7   what was the happiest time in her life
8   what for her would be the ideal retirement
And say, if you were retired:

9   you'd travel a lot

10   you think you'd miss your job

At an official reception in your twin town in Germany you get into conversation with a local politician.
Ask him:

11   what he thinks are the most important issues of the day

12   which problems he particularly cares about
And say:

13   you're against nuclear power

14   and in your opinion unemployment's a very important question

15   things can't go on as they are

On a caravan site in Germany your neighbours invite you to their caravan to sample some German television. They say it's better than television in Britain.
Say:

16   you must contradict there

17   television isn't as good as at home
And ask:

18   which they think are the most popular programmes in Germany

19   what sort of programmes they like watching

20   if they think there's too much sex and horror on television

     •

When you go with your choir to Germany, you're all put up in local families. You're on a farm and another German host asks you about it.
Say:

21   the farm's quite a long way away

22   it's really small

23   it's got about 35 hectares of arable land and a large area of forest

24   as a sideline they board horses
And ask:

25   what he thinks of life in the country

B   VERSTEHEN SIE DAS?

Which is the right answer?

1   You're at a conference in Bonn. When you suggest a walk by the Rhine, your German colleague says: **Ich habe keine Lust dazu.** Does he:

a   want to go?

b   not want to go?

c   have no feelings either way?

2　He says about pollution: **Allerdings muß ich zugeben, daß ich selber nicht so sehr viel dran tue.** Do you think he feels:
   a　uninterested?
   b　unconcerned?
   c　a bit guilty?

3　You go after all, and when you're surprised to see no fish he says: **Irgendwo auf den Grund gucken oder einen Fisch sehen ist fast unmöglich.** Does he think seeing a fish is:
   a　impossible?
   b　most unlikely?
   c　highly undesirable?

4　With a friend you visit an acquaintance in an old people's home. The old lady tells you: **Ich finde sehr nett, daß es junge Leute gibt, die alte Leute mit hier betreuen, das find' ich sehr nett.** Does she:
   a　approve of
   b　disapprove of
   c　just accept what the young people are doing?

5　She sometimes goes to the old people's day centre. When you ask if it's always full she answers: **Ja, voll ist zuviel gesagt.** Is 'full':
   a　often correct?
   b　said much too often?
   c　a bit of an exaggeration?

6　Your friend says about his retirement: **Ich denke daran nicht mit Bedauern, sondern eher, das wird ganz gut werden.** Is he:
   a　optimistic
   b　pessimistic
   c　apprehensive about it?

7　You're listening to a political discussion on radio. One speaker says: **Wir brauchen eine gut funktionierende Wirtschaft, um möglichst viele neue Arbeitsplätze schaffen zu können.** Is he saying that Germany needs a sound economy:
   a　to create a lot of new jobs wherever possible?
   b　to create as many new jobs as possible?
   c　to create a lot of new jobs, if possible?

8　Talking of Chernobyl another speaker says: **Das war ein Einzelfall, der sich hoffentlich nicht wiederholen wird.** Does he think it:
   a　certainly will

b definitely won't
c could conceivably happen again?

9   A third speaker says: **Ich bleibe bei meiner Meinung, daß die Kernkraft nicht abzuschaffen ist.** Which of the following is right?
a his opinion's the same as at the beginning of the discussion
b he's changed his mind
c he's wavering

10   You've been watching a television programme which your companion didn't like. She says: **Ich war nicht begeistert; das ist aber mein persönlicher Geschmack.** Does she think:
a there's no question, it was a bad programme?
b it's possible other people might think differently?
c there's no accounting for tastes?

11   She has young children and says: **Ich sehe, wie sie die Dinge aus dem Fernsehen gerne nachspielen, weil sie so sein möchten, wie der Held aus dem Fernsehstück.** Does she think:
a television has no effect on what they do?
b they don't take television seriously?
c television influences their play?

12   You ask which programmes she likes and she replies: **Ich sehe gern politische Sendungen, gerne also Magazine irgendwelcher politischer Machart, Spielfilme seltener, ab und zu mal einen Krimi.** In which list are her preferences in the right order?
a thrillers, political programmes, feature films
b political programmes, feature films, thrillers
c political programmes, thrillers, feature films

13   While driving with a friend through the countryside, the conversation turns to German farms. Your friend says: **Die durchschnittliche Größe beträgt nur 15, 16 Hektar, nicht mehr.** Is he telling you that farms are:
a mostly as big as 15 or 16 hectares?
b no longer as small as 15 or 16 hectares?
c on average only 15 or 16 hectares?

14   Then he tells you: **Es gibt viele kleine Betriebe, die ohne Subventionen kaum über die Runden kämen.** Does he mean that without subsidies farms would:
a have difficulty in surviving?
b still survive?
c not survive?

15 He lives in the country himself and says: **Ich würde dir raten, mal dorthin zu kommen, wo ich wohne.** Is he advising you:
a to come and live where he lives some time?
b to come and visit him sometimes?
c to come and see where he lives some time?

C WIE WAR DAS?
Imagine you're talking to German friends. Can you fill in the missing words?

1 Your hotel room has been double booked. *At the moment* you're absolutely furious.
Ich bin ganz wütend ... .

2 You've lost your car keys. You're always doing it. It sometimes makes you *almost despair*.
Es bringt mich manchmal ... ...

3 Your son has left school to join a pop group. Ah well, young people should live their lives as they *think right*.
Sie sollen ihr Leben leben, wie sie es ... ...

4 Your small daughter's about to start school. In England children begin *at five*.
In England gehen die Kinder ... ... zur Schule.

5 You're a football fan, but your team's going downhill. It's *high time* they had a new manager.
Es wird ... ..., daß die Mannschaft einen neuen Manager bekommt.

6 You've just moved house. *At present* there are only weeds in the garden.
Es wächst ... ... nur Unkraut im Garten.

7 Yesterday you went to the cinema. You saw a film that didn't interest you *at all*.
Es war ein Film, der mich ... ... interessierte.

8 You're discussing where to go tomorrow. *You're for* a trip on the Rhine.
Ich ... ..., daß wir eine Rheinfahrt machen.

9 You live in Birmingham. *In comparison with* Bonn it's very big.
... ... Bonn ist Birmingham sehr groß.

10 You used to live in the country, but you've *got used to* the city now.
Ich habe mich ... **die Großstadt** ... .

Now a vocabulary test. Can you match the German words and phrases in the box with their descriptions below?

> die Aale; der Abfall; ab und zu; ernsthaft; etwas außerhalb; der Fasan; die Gebühren; eine Hochzeit; ich freue mich darauf; im allgemeinen; in den Ruhestand gehen; knurren; möglichst viele; notwendig; reine Luft; vorsichtig; was halten Sie davon?; die Werbung; die Zukunft; zur Zeit.

1   Many of these floated dead in the polluted Rhine.
2   Your home's here if you live just outside of town.
3   You behave like this if you're the careful type.
4   Keeping this to a minimum helps protect the environment.
5   An expression you can use to describe things in general.
6   What takes place when people marry.
7   What you do if you retire.
8   What to say if you're looking forward to something.
9   If it's necessary, it's this.
10 Politicians are concerned to create this many new jobs.
11 A useful expression if you're talking about things as they are at present.
12 And this is the time to come.
13 Explains that you do things from time to time.
14 Favourite radio and television programmes of the serious-minded are this.
15 Shown throughout the day on ITV, but only between 6 and 8 p.m. in Germany.
16 We pay these for our TV licence.
17 A bird people shoot and eat.
18 Dogs do this when they're angry.
19 One way of asking someone's opinion.
20 You find lots of this in the country.

WIENER KULTUR UND SUBKULTUR

Wiener Operette:
Suppé, J. Strauß
(Sohn), Lehár

Akademietheater
Burgtheater

Staatsoper
Volksoper

die Stadt, in der der Himmel voller Geigen hängt ...

Wiener Klassik	Schubert	*Wiener Schule*
· Haydn	· Bruckner	· (atonale Musik)
Mozart	Brahms	Schönberg
· Beethoven	· Mahler	· Webern
	R. Strauss	Berg

Wiener Philharmoniker
Wiener Symphoniker

und nicht zu vergessen: der Wiener Walzer

An der schönen blauen Donau

Wiener Spezialitäten:
Morbidität, Todesangst, Todessehnsucht

Welche Stadt hat
das einzige
Bestattungsmuseum
der Welt? ...
Sie haben
es erraten!

Wiens Zentralfriedhof –
eine Stadt für sich
(2,5 qkm, ca. 30.000 Gräber)

auch Casanova
ließ sich Wien
nicht entgehen

Sigmund Freud (1856–1939)
Professor an der Universität Wien
Vater der Psychologie
und Tiefenpsychologie
Erfinder des Ödipuskomplexes
Experimentierte mit Kokain

Die Welt des 3. Mannes:
1600 km unterirdische
Kanäle, d.h. länger
als die Strecke
Wien-London

KÖNNTEN SIE DAS BITTE NOCH EINMAL ERKLÄREN?

A look at some cultural topics
Asking for clarification
and ways of giving it

Und jetzt geht's nach Wien, Bundeshauptstadt Österreichs mit 1,5 Millionen Einwohnern, Stadt des Walzers, Stadt der Kaffeehäuser, Stadt der Habsburger und eine der bedeutendsten Kulturmetropolen der Welt.

1

Achim Conrad aus Regensburg in Bayern wollte mehr über Wien als Kulturstadt wissen. Er spricht mit Traudl Lisey vom Wiener Fremdenverkehrsverband.

Achim	Wien ist in der ganzen Welt bekannt als Kulturstadt. Ich würde gern ein bißchen was über die Kultur in Wien wissen.
Frau Lisey	Kultur hat eine große Tradition in Wien, das ist richtig. Sie wird einfach schon dadurch am besten demonstriert, daß wir zur Zeit 29 Bühnen haben, die bespielt werden. (Ja.) Und wir haben so eine Reihe von kleinen Theatern, die oft nur 40 oder 50 Sitzplätze haben und die jeden Abend voll sind . . .
Achim	Darf ich Sie kurz unterbrechen?
Frau Lisey	Ja.
Achim	Bei den kleinen Theatern, sie haben irgendeinen besonderen Namen, glaub' ich, wie, wie sagt man da zu den kleinen . . ., ganz kleinen . . .?
Frau Lisey	Kellertheater.
Achim	Kellertheater.
Frau Lisey	Weil die meisten sind irgendwo unten in einem Keller unter einem Kaffeehaus oder unter einem alten Palais oder sonst irgendwo.
Achim	Ja . . . ja . . . Sind das alles freie Bühnen, oder werden die auch unterstützt?
Frau Lisey	Es gibt, glaub' ich, in Wien überhaupt nur zwei Bühnen, die nicht unterstützt werden, und das sind Cabaretbühnen. Alle anderen Bühnen kriegen kleinere oder größere, aber sie kriegen Subventionen. (Ja.) Eh, man sagt ja immer, Wien ist die Welthauptstadt der Musik. Ich will da nicht so, so den Mund voll nehmen, aber ich glaub', ein bisserl richtig ist es schon. Wir haben vier Opernhäuser oder vier Häuser, die Musikbühne haben, und der Wiener geht sehr gern. Dann haben wir also eine . . . wirklich einen Reichtum an Schätzen in unseren Museen. Also das Kulturangebot ist ungeheuer reich in Wien.
Achim	Traditionelle Wiener Kunst, mir würde auf Anhieb vielleicht die Schrammelmusik* einfallen. (Ja.) Was, was gibt's da alles? Können Sie da vielleicht ein paar Beispiele sagen . . .?
Frau Lisey	Gott, als richtig typische Wiener Musik gibt's eigentlich nur zwei Dinge, und das ist die Schrammelmusik, die Sie richtig erwähnten, und den Walzer. Musiker, die Symphonien geschrieben haben, sind anderswo auch zur Welt gekommen, nicht nur in Wien!
Achim	Gut. Sie haben viel jetzt über Wien als Kulturstadt gesagt, war das schon immer so? Ist Wien schon seit jeher Kulturstadt?
Frau Lisey	Hm, seit, seit sehr langer Zeit jedenfalls. Ich mein', es waren 600 Jahre Habsburger Regentschaft mit Sitz Wien, und das hat bedeutet, daß

Ludwig van Beethoven. 1770 in Bonn geboren; lebte ab 1792 in Wien; 1827 in Wien gestorben

sich um den Hof natürlich die Kultur konzentriert, (Ja.) weil der Hof war erstens der Auftraggeber teilweise und zweitens auch das Zentrum, wo Kultur sich ausbreiten konnte. (Ja.) Daher ist also die Kultur schon traditionsreich in Wien.

Achim Ja, man könnte dann auch sagen, daß die Wiener selber ein Kulturvolk sind.

Frau Lisey Ja, die sind schon ein Kulturvolk. Sie gehen auch (Ja.) am Sonntag mit ihren Kindern am Vormittag ins Museum!

* Die Gebrüder Schrammel waren Wiener Volksmusiker des letzten Jahrhunderts. Ein echtes Schrammelquartett besteht aus zwei Geigen, Gitarre und Bandonion (einer Art Ziehharmonika) oder Klarinette.

den Mund voll nehmen *to boast, brag*
ein bisserl *Austrian for* ein bißchen
ein Reichtum an Schätzen *a wealth of treasures*
auf Anhieb *straight away, off the top of my head*
mit Sitz Wien *with their seat in Vienna*

? Warum nennt man die kleinen Wiener Theater „Kellertheater"?
Welche Musik ist für Wien typisch?
Warum hat sich in den Jahren der Habsburger Regentschaft die Kultur um den Hof konzentriert?

Die Habsburger regierten mehr als 600 Jahre über Österreich, wie Traudl Lisey schon sagte. Schloß Schönbrunn wurde Ende des 17. Jahrhunderts als Sommerresidenz der kaiserlichen Familie erbaut. Es sollte ursprünglich noch größer und prachtvoller werden als das Schloß von Versailles, aber das Geld reichte für ein so ehrgeiziges Projekt nicht aus. Der Name Schönbrunn kommt übrigens von „schöner Brunnen"; der Legende nach soll hier Kaiser Matthias bei der Jagd einen Brunnen mit besonders klarem Wasser entdeckt haben. Dana Geißler besuchte das Schloß mit Peter Erdelyi, der in seiner Freizeit Stadtführer ist.

2

Im Schloßpark erzählt Peter Dana alles über Schloß Schönbrunn. Sie bittet ihn, seine Erklärung zu wiederholen.

Dana	Könnten Sie das bitte noch einmal erklären?
Peter	Gerne. Also, wir stehen jetzt vor Schloß Schönbrunn, der Sommerresidenz der Habsburgfamilie, der kaiserlichen Familie Österreichs. Es wurde vom Barockarchitekten Fischer von Erlach Ende des 17. Jahrhunderts erbaut unter der Herrschaft Karls des Sechsten, des Vaters Maria Theresias.

nouns 'in apposition'

When one noun follows another to clarify or explain it, they're both in the same case:

Wir stehen vor **Schloß Schönbrunn** (*dat.*), **der Sommerresidenz** (*dat.*) **der Habsburgfamilie** (*gen.*), **der kaiserlichen Familie** (*gen.*) Österreichs.

Es wurde von Fischer von Erlach erbaut unter der Herrschaft Karls des Sechsten (*gen.*), des Vaters (*gen.*) Maria Theresias.

Dana	Entschuldigung, wie war noch mal der Name von dem Architekten?
Peter	Der Architekt heißt Fischer von Erlach. Er war zusammen mit Lukas von Hildebrandt einer der beiden bedeutenden Barockarchitekten, die das Barockbild der Stadt Wien prägten. (Aha.) Maria Theresia, die später hier residierte, ließ das Schloß innen im Rokokostil umbauen.
Dana	Dürft' ich Sie mal unterbrechen, was bedeutet das eigentlich, Rokokostil?
Peter	Der Rokokostil war im Gegensatz zum Barockstil nicht mehr so streng, sondern viel verspielter und freundlicher in seinem Erscheinungsbild. Maria Theresia liebte also fröhliche Innenräume und ließ die Innenräume dementsprechend im Rokokostil umgestalten. Direkt vis-à-vis vom Schloß Schönbrunn befindet sich auf einem Hügel die Gloriette.

lassen   *to have something done*

Maria Theresia **ließ** das Schloß innen im Rokokostil **umbauen.** (*had the castle rebuilt inside*)

Sie **ließ** die Innenräume im Rokokostil **umgestalten.** (*had the rooms redesigned*)

Dana	Das ist ja einer der schönsten Ausblicke von Wien, finde ich.
Peter	Deshalb wurde die Gloriette auch errichtet; sie sollte also einen Gegenpol zum Schloß darstellen und vor allem der kaiserlichen Familie beim Frühstück einen angenehmen Blick aus den Fenstern ermöglichen.
Dana	Aber die Gloriette hat keine Bedeutung. Also, da wurden keine Feste gefeiert oder so was?
Peter	Gar nichts, die Gloriette ist eigentlich nur eine Fassade.
Dana	Aha. Ich habe eine Frage, warum steht eigentlich nicht das Schloß auf dem Hügel? Es wär' doch ein viel schönerer Anblick aus dem Frühstückszimmer gewesen, wenn man auf Wien geschaut hätte.
Peter	Tja, ursprünglich war das Schloß ja geplant anstelle der Gloriette auf diesem Hügel; es sollte sich dann terrassenförmig hinunterziehen bis zum Wienfluß. Nur leider war das österreichische Haus Habsburg nie so wohlhabend wie die spanische Seitenlinie, und so mußte die Sparvariante des Schlosses Schönbrunn, wie es heute da steht, verwirklicht werden.
Dana	Ach so.

unter der Herrschaft   *in the reign*
im Gegensatz zu   *in contrast to*
sollte sich terrassenförmig hinunterziehen bis zum Wienfluß   *was supposed to extend down to the River Wien in terraces*
die Sparvariante   *economy version*

?

Wann und von wem wurde Schloß Schönbrunn erbaut?
Warum ließ Maria Theresia das Schloß innen im Rokokostil umbauen?
Wo steht die Gloriette?
Was für ein Bauwerk ist die Gloriette?
Wie war Schloß Schönbrunn ursprünglich geplant?

3

Die Wiener Staatsoper zählt zu den größten Opernhäusern der Welt. Berühmt sind vor allem ihr hervorragendes Orchester, die Wiener Philharmoniker, und ihr ebenso hervorragender Chor. Fanny Stavjanik sprach mit Helmut Pils, der seit 28 Jahren im Chor singt. Als Chormitglied arbeitet man natürlich mit vielen großen Künstlern zusammen. Für Herrn Pils ist Herbert von Karajan einer der allergrößten.

Fanny   Sie haben sicher schon mit sehr vielen berühmten Leuten zusammengearbeitet (Ja.), gibt es irgendeine Arbeit oder eine Vorstellung oder irgend etwas, was Ihnen besonders im Gedächtnis ist?

Herr Pils   Doch, doch, immer wieder, und das ist das Schöne. Weil wir gerade über den *Boris** gesprochen haben, das haben wir mit Herrn von Karajan hier gemacht, nicht, also das ist ein großer Mann für uns alle, nicht? Und es ist immer wieder ein Erlebnis, mit ihm zusammenzuarbeiten.

Fanny   Können Sie mir vielleicht sagen, warum?

Herr Pils   Schauen Sie, Herr von Karajan ist also eine Persönlichkeit, die, glaub' ich, in unserem Jahrhundert sicherlich einmalig ist: Es ist seine Präzision, seine Art, wie er seine Mitarbeiter überzeugt, weil alles, was er tut, Hand und Fuß hat. Das heißt, es ist alles überlegt, es hat alles einen Sinn, es ist alles ökonomisch eingeteilt, das ist auch sehr wichtig für den Probenablauf. Und er steht so hinter der Sache und ist einfach richtungsweisend für alle, natürlich musikalisch besonders, aber auch szenisch. Seine Regien, die er führt, werden immer wieder – ich will nicht sagen belächelt – aber fast nicht ernst genommen. Aber für denjenigen, der auf der Bühne steht, ist das Konzept so klar, und auch für den Zuschauer ist das Konzept so klar erkennbar, und es ist immer ästhetisch, und es ist immer schön anzuschauen, und es ist immer eine wunderbare Basis, um auf die Musik zu hören, und das ist doch das Entscheidende. Also, die Szene soll immer der Teppich sein oder die Atmosphäre sein, in der dann die Musik zu ihrer vollen Wirkung kommt. Und das ist das Schöne daran.

* *Boris Godunow*, Oper des russischen Komponisten Modest Mussorgsky (1839–81).

Hand und Fuß haben   *to be well planned, well thought out*
hinter der Sache stehen   *to be committed*
zur vollen Wirkung kommen   *to have its full effect*

?

Was ist für Herrn Pils immer wieder ein Erlebnis?
Warum arbeitet er gern mit Herbert von Karajan zusammen?
Was hält er von Karajans Regien?

4

Die zwei Donniez haben ihre Akrobatik in Theatern der ganzen Welt vorgeführt. Ihr Beruf hat ihnen viel Freude bereitet; auch wenn etwas schiefging, gab es oft Grund zum Lachen.

Achim	Darf ich Sie um Ihren Namen bitten?
Frau Donniez	Ja. Zwei Donniez.
Achim	Ist das ein Künstlername?
Frau Donniez	Das ist ein Künstlername, ja.
Achim	Können Sie den buchstabieren?
Frau Donniez	Dora – Otto – Nordpol – Nordpol – Ida – Emil – Zeppelin.
Achim	Was sind Sie von Beruf?
Frau Donniez	Artisten.
Achim	Artisten. Was sind Artisten?
Frau Donniez	Artisten sind Akrobaten, Jongleure, Zauberer, Kunstreiter, alle, die im Zirkus, Varieté, Cabaret arbeiten können, auf öffentlichen Plätzen. Das waren ja früher einmal die Gaukler, die jetzt natürlich viel eleganter arbeiten.
Achim	Üben Sie Ihren Beruf noch aus?

Frau Donniez	Nicht mehr auf der Bühne, nur mehr als Lehrer.
Achim	Was haben Sie eigentlich auf der Bühne direkt gemacht?
Frau Donniez	Unsere Nummern waren eine Hebenummer, eine langsame Hebe-akrobatik, eine Wurf- und Schleudernummer und eine Fahrrad-nummer.
Achim	Ja. Und ist Ihnen da irgendwann auch einmal was passiert?
Frau Donniez	Ja.
Achim	Wo war das?
Frau Donniez	Das war im Konzerthaus in Wien. Dazu muß ich noch sagen, daß wir* grad bei den schwierigen Tricks, wo ich hoch hinaufsteigen mußte, mir immer einen Totpunkt ausgesucht hab'. Und da hatte ich eine glänzende, runde Scheibe oben auf der Galerie, eine Glatze eines Herrn. Diese Glatze hab' ich mir vorgenommen bei dem einen Trick dann als Totpunkt zu nehmen. Und ich hab' dann den Trick bei der Vorstellung gemacht, und im Einsteigen, es ist ja der kritische Moment des Ein-steigens, muß dem da oben was runtergefallen sein auf der Galerie, er muß sich gebückt haben; die Glatze war weg, aber ich war auch weg! Also das war ein Absturz. Das war auch das letzte Mal, daß ich mir einen Menschen eben als Totpunkt ausgesucht hab'. Jahrelang hab' ich's gemacht, aber dann nie mehr!

weak masculines!

Weak masculine nouns add **-n** (after a vowel) or **-en** (after a consonant) in every case except the nominative singular. But notice that **Herr** just adds **-n** in the singular and that in the genitive singular **Name** adds an additional **-s**.

Darf ich Sie um **Ihren** Name**n** bitten?
Er war einer **der** beiden bedeutenden Barockarchitek**ten**, ...
Wie war noch mal **der** Name von **dem** Architek**ten**?
Das haben wir **mit** Her**rn** von Karajan hier gemacht.
Da hatte ich eine glänzende, runde Scheibe, eine Glatze **eines** Her**rn**.
Arti**sten** sind Akroba**ten**, Jongleu**re**, Zauber**er** ...
Das war das letzte Mal, daß ich mir **einen** Mensch**en** eben als Totpunkt ausgesucht hab'.

Achim	Und Sie haben sich aber gut aufgefangen?
Frau Donniez	Ja. Man kann sich natürlich verletzen, aber es ist glücklicherweise mir – toi, toi, toi – bei den Stürzen nie etwas Ernstliches passiert.
Achim	Sie haben vorhin „Totpunkt" gesagt. Können Sie mir erklären, was das genau ist?
Frau Donniez	„Toten Punkt", das ist ein ruhiger Punkt, den ich anvisier', damit ich

selber die Ruhe hab' für den Bewegungsablauf, für den heiklen. Das ist ein ruhiger, stehender Punkt; sollte es sein, in diesem Fall war er's aber nicht!

* Frau Donniez should have said **ich**, but for the moment she was thinking of her husband (and partner) as well.

toi, toi, toi   *equivalent of 'touch wood'*
der Bewegungsablauf   *sequence of movements, routine*

Was für Artisten gibt es?
Warum ist Frau Donniez einmal abgestürzt?
Was ist in der Akrobatik ein Totpunkt?

HÖREN SIE GUT ZU!

In these last five chapters we've included a section for listening practice only – no text for you to follow this time! Listen to the recording on the *Ganz spontan!* cassette (as many times as you like) and see if you can answer the questions.

Die weltberühmte Spanische Hofreitschule (spanisch, weil die Pferde ursprünglich aus Spanien kamen) wurde Ende des 16. Jahrhunderts gegründet. Damals war sie in einem einfachen Holzgebäude untergebracht, aber im frühen 18. Jahrhundert baute der Wiener Architekt Fischer von Erlach eine prachtvolle Winterreitschule in der Hofburg, dem großen kaiserlichen Gebäudekomplex in der Wiener Innenstadt. Riesengroße Kronleuchter und ein mit Stuck verziertes Gewölbe schmücken den weißen Auftrittssaal. Die Galerie ruht auf 46 korinthischen Säulen.

Seit der Gründung der Spanischen Hofreitschule hat sich an der zehnjährigen Ausbildung der Pferde und Reiter nichts geändert. Heute führen die edlen Lipizzaner und ihre geschickten Reiter genau wie vor mehr als 400 Jahren ihre schwierigen und kunstvollen Übungen vor.

Im großen Saal der Spanischen Hofreitschule beschreibt Patricia Fitzgerald die Morgenarbeit.

1   What are the riders' uniforms like?
2   How does Patricia describe the atmosphere?
3   What sort of steps is the young horse practising?
4   What does it get as a reward?

6

WIE WAR DAS?

1 Dann haben wir wirklich ... ... in unseren Museen.
2 Traditionelle Wiener Kunst, mir würde ... ... vielleicht die Schrammelmusik einfallen.
3 Ist Wien ... ... Kulturstadt?
4 Es wurde vom Barockarchitekten Fischer von Erlach ... ... erbaut unter der Herrschaft Karls des Sechsten.
5 Maria Theresia ... das Schloß innen im Rokokostil ... .
6 Der Rokokostil war ... ... Barockstil nicht mehr so streng.
7 Die Gloriette sollte der kaiserlichen Familie beim Frühstück ... ... ermöglichen.
8 Also das ist ein großer Mann für uns alle, nicht? Und es ist ... ..., mit ihm zusammenzuarbeiten.
9 Es ist glücklicherweise mir – ..., ..., ... – bei den Stürzen nie ... ... passiert.
10 Das ist ein ruhiger, stehender Punkt; sollte es sein, ... war er's aber nicht!

ALLES KLAR?

What do you do if you don't understand what someone's saying to you? Do you just look blank? Or do you ask for an explanation or clarification?

First you have to break into the conversation:
Entschuldigung!

or more politely:
Darf ich Sie kurz unterbrechen?

or even more politely:
Dürfte ich Sie mal unterbrechen?

Perhaps it's a word you haven't met before:

Was	bedeutet	das eigentlich, Rokokostil?
	ist	

Perhaps you've not heard a name or some other word properly:

Wie war noch mal der Name von	dem Architekten?
	Maria Theresias Vater?

Perhaps you know the concept, but not the proper word:
Bei den Theatern, wie sagt man da zu den kleinen, ganz kleinen?

Perhaps you've heard the word, but want to fix the spelling in your memory:

Können Sie	das Wort den Namen	bitte buchstabieren?

Or perhaps you need a fuller explanation:
Ich habe eine Frage, können Sie mir vielleicht sagen, ...?

Sie haben vorhin	„Totpunkt" „Gloriette"	gesagt,	können Sie mir bitte erklären, was das genau ist?

And if you don't understand the first time:
Könnten Sie das bitte noch einmal erklären?

It may be a specific piece of information you need. If so, use a 'W'-question word:

Können Sie mir bitte sagen,	warum? wo? wann? wie? was?

Of course, you may think you know the answer to these questions, but be unsure. In that case state your guess and add a word or phrase that shows you want it confirmed:

Rokokostil, das ist wohl der Baustil des 18. Jahrhunderts,	nicht wahr? oder? oder so, nicht?

Or if you're less sure of your ground or only know part of the answer, you can actually ask the question:

Rokoko,	ist das ein Baustil? was ist das eigentlich für ein Baustil?

If you can use such expressions to elicit information and clarify your mind, conversation becomes much more enjoyable on both sides. As you can hear in the recordings, their use is an important part of the interviewer's art.

EXTEND YOUR GERMAN

By now, you're well used to the fact that the endings of adjectives depend on the number, case and gender of the noun that follows them. These endings are also used when the noun is left out, perhaps because it's just been mentioned or is obvious:

Bei den Theatern, wie sagt man da zu den ganz klein*en*?
Alle anderen Bühnen kriegen kleiner*e* oder größer*e*, aber sie kriegen Subventionen.

The same endings make it possible for an adjective to be used as a noun more easily than, say, in English. Instead of **der arme Mann, die schöne Frau**, you can simply say **der Arme** for any male, young or old, and **die Schöne** for any female. **Das Schöne** is generally used in an abstract sense, meaning **das, was schön ist**. As Herr Pils says: **Das ist das Schöne daran**. But don't forget to change the ending according to number, case and gender: **der Alt*e*, ein Alt*er*, des Alt*en*, einem Alt*en***, etc. With masculines, this means that **-n** is added everywhere except in the nominative singular.

Some other masculine nouns (called 'weak' masculines) also add **-n** or **-en** everywhere except in the nominative singular. Perhaps the most common is **Herr**. Frau Donniez says: **Da hatte ich die Glatze eines Herr*n***. And Herr Pils says: **Das haben wir mit Herr*n* von Karajan gemacht**.

In addition to the examples listed on p. 145, other common masculine nouns of this kind are: **Bauer, Bub, Junge, Matrose, Patient, Soldat** and many words of foreign origin naming professions, e.g. **Architekt, Jurist** ...

USE YOUR GERMAN

Have you found one or more friends with whom you can practise your German? Ask them to tell you something about themselves, their jobs, families, holidays, etc. Interrupt them frequently to ask them to clarify or amplify what they've said, or to confirm what you think they mean.

Another idea is to choose one of the interviews in *Ganz spontan!*; then one of you takes the role of the interviewer, another that of the interviewee. Either of you (or another member of the group if there are more than two) is free to interrupt to ask for repetition, spelling, clarification, etc., which must be given before the interview can continue.

If you're still working alone, play over one of the *Ganz spontan!* tapes and stop it whenever you feel uncertain of what's being said. Then ask the appropriate question to make things clear. Take, for example, what Herr Pils says about von Karajan. At certain points you might wish to ask:

Entschuldigung, wie war der Name des Dirigenten?
Könnten Sie den Namen bitte buchstabieren?
Darf ich Sie noch mal unterbrechen? Was bedeutet eigentlich „Hand und Fuß"?
Sie haben vorhin „Probenablauf" gesagt. Können Sir mir bitte erklären, was das eigentlich ist?
„Ästhetisch", das heißt wohl „schön", nicht wahr?

Schloß Schönbrunn, Innenraum

FÜRS KÖPFCHEN

Relative pronouns

	singular			plural
	masculine	feminine	neuter	
nom	der	die	das	die
acc	den	die	das	die
gen	dessen	deren	dessen	deren
dat	dem	der	dem	denen
nom	welcher	welche	welches	welche
acc	welchen	welche	welches	welche
gen	—	—	—	—
dat	welchen	welcher	welchem	welchen

Points to note

1   The verb comes at the end of the relative clause.

2   The relative pronoun is the same gender and number as the noun or pronoun it relates back to, but the case depends on how it's used in the clause:

   Für *denjenigen* (*masc. sing. acc.*), ***der*** (*masc. sing. nom.*) **auf der Bühne steht, ist das Konzept so klar.**

   Wir haben so eine Reihe von kleinen *Theatern* (*pl. dat.*), ***die*** (*pl. nom.*) **oft nur 40 oder 50 Sitzplätze haben.**

3   And notice the use of **was** as a relative pronoun when there's no actual noun to refer back to:

   Man könnte *das* arbeiten, *was* man gerne wollte.

   Ich würde alles *das* unternehmen, *was* ich in meiner Arbeitszeit nicht unternehmen konnte.

KÖNNEN SIE'S? 1

Hat jemand noch eine Frage?

The town guide's been rattling on non-stop. You decide to interrupt with a few questions.

Führer	Wir stehen hier vor dem Stephansdom, der wichtigsten gotischen Kirche Österreichs.
Sie	(*Interrupt him and ask what 'Gothic' really means.*)
Führer	Gotik, das ist der Baustil des Hoch- und Spätmittelalters. Schauen Sie zum Beispiel den berühmten „Steffl" hier. Dieser reich geschmückte

Turm ist für die österreichische Gotik typisch.

Sie	(*Sorry, what was the name of the tower again?*)
Führer	Der Turm heißt „Steffl".
Sie	(*Can he spell 'Steffl', please?*)
Führer	Ja, gerne. Siegfried, Theodor, Emil, Friedrich, Friedrich, Ludwig.
Sie	(*You have another question. Could he tell you how high the tower is?*)
Führer	Ja, der „Steffl" ist 137 Meter hoch, und er ist das Wahrzeichen Wiens. Leider wurde ganz am Ende des zweiten Weltkrieges vieles am Stephansdom schwer beschädigt, aber ...
Sie	(*Interrupt him again and ask for a few examples.*)
Führer	Ja, unter anderem wurde auch die „Pummerin" zerstört. Man hat sie aber 1951 neu gegossen.

Sie	('Die Pummerin'? *Can he tell you exactly what that is?*)
Führer	Die „Pummerin", das heißt auf englisch *the boomer*. Sie hängt im Nordturm und ist die größte Glocke des Landes.

gießen   *to cast (iron)*

2

Der hat doch keine Ahnung!

Your friend Bruno manages a theatre. After a frustrating conversation with the architect who's rebuilding the stage, he gives you a ring. But it's a bad line and some of his words (the ones in brackets) aren't clear. What did he really say? Add the correct endings where necessary.

Bruno	Hallo, hier ist Bruno. Hast du einen Moment Zeit?
Sie	Ja, grüß dich, Bruno. Wie geht's?
Bruno	Na, schlecht. Eben hab' ich mit dem (Architekt) (Herr) Möbius über den Neubau der Bühne gesprochen. Der (Mensch) hat wirklich keine Ahnung, wie so eine Bühne aussehen soll. Von einem (Architekt) mit einem so guten (Name) hätte ich wirklich etwas mehr erwartet. Wie sollen denn zum Beispiel die (Artist) da ihre Tricks vorführen? Ob der (Herr) Möbius noch nie einem (Akrobat) zugesehen hat? Ich glaube, wir werden wohl doch einen anderen (Architekt) engagieren müssen, einen (Mensch), bei dem nicht der (Name) beeindruckt, sondern das Talent.

3

Das ist wirklich mein Traumberuf

Herr Schneider works behind the scenes in a small Viennese theatre where he's showing you round. He has a habit of using relative clauses! Use the information in the box to complete what he says. The first sentence is done for you.

> Das Theater ist 100 Jahre alt. Die Sitzplätze sind jeden Abend voll besetzt. Die Bühne wird vom Staat unterstützt. Der Spielplan gilt ab September. In diesem Haus wird wirklich viel Theater gespielt. Viele weltberühmte Schauspieler haben hier gastiert. Auch Leute, die nicht auf der Bühne stehen, finden das Leben im Theater aufregend. Herr Schneider kann sich keinen schöneren Beruf vorstellen.

1 Sie befinden sich in einem Theater, das 100 Jahre alt ist.
2 Es hat 75 Sitzplätze, . . .
3 Es ist eine der Bühnen, . . .
4 Dies ist der Spielplan, . . .
5 Unser Theater ist eines der Häuser, . . .
6 Und wir haben schon Schauspieler hier gehabt, . . .
7 Dieses Leben ist selbst für denjenigen aufregend, . . .
8 Das ist wirklich der schönste Beruf, . . .

4

Was wäre das Leben ohne Musik?

Use this thumbnail sketch of Herr Meisel and the questions on the next page to make up a conversation in which you ask him about his job.

Herr Meisel ist schon 25 Jahre Cellist in einem großen Wiener Orchester. Er hat mit 12 Jahren begonnen, Cello zu spielen, weil das Quartett in seiner Familie ein Cello brauchte. Sein Beruf macht ihm Spaß. Er reist viel und hat fast überall in der Welt gespielt. Er spielt alle Wiener Klassiker gern, aber sein Lieblingskomponist ist wohl Beethoven. Er findet seine Musik so optimistisch.

Was sind Sie von Beruf?

Darf ich Sie fragen, seit wann Sie in diesem Orchester spielen?

Können Sie mir sagen, wie Sie zum Cellospielen gekommen sind?

Erzählen Sie doch mal, wo Sie schon überall aufgetreten sind.

Welche Komponisten spielen Sie am liebsten? Können Sie mir vielleicht ein paar Beispiele nennen?

Können Sie mir erklären, warum Beethoven Ihr Lieblingskomponist ist?

5

Haben Sie noch Karten für die Oper?

There's Strauss and Mozart at the *Staatsoper*. You've looked out middle priced seats between 300 and 700 Austrian schillings and are going to book. How do you fill in the application form?

1 You'd like two seats in the second row of the balcony (middle) for *Die Fledermaus* (*The Bat*), on 22nd July. As second choice, two in the front row of the gallery (middle).

2 You'd like four seats in the second row of the rear stalls for *The Magic Flute* on 24th July. If that's not possible, four in the front row of the balcony (middle).

3 And you'd like two more seats for *Die Fledermaus* on 30th July in the second row of a rear stalls box (1–6) or, failing that, two in the third row of Box 7 in the dress circle.

das Parterre   *rear stalls*
die Loge   *box*
der erste Rang   *dress circle*

PREISE (in österr. Schilling)		
Kategorie	**Die Fledermaus**	**Die Zauberflöte**
Parterre 2. bis 5. Reihe Balkon Mitte 1. Reihe	600,–	700,–
Parterre-Loge 7 bis 13, 2. Reihe 1. Rang Loge 7 bis 13, 2. Reihe 2. Rang Loge 1 bis 6, 1. Reihe	500,–	600,–
Balkon Mitte 2. bis 6. Reihe Balkon Seite 1. Reihe Galerie Mitte 1. Reihe	400,–	500,–
Parterre Prosc.-Loge, 2. Reihe Parterre-Loge 1 bis 6, 2. Reihe Parterre-Loge 7 bis 13, 3. Reihe 1. Rang Prosc.-Loge, 2. Reihe 1. Rang Loge 1 bis 6, 2. Reihe 1. Rang Loge 7 bis 13, 3. Reihe 2. Rang Loge 7 bis 13, 2. Reihe Galerie Mitte 2. bis 6. Reihe Galerie Halbmitte 1. Reihe	300,–	400,–

BESTELLKARTE

Name, Vorname

Wohnort   Postleitzahl

Straße und Hausnummer   Telephon

Land

Wunsch					Alternative		
Datum	Vorstellung	Anzahl	Kategorie	Preis	Datum	Kategorie	Preis

6

Der Wiener Jugendstil

Read the article and see if you can find out which of these statements
are true and which are false:

1 Der Jugendstil ist eine Kunstrichtung des 18. Jahrhunderts.
2 Otto Wagner war einer der berühmtesten Architekten des Barocks.
3 Das Majolikahaus ist ein ganz mit Kacheln bedecktes Haus.
4 Die Kirche am Steinhof ist eine der fünf reinen Jugendstilkirchen der
Welt.
5 Der Karl-Marx-Hof ist eine riesige Wohnanlage.
6 Die Sezession ist ein in den Farben Rot-Weiß gehaltenes Gebäude.
7 In ihr ist ein Fries des Jugendstilmalers Gustav Klimt zu sehen.

*Die
Sezession*

*Das
Majolikahaus*

Um die Jahrhundertwende prägte die Kunstrichtung des Jugendstils das architektonische Bild der Stadt Wien entscheidend mit. Er beeinflußte darüberhinaus das Aussehen des Mobiliars und den Raumschmuck, der das Wiener Ambiente der Vorkriegszeit schuf. Wer sich hierfür interessiert, der sollte einmal an der jeden Sonnabend unter exzellenter Führung stattfindenden Jugendstilrundfahrt teilnehmen, die von der Stadt Wien organisiert wird:

AUF DEN SPUREN DES JUGENDSTILS

Der Jugendstil ist eine strenge Kunstrichtung, klärt uns unser Stadtführer auf. Die Architekten des Jugendstils, wie Otto Wagner, Adolf Loos und Josef Olbrich, wollten sich deutlich von der überladenen, verschnörkelten, neoklassizistischen Architektur des 19. Jahrhunderts abheben, und zwar mit einer Bauweise, die sowohl klar als auch ungewöhnlich war. Sie bevorzugten besondere Materialien; so baute Otto Wagner zum Beispiel das Majolikahaus, ein ganz mit bunten Kacheln bedecktes Wohnhaus, das auch heute noch sehr modern wirkt. Wagner war es auch, der die Kirche am Steinhof schuf, die einzige reine Jugendstilkirche der Welt. Der Innenraum wirkt fast nackt, besonders wenn man an die barocke Ausstattung anderer Wiener Kirchen gewöhnt ist. Erst bei näherem Hinsehen entdeckt man die interessanten Jugendstillampen, Kerzenhalter und Kirchenfenster. Ja, sogar die Weihwasserbecken haben eine Jugendstilform.

Unser nächstes Ziel ist ein Gebäude ganz anderer Art: der Karl-Marx-Hof, eine riesige, von Adolf Loos erbaute Wohnanlage. Diese zweckmäßig ausgestatteten Wohnungen mit Balkons galten sicher als sehr revolutionär im Wien der Jahrhundertwende.

Zum Schluß fahren wir wieder ins Stadtzentrum zurück, um uns noch die berühmte Sezession anzusehen, ein Schmuckstück des Wiener Jugendstils. 1897/98 von Josef Olbrich erbaut, ist dieses grün-weiße Gebäude mit Goldkuppel heute ein Museum, in dem unter anderem der wunderschöne Beethovenfries des Jugendstilmalers Gustav Klimt zu sehen ist.

Die Worte über der Eingangstür der Sezession könnten gleichzeitig als Motto des Jugendstils überhaupt gelten:
Der Zeit ihre Kunst.
Der Kunst ihre Freiheit.

INFO-ECKE

WIEN IM RÜCKBLICK

5000 v.Chr.	Erste Spuren menschlicher Besiedlung
2000 v.Chr.	Indogermanen lassen sich nieder
800 v.Chr.	Kelten siedeln sich an
16–9 v.Chr.	Römische Besetzung; die Römer nennen das Lager Vindobona; vor 100 n.Chr. Vindobona Standplatz britannischer Reiter
3.Jh.	20.000 Einwohner in Vindobona
um 400	Völkerwanderung, Hunnen usw.
8.Jh.	Bajuwaren siedeln sich an
881	Wenia (aus dem keltischen Vedunia) urkundlich erwähnt
976–1246	Das Haus Babenberg regiert „Ostarrîchi"
1273	Rudolf von Habsburg wird als Rudolf I. deutscher König, beansprucht Österreich; regiert Österreich 1278–1282 als erster von 20 Regenten des „Hauses Österreich"

Kaiserin
Maria Theresia
mit ihrer
Familie

1438	Wien wird Residenz des Heiligen Römischen Reiches Deutscher Nation unter dem Hause Habsburg
1529	1. Türkenbelagerung
1683	2. Türkenbelagerung; der Legende nach erstes Wiener Kaffeehaus (eigentlich 1685)
1696–1750	Schloß Schönbrunn von Fischer v. Erlach und N. Pacassi erbaut
1740–1780	Kaiserin Maria Theresia (bekommt neben ihrem Herrscherberuf zwischendurch 16 Kinder, u.a. Marie Antoinette)
1809	Napoleon quartiert sich in Schloß Schönbrunn ein; französische Besetzung führt zum Staatsbankrott
1814–1815	Wiener Kongreß nach dem Sturz Napoleons
1848	Revolutionsjahr; Aufstände blutig niedergeschlagen
1848–1916	Kaiser Franz Joseph I.
um 1900	Kaffeehauskultur steht in voller Blüte
1914	Attentat in Sarajevo: Thronfolger Franz Ferdinand und seine Frau werden ermordet; Anlaß zum ersten Weltkrieg
1918	Ende der Doppelmonarchie Österreich-Ungarn; Wien, die Residenz eines 50-Millionenreiches mit 12 Nationalitäten, wird über Nacht die Hauptstadt einer Republik mit nur 6,6 Millionen Einwohnern
1938	„Anschluß" Österreichs
1945–1955	Viermächtebesetzung
1955	Neutralitätserklärung Österreichs; Beitritt zu den Vereinten Nationen
1983	300jähriges Jubiläum des Wiener Kaffeehauses

DER WALZERKÖNIG

Diesen Namen verdiente sich Johann Strauß (Sohn) mit seinen weltberühmten Wiener Walzern *Geschichten aus dem Wienerwald, An der schönen blauen Donau* sowie *Wein, Weib und Gesang* und vielen anderen. Schon sein Vater komponierte leichte Musik im Dreivierteltakt und wurde in der internationalen Musikszene bekannt als der „österreichische Napoleon". Der kleine Johann (geboren 1825) trat früh in die Fußstapfen seines erfolgreichen Vaters: Mit sechs Jahren komponierte er seinen ersten Walzer, und als Neunzehnjähriger debütierte er mit seiner eigenen Kapelle vor dem Wiener Publikum.

Mit 24 übernahm Strauß das berühmte Ensemble des Vaters, und im Laufe seiner Karriere bereiste er mit seinem Orchester halb Europa und die USA. In späteren Jahren wandte er sich auch der Operette zu und schrieb unter anderem *Die Fledermaus* (1874) und *Der Zigeunerbaron* (1885). Der Walzer ist es, der diesen Wiener Operetten das charakteristische Gepräge gibt und sie von französischen und englischen Operetten unterscheidet.

Kaiser Franz Josef ließ sich gern von der schwungvollen Musik des Walzerkönigs unterhalten, und 1863 erhielt Johann Strauß (Sohn)

Strauß-Denkmal im Stadtpark

endlich den langersehnten Titel „Hofball-Musikdirektor". Das Publikum liebte den beschwingten Rhythmus und die stimmungsvollen Walzermelodien, die den ganzen Charme, die Eleganz und die Lebenslust der Donaumetropole widerspiegelten. Die Faszination, die von der Person des Komponisten ausging, beschreibt eine Zeitung 1860 wie folgt: „Wie fliegen in stürmischer Hast und feuriger Lust die Paare dahin, wenn Strauß, die Geige ans tänzelnde Knie gestemmt, am Dirigentenpulte steht und gar, wenn er selbst zu spielen beginnt ... – das zündet die Herzen, elektrisiert die Beine!" Als Johann Strauß im Jahre 1899 starb, zog sich der Kaiser aus dem öffentlichen Leben zurück; die Glanzzeit Wiens war vorbei.

NATIONALSPORT SKIFAHREN

Langlauf

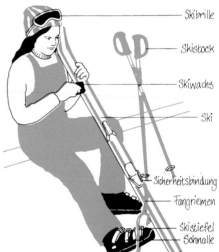

Skibrille
Skistock
Skiwachs
Ski
Sicherheitsbindung
Fangriemen
Skistiefel
Schnalle

FUSSBALL-VOLKSSPORT NR.1

Endspiel im Europa-Pokal der Pokalsieger 1985, Rapid-Wien gegen Everton

Latte
Torwart
Tor
Torraum
Fußballspieler
Foul

Linienrichter
Pfosten
Torlinie
Strafraum
Schiedsrichter

7

WAS SIND DENN DIE BE-LIEBTESTEN SPORTARTEN?

Talking about sport
Asking how people rate things
And saying how you rate them

1

Patricia spricht mit Dr. Heinrich Matzke, dem Wiener Senatsrat für Kultur und Sport. Die zwei populärsten Sportarten, sagt er, sind Fußball und Skilaufen und unter den neueren das Windsurfen.

Patricia	Was sind denn die beliebtesten Sportarten bei den Österreichern?
Dr. Matzke	Zu den beliebtesten Sportarten zählt zweifellos der Fußball. Wie vielleicht bekannt ist, hat es in Österreich ein Wunderteam* gegeben. Das ist allerdings jetzt schon lange her, trotzdem ist Fußball natürlich immer noch eine sehr populäre Sportart. Eine weitere sehr populäre Sportart ist zweifellos das Skilaufen.

Patricia	In den letzten Jahren sind, vor allen Dingen, glaube ich, im Ausland, viele neue Sportarten aufgetreten, also Windsurfen zum Beispiel, Jogging, Aerobics, Drachenfliegen. Werden diese Sportarten auch in Wien gemacht, oder sind die hier noch nicht so bekannt?
Dr. Matzke	Die Aerobicswelle ist allerdings schon wieder abgeklungen, die ist nicht mehr „in", Fitneßcenter sind „in", Drachenfliegen, würd' ich sagen, gibt es in Wien nicht, dazu haben wir nicht die Möglichkeiten. Zu den neueren Sportarten würd' ich jedenfalls das Windsurfen rechnen, und mit der neuen Donau, die durch die neue Donauinsel entstanden ist, hat der Windsurfsport in Wien einen ungeheuren Aufschwung genommen.
Patricia	Die Donauinsel, was ist das genau?
Dr. Matzke	Die Donauinsel ist eine ganz große Sache, möchte ich sagen. Sie ist im Grunde ein Hochwasserschutzbau; man hat auf dem Gebiete des früheren Überschwemmungsgebietes, also jene Fläche neben der Donau, die im Hochwasserfall überschwemmt war, ein weiteres Flußbett für die Donau gegraben, so daß zwischen dem Hauptstrom und dieser neuen Donau, wie sie heißt, eine künstliche Insel entstanden ist, die ein Sport- und Freizeitparadies für die Wiener geworden ist, wie es wenige andere Städte aufweisen können.

* Österreichs erfolgreiche Nationalmannschaft der frühen 30er Jahre.

einen Aufschwung nehmen   *to be on the up and up, become popular*
eine ganz große Sache   *something really splendid*
ein Hochwasserschutzbau   *flood-protection structure, barrier*

Welche beiden Sportarten zählen zu den populärsten in Österreich?
Was ist die neue Donauinsel für die Wiener geworden?

> **Some vocabulary for skiers**
> die Abfahrtshocke   *crouching position for downhill skiing*
> der Abfahrtslauf   *downhill racing*
> der Hang   *slope*
> der Langlauf   *cross-country*
> die Loipe   *ski track*
> die Piste   *ski-run*
> der Rennläufer   *competitive skier*
> der Schlepplift   *drag-lift*
> der Sessellift   *chair-lift*
> der Slalom   *slalom*

2

Bernhard Schir ist Skilehrer. Obwohl bei den Skikursen öfter mal ein Unfall passiert, hält er das Skifahren für nicht gefährlicher als irgendeinen anderen Sport. Und sogar ein Unfall kann eine lustige Seite haben, wie Dana erfährt.

Dana	Was ist für dich das Attraktive daran, diese Gruppen zu leiten, selber das Skifahren oder mit den Leuten zu arbeiten und, und ...?
Bernhard	Ja, es ist eine schöne Arbeit, weil's natürlich in der freien Natur passiert, dann ist es mein Lieblingssport, und ich verdiene, während ich meinen Lieblingssport in der freien Natur ausübe, auch noch Geld.
Dana	Ja, das versteh' ich, daß das Spaß macht. Was machst du denn beim Skifahren besonders gern, Slalom oder Langlaufen oder was?
Bernhard	Ja, es gibt natürlich einen Unterschied zwischen Rennläufern und dem Skifahrer aus Leidenschaft, wobei ich mich eher als Skifahrer aus Leidenschaft bezeichnen würde; das heißt, für mich ist das Schönste, von der Piste weg in einen Hang hineinzugehen, der unberührt ist, wo's Tiefschnee gibt, und dann den Tiefschnee hinunterzubrausen. Da fetzt dir dann der Schnee um die Ohren, du spürst den Wind, du siehst die Sonne, und die ganze Piste gehört dir, und alles ist ruhig, und das ist das Schönste daran.
Dana	Mit wieviel Jahren fängt man am besten das Skifahren an? Ist es besser, wenn man noch sehr jung ist, oder kann man das in jedem Alter noch lernen?
Bernhard	Man kann's prinzipiell in jedem Alter lernen, aber am besten ist es im Kindesalter, denn die Kinder haben einen Vorteil gegenüber den Erwachsenen, daß sie keine Angst haben. Sie haben keine Angst vor Beinbrüchen oder Unfällen oder der Geschwindigkeit und gehen viel spielerischer mit dem Sportinstrument um.
Dana	Würdest du Skifahren als einen gefährlichen Sport bezeichnen?
Bernhard	Er kann gefährlich sein. Wenn du den Kurs aber besuchst, und wenn du wirklich von Grund auf lernst, wie du mit den Regeln umgehen sollst, dann ist er nicht gefährlicher als irgendein anderer Sport.
Dana	Passiert denn bei deinen Skikursen öfter mal ein Unfall?
Bernhard	Passiert immer wieder, natürlich, obwohl wir mit der Gruppe sehr vorsichtig fahren; aber da hab' ich sogar eine sehr lustige Geschichte dazu. Es war der lustigste Unfall, den ich je gesehen hab' – nur für mich als Beobachter, nicht für den, den's erwischt hat. Die Gruppe war also schon so weit, daß ich das Gefühl hatte, sie könnten frei den Hang hinunterfahren, in ihrer eigenen Spur, so wie es ihnen gerade paßt. Die Piste war zirka 60 Meter breit, und genau in der Mitte stand ein Baum. Und ich sagte noch zu meiner Gruppe so im Scherz:

„Achtung auf diesen Baum! Laßt mir ja diesen Baum stehen!" Und als dann der Dritte hinunterfuhr, verlor er nach dem dritten Schwung die Kontrolle und raste direkt auf diesen Baum zu und ist dann gestürzt und hat sich leider Gottes ein Bein gebrochen; hatte aber trotz der Schmerzen selber darüber sehr, sehr lachen müssen.

Dana   Und wie ging's dem Baum?

Bernhard   Dem Baum ging's gut; der stand dort schon 30 Jahre und hatte keine Lust, nur wegen eines Skifahrers umzufallen!

den Tiefschnee hinunterbrausen   *to race down through the deep snow*
da fetzt dir dann der Schnee um die Ohren   *then the snow flies up round your ears*
sie gehen viel spielerischer mit dem Sportinstrument um   *they have a more carefree approach to the sport*
von Grund auf   *thoroughly, from the start*
war schon so weit   *had reached the stage*
in ihrer eigenen Spur   *choosing their own path*
so wie es ihnen gerade paßt   *however suits them best*

?

Als was für einen Skifahrer bezeichnet sich Bernhard?
Was ist für ihn am Skifahren das Schönste?
Warum ist es am besten, schon als Kind Ski fahren zu lernen?
Was ist einem von Bernhards Schülern einmal passiert?

3

Herbert Prohaska spielt für eine der zwei bekannten Wiener Fußballmannschaften, Austria Wien. Er hat außerdem 79mal für Österreich gespielt und erinnert sich besonders gern an das Spiel gegen die Türkei, in dem er das entscheidende Tor schoß, durch das Österreich an der Weltmeisterschaft teilnehmen durfte. Achim spricht im Wiener Praterstadion mit Herbert Prohaska.

Achim	Können Sie sich in Ihrer Laufbahn an irgendein Spiel erinnern, das Ihnen besonders in Erinnerung geblieben ist?
H. Prohaska	Ja, das ist ganz klar. Ich meine, das Spiel, an das ich mich am liebsten erinnere, war in der Nationalmannschaft; wir hatten also das entscheidende Spiel in der Türkei; wenn wir gewinnen, dann fahren wir nach 20 Jahren Abwesenheit wieder zu einer Weltmeisterschaft. Und bei diesem Spiel haben wir 1:0 (eins zu null) gewonnen, und ich hab' das Tor geschossen, und das bleibt mir natürlich immer in Erinnerung.
Achim	Und wie schätzen Sie die österreichische Mannschaft im Moment ein?
H. Prohaska	Ja, nach ... nach einem Tief von nahezu zwei Jahren, glaub' ich, ist die Mannschaft jetzt wieder auf dem Weg dorthin, wo sie einmal war. Die Mannschaft ist jetzt wieder wirklich gut beisammen, und ich glaube, in ein bis zwei Jahren werden wir wieder eine starke Nationalmannschaft haben.
Achim	Und wie ist es bei Ihnen bisher gelaufen in der Spielzeit?
H. Prohaska	Ja, bei mir ist es recht gut gegangen, wie jedes Jahr. Vielleicht hab' ich etwas schlechter gespielt die letzten paar Spiele, aber ansonsten bin ich sehr zufrieden.
Achim	Jetzt habe ich eine ganz persönliche Frage an den Fußballspieler; im Fernsehen, wenn übertragen wird, oder auch im Spiel selber, nach einem Tor, wird immer umarmt und geküßt, ist das eine Reaktion, die ganz automatisch kommt, oder ist das einfach eine reine Gefühlssache?

'impersonal passive'

(es) wird immer **umarmt** und **geküßt**   *there's always embracing and kissing*

es **wird** nicht **geküßt**   *there's no kissing*
es **wird** nur **umarmt**   *there's only embracing*

You can use this 'impersonal passive' when you want to describe a general activity without referring to any specific person or thing.

H. Prohaska	Nein, zuerst einmal muß ich sagen, also, es wird nicht geküßt, es wird nur umarmt. (Ja!) Geküßt wird vielleicht manchmal bei Ostblockländern, bei uns wird nicht geküßt, wir umarmen uns. Es ist natürlich so, das ist die Freude über das Tor, das ist eigentlich ganz spontan. Es kommt natürlich auch darauf an, wie wichtig das Spiel ist, aber natürlich die Freude bei einem Meisterschaftsspiel, Europacupspiel oder Länderspiel ist dann so groß, daß man eben den Schützen umarmt.

Achim	In letzter Zeit ist ja das Problem mit den Rowdies ziemlich groß und mit den Unruhen auf dem Fußballfeld. Spüren Sie das persönlich auch?
H. Prohaska	Nein, da muß ich also ehrlich sagen, es gibt im Grunde bei uns fast keine Rowdies; zu großen Problemen ist es in Österreich noch nicht gekommen.
Achim	Zum Abschluß noch eine Frage: Gibt es irgendeinen britischen Spieler oder eine britische Mannschaft, die Sie ganz besonders schätzen und bewundern?
H. Prohaska	Meine Lieblingsmannschaft war lange Jahre in England *Manchester United*, und zwar zu der Zeit, als also gespielt hat Bobby Charlton, Denis Law, George Best usw., das war wirklich eine hervorragende Mannschaft. Und heute gibt es eben *Liverpool, Everton* oder natürlich auch in Schottland *Celtic* oder *Glasgow Rangers,* und wie die alle heißen; also, ich glaube, man kann nicht einen hervornehmen, denn das Land ist so groß, daß es dort viele gute Mannschaften gibt und viele gute Spieler.

gut beisammen   *in good shape*
im Grunde   *basically*
zu großen Problemen ist es noch nicht gekommen   *there haven't been any great problems yet*

Herbert Prohaska

Wie schätzt Herbert Prohaska die österreichische Mannschaft im Moment ein?

Wie hat er selbst dieses Jahr gespielt?

Was tun die Fußballer aus Freude über ein Tor?

Wann war *Manchester United* Herbert Prohaskas Lieblingsmannschaft in England?

4

Nachdem Dana mit Bernhard über das Skifahren gesprochen hat, will
sie selbst zur Vorbereitung ein paar Übungen machen, aber ihre Kraft
ist bald am Ende!

Dana	Also, ich möcht' jetzt gern Ski fahren lernen. (Ja.) Muß ich mich irgendwie vorbereiten vorher? Zu Hause, kann ich da schon irgendwas machen?
Bernhard	Das wär' natürlich gut, wenn du mit einer gestärkten Kondition zu mir kommst, dann können wir länger Übungen machen; da gibt es die sogenannte Skigymnastik dafür. Und die lustigste Übung und die anstrengendste, die werd' ich dir jetzt zeigen. So, du stellst dich jetzt hier hin und gehst in die sogenannte Abfahrtshocke. (Mm.) Das heißt, du beugst deine Knie durch, daß dein Popo fast auf den Boden kommt. (Aha.) Und in dieser Stellung bleibst du genau drei Minuten stehen.
Dana	Ach, herrje!
Bernhard	Du merkst bereits jetzt, daß es wahrscheinlich in den Oberschenkeln zu brennen beginnt.
Dana	Oh ja, ... Aha ...
Bernhard	Nur durchhalten! (Mm.) Du schaffst es!

Dana	Muß das sein?
Bernhard	Das muß jetzt sein.
Dana	Und wenn ich das jetzt geschafft habe, dann kann ich Ski fahren?
Bernhard	Nein, dann kannst du noch nicht Ski fahren, dann bringst du die optimale Kondition erst mal her.
Dana	Ah . . . ist's jetzt nicht genug?
Bernhard	Nein.
Dana	Bitte, Bernhard . . .!
Bernhard	Du hast erst 35 Sekunden.
Dana	Ich kann nicht mehr!
Bernhard	Halte durch, halte durch! Das schaffst du schon!
Dana	Ach! (*fällt hin.*) Also, ich glaube, ich werde deinen Kurs nicht besuchen!

?
•

Warum ist es gut, den Skikurs mit einer gestärkten Kondition zu besuchen?

Welches ist die lustigste, aber auch die anstrengendste Übung?

Was merkt Dana gleich nach ein paar Sekunden?

Wie lange hält sie durch?

HÖREN SIE GUT ZU!
(*siehe S.146*)

Helga Blaha fing als Ballettänzerin an, hat aber später die Liebe zum Jazztanz entdeckt. Nach zwanzigjähriger Theaterpraxis ist sie jetzt Tanzpädagogin an der Hochschule für Darstellende Kunst in Wien. Dort hat Achim sie getroffen.

1 Why would Frau Blaha classify jazz dance as an art form?
2 When can everyone benefit from it?
3 How can jazz dance help you to move properly?

7

WIE WAR DAS?

1 … den beliebtesten Sportarten … zweifellos der Fußball.
2 In den letzten Jahren sind, vor allen Dingen, glaube ich, … …, viele neue Sportarten aufgetreten.
3 Mit der neuen Donau hat der Windsurfsport in Wien … … … … .
4 Die Donauinsel ist … … … …, möchte ich sagen.
5 Ja, es gibt natürlich einen Unterschied zwischen Rennläufern und dem Skifahrer … … .
6 Man kann's prinzipiell … … … lernen.
7 Sie haben … … … Beinbrüchen oder Unfällen.
8 Wenn du wirklich … … … lernst, wie du … den Regeln … sollst, dann ist er nicht gefährlicher als irgendein anderer Sport.
9 Nein, … … muß ich sagen, also, es wird nicht geküßt.
10 Es ist natürlich so, das ist die Freude über das Tor, das ist eigentlich … … . Es … natürlich auch … …, wie wichtig das Spiel ist.

ALLES KLAR?

It's impossible to talk sport without discussing who's in, who's out, who's right when they say 'We are the greatest!', which sports you like and which you don't.

The most straightforward way is to use the common words **gut, schön, groß:**
England hat viele gute Mannschaften und viele gute Spieler.
Skilehrer zu sein ist eine schöne Arbeit.
But sport isn't usually discussed in such sober language. At the least, the bare adjective is intensified:

wirklich gut
sehr gefährlich
besonders attraktiv

Or a more intense adjective may be used:
eine hervorragende Mannschaft, eine starke Mannschaft, ein ungeheurer Aufschwung, die optimale Kondition.

Superlatives abound: **die lustigste Übung und die anstrengendste, die größten Spiele, das Schönste daran.** A good team is **ein Wunderteam,** a well-equipped sports centre is **ein Sport- und Freizeitparadies.** As to popularity, fashionable sports are **beliebt, populär, „in".** People have their favourites: **mein Lieblingssport, meine Lieblingsmannschaft.** But there are downs as well as ups: **Die Aerobicswelle ist schon wieder abgeklungen.**

Don't despair! **Halte durch! Das schaffst du schon!** Nach einem Tief **von mehreren Jahren nimmt dein Sport sicher wieder einen ungeheuren**

Aufschwung und ist dann wieder auf dem Weg dorthin, wo er einmal war: eine ganz große Sache!

EXTEND YOUR GERMAN

There are many areas of German life that have been greatly influenced by English-speaking countries. Sport is one of these, alongside mass entertainment, business and technology. As a result, English words have flooded into the German language. How many can you find in the interviews? **Sport, Team, Aerobics, „in", Fitneßcenter** are all in Dr Matzke's first two short speeches. There's no need to avoid using English words in German, but when you do use them, copy the pronunciation used by Germans and respect the way the words have been assimilated into the grammar of German. **Windsurfen** is a regular weak verb – separable or inseparable? **Fitneßcenter** is a normal compound noun.

German has taken words from many other languages, too, especially from French, Latin and Greek. So have we, and the written form is often similar, though the form, pronunciation and meaning often diverge. Can you pick out words of this kind and tell where they come from? An English etymological dictionary may help! Some examples: **Ski** (Norwegian), **populär** (Latin, via French), **Stadion** (Greek), **Piste** (French), **optimal** (Latin). Beware of the 'false friends', words that change their meaning as they move from one language to another, e.g. **ein Menü** is a set meal, not to be confused with **die Speisekarte**.

WORD ORDER
Questions
In **'W'-Fragen** (*see p. 94*), the 'W'-question word comes first and is immediately followed by the verb and then, usually, its subject:
Wie schätzen Sie die österreichische Mannschaft im Moment ein?
In yes-no questions the verb comes first, usually followed immediately by its subject:
Spüren Sie das persönlich auch?
Muß das sein?

Statements
The subject of the verb comes first unless there's a reason to begin with something else.

But any element (word, phrase or subordinate clause) can be put at the beginning of a sentence in order to
a   bring it into prominence, or
b   establish it as the topic to be commented on.

The finite verb always comes as the second element in a simple sentence or main clause:

Dem Baum *ging*'s gut.
Genau in der Mitte *stand* ein Baum.
Als dann der Dritte hinunterfuhr, *verlor* er nach dem dritten Schwung die Kontrolle.

Infinitives, past participles and the separate parts of separable verbs come at the end of simple sentences or main clauses:

Laßt mir ja diesen Baum *stehen!*
Bei diesem Spiel haben wir 1:0 *gewonnen*, und ich habe das Tor *geschossen*.
Sie gehen viel spielerischer mit dem Sportinstrument *um*.

In a subordinate clause the finite verb comes at the very end and the subject almost always comes immediately after the opening conjunction:

Ja, es ist eine schöne Arbeit, *weil's* natürlich in der freien Natur *passiert*.
Passiert immer wieder, natürlich, *obwohl wir* mit der Gruppe sehr vorsichtig *fahren*.

Try to get away from the English strategy for building sentences. Start by holding German phrases in your head with the verb at the end:

Ski fahren lernen	**ein Tor schießen**
Übungen machen	**eine Gruppe leiten**

It will then come quite naturally to say:

Ich möchte gern *Ski fahren lernen*.
Wir können länger *Übungen machen*.
Ich habe *das Tor geschossen*.
Was ist für dich das Attraktive daran, *diese Gruppen zu leiten?*

In fact, as you've probably noticed, native German speakers are rather flexible. In spoken language they don't always slavishly follow the rules:

Und wie ist es bei Ihnen bisher gelaufen in der Spielzeit?
... als also gespielt hat Bobby Charlton, Denis Law.

Or as Frau Lisey said:

Weil die meisten sind irgendwo unten in einem Keller.
... weil der Hof war erstens der Auftraggeber teilweise und zweitens auch das Zentrum.

So you can be quite relaxed about putting the verb or past participle at the end of the phrase you already have in mind and then adding the thoughts that come later.

USE YOUR GERMAN

Discuss your favourite sports, games and other hobbies and activities with your friends. You can ask each other questions like:

Was machst du besonders gern in deiner Freizeit? Bist du mit deiner Leistung zufrieden? Macht dir Fußball/Jogging/Skifahren Spaß? Warst du schon mal in einem Fitneßcenter? Ist es nicht zu anstrengend? Ist das alles wirklich gesund? Was findest du am besten? Hast du einen Lieblingssport? Eine Lieblingsmannschaft? Wie ist das Problem der Rowdies zu lösen? Ist es besser, Zuschauer zu sein oder selbst zu spielen?

FÜRS KÖPFCHEN

Prepositions

These prepositions are followed by a noun in the accusative case:
bis, durch, für, gegen, ohne, um.

These are followed by a noun in the dative case:
aus, außer, bei, gegenüber, mit, nach, seit, von, zu.
(With **gegenüber** the noun sometimes comes first.)

These are followed by a noun in the genitive case:
außerhalb, innerhalb, statt, trotz, unterhalb, während, wegen.
(**statt, trotz, während** and **wegen** are often followed by the dative in colloquial speech.)

These prepositions are followed by a noun in the accusative case to indicate where a person or thing is going to, but with the dative case to indicate where they are:
an, auf, hinter, in, neben, über, unter, vor, zwischen, e.g.:

Für mich ist das Schönste, von der Piste weg *in einen Hang* (*acc.*) hineinzugehen.
Ich verdiene, während ich meinen Lieblingssport *in der freien Natur* (*dat.*) ausübe, auch noch Geld.
Er raste direkt *auf diesen Baum* (*acc.*) zu.
Warum steht eigentlich nicht das Schloß *auf dem Hügel* (*dat.*)?

Comparatives and superlatives

Some adjectives represent qualities that can be graded. The comparative and superlative are usually formed by adding **-er** and **-(e)st** to the simple form:

schön	schöner	der/die/das schönste
süß	süßer	der/die/das süßeste

Some adjectives also add an umlaut:

alt	älter	der/die/das älteste
arm	ärmer	der/die/das ärmste

Other common examples are: **hart, jung, kalt, krank, kurz, lang, scharf, schwarz, warm.**

And some comparisons are irregular:

groß	größer	der/die/das größte
gut	besser	der/die/das beste
hoch	höher	der/die/das höchste
nah	näher	der/die/das nächste
viel	mehr	der/die/das meiste

The above examples are all adjectives and add endings in the usual way. When used as adverbs, the superlative form is: **am längsten, am größten,** etc.:
Mit wieviel Jahren fängt man *am besten* das Skifahren an?
***Am besten* ist es im Kindesalter.**

Note the irregular adverb **gern, lieber, am liebsten:**
Was essen Sie *am liebsten*?

KÖNNEN SIE'S? 1

Was ist Ihr Lieblingssport?
Everyone in the Gerlach family is keen on sport. With the help of the pictures at the top of the next page, can you sort out who likes which sport?

1 Herr Gerlach ist ein großer ... fan. Er geht jeden Samstag ins Stadion.
2 Seine Frau interessiert sich mehr für .... Gerade gestern hat sie wieder ein Match gewonnen.
3 Peters Lieblingssport ist .... Im letzten Winter war er fast jedes Wochenende in den Bergen.
4 Susanne geht lieber zum .... Sie hat sogar schon ein eigenes Brett.
5 Onkel Jan ist ganz groß im ..., was Tante Monika viel zu gefährlich findet.

6 Sie bevorzugt …. Da gibt es kein Risiko, und es kostet noch nicht einmal etwas.

7 Opa Gerlach geht immer noch zum …. Seit 30 Jahren hat er sein eigenes Boot.

8 Und sogar Oma Gerlach treibt etwas Sport. Jeden Montag geht sie zur Senioren ….

Now read the sentences again and this time add what each member of the family thinks about his or her sport.

Zum Beispiel:
Herr Gerlach ist ein großer Fußballfan. Er geht jeden Samstag ins Stadion. Fußball, sagt er, zählt zu den populärsten Sportarten in Österreich.

a Herr Gerlach says his sport is among the most popular sports in Austria.

b Frau Gerlach says this sport has always been her favourite.

c Peter says his sport is no more dangerous than any other.

d Susanne says that with the new Danube her sport has become tremendously popular.

e Onkel Jan says it's the danger that makes his sport attractive.

f Tante Monika says that the nice thing about her sport is that you can do it at any age.

g Opa Gerlach says his sport is something really splendid.

h And Oma Gerlach says her sport is just great fun.

2

Da sind die Meinungen wohl geteilt

Here are some people's opinions on the popularity of aerobics. See if you can arrange them in order, starting with the one who thinks it's most popular and working your way down.

AEROBICS, WÜRD' ICH SAGEN, IST NICHT SCHLECHT

Das ist eine ganz große Sache.

Das hat einen ungeheuren Aufschwung genommen.

DIE WELLE IST DOCH SCHON WIEDER ABGEKLUNGEN

JA, DAS IST HEUTZUTAGE RECHT BELIEBT

DAS IST ABSOLUT NICHT MEHR „IN."

Wir haben noch nicht so viel davon gehört

3

Tennis ist toll!

As a great fan of Boris Becker you're listening to his latest radio interview. But some of his words are obliterated by poor reception. What did he really say?

Fill each space with one of the prepositions in the box and add the correct endings to the words in brackets:

an	daran	darauf	davon	für	gegen	in
in	mit	nach	ohne	über	um	zu	zwischen

Reporter   Boris, herzlichen Glückwunsch! Das war ja wirklich eine Superleistung.

Boris	Danke. Ich freu' mich auch riesig ... (dies ...) Sieg. ... (d ...) letzten paar Wochen hab' ich eigentlich nicht so gut gespielt, und nun endlich dieses Turnier zu gewinnen, ... (ein ...) einzigen Satz zu verlieren, ist wirklich toll.
Reporter	Sagen Sie, Boris, wie viele Stunden trainieren Sie eigentlich jeden Tag?
Boris	Das kommt ganz ... an, ... vier und sechs Stunden.
Reporter	Was gefällt Ihnen ... (Ihr ...) Beruf am besten?
Boris	... (m ...) ist das Schönste ..., daß ich ... (mein ...) Lieblingssport Geld verdienen kann.
Reporter	Wird Ihnen der Rummel, der ... (Ihr ...) Person gemacht wird, nicht manchmal zu viel?
Boris	Ja, schon. Aber ein spannendes Match ... (ein ...) guten Spieler macht ungeheuren Spaß, und ich spiele Tennis wahnsinnig gern. Ein Sportler profitiert auch ..., beliebt zu sein.
Reporter	Noch eine Frage ... (Ihr ...) Wohnsitz. Wollen Sie auf immer in Monaco leben?
Boris	Das weiß ich nicht. Vielleicht kehr' ich ... (e ...) paar Jahren ... Deutschland zurück, aber ich zahle ungern so viel Steuern.

Boris Becker, Wimbledon 1987

4

„Allzeit bereit!"

As a zealous football fan you've been invited to meet Bruno Pezzey, the captain of the Austrian football team. You've made notes to remind you of what you want to ask him. How do you finally put your questions?

1 Fußball spielen – seit wann?
2 das Attraktive daran?
3 anfangen – in welchem Alter am besten?
4 trainieren – wie oft?
5 Erinnerung an besonderes Erlebnis?
6 Probleme mit Rowdies?
7 Lieblingsmannschaft in Großbritannien?
8 Sieger in der nächsten Weltmeisterschaft?

5

Treiben Sie gern Sport?

On the left are the ten most popular sports in Austria; on the right the number of club members for each. Read the clues and see if you can match up the sports and the numbers. Then try a bit of number practice and say how many people do each kind of sport:

Zum Beispiel: **Fußball: zweihundertfünfundfünfzigtausend.**

	Fußball		255.000	
Radfahren		Skilaufen	40.904	33.263
	Turnen		63.821	
Heeressport		Schwimmen	112.320	42.243
	Tennis		148.595	
	Eisschießen		24.507	88.161
	Wurftaubenschießen		32.236	
	Schießen			

Die populärste Sportart in Österreich ist Fußball, und die viert-populärste ist Tennis. Skilaufen ist nicht so beliebt wie Turnen, aber beide zählen zu den drei populärsten Sportarten des Landes. An siebter Stelle steht Radfahren. Noch beliebter als Radfahren sind Schwimmen und Eisschießen, aber weniger Leute sind Mitglied eines Schwimmvereins als eines Eisschießklubs. Unten auf dieser Liste steht mit 24.507

Teilnehmern der Heeressport. Populärer als dieser, aber nicht so beliebt wie das Wurftaubenschießen, ist Schießen.

6

Der Skisport
Read the article, then try the puzzle that follows.

In den letzten zehn, fünfzehn Jahren hat der Skisport immer mehr Anhänger gefunden und ist schon fast zu einem Massensport geworden.

Der folgende Artikel aus einem österreichischen Reiseführer beschreibt einen Skiort, der noch nicht zu überlaufen ist.

SKIFERIEN IN SERFAUS

Auf einem sonnigen Plateau am Südosthang der Samnaunberge, in 1427 Meter Höhe, liegt Serfaus, ein beliebtes Skiparadies in Tirol. Von Serfaus wird gesagt, daß es der Ferienort mit der höchsten Sonnenscheindauer der Alpen sei, worauf die 850 Einwohner dieses alten Bergdorfes sehr stolz sind. Stolz sind sie auch darauf, ein Fußgängerdorf zu sein: Alle Autos müssen auf dem Parkplatz vor dem Ort abgestellt werden. Die Liftanlagen erreicht man mit einer Untergrundbahn, einmalig im ganzen Alpengebiet. Und dann fährt man in einer der zwei Kabinenbahnen hinauf auf 2000 Meter Höhe; von da geht's mit Sessel- und Schleppliften noch weiter bis auf 2400 Meter. Hier liegt Schnee von Oktober bis April.

Als Anfänger sollte man auf jeden Fall einen Skikurs besuchen; die österreichischen Skilehrer haben den Ruf, die besten der Welt zu sein. Zumindest nehmen sie ihren Beruf sehr ernst: Die Skischule findet morgens und nachmittags statt.

Wer sich noch nicht so sicher ist, ob er sich eine eigene Skiausrüstung zulegen will, kann sich erst einmal Skier und Skischuhe leihen. Vielleicht liegt dem einen oder anderen der Skilanglauf viel mehr. Auch für diese Leute ist gesorgt: In Serfaus gibt es 7 Loipen mit insgesamt 60 Kilometern Länge.

Und wie steht's mit der Unterkunft? Es gibt Hotels und Pensionen in jeder Preisklasse, sowie Apartments für Selbstversorger. Und auch sonst bietet Serfaus so einiges: einen Skikindergarten, eine Rodelbahn, eine Natureisbahn, 3 öffentliche Hotel-Hallenbäder, eine Sauna, ein Solarium, schöne Wanderwege, gemütliche Weinlokale, Diskotheken. In Serfaus kommt wirklich jeder auf seine Kosten.

Serfaus in Tirol

Rätsel
Schnee, Sonne, Skier, Spaß ... Like these ingredients of a good skiing
holiday, all the answers in the puzzle begin with 's'.

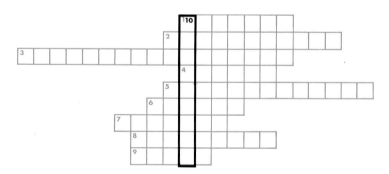

1... ist ein beliebtes 2... in Tirol. Man sagt, daß es der Ferienort mit
der höchsten 3 ... in den Alpen sei. In einer Kabinenbahn fährt man
hinauf auf 2000 Meter Höhe; von da geht's mit 4 ... - und 5 ... noch
weiter bis auf 2400 Meter. Hier liegt 6 ... von Oktober bis April.

Als Anfänger sollte man auf jeden Fall einen 7 ... besuchen; die
österreichischen 8 ... haben den Ruf, die besten der Welt zu sein. Wer
sich noch keine Skiausrüstung zulegen will, kann sich erst einmal 9 ...
und Skischuhe leihen. Dann geht's los! Die 10 ... in Serfaus findet
morgens und nachmittags statt.

INFO-ECKE

IM SKIFAHREN SPITZENKLASSE

Skifahren erfreut sich in Österreich gleichermaßen als Freizeitsport und Leistungssport allgemeiner Beliebtheit. Österreich bezeichnet sich gern als Skination Nr.1, und bei internationalen Wettbewerben sind sich die österreichischen Sportler einer nationalen Aufgabe bewußt. Hauptidol bei den Damen ist noch immer Annemarie Moser-Pröll, und bei den Herren ist es Franz Klammer.

Annemarie Pröll (geb. 1953) wuchs mit sieben Geschwistern in ärmlichen Verhältnissen auf einem Bergbauernhof auf und begann mit 15 Jahren ihre Rennkarriere; ihr erstes Weltcuprennen gewann sie 1970. Insgesamt wurde sie fünfmal Weltmeisterin und gewann einmal Olympiagold, sechs Weltcupgesamtwertungen und 63 Weltcupeinzelrennen. Das Training vor ihrem letzten Olympiasieg im Abfahrtslauf in Lake Placid 1980 beschreibt sie so: „Was niemand sah, war die Knochenarbeit des Ski- und Wachstestens in der grimmigen Kälte, jeden Tag bis 17 Uhr, danach Video-Studien. Ich hab' jedesmal gefroren wie ein Eiszapfen und gefürchtet: Wenn ich mich bücken muß, brech' ich

Annemarie Pröll

Franz Klammer

ab." Ihr Motto stammte von ihrem Vater: „Annemarie, was immer du im Leben anpackst – du schaffst es, wenn du es nur willst."

Auch Franz Klammer ist 1953 geboren. Schon früh sagte er zu seinen Eltern: „Ich will Ski fahren. Und sonst nix." Zuerst fuhr er als Riesentorläufer, aber sein eigentliches Talent lag in der Abfahrt. In seiner großen Siegesserie ab 1974 gewann er acht von neun Weltcup-abfahrten, und 1976 gewann er bei der Olympiade in Innsbruck die Goldmedaille. Diesen Erfolg schreibt er seiner Einstellung zu: „Der Skirennsport war und bleibt für mich eine wichtige Sache, und ich habe viel für ihn geopfert; aber es geht ja nicht um Leben und Tod. Es muß auf irgendeine Art auch ein Spiel bleiben, ein Spiel mit sich selbst. Die Welt wäre für mich nicht untergegangen, wenn ich verloren hätte. Diese positive Einstellung hat mir sicher geholfen, an meine äußersten Grenzen zu gehen, und zwar sofort." Vom Medienrummel hat er nie viel gehalten, und Überheblichkeit kann man ihm auch nicht vorwerfen; vielleicht ist er gerade deswegen ein Liebling der Nation.

Die großartigen Karrieren von Annemarie Moser-Pröll und Franz Klammer sind leider beendet, und Österreich wartet nun sehnlichst auf Nachfolger!

Aus einem Artikel der überregionalen Zeitung *Kurier* vom 13.2.1987
Wie Ihr Nachwuchs die Skination retten kann
Nach den mäßigen Erfolgen bei der Ski-Weltmeisterschaft in Crans-Montana auf der Suche nach einem neuen Franz Klammer: Vorbild für die Kleinen.

„Papa, ich möcht' Skirennläufer werden!" Vielleicht hat Ihr Kind nach einem erfolgreichen Gästerennen im Urlaubsort schon diesen Wunsch geäußert. Wenn Ihr Sprößling sich angesichts der derzeitigen Situation zum Retter der Skination berufen fühlt, sollten Sie das gemeinsam mit Ihrem Kind besprechen. Im Land der Berge führen nämlich mehrere Wege zum Ski-Spitzensport.

Der erste Schritt zum Skistar sind diverse Kinder- und Jugendrennen, die in ganz Österreich veranstaltet werden. Wenn's da halbwegs geklappt hat, ist es durchaus ratsam, einem Skiklub oder -verein beizutreten. Hier entscheidet sich's, ob Ihr kleiner „Klammer-Franzi" auch wirklich skifahrerisches Talent hat. Ein anderer Weg zum Skistar führt über die Skihauptschulen und das einzige Skigymnasium Österreichs in Stams.

Für die Aufnahme ins Skigymnasium muß Ihr Kind überdurchschnittliches skiläuferisches Können, mehrmalige erfolgreiche Wettkampfteilnahme und ein Leistungstraining bei einem Skiklub vorweisen. Neben den sportlichen Voraussetzungen muß Ihr Sprößling auch psychische bringen. Ein hohes Maß an Frustrationstoleranz, Durchsetzungsvermögen und Ehrgeiz sind für jeden Spitzensportler notwendig.

WIEN-EIN GROSSER MAGEN?

Jedenfalls nichts für die schlanke Linie!

Einspänner
(mit Schlagobers)

Wiener Schnitzel

Grüner Veltliner

Mazagran
(Eiswürfel + Rum)

> Der Schmarren ist eine der ältesten Mehlspeisen. Kaiser Franz Josef I. liebte ihn von Jugend auf. Eines Tages setzte ihm eine „Möhlspeis"-Künstlerin einen wunderbar zarten, eierreichen, goldgelb-butterigen Schmarren mit viel Zucker und Weinbeerl (=Rosinen) vor, und seitdem heißt dieses gebackene Gedicht halt Kaiserschmarren.

großer Brauner
(mit Schuß Milch)

KAISERSCHMARREN

Türkischer Kaffee

> „Ich glaube nicht, daß der Wiener ein Kenner von Lyrik ist, wenn er behauptet, eine Mehlspeise sei ein Gedicht, das auf der Zunge zergeht." (Karl Kraus, Wiener Satiriker)

Mokka (schwarz,
stark)

Topfengolatschen, Zwetschken-Pofesen, Nudelpudding mit Powidl, Topfenpalatschinken, Butterpogatscherln, Powidltatschkerln usw. usw. usw.... Am besten alles ausprobieren! ...

kleiner Brauner
(mit Schuß Milch)

großer Schwarzer

Marillenknödel, Topfenknödel, Erdbeerknödel, Zwetschkenknödel, Germknödel, Kartoffelknödel, Speckknödel, Semmelknödel, Fleischknödel Wurstknödel	Topfenstrudel Prager Strudel Schokoladenstrudel Kirschstrudel Apfelstrudel Wiener Rahmstrudel

Kaisermelange
(mit Eidotter und
Alkohol)

Gesünder ist allerdings die Naturkost ...

WAS IST DAS SPEZIELLE AN DER WIENER KÜCHE?

Eating and drinking the Viennese way
Asking for and giving explanations
And another look at modal verbs

1

Nach ihrem Besuch im Schloß Schönbrunn (*siehe S. 140*) gingen Dana und Peter in das *Dommayer*, ein Alt-Wiener Kaffeehaus, wo Mitte des letzten Jahrhunderts Johann Strauß debütierte. Bei Melange und Topfenstrudel (Topfen bedeutet übrigens Quark) unterhalten sie sich über die Wiener Küche.

Dana	Was ist das Spezielle an der Wiener Küche?
Peter	Daß es keine Wiener Küche ist. Es gibt eigentlich keine richtige Wiener Küche; die Wiener Küche, was wir darunter verstehen, hat sich aus den Ländern der k. und k.* Monarchie entwickelt. Die Hauptbestandteile sind eigentlich die böhmische Küche, die tschechoslowakische Küche und die ungarische Küche. Was man so typisch als wienerisch annimmt, wie zum Beispiel das Wiener Schnitzel, ein paniertes Kalbsschnitzel, ist nichts anderes als aus den italienischen Ländern der Habsburgmonarchie übernommen, das Schnitzel *piccata milanese*. Gulasch, eines der typischen Wiener Gerichte, stammt aus Ungarn; das einzig echt typisch österreichische ist, glaub' ich, der Schweinsbraten mit Semmelknödeln.
Dana	Und wie ist das eigentlich, geht ein Wiener lieber in die Wiener Küche zum Essen, oder – em, Sie als Wiener gehen lieber italienisch oder französisch essen?
Peter	Der echte Wiener ißt wirklich nur seine Wiener Küche. Er ist glücklich, wenn er am Sonntag sein Wiener Schnitzel oder seinen Schweinsbraten hat; das sind die zwei typischen Gerichte Wiens, die ißt wirklich jeder Wiener, und die kann er fast jeden Tag essen.
Dana	Und Sie?
Peter	Ich persönlich bevorzuge die chinesische Küche!
Dana	Aber in Wien geht man, glaub' ich, gar nicht so häufig essen wie in anderen Ländern; also, zum Beispiel haben hier sehr viele Gasthäuser am Sonntag zu, was mich wundert, weil in Deutschland geht man eigentlich Sonntagabend essen.
Peter	Ja, wissen Sie, das ist eben das Typische, sonntags ißt man zu Hause seinen Schweinsbraten. Da kocht Mutter, da ißt die ganze Familie zusammen, und das Sonntagsessen findet wirklich fast hauptsächlich im Familienkreise statt.
Dana	Dann sind die Wiener also mit ihrer Küche sehr viel familiärer als andere Länder.
Peter	Wahrscheinlich, ja.

*k.u.k. = kaiserlich und königlich; der österreichische Kaiser war zugleich König von Ungarn.

die Küche   *cuisine, cooking*
was wir darunter verstehen   *what we understand by that*
stammen aus   *to originate from*

?

Was sind die Hauptbestandteile der Wiener Küche?
Welches ist das einzige echt typisch österreichische Gericht?
Warum haben viele Wiener Gaststätten sonntags geschlossen?

2

Peters Mutter kocht sehr gern, unter anderem das beliebte Wiener Schnitzel. In ihrer Küche zeigt sie Fanny, wie sie es zubereitet.

Fanny	Also, wir sind bei Frau Erdelyi in der Küche, und es gibt heute Wiener Schnitzel zu Mittag, ... em, ja, was ... was ... was für Fleisch nehm' ich, wenn ich Wiener Schnitzel machen will?
Frau Erdelyi	Das echte Wiener Schnitzel ist aus Kalbfleisch gemacht. Auf einer Speisekarte darf nur stehen „Wiener Schnitzel", wenn es aus Kalb-

	fleisch ist, aber großteils der Wiener verwendet auch Schweinefleisch dazu, und ich habe heute zwei Schweinsschnitzel und ein Kalbsschnitzel gekauft und mache es aus diesem Fleisch.
Fanny	Und was … was essen Sie am liebsten?
Frau Erdelyi	Wir essen am liebsten Schweineschnitzeln.
Fanny	Und warum?
Frau Erdelyi	Ich finde, das Fleisch ist … schmeckt würziger.
Fanny	Also, wir haben jetzt alles, was wir brauchen für ein Schnitzel, vor uns, und … ja, was ist das alles, was brauch' ich für ein Wiener Schnitzel?
Frau Erdelyi	Natürlich einmal das Fleisch, (Ja.) Sie sehen hier das Mehl, (Ja.) dann zwei Eier, (Hm.) Bröseln, (Ja.) und Öl fürs Ausbacken; (Ja.) und natürlich auch Salz, (Hm.) wie ich's hier stehen hab'.
Fanny	Ja, und womit fang' ich da an?
Frau Erdelyi	Das Fleisch zubereiten, das heißt die Ränder einschneiden, ja? (Ja.) Und sie dann gleichmäßig klopfen, (*klopft die Schnitzel*) daß die Schnitzeln die gleiche Stärke haben, daß nicht eine Stelle stärker ist und eine stär … Stelle schwächer … so klopf' ich sie mir schön zurecht, weil sie vom Fleischhauer ja normalerweise nicht gleichmäßig geschnitten werden, ja? Und dann salz' ich sie … so, jetzt hab' ich sie gesalzen. Jetzt bereit' ich mir noch die Eier vor. (*Schlägt die Eier*) … So, das ist gut versprudelt, gesalzen ist es auch. Das Fleisch muß zuerst ins Mehl gelegt werden, … schön umdrehen, daß alles mit Mehl bedeckt ist, … in das versprudelte Ei … so, jetzt haben wir es aus dem Ei und in die Bröseln. Nur nicht viel angreifen, sonst wird die Panier nicht locker genug … So, eines haben wir heraußen … jetzt kommt das zweite … so, schön … So, das letzte.
Fanny	Da bekommt man richtig Appetit, wenn man da zuschaut.
Frau Erdelyi	Sie dürfen ja dann auch kosten oder essen!

---

infinitives for instructions

The infinitive can be used to give commands or instructions. It's frequently used in recipes.

Das Fleisch **zubereiten,** das heißt die Ränder **einschneiden,** ja?
Und sie dann gleichmäßig **klopfen.**
Schön **umdrehen,** daß alles mit Mehl bedeckt ist.
Nur nicht viel **angreifen.**

Or as Bernhard said to Dana on p. 172:
Nur **durchhalten!** Du schaffst es!

Frau Erdelyi	So, jetzt beginnen wir mit dem Kochen. (*zündet den Herd an*) Das Fett

muß sehr heiß sein … So, jetzt müssen wir ein bisserl warten, aber es wird gleich so weit sein … Jetzt mach' ich einmal die Bröselprobe … Nein, noch nicht. Es tut sich noch nicht viel. Nein. Ich könnt' ja auch Wasser ein bißchen hineinspritzen. Das kann man auch! Dann sieht man auch, ob das Fett heiß ist; wenn's ordentlich spritzt, dann weiß ich, das ist heiß, das Fett!

Fanny	Ist das nicht ein bissel gefährlich mit dem Wasser?
Frau Erdelyi	*(lachend)* Aber nein, wenn man weit genug steht davon, kann nichts passieren!
Fanny	Aber dafür ist dann die ganze Wand angespritzt!
Frau Erdelyi	Na, das mag sein, ja.
Fanny	Jetzt fängt's schon an, ein bissel zu brutzeln, (Ja.) die Bröseln, die da drin herumschwimmen.
Frau Erdelyi	Ja, man könnt' es reinlegen. Ich mach' noch einmal eine Probe, das müßte jetzt zischen … ja, man hört's. So, jetzt nehm' ich das eine Schnitzel, leg' es ins Fett …
Fanny	Die Pfanne ist ja ziemlich voll mit Fett.
Frau Erdelyi	Ja, das Schnitzel soll schwimmen. Jetzt warten wir, bis es eine schöne semmelblonde Farbe bekommen hat … So schnell soll es ja nicht gehen. Das Fleisch soll ja durchsein, und da muß man schon etwas warten.
Fanny	Was machen Sie eigentlich dazu … zu den Wiener Schnitzeln als Beilage?
Frau Erdelyi	Wir essen sehr gerne Petersi!kartoffeln dazu und viel Salat.
Fanny	Essen Sie oft Wiener Schnitzei, oder …?
Frau Erdelyi	Ich würde sagen, alle zwei Wochen, weil mein Mann es sehr gerne ißt, aber man sollte etwas anderes lieber ohne Panier essen, nicht? (Ja.) Aber es ist für … am Sonntag ist das Wiener Schnitzel natürlich das idealste Essen. (Ja.) Man steht später auf, man trödelt, und Wiener Schnitzel sind bald gemacht.
Fanny	Soll ich Ihnen jetzt einen Teller bringen, daß Sie die Schnitzel hineingeben können?

Sometimes **daß** is used instead of **damit** (so that):

Soll ich Ihnen jetzt einen Teller bringen, **daß** Sie die Schnitzel hineingeben können?

Und sie dann gleichmäßig klopfen, **daß** die Schnitzeln die gleiche Stärke haben, **daß** nicht eine Stelle stärker ist und eine Stelle schwächer.

Schön umdrehen, **daß** alles mit Mehl bedeckt ist.

Frau Erdelyi	Ja, bitte. (*Fanny holt einen Teller.*) Sehr fein, danke … So, jetzt lassen wir es etwas abtropfen … So geht's. So, es ist sehr rasch gegangen, nicht? (Ja.) Und jetzt verstehen Sie, warum's Sonntagsessen ist. So, jetzt ist unser letztes Schnitzel auch schon so weit. Es schaut schon gut aus. Jetzt wollen wir's auch einmal probieren gehen und kosten die Schnitzeln, wie sie geworden sind. Nicht nur erzählen davon!
Fanny	Ja, also ich bin sehr neugierig.

Bei Erdelyis zu Hause

sie gleichmäßig klopfen   *beat them until they're even all over*
die Stärke   *thickness*
versprudeln   (*Austrian for* verquirlen) *to whisk, beat*
es tut sich nicht viel   *nothing much is happening*
dafür   *instead of that*
das müßte zischen   *it ought to hiss*
durchsein   *to be done, cooked through*
Was machen Sie zu den Wiener Schnitzeln als Beilage?   *What do you serve with the Wiener Schnitzel?*

?

Was für Fleisch nimmt man für ein echtes Wiener Schnitzel? Was für Zutaten braucht man außerdem?
Was passiert mit den Schnitzeln, nachdem sie geklopft und gesalzen worden sind?
Was ißt die Familie Erdelyi am liebsten als Beilage zum Wiener Schnitzel?
Warum sind Wiener Schnitzel gerade sonntags ideal?

3

Nun vom Essen zum Trinken. Heuriger und Kaffeehaus sind aus der Lebensweise eines Wieners nicht wegzudenken. Die großartige Kaffeehauskultur, wie man sie im *Dommayer* erlebt, gefällt Dana besonders gut.

Peter   Wenn der Wiener ausgeht, geht er zum Heurigen. Das sind die Weinlokale, die für Wien typisch sind, wo man das kalte Büffet hat. Man ißt also nur kalten Aufschnitt und trinkt den heurigen Wein, das ist der junge Wein. „Heurigen" sagt man eben zum jungen Wein, der erst in diesem Jahr gekeltert wurde.

Dana   Aber die Heurigenlokale befinden sich doch meistens außerhalb von Wien, also an den ... in den Randgebieten von Wien.

Peter   Ja, eben also auch in den typischen Weinbaugebieten. Und diese Heurigenlokale, die sind immer voll und jeden Tag voll und jeden Abend voll und voll mit Wienern.

Dana   Hm. Was ja Wien hat, ist diese großartige Kaffeehauskultur. Im Kaffeehaus sieht man junge Leute, alte Leute, eigentlich jede ... jede ... Jugendszene, ob das jetzt Punker sind, oder ob es Ausgeflippte oder Reichere, alle gehen ins Kaffeehaus.

Peter   Ja, es ist das Lokal, wo man sich tagsüber trifft; wo sich die Beamten tagsüber treffen, Sachen zu besprechen; wo sich Geschäftsleute sogar tagsüber treffen, um Geschäfte zu besprechen; wo die älteren Leute Karten spielen hingehen können, die jungen Leute ebenso es als Kom-

Café Schwarzenberg

munikationszentrum, als Kommunikationstreff, es verwenden. Die
Kaffeehauskultur geht ja zurück in das 17. Jahrhundert, Ende des 17.
Jahrhunderts, als die Türken das zweite Mal Wien belagert hatten.
Und nachdem die Türken geschlagen wurden und Österreich verlassen
mußten, war ein Teil der Kriegsbeute einige Säcke mit Kaffeebohnen,
und ein sehr gewitzter Mann namens Kolschitzky bekam vom Kaiser
das Patent, öffentlich auszuschenken das Gebräu, das er aus diesen
Bohnen gewonnen hat, eben den Kaffee. Das war ein Bombenerfolg in
Wien; und seit damals entwickelte sich eben die Kaffeekultur.

Dana   Wir sind jetzt in einem typischen Wiener Kaffeehaus, hier gibt's so
unterschiedliche Kaffeesorten, worin besteht da der Unterschied?

Peter	Hauptsächlich besteht der Unterschied darin, in der … in dem Zusatz, den man in den Kaffee gibt, ob man ihn mit Milch trinkt, wie zum Beispiel die Melange, oder ob man's mit Obers trinkt, wie zum Beispiel der sogenannte kleine und große Braune, oder mit Schlagobers wie den Einspänner, der also schwarzer Kaffee mit einer Portion Schlagobers ist. Die Deutschen würden zum Beispiel zu Schlagobers ja Schlagsahne sagen.

> **ob** *whether, if*
>
> …, **ob** man ihn mit Milch **trinkt**, …
> …, oder **ob** man's mit Obers **trinkt**, …
> …, **ob** das jetzt Punker **sind**, oder **ob** es Ausgeflippte oder Reichere (**sind**).
> …, **ob** das Fett heiß **ist**.
>
> Notice that the verb comes at the end of the clause.

Dana	Und was mir auch sehr gut gefällt hier ist, daß man immer Zeitungen mitnehmen kann. Also, man kann sich hier hinsetzen und stundenlang Zeitung lesen, und überall liegen auch Zeitungen rum; das gefällt mir sehr gut.
Peter	Ja, das ist … das ist auch etwas Typisches, wissen Sie, für das Wiener Kaffeehaus; man setzt sich hin zu seiner Schale Kaffee und liest sämtliche Tageszeitungen und sämtliche Illustrierten; sie liegen in den Kaffeehäusern auf.

Worin besteht der Unterschied? *What's the difference?*

?

Was trinkt und ißt man beim Heurigen?
Wann und mit wem sind die Heurigenlokale voll?
Wer trifft sich alles im Kaffeehaus?
Wann begann die Kaffeekultur in Wien?

4

Aber wie ist es denn mit gesünderem Essen? Unterwegs zur Freizeitmesse auf dem Wiener Messegelände spricht Achim mit dem Taxifahrer über Naturkost. Der Naturkosttrend wächst, meint dieser, aber für den Wiener ist die traditionelle Wiener Küche eine ständige Verführung.

Achim	Essen Sie gerne Naturkost?
Taxifahrer	Ah, mitunter lieb' ich es ganz gern, ja.
Achim	Ja, und essen Sie das nur aus Gesundheitsbewußtsein, oder schmeckt Ihnen das auch?
Taxifahrer	Manche Sachen schmecken mir sehr gut, andere wieder ess' ich nur aus Gesundheitsbewußtsein.
Achim	Was essen Sie da zum Beispiel?
Taxifahrer	Zum Gesundheitsbewußtsein esse ich Vollkornbrot, Gerichte aus Vollkornmehl usw., damit ich die nötigen Ballaststoffe erhalte.
Achim	Glauben Sie, daß dieser Naturkosttrend wächst, daß sich die Leute bewußt ernähren mit Naturkost?
Taxifahrer	Sicher, ja. Da die Umwelt immer stärker belastet wird und das Bewußtsein immer stärker da ist, wird auch dieser Trend sicher wachsen. Ich bin überzeugt, daß der Prozentsatz der Leute, die auf Naturkost zumindest teilweise umstellen, im Wachsen ist, ganz sicher, weil man ja allgemein schon weiß, wie wichtig Ballaststoffe sind, und man weiß auch, daß die Vollkornkost eine Kost ist, die dem Menschen alle Stoffe zuführt, die für das Funktionieren des Organismus notwendig sind. Das weiß man bisher.
Achim	Trotz diesem ganzen Trend in dem Gesundheitsbewußtsein, haben Sie eine Lieblingsspeise?

Taxifahrer	Sicherlich, nicht? Ich glaube, ich werde da konform gehen mit sehr vielen Wienern und Wienerinnen, daß sie nach wie vor einen Schweinsbraten, wenn auch mit Konzession auf die moderne Ernährung etwas mager, aber Schweinsbraten mit Saft und Knödeln und eventuell 'n Schnitzel ... das sind nach wie vor, glaub' ich, die Nummer eins in der Ernährung der Wiener.
Achim	Sicher auch eine Mehlspeise?
Taxifahrer	Ja, leider, leider! Die traditionelle Wiener Küche ist natürlich für uns Wiener eine spezielle und 'e dauerhafte Verführung. (Ja.) Und so schauen wir auch aus, leider Gottes!

aus Gesundheitsbewußtsein *for health reasons* (lit. *from health awareness*)
die Umwelt belasten *to put pressure on, pollute, the environment*
(sich) umstellen auf (*sep. vb.*) *to change over to*
im Wachsen sein *to be growing*
eventuell *possibly*
die Mehlspeise *Austrian for* Süßspeise (*sweet*)

Warum, meint der Taxifahrer, wird der Naturkosttrend wachsen?
Was ist immer noch seine Lieblingsspeise?

HÖREN SIE GUT ZU!

Unter den vielen köstlichen österreichischen Mehlspeisen ist wohl die Sacher Torte am berühmtesten. Diese feine (und kalorienreiche!) Schokoladentorte wurde 1832 vom 16jährigen Franz Sacher erfunden.

Das Hotel Sacher gründete 1876 ein Sohn von Franz Sacher. Es ist heute ein Luxushotel mit viel Tradition und Atmosphäre. Der Eigentümer, Peter Gürtler, erzählt Achim die Geschichte der Original Sacher Torte.

1 How did Franz Sacher come to bake the first *Sacher Torte*?
2 How is the recipe kept secret?
3 Why has the word 'Original' been patented?
4 What has no other cake been the subject of?
5 And how does *Sacher Torte* taste best?

WIE WAR DAS?

1 Gulasch, eines der typischen Wiener Gerichte, ... Ungarn.
2 Zum Beispiel haben hier sehr viele Gasthäuser am Sonntag zu, was ... .
3 Wenn man weit genug steht davon, kann nichts passieren! Aber ... ist dann die ganze Wand angespritzt! ... ..., ja.
4 Was machen Sie eigentlich zu den Wiener Schnitzeln ... ...?
5 Essen Sie oft Wiener Schnitzel? Ich würde sagen, ...
6 Jetzt ... ...'s auch einmal probieren gehen und kosten die Schnitzeln, wie sie geworden sind.
7 Das sind die Weinlokale, die ... Wien ... sind, wo man das kalte Büffet hat.

8   Es ist das Lokal, wo man ... tagsüber ...; wo ... die Beamten tagsüber ..., Sachen zu besprechen; wo ... Geschäftsleute sogar tagsüber ..., um Geschäfte zu besprechen.

9   Wir sind jetzt in einem typischen Wiener Kaffeehaus, hier gibt's so unterschiedliche Kaffeesorten, ... da ... ...?

10   Manche Sachen ... ..., andere wieder ess' ich nur aus Gesundheitsbewußtsein.

ALLES KLAR?

It's not only the food that makes Vienna different from Bonn, there are differences in language, too. Of course, a North German **Krug** is not the same as a Viennese **Heuriger;** as Peter explains, a whole set of customs has grown up around new wine, unknown in the North. But even when talking of the same foods, different words are often used. Thus while North Germans eat **Kuchen mit Schlagsahne im Café,** the Viennese eat **eine Mehlspeise mit Schlagobers im Kaffeehaus.**

Some other characteristic pairs are:

	North German	*Austrian*
Foodstuffs:	Brötchen	Semmel
	Pfannkuchen	Palatschinken
	Eisbein	Stelze
	Hähnchen	Hendl
Fruits and vegetables:	Pflaume	Zwetschke
	Aprikose	Marille
	Tomate	Paradeiser
	Blumenkohl	Karfiol
	Kartoffel	Erdapfel
	Meerrettich	Kren
Months:	Januar	Jänner
	Februar	Feber
Trades and occupations:	Fleischer, Schlachter	Fleischhauer, Metzger
	Hirt	Senner, Almer
Boys and girls:	Junge	Bub
	Mädchen	Mädel

Generally, **-chen** is the suffix used in North Germany for saying that things are small, whilst **-(e)l** or **-erl** is used in the South:
ein bißchen   ein bisserl

Many features are in fact common to Austria and Bavaria (and indeed are shared between Austro-Bavaria and the South-Western 'Alemannic' speech forms of Baden-Württemberg, Alsace and Switzerland). Do you remember meeting Horst Meier, the Regensburg stonemason in *Deutsch direkt!*? (**I hoaß Horst Määa**). Like many ordinary folk, in town as well as country, he speaks broad dialect. In South Germany and Austria, it's quite common for highly educated people to retain a definite colouring to their speech as a sign of their regional identity.

The most obvious features you'll hear are:

a	tends towards	**o**	**ö**	tends towards	**e**
ü	tends towards	**i**	**ei**	tends towards	**ää or oa**

st and **sp** are pronounced **scht, schp** in the middle and at the end of words as well as at the beginning, e.g. **Post, Kasperl**.
  s is pronounced as a rather weak English 's' at the beginning of a

word, whereas in standard (North) German it sounds like an English 'z', e.g. **Sommer**.

g in the suffix **-ig** is pronounced like a weak 'k', whereas in standard German the pronunciation is '**-ich**', e.g. **schmutzig**.

Stress: Some words are stressed differently, e.g. Austrian **T**a*bak*, **K**a**ff***ee* as opposed to North German **T***a*bak, **K***a*ffee.

Intonation: In North German, important words are picked out by a jump to a high pitch on the stressed syllable. In the South, these syllables are spoken on a low pitch, from which the voice then gradually rises giving a softer effect.

But there's no need to wait to observe these distinctions to find out where you are, or who you're talking to. If you're greeted with **Guten Tag, Guten Morgen** or **Guten Abend**, it's a Northerner. An Austrian or Bavarian will say **Grüß Gott** or **Servus**, a Swiss **Grüezi**. When you part, one will say **Auf Wiedersehen!** or **Tschüs!** the other **Auf Wiederschauen!** or **Pfüet di!** (short for **es behüte dich Gott!**). With greetings and special words for special dishes etc., follow the principle 'When in Rome, do as the Romans do'.

Otherwise, unless you have a special relation with a particular region it's best for an English learner to follow the general usage of educated middle-class speakers in major cities like Hamburg, Cologne and Frankfurt.

EXTEND YOUR GERMAN
Language isn't simply used to describe things and recount events. It enables us to think over possible actions and judge what's possible, necessary, permissible, etc. This is where the 'modal auxiliary' verbs are especially useful. These are **dürfen, können, mögen, müssen, sollen** and **wollen**.

dürfen

indicates that someone has permission to do something, that it's allowed:
Sie dürfen dann auch kosten.
Auf einer Speisekarte darf nur „Wiener Schnitzel" stehen, wenn es aus Kalbfleisch ist.
or with **nicht** or another negative word, that it's forbidden:
Der Konditor darf mit dem Rezept nicht aus dem Hause gehen.
Das Wort „Original" darf nirgends anders verwendet werden.

können

indicates that someone is able to do something, or is in a position to do so:
Die kann er fast jeden Tag essen.
Asking whether someone can do something is often a polite way of

making a request:

Können Sie mir sagen, woraus ein Menü besteht?

In other cases **können** simply indicates that something is or isn't possible:

Hier können die älteren Leute Karten spielen.

Man kann sich hier hinsetzen und stundenlang Zeitung lesen.

Wenn man weit genug steht davon, kann nichts passieren.

Können can also be used to indicate mastery of a skill; an expert is **ein Könner:**

Er kann gut Deutsch.

mögen   indicates that you like someone or something:

Ich mag ihn sehr.

Naturkost mag ich nicht.

or that something may be so:

Das mag sein, ja.

Ich mag nicht mehr at a meal means you're full up.

The past subjunctive form of **mögen** is often used to ask for something:

Ich möchte bitte zwei Pfund Tomaten.

Or to express a wish:

Ich möchte jetzt gern Ski fahren lernen.

Ich möchte gern, aber ich darf nicht.

müssen   indicates necessity, someone has to do something, something has to happen or just has to be the case:

Jetzt müssen wir ein bisserl warten.

Das Fleisch muß zuerst ins Mehl gelegt werden.

Das Fett muß sehr heiß sein.

Er muß krank sein. (Sonst wäre er gekommen.)

A most important difference between English and German can cause disastrous misunderstandings in both directions. If a German friend says, 'We're going to the theatre. You mustn't come with us', he probably means 'You don't have to come' or 'You needn't come if you don't want to'. Certainly, if he says **„Wir gehen ins Theater. Du mußt nicht mitkommen"** that's exactly what he means. If he doesn't intend you to join the party, he'll say: **„Du kannst aber leider nicht mitkommen"** or **„Du darfst nicht mitkommen"**. So if you want to stop someone doing something, be sure to say: **„Das dürfen Sie nicht"**.

sollen   indicates a moral obligation or duty, or doing the right thing, following the right procedure, or the wishes of someone in authority:

Soll ich Ihnen jetzt einen Teller bringen?

Das Schnitzel soll schwimmen.
So schnell soll es ja nicht gehen.
Das Fleisch soll ja durchsein.
Sollen is also used to report what's being said, e.g. in a weather report:
Das Wetter soll morgen freundlich werden.

wollen   expresses a wish, desire or demand:
80 Prozent der Kunden wollen die Torte hier essen.
or a plan, an intention to do something:
Was für Fleisch nehme ich, wenn ich Wiener Schnitzel machen will?
It can also be a kind of imperative, like 'let's':
Jetzt wollen wir's auch einmal probieren gehen.

Speaking of the past, you can simply use **ich durfte, konnte, mochte, mußte, sollte, wollte**:
Die Türken mußten Österreich verlassen.
If the modal's the only verb in the sentence, you can also say **ich habe gedurft, gekonnt, gemocht, gemußt, gesollt, gewollt**:
Ich habe es nicht gewollt. (Kaiser Wilhelm after the First World War.)
But normally there's another verb with the modal. Then you say:
Die Türken haben Österreich verlassen müssen.
Ich habe dann auch kosten dürfen.
As you see, both verbs are in the infinitive and the modal comes last.

Modal verbs are often used in the past subjunctive form (in German, *2. Konjunktiv*): **ich dürfte, ich könnte, ich möchte, ich müßte, ich sollte, ich wollte.** You could do something, you ought to, you'd like to, but only if ...
Ich könnte ja auch Wasser ein bißchen hineinspritzen.
Man könnte es reinlegen.
Man sollte etwas anderes lieber ohne Panier essen, nicht?
Das müßte jetzt zischen.

Sometimes these forms are used to make a request less direct, implying 'if you don't mind':
Könnten Sie mir bitte den Topf reichen?
Dürft' ich Sie mal unterbrechen?

This handful of verbs will enable you to express your attitude to both real and prospective events going on around you, and make German an altogether more flexible instrument.

USE YOUR GERMAN

A German friend once said to me, „**Ich bin ein guter Koch. Ich kann Wasser kochen**". With your partner, take turns to ask each other about cooking, gardening and other things to do about the house, concentrating on what you can do and what you can't, what you ought to do but don't, what you have to do and like doing and what you would be able to do, or like to do, if only ...

If, in spite of all your efforts, you still haven't found a fellow student or a friendly German expatriate to converse with, write a personal letter to a German friend (real or imaginary) telling him or her about your skills and asking about theirs.

FÜRS KÖPFCHEN

Modal verbs

Infinitive:	dürfen	können	mögen	müssen	sollen	wollen
Present (indicative)						
ich	darf	kann	mag	muß	soll	will
du	darfst	kannst	magst	mußt	sollst	willst
er/sie/es	darf	kann	mag	muß	soll	will
wir	dürfen	können	mögen	müssen	sollen	wollen
ihr	dürft	könnt	mögt	müßt	sollt	wollt
Sie/sie	dürfen	können	mögen	müssen	sollen	wollen
Imperfect (indicative)						
ich	durfte	konnte	mochte	mußte	sollte	wollte
du	durftest	konntest	mochtest	mußtest	solltest	wolltest
er/sie/es	durfte	konnte	mochte	mußte	sollte	wollte
wir	durften	konnten	mochten	mußten	sollten	wollten
ihr	durftet	konntet	mochtet	mußtet	solltet	wolltet
Sie/sie	durften	konnten	mochten	mußten	sollten	wollten
Imperfect subjunctive (conditional)						
ich	dürfte	könnte	möchte	müßte	sollte	wollte
du	dürftest	könntest	möchtest	müßtest	solltest	wolltest
er/sie/es	dürfte	könnte	möchte	müßte	sollte	wollte
wir	dürften	könnten	möchten	müßten	sollten	wollten
ihr	dürftet	könntet	möchtet	müßtet	solltet	wolltet
Sie/sie	dürften	könnten	möchten	müßten	sollten	wollten
Past participle						
	gedurft	gekonnt	gemocht	gemußt	gesollt	gewollt

KÖNNEN SIE'S?

.Wohin geht der Wiener, wenn er lustig ist? Zum Heurigen.
Wohin geht er, wenn er traurig ist? Zum Heurigen!

(Hugo Wiener)

1

Wo würden Sie hingehen?

If you're not sure where you'd go, have another look at the interviews.
Some places appear more than once.

Wo würden Sie hingehen, ...

1   ... um einen jungen Wein zu trinken?
2   ... um ein Stück Original Sacher Torte zu essen? (Dem Hotel gehört
auch ein berühmtes Café.)
3   ... um gemütlich eine Zeitung zu lesen?
4   ... um sich an einem kalten Büffet zu bedienen?
5   ... um Schweinsbraten mit Semmelknödeln zu essen?
6   ... um eine Melange zu trinken?

2

Ja, wollen Sie denn nicht wieder gesund werden?

A doctor in a hospital for diet-related illnesses has one particularly
difficult patient. Complete what the doctor says with the correct part
of one of the modal verbs.

Arzt	Herr Braun, ich ... doch noch einmal mit Ihnen sprechen.
Herr Braun	Was ist denn jetzt schon wieder los?
Arzt	Herr Braun, die Schwester sagte mir, daß Sie wieder Schokolade im Nachttisch hatten. Sie wissen doch, daß Sie keine Schokolade essen ... .

Herr Braun	Ach, die Schwester hat wieder gepetzt?
Arzt	Aber, ich bitte Sie! Wir ... doch alle nur erreichen, daß Sie wieder gesund werden.
Herr Braun	Es geht mir doch gar nicht schlecht.
Arzt	Ihre Blutwerte waren gestern wieder ganz schlecht. So ... das doch nicht weitergehen.
Herr Braun	Blutwerte, immer reden Sie von meinen schlechten Blutwerten. Diese vielen Verbote hier, die sind viel schlimmer für mich.
Arzt	Das ... ja sein. Aber ohne Diät werden Sie nicht wieder gesund.
Herr Braun	Warum erlauben Sir mir denn nicht wenigstens ein kleines Bier am Abend?
Arzt	Nein, Alkohol ... Sie auf jeden Fall meiden.
Herr Braun	Aber Bier ist doch kein Alkohol.
Arzt	Herr Braun, ... die Schwester Ihnen vielleicht ein Mineralwasser bringen?
Herr Braun	Ach nein, doch kein Wasser.
Arzt	Merken Sie denn nicht, daß ich Ihnen helfen ...?
Herr Braun	Wenn Sie mir helfen wollen, dann lassen Sie mich hier raus!

3

Dürft' ich Ihnen ein paar Fragen stellen?

You should now be able to ask enough questions to find out as much as you want to know about all sorts of things. Suppose, for instance, you're in Vienna and want to find out about the famous 'coffee house culture'. What questions could you ask to find out how long coffee houses have existed, how the Viennese coffee house culture started, what's special about it, what sorts of coffee you can order, what the difference is between an **Einspänner** and a **Melange,** what you can eat, who goes to a coffee house, what you can do there and how long you can stay?

When you've worked out the questions, why not see if you can answer them as well! You'll find all the answers in the recordings.

4

Wie wär's zur Abwechslung mit einer Karottenrohkost?

You'd like to try the recipe? Then fill in the gaps with these words, and all will be revealed.

hinzufügen *to add*	süßen *to sweeten*
raspeln *to grate*	vermengen *to blend*
schaben *to scrape*	waschen *to wash*
servieren *to serve*	

Die Karotten ... und .... Sodann fein ... und mit Zitronensaft ....
Nach Belieben einen geriebenen Apfel (mit Schale) ... und eventuell
mit Honig .... Sofort ....
Guten Appetit!

5

Eine österreichische Verführung!

Kaiserschmarren is one of Austria's most famous **Mehlspeisen.** With
the help of the recipe, see if you can arrange the conversation on the
next page in the right sequence.

KAISERSCHMARREN

Zutaten:

125 g Mehl	knapp $\frac{1}{4}$ l Milch
4 Eier	Butter
1–2 Teelöffel Zucker	60 g gebrühte Sultaninen
Prise Salz	2–3 Eßlöffel Puderzucker

Mehl in eine Schüssel sieben und in die Mitte eine Vertiefung
eindrücken. Eigelb, Zucker, Salz und die Hälfte der Milch hineingeben
und unter das Mehl rühren. Nach und nach die übrige Milch dazugießen.

Teig 20 Minuten ruhen lassen, dann den steifen Eischnee unterziehen.
2 Löffel Butter in einer Pfanne zerlassen; den Teig etwa 1–1$\frac{1}{2}$ cm dick
hineingeben und bei mittlerer Hitze jede Seite hellbraun (etwa 3
Minuten) anbacken. Mit 2 Gabeln in Stücke reißen, etwas Butter
dazugeben und schnell fertig backen. Mit Sultaninen und Puderzucker
bestreuen und sofort servieren.

Am besten schmeckt dazu Preiselbeerkompott oder Apfelmus!

1 Wieviel Teig gibst du dann in die Pfanne hinein?

2 **Ja, damit vermeidet man am besten Klumpen!**

3 Und rührst du daraus einen Teig?

4 **Dann reiße ich ihn in Stücke, streue Puderzucker darüber und gebe heiße Rosinen dazu. Fertig!**

5 Läßt du den Teig dann ruhen?

6 **Ja, zunächst einmal 125 Gramm Mehl, Salz, 1 bis 2 Teelöffel Zucker und knapp ein Viertel Liter Milch ...**

7 Weißt du, ich hab' noch nie Kaiserschmarren gebacken. Was braucht man denn alles dazu?

8 **Bis er unten goldgelb ist, etwa drei Minuten. Dann wende ich ihn um und backe die andere Seite so etwa zwei bis drei Minuten.**

9 Und dann?

10 **Ich fülle den Teig etwa 1 Zentimeter hoch in die Pfanne.**

11 Mit einem Mixer?

12 **Ja. Und inzwischen schlag' ich das Eiweiß zu Eischnee. Nach 20 Minuten rühr' ich dann den Eischnee vorsichtig unter. Währenddessen zerlasse ich die Butter in der Pfanne.**

13 Und wie lange bäckst du ihn?

14 **Nein, noch nicht. Vorher trenn' ich die Eier und gebe das Eigelb dazu. Dann rühr' ich den Teig an.**

15 Und mit Preiselbeerkompott oder Apfelmus schmeckt das ganz besonders lecker!

6

Essen gehen in Wien
Read the article, then try the puzzle that follows.

Wer gutes Essen liebt, der ist in Wien wirklich genau richtig. Köstliche Dinge werden in den unzähligen Restaurants angeboten. Da fällt die Wahl schon schwer.

Der folgende Artikel aus einem Wiener Stadtführer enthält einige Tips, wo man was zu welchem Preis bekommt.

WIENER RESTAURANTS

Da sind zunächst einmal die Beisln zu nennen. Das Wort Beisl stammt aus dem Jiddischen und bedeutet „kleines Haus". In Wien kann ein Beisl alles mögliche sein: ein neues, originelles Restaurant, ein altes, traditionsreiches Gasthaus oder auch das einfache Wirtshaus um die Ecke.

Das *Griechen-Beisl* am Fleischmarkt zum Beispiel ist eines der ältesten Restaurants Wiens. Bereits um 1500 wird es in den Chroniken der Stadt als Gasthaus „Zum Gelben Adler" erwähnt. Als sich später griechische Kaufleute am Fleischmarkt ansiedelten, machten sie es zu ihrem Stammlokal; daher der Name „Griechenbeisl". In diesem uralten Haus mit vielen kleinen Stuben, Treppchen und unzähligen Ecken und Winkeln ißt man sehr guten Gulasch; zum Nachtisch sind die Mehlspeisen sehr zu empfehlen; sei's ein Kaiserschmarren oder auch ein Topfenstrudel. Eines sollte man jedoch wissen: Das Griechenbeisl ist nicht gerade billig.

Etwas günstiger ist da das *Glacis-Beisl* mit seinem wunderschönen Sommergarten. Es liegt im Messepalast, und zwar im zweiten Hof der einstigen Winterreitschule. Unter Bäumen

Das Griechen-Beisl am Fleischmarkt

sitzend, findet man hier Ruhe und Erholung. Das Essen ist absolut köstlich, vor allem der Tafelspitz (gekochtes Rindfleisch) mit Meerrettichsauce. Zum Nachtisch sollte man auf jeden Fall die unvergleichlichen Marillenknödel bestellen. Als Wein empfiehlt sich ein Grüner Veltliner oder ein Pfaffstättner Wein.

Die berühmtesten Wiener Schnitzel hält der *Figlmüller* bereit. Dieses urige und nicht teure Restaurant liegt in der Wollzeile, unweit des Stephansdoms. An langen, blank gescheuerten Tischen verzehrt man leckere Schnitzel, die so groß sind, daß sie weit über den Tellerrand hängen.

Wenn einem da nicht das Wasser im Munde zusammenläuft!

Rätsel

Here are six dishes you can eat in Vienna. If you fill in the missing letters, you'll find a seventh.

Man kann T☐fels☐itz essen und einen Top☐enstrud☐☐ zum Nachtisch oder auch ein Wiener ☐chni☐zel mit einem Kaiserschmar☐en als Dessert oder ein gutes G☐lasch und hinterher die leckeren Marillenknö☐☐☐ .

Und man kann natürlich .... zum Nachtisch essen.

**INFO-
ECKE**

WIENER TRINKKULTUR

Die berühmte Wiener Gemütlichkeit und Lebenskunst beruhen zum guten Teil auf flüssiger Nahrung bzw. Gift, sprich Wein und Kaffee.

Der Heurige ist die Kulturstätte des Weins (bloß kein Bier bestellen, wenn Sie nicht als Barbar auffallen wollen!). „Der Heurige" – das ist zum einen der Wein aus der letzten Weinlese (heurig = diesjährig) und zum andern ein Lokal, das den Wein aus den eigenen Weinbergen des Besitzers ausschenkt und durch einen grünen „Föhrenbuschen" und ein Schild „ausgesteckt is" gekennzeichnet ist. Bei den meisten echten Heurigen gibt's nur kaltes Büffet mit Schmalzbroten, Wurst, Käse usw. Man darf aber bei fast allen auch sein eigenes Essen mitbringen, und manche Leute kommen dann mit vollem Essenskorb, Besteck und allem Drum und Dran; nur die Getränke muß man kaufen. Im Sommer sitzt man dann bis spät in die Nacht hinein draußen im Garten und genießt die frische warme Luft, den Ausblick auf Wien und natürlich den Wein. Besonders der sogenannte „Sturm" hat's in sich: Das ist wenige Wochen alter Traubensaft, der schon angefangen hat zu gären. Er ist so süffig wie Saft; den Unterschied merkt man dann nachher.

Das Kaffeehaus erlebte seine Blüte so um die Jahrhundertwende. Hier konnte das *Fin de siècle* sich so richtig genüßlich ausleben und die Moderne zur Entfaltung kommen. Die deutschsprachige Literatur des 20. Jahrhunderts ist ohne das Wiener Kaffeehaus gar nicht zu denken. Besonderer Beliebtheit erfreute sich das Café *Griensteidl*, das unter anderem die Autoren Hugo von Hofmannsthal, Hermann Bahr, Arthur Schnitzler und Karl Kraus zu seinen Stammgästen zählte; leider fiel es

Ende des Jahrhunderts einer Straßenerweiterung zum Opfer, was Karl Kraus mit dem Satz kommentierte: „Wien wird jetzt zur Großstadt demoliert." Robert Musil zog das Café *Herrenhof* vor, wo man auch den späteren Hollywood-Regisseur Billy Wilder antreffen konnte. Auch für die Musik hat das Kaffeehaus das Seinige geleistet: Mozart und Schubert gingen angeblich ins Kaffeehaus, Beethoven saß im *Dritten Kaffeehaus* am Pianoforte, Strauß (Vater) geigte im *Sperl*, Strauß (Sohn) auch im *Dommayer*. Die Maler Klimt und Schiele frequentierten das Café *Museum*. Leo Trotzki ging lieber ins Café *Central*.

Und warum diese Liebe zum Kaffeehaus? Etwa wegen des Kaffees? Kaum. Der Schriftsteller Stefan Zweig (1881–1942) sieht das so: „Unsere beste Bildungsstätte für alles Neue blieb das Kaffeehaus. Um dies zu verstehen, muß man wissen, daß das Wiener Kaffeehaus eine Institution besonderer Art darstellt, die mit keiner ähnlichen der Welt zu vergleichen ist. Es ist eigentlich eine Art demokratischer, jedem für eine billige Schale Kaffee zugänglicher Klub, wo jeder Gast für diesen kleinen Obulus stundenlang sitzen, diskutieren, schreiben, Karten spielen, seine Post empfangen und vor allem eine unbegrenzte Zahl von Zeitungen und Zeitschriften konsumieren kann."

Und da wir schon vom Obulus reden (ursprünglich eine kleine griechische Münze, heute eine kleine Geldspende), wären wir beim Thema Trinkgeld. In Wien ist das ein wichtiges Thema, obwohl man eigentlich darüber nicht sprechen sollte. Die Bezahlung für die Bedienung ist zwar fast überall im Preis inbegriffen, aber es wird trotzdem erwartet, daß man etwa 10–15% als Trinkgeld draufgibt. Sonst leidet womöglich der sprichwörtliche Wiener Charme.

Küß die Hand!

ZUM THEMA ARBEIT

Die Arbeitslosenzahlen steigen

53.161–	69.295–	105.346–	127.375–	130.469–	139.446–	151.972–
69.295	105.346	127.375	130.469	139.446	151.972	234.103

| 1980 | 81 | 82 | 83 | 84 | 85 | 86 | 87 |

Die Arbeitszeitverkürzung kommt voran

Rund 500.000 der 2,8 Millionen Arbeitnehmer werden spätestens am Tag der Arbeit des Jahres 1987 um eineinhalb bis zwei Stunden wöchentlich kürzer arbeiten.

Abschied von der 40-Stunden-Woche

FEIERTAGE

die wichtigsten Tage des Arbeitsjahres:
Neujahrstag (1. Jänner)
Heilige Drei Könige (6. Jänner)
Karfreitag (nur für Protestanten)
Ostermontag
Tag der Arbeit (1. Mai)
Christi Himmelfahrt
Pfingstmontag
Fronleichnam
Mariä Himmelfahrt (15. August)
Nationalfeiertag (26. Oktober)
   (Beschluß über Neutralität
   Österreichs am 26.10.1955)
Allerheiligen (1. November)
Leopolditag (15. November)
   (Leopold = Landespatron)
Mariä Empfängnis (8. Dezember)
Christtag (25. Dezember)
Stephantag (26. Dezember)

WELCHE PROBLEME TRE- TEN AM HÄUFIGSTEN AUF?

All about work
Describing your working conditions
Discussing difficulties

1

In Wien gibt es viele produzierende Betriebe. Das sind einerseits kleinere Gewerbebetriebe, die zum Beispiel Kleidung oder Schuhe erzeugen, andererseits Großbetriebe, die sich hauptsächlich mit Elektronik oder Metallwarenerzeugung befassen.

Dana besuchte die Firma Ernst Krause & Co., einen alten Familienbetrieb, der Werkzeugmaschinen für die Automobilfertigung herstellt und in die ganze Welt exportiert. Die Firma wurde 1905 vom Großvater der beiden gegenwärtigen Leiter gegründet. Einer davon ist Robert Frohn.

Dana	Wie viele Leute arbeiten hier?
Herr Frohn	Wir haben insgesamt 250 Leute.
Dana	Wann fängt hier morgens die Arbeit an?
Herr Frohn	(*lachend*) Hm, meinen Sie mich jetzt persönlich, oder ...?
Dana	Nee, ich mein' jetzt generell.
Herr Frohn	Ah, da bin ich Ihnen dankbar, daß Sie mich nicht persönlich fragen!
Dana	Das frag' ich Sie später!
Herr Frohn	Ja, ja. Okay. Wir haben eine gleitende Arbeitszeit, also man kann bei uns beginnen zwischen sechs und halb acht Uhr in der Früh, (Aha.) ja; und zwar das gilt für die Angestellten, die ungefähr die Hälfte unserer Beschäftigten sind, und für die andere Hälfte, die Arbeiter sind, gibt es etwas Ähnliches, nur ist da der Beginn von Viertelstunde zu Viertelstunde gestaffelt.
Dana	Wann fangen die meisten an?
Herr Frohn	Das kann ich Ihnen nicht einmal genau sagen, aber es ist ein relativ großer Teil, der früh beginnt, entweder weil er dann früh Schluß hat, oder weil die Leute Überstunden machen. Es ist bei uns das Problem, daß wir nicht kürzer arbeiten können und dafür mehr Leute haben – wir kriegen einfach die Leute mit sehr hoher Qualifikation nicht – und

	wir brauchen von sehr vielen Leuten dann zusätzliche Überstunden.
Dana	Dann nehm' ich an, daß es morgens keine Kaffeepause gibt.
Herr Frohn	Das ist eine sehr wichtige Frage, aber es ist bei uns so üblich, daß man während der Arbeit durchaus dann auch seinen Kaffee oder auch sein Brot essen kann. Das ist also in keiner Weise irgendwie geregelt, das läuft da zwischendurch.
Dana	Wie lange dauert denn die Mittagspause?
Herr Frohn	Halbe Stunde.
Dana	Halbe Stunde. Eh … haben Sie durch die Modernisierung der Geräte, ich nehme an, daß es in Ihrer Firma auch passiert …
Herr Frohn	Ja, ja, sehr stark.
Dana	Hat das zur Arbeitslosigkeit beigetragen, oder haben Sie versucht, andere Arbeitsplätze dafür zu schaffen?
Herr Frohn	Die Modernisierung der Geräte ist die Voraussetzung überhaupt, daß wir unsere Arbeitsplätze halten können, denn wir haben ja nur Export, und man kauft zweifellos bei uns nicht, weil wir so nette Leute sind, sondern nur, weil wir gute Maschinen brauchen.

KRAUSECO

DIPL. ING. ROBERT FROHN
Managing Partner

Ernst Krause & Co.
Fineboring Machines
Special Machines
Transfer Machines

A-1021 Vienna · Austria
Engerthstraße 151
Telefon (0222) 24 15 67
Telex 13 4804

Dana	Das nehm' ich an!
Herr Frohn	Also von Arbeitsplätzeverlust ist keine Rede, aber die Qualifikation der Arbeitsplätze wird höher. Das ist natürlich eine Schwierigkeit für Leute, die nicht die entsprechende Schulung haben, auch bei der Aufnahme von Leuten können wir nur hochqualifizierte Leute in unsere Gruppe hinein brauchen, und wenn da einer nicht einen gewissen Standard hat, ein gewisses Niveau, dann paßt er eben nicht zu uns. Und diese Leute können oder werden meiner persönlichen Ansicht nach in den nächsten Jahrzehnten Schwierigkeiten haben.

Dana	Geht es der österreichischen Industrie gut, Ihrer Meinung nach?
Herr Frohn	Im großen und ganzen, wenn wir mit Westeuropa vergleichen, ja. Ja.

die gleitende Arbeitszeit *flexitime*
der Angestellte *salaried employee*
der Arbeiter *wage earner*

?

Wann beginnt morgens bei der Firma Krause die Arbeit?
Warum machen so viele Leute in der Firma Überstunden?
Was ist die Voraussetzung dafür, daß die Firma Krause ihre Arbeits-
plätze halten kann?
Welche Leute, glaubt Herr Frohn, werden in den nächsten Jahrzehnten
Schwierigkeiten haben?

2

Walter Frauenhoffer ist Betriebsrat für die Angestellten bei der Firma
Krause. Er vertritt die Belange der Angestellten gegenüber der Firmenleitung und kümmert sich um ihre Probleme. Was für Probleme
gibt es da?

Dana	Mit was für Problemen kommen die Angestellten zu Ihnen?
Herr Frauen- hoffer	Probleme, die sie haben mit dem Vorgesetzten, mit der Arbeitszeit, mit der Werksküche, in sozialen Belangen, Fragen über Pensionierung ...

nouns from adjectives

Remember, adjectives used as nouns still take the appropriate
adjective endings (*see p. 150*):

Mit was für Problemen kommen **die** Angestell**ten** zu Ihnen?
... Probleme, die sie mit **dem** Vorgesetz**ten** haben.
Jeder Angestell**te** muß in die Rentenversicherung einzahlen.
Das gilt für **die** Angestell**ten**, die ungefähr die Hälfte **unserer**
Beschäftig**ten** sind.
... ob das jetzt Punker sind, oder ob es Ausgeflipp**te** oder
Reiche**re** (sind).
Das ist **das** Schöns**te** daran.
Das ist doch **das** Entscheidende.

Dana	Welche Probleme treten am häufigsten auf?
Herr Frauen- hoffer	Am häufigsten treten die Probleme auf, daß alles, was wir angreifen, dringend ist. Die Kunden wünschen Maschinen in einer sehr kurzen

	Lieferzeit; jede Maschine muß neu konstruiert werden, und der Leistungsdruck ist bei uns das größte Problem.
Dana	Machen Sie hier oft Überstunden, also nicht Sie, sondern die Angestellten?
Herr Frauen-hoffer	Die Arbeiter und Angestellten machen sehr viele Überstunden; wir haben oft viel Arbeit, und wenn viel Arbeit ist, können wir nicht Leute aufnehmen, sondern das muß mit Überstunden bewältigt werden; wenn weniger Arbeit ist, machen wir keine Überstunden.
Dana	Wieviel Wochenstunden gibt es in dieser Firma?
Herr Frauen-hoffer	Ab ersten Jänner des heurigen Jahres* wurde die Arbeitszeit verkürzt von 40 auf $38\frac{1}{2}$ Stunden, das heißt – wir haben eine Fünftagewoche – früher haben wir gearbeitet acht Stunden, jetzt arbeiten wir sieben Stunden 42 Minuten.
Dana	Wie sieht es aus mit den Renten? Jeder Arbeiter und Angestellte, nehm' ich an, muß in die Rentenversicherung einzahlen.
Herr Frauen-hoffer	Ja, das ist eine Pflichtversicherung, das wird automatisch vom Lohn oder Gehalt abgezogen.
Dana	Aha. Sind die Angestellten im großen und ganzen zufrieden mit dieser Firma, oder treten häufig Probleme auf?
Herr Frauen-hoffer	Wir sind ein Spezialbetrieb, haben ein sehr hohes Lohn- und Gehaltsniveau, es sind größtenteils Spezialisten bei uns tätig, und die sind daher zufrieden.
Dana	Es herrscht also ein guter …
Herr Frauen-hoffer	Ein gutes Betriebsklima, ja.

* d.h. 1987

der Betriebsrat *employees' elected representative*
Jänner *Austrian for* Januar
der Lohn, das Gehalt *wages, salary*

? Warum entsteht Leistungsdruck?
Wie viele Stunden hat die Arbeitswoche in dieser Firma?

3

Betriebsrat für die 94 Arbeiter bei der Firma Krause ist Hubert Veit. Bei den Arbeitern treten zwar häufig Probleme auf, aber im großen und ganzen sind sie zufrieden.

Dana	Wie heißen Sie, bitte?
Herr Veit	Veit Hubert. Victor, Emil, Ida, Theodor.

Walter Frauenhoffer (links) mit Hubert Veit (rechts) und Lehrling Norbert Brandl

Dana	Was ist Ihre genaue Tätigkeit hier bei Krause & Co.?
Herr Veit	Meine Tätigkeit ist momentan Flächenschleifen, das heißt im Groben gesagt, eine Oberfläche zu verfeinern.
Dana	Sie sind neben dieser Tätigkeit auch noch Betriebsrat.
Herr Veit	Das stimmt, und zwar von den Arbeitern.
Dana	Und Sie kümmern sich um die Probleme der Arbeiter.
Herr Veit	Stimmt, Probleme gibt es viele, vielleicht mehr wie bei den Angestellten, weil, sagen wir, der Arbeiter ja doch nicht so geschult ist wie, sagen wir, ein Techniker oder gar ein höherer Beamter, ... daß sogar familiäre Probleme an den Betriebsrat getragen werden und ... und ...
Dana	Ich nehme an, daß Sie Arbeiter sind ...
Herr Veit	Ja.
Dana	Da können Sie doch wahrscheinlich dadurch, daß Sie Arbeiter sind, am besten die Stimmung unter den Arbeitern auch mitkriegen. Sind sie denn zufrieden?
Herr Veit	Na ja, man kann sagen, achtzig Prozent ist man zufrieden, aber bei 94 Personen oder sprich Arbeitern ist das immer so, daß halt 94 auf einen Nenner zu bringen ist halt schwer. Aber im großen und ganzen ist, sagen wir, Ruhe in der Belegschaft, und das ist wieder ausschlaggebend für die qualitative Arbeit, was ein jeder bei uns im Betrieb leisten muß.

> **halt** is one of those little untranslatable words which give colour to what you say. It's used in southern Germany and Austria to underline something that, to the speaker, seems obvious. Similar to **eben**, it can sometimes mean something like 'just' or 'simply'.

Dana	Gehören Sie einer Gewerkschaft an?
Herr Veit	Ja, wir sind hundertprozentig organisiert. Bringt natürlich auch Vorteile und Nachteile. Nachteile in einem Sinn, weil wir müssen ein Prozent von unserem Bruttogehalt Gewerkschaftsbeitrag zahlen. Der eine sagt: „Ja, ich zahl' es, weil die Gewerkschaft ja Lohnverhandlungen, Urlaub etc. aushandelt," – das, was, sagen wir, der Arbeitende nicht kann; und da natürlich gibt's auch Streitigkeiten um die Höhe des Gewerkschaftsbeitrages, aber wie gesagt, hundert Prozent sind unsere Firma Krause voll organisiert.

das Flächenschleifen   *surface grinding*
mitkriegen (*sep. vb.*)   *to sense, get the feel of*
auf einen Nenner bringen   *to reduce to a common denominator*
ausschlaggebend   *of paramount importance*
Lohnverhandlungen   *wage negotiations*

Worum kümmert sich Herr Veit?
Sind die Arbeiter bei Krause zufrieden?
Was leistet die Gewerkschaft für ihre Mitglieder?

4

Ilse Kreuzer ist Chefsekretärin. Sie arbeitet schon 31 Jahre bei Krause, hat sich aber noch nie an den Betriebsrat wenden müssen.

Dana	Grüß Gott, wie heißen Sie, bitte?
Frau Kreuzer	Ich bin Ilse Kreuzer.
Dana	Und was ist Ihre Tätigkeit hier bei der Firma Krause?
Frau Kreuzer	Ich bin Chefsekretärin.

Dana	Von dem Herrn Frohn?
Frau Kreuzer	Von Herrn Frohn, ja.
Dana	Sind Sie verheiratet?
Frau Kreuzer	Ja.
Dana	Haben Sie Kinder?
Frau Kreuzer	Ja, ich hab' zwei Kinder.
Dana	Und arbeiten Sie ganztags hier?
Frau Kreuzer	Ja.
Dana	Was ist Ihre genaue Tätigkeit als Chefsekretärin?
Frau Kreuzer	Ja, ich bin zuständig für die Termine von Herrn Frohn, für seine Schreiben, für die Korrespondenzbearbeitung und für ... auch für Informationsfluß im Betrieb.
Dana	Wie lange arbeiten Sie hier schon?
Frau Kreuzer	Ich arbeite hier seit 31 Jahren.
Dana	Das ist eine lange Zeit.
Frau Kreuzer	Ja, ja.
Dana	Und wieviel Urlaub haben Sie im Jahr?
Frau Kreuzer	Sechs Wochen.
Dana	Sechs Wochen. Das ist ja wenig Zeit für die Kinder und relativ wenig, wenn man bedenkt, daß Sie mehr oder weniger zwei Berufe haben: Haushalt, Kinder und hier Chefsekretärin.
Frau Kreuzer	Ja, Urlaub ist immer zu wenig!
Dana	Ja, das stimmt. Ist es schwierig für eine Frau, einen Arbeitsplatz zu bekommen?
Frau Kreuzer	Ja, es ist heutzutage für jeden schwierig, einen Arbeitsplatz zu bekommen, und für Frauen wahrscheinlich um so mehr, weil die Männer doch meistens den Frauen vorgezogen werden.
Dana	Sie sind Angestellte hier?
Frau Kreuzer	Ich bin Angestellte.
Dana	Sind Sie auch in der Gewerkschaft?
Frau Kreuzer	Ja, bin ich.
Dana	Und halten Sie es für notwendig, in der Gewerkschaft zu sein?
Frau Kreuzer	Ja, ich halt' es schon für notwendig, es ist sicher sehr gut.
Dana	Und haben Sie in Ihren 31 Jahren schon mal den Angestelltenbetriebsrat benötigt?
Frau Kreuzer	Nein, bisher noch nicht. Das war Gott sei Dank nicht notwendig.
Dana	Schön.

? Wofür ist Frau Kreuzer als Chefsekretärin zuständig?
Meint sie, daß sechs Wochen Urlaub genug sind?
Warum ist es für Frauen noch schwieriger als für Männer, einen Arbeitsplatz zu finden?

5

Patricia sprach mit Karl-Heinz Nachtnebel, dem Leiter des internationalen Referates im ÖGB (**Österreichischer Gewerkschaftsbund**). Für ihn sind die größten Probleme die Arbeitslosigkeit (1987 in Gesamtösterreich knapp unter fünf Prozent) und die vielen neuen Entwicklungen in der Arbeitswelt.

Patricia	Könnten Sie mir sagen, wieviel Gewerkschaften es in Österreich gibt?
Herr Nachtn.	Es gibt derzeit 15 Fachgewerkschaften, die im Österreichischen Gewerkschaftsbund unter einem Dach zusammengeschlossen sind.
Patricia	Und dieser Gewerkschaftsbund, gehört der einer politischen Partei an?
Herr Nachtn.	Nein, der Österreichische Gewerkschaftsbund ist überparteilich, das heißt, es gibt verschiedene politische Fraktionen im Gewerkschaftsbund, aber selbst gehört er keiner Partei an.
Patricia	Gibt es in Österreich so etwas wie *the closed shop*?
Herr Nachtn.	Nein, diese Form gibt es bei uns nicht.
Patricia	Was halten Sie davon?
Herr Nachtn.	Wir haben in Österreich die Erfahrung gemacht, daß wir mit der freiwilligen Mitgliedschaft und der daraus resultierenden Freiwilligkeit in der Geschichte sehr gut durchgekommen sind.
Patricia	Sind die Arbeiter und Angestellten in Österreich zufrieden, oder gibt's 'ne ganze Menge von Streiks?
Herr Nachtn.	Es gibt seit vielen Jahren schon eine sehr niedrige Streikrate. Wir rechnen den Streik pro Kopf pro Jahr in Sekunden und nicht in Stunden und Tagen, etwa sechs Sekunden pro Kopf pro Jahr.
Patricia	Warum gibt es in Österreich so wenig Streiks?
Herr Nachtn.	Die Tatsache, daß es so wenig Streiks gibt, kann man am besten damit erklären, daß die hohe Bereitschaft beider Wirtschaftspartner, also der Vertreter der Arbeiter und der Vertreter der Unternehmer, ... immer versuchen, in Gesprächen und in Verhandlungen zu einem für beide Teile annehmbaren Ergebnis zu kommen.* Daraus ersehen wir, daß für uns als Gewerkschafter der Streik nur das letzte aller möglichen Mittel sein kann.
Patricia	Welche Fragen und Probleme beschäftigen Sie zur Zeit?
Herr Nachtn.	An erster Stelle der Probleme für die Gewerkschaftsbewegung steht für uns das Problem der Arbeitslosigkeit. Obwohl wir durch unsere langjährige Lohnpolitik erreicht haben, daß eine sehr niedrige Arbeitslosigkeit in unserem Lande war, haben wir doch in den letzten zwei Jahren einen beunruhigenden Anstieg. Dieses Problem ist für uns als Gewerkschaften an erster Stelle zu sehen. Daneben müssen wir aber auch uns sicher sein, daß der heutige Wandel der Arbeitswelt von der alten traditionellen Arbeit hin zu neuen Formen der Arbeit auch in

den Gewerkschaften ihren Niederschlag finden wird. Die Gewerkschaften sind jedenfalls aufgefordert, die neuen Entwicklungen, die die Arbeit betreffen, aber auch andere Mechanismen, die die Wirtschaftswelt betreffen, zu studieren und diesen Entwicklungen entsprechend Rechnung zu tragen.

* As often happens in spoken language, Herr Nachtnebel changes his mind about what he wants to say mid way. He doesn't finish the **daß** clause in the first half of the sentence and goes on with the second half as if the **Vertreter der Arbeiter** and **Vertreter der Unternehmer** were the subject.

ÖGB   *equivalent of TUC*
die Fachgewerkschaft   *trade union*
zu einem für beide Teile annehmbaren Ergebnis zu kommen   *to arrive at an acceptable result for both parties*
ihren Niederschlag finden wird   *will manifest itself, be reflected*
Rechnung tragen   *to take into account, make allowances for*

?

Wie viele Gewerkschaften gibt es in Österreich?
Warum gibt es so wenig Streiks?
Welches Problem steht für die Gewerkschaften im Augenblick an erster Stelle?
Was wird auch in den Gewerkschaften seinen Niederschlag finden?

HÖREN SIE GUT ZU!

Dr. Wolfgang Swoboda ist Geschäftsführer der Sektion Industrie der Wiener Handelskammer. In seinem Büro befragt Dana ihn über die Industrie in Wien.

DIE WIENER HANDELSKAMMER
Sektion Industrie

DR. WOLFGANG SWOBODA
Sektionsgeschäftsführer

1010 Wien, Stubenring 8–10
Tel. 51 450/205, Zimmer 465

1   What kinds of industry are there in Vienna?
2   Why are many employees willing to be retrained?
3   How does Dr Swoboda explain the fact that there are so few strikes in Austria?
4   What does he think are the biggest problems in Austrian industry?
5   Why does he believe Austrian industry can be confident about the future?

WIE WAR DAS?

1 Es ist ein relativ großer Teil, der früh beginnt, ... weil er dann früh Schluß hat, ... weil die Leute Überstunden machen.
2 Das ist also ... ... irgendwie geregelt, das läuft da zwischendurch.
3 Also von Arbeitsplätzeverlust ... ..., aber die Qualifikation der Arbeitsplätze wird höher.
4 Diese Leute können oder werden ... ... in den nächsten Jahrzehnten Schwierigkeiten haben.
5 Wie ... ... mit den Renten? Jeder Arbeiter und Angestellte, ..., muß in die Rentenversicherung einzahlen.
6 Sind die Angestellten ... ... zufrieden mit dieser Firma?
7 Bei 94 Personen oder sprich Arbeitern ist das immer so, daß halt 94 ... ... zu ... ist halt schwer.
8 Das ist ja wenig Zeit für die Kinder und relativ wenig, wenn man bedenkt, daß Sie ... ... zwei Berufe haben.
9 ... Sie es ... notwendig, in der Gewerkschaft zu sein?
10 Dieses Problem ist für uns als Gewerkschaften ... ... zu sehen.

ALLES KLAR?

The interviews in this chapter provide a fascinating glimpse of life in Austrian industry at its various levels. How is this information built up in the course of conversation?

Sometimes by using quite simple language in reply to straightforward questions:

Arbeiten Sie ganztags hier?
Ja.

Rather more rapport is achieved by repeating part of the question:

Sie sind Angestellte hier?
Ich bin Angestellte.

In reply to 'W'-Fragen, some concrete information must be added:

Wieviel Urlaub haben Sie im Jahr?
Sechs Wochen.

Again part of the question can be repeated:

Wie lange arbeiten Sie hier schon?
Ich arbeite hier seit 31 Jahren.

More information can be given by using a simple sentence frame and then listing things one after another:

Was ist Ihre genaue Tätigkeit als Chefsekretärin?
Ja, ich bin zuständig *für die Termine von Herrn Frohn, für seine*
Schreiben, für die Korrespondenzbearbeitung und für Informationsfluß
im Betrieb.

Mit was für Problemen kommen die Angestellten zu Ihnen?
Probleme, die sie haben *mit dem Vorgesetzten, mit der Arbeitszeit, mit*
der Werksküche, in sozialen Belangen, Fragen über Pensionierung.

Rather than listing things, you may prefer to pick out one or two
examples:

... Gewerbebetriebe, die *zum Beispiel* **Kleidung oder Schuhe erzeugen.**
... wie *zum Beispiel* **der sogenannte kleine und große Braune.**

A further step in developing a description or explanation is to pick out
two things which contrast in some way and link them by such pairs of
expressions as:

einerseits ... andererseits   nicht ... sondern
entweder ... oder   früher ... jetzt

Das sind *einerseits* **kleinere Gewerbebetriebe,** *andererseits* **Großbetriebe.**

Ein großer Teil beginnt früh, *entweder* **weil er dann früh Schluß hat,** *oder*
weil die Leute Überstunden machen.

Wenn viel Arbeit ist, können wir *nicht* **Leute aufnehmen,** *sondern* **das**
muß mit Überstunden bewältigt werden.

Früher **haben wir gearbeitet acht Stunden,** *jetzt* **arbeiten wir sieben**
Stunden 42 Minuten.

In chapter 6 we saw how people ask for an explanation. When replying,
you may feel the need to put a gloss on a word, even unasked. Relative
clauses are often used for this purpose:

... Großbetriebe, *die sich hauptsächlich mit Elektronik oder Metall-*
warenerzeugung befassen.

Another way is to use **das heißt** or **also:**

Der Österreichische Gewerkschaftsbund ist überparteilich, *das heißt,* **es**
gibt verschiedene politische Fraktionen im Gewerkschaftsbund, aber
selbst gehört er keiner Partei an.

Wir haben eine gleitende Arbeitszeit, *also* **man kann bei uns beginnen**
zwischen sechs und halb acht Uhr in der Früh.

ÖGB

Der Österreichische Gewerkschaftsbund

You may also wish to give reasons for your view:

Die Modernisierung der Geräte ist die Voraussetzung überhaupt, daß wir unsere Arbeitsplätze halten können, *denn wir haben ja nur Export*, und man kauft zweifellos bei uns nicht, *weil wir so nette Leute sind*.

Herr Nachtnebel expands on the question to explain cause and effect:

Warum *gibt es in Österreich so wenig Streiks?*
***Die Tatsache, daß es so wenig Streiks gibt*, kann man am besten damit erklären, daß beide Wirtschaftspartner immer versuchen, zu einem annehmbaren Ergebnis zu kommen. Daraus ersehen wir, daß der Streik nur das letzte Mittel sein kann.**

EXTEND YOUR GERMAN
As we've just seen, as soon as you want to show the relation of thoughts to each other, you need to command the linguistic means for expressing those relations. Sometimes simply putting one simple sentence after another or linking them loosely with **und** or **oder,** is sufficient for a listener to infer the relation.

Ja, ich halt' es schon für notwendig, es ist sicher sehr gut.
Jede Maschine muß neu konstruiert werden, *und* der Leistungsdruck ist bei uns das größte Problem.
Sind die Arbeiter und Angestellten in Österreich zufrieden, *oder* gibt's 'ne ganze Menge von Streiks?

Relations can often be shown by adverbs such as **allerdings, daher, auch, doch, jetzt, da, zwar, nur, einmal, dann, so, denn, noch, aber, schon, natürlich, eben, hier, also.** Look through the texts of the recordings and pick out these adverbs. Note the way in which they help to show the relations between sentences.

Often, relations are shown by incorporating one sentence into another as a clause. Clauses linked by **und, aber, denn** and a few others are treated as equal, or 'coordinated'. Other clauses are 'subordinate' (*Nebensätze* or *Gliedsätze*). The most common are **daß** clauses:

Es ist bei uns das Problem, *daß wir nicht kürzer arbeiten können.*
Die Modernisierung der Geräte ist die Voraussetzung überhaupt, *daß wir unsere Arbeitsplätze halten können.*
Da bin ich Ihnen dankbar, *daß Sie mich nicht persönlich fragen!*

Relative clauses, like adjectives, describe or define a noun. They're introduced either by a 'relative pronoun', with the same nominative form as the definite article, or by **wer, was, welch-:**

Das gilt für die Angestellten, *die ungefähr die Hälfte unserer Beschäftigten sind.*
Alles, *was wir angreifen,* **ist dringend.**

wenn	is used to introduce a condition: *Wenn einer nicht einen gewissen Standard hat*, **dann paßt er eben nicht zu uns.**
weil	introduces a reason: **Man kauft bei uns nicht,** *weil wir so nette Leute sind*, **sondern nur, weil wir gute Maschinen brauchen.**
obwohl	the equivalent of 'although' introduces a conflicting, but less important or relevant consideration: *Obwohl eine sehr niedrige Arbeitslosigkeit in unserem Lande war*, **haben wir in den letzten zwei Jahren einen beunruhigenden Anstieg.**
damit	introduces a purpose: **Zum Gesundheitsbewußtsein esse ich Vollkornbrot,** *damit ich die nötigen Ballaststoffe erhalte.*
um ... zu	also shows purpose. The verb is then in the infinitive: **Was kann man nun wirklich tun,** *um diesen Rhein sauberer zu kriegen?*

229

zu + infinitive is another way of linking in a verb, especially if it has the same subject as the verb in the main clause:

Die Partner versuchen, zu einem annehmbaren Ergebnis zu kommen.
Dieses Problem ist für uns an erster Stelle zu sehen.
Meine Tätigkeit ist Flächenschleifen, das heißt, eine Oberfläche zu verfeinern.

Notice also 'fillers' which give people a little time to think and get organised. Repetitions, phrases like **sagen wir, man kann sagen, wie gesagt, das kann ich Ihnen nicht genau sagen, aber ..., im großen und ganzen, grob gesagt, das ist eine wichtige Frage.**

Don't be despondent if, even now, you can't yet structure your speech in German in a way that does justice to your thoughts. It takes time and practice to do so. To speak fluently, you have to have many expressions and sentence frameworks at your immediate disposal. Learn, practise and use them whenever you can! Then you have more time – with the judicious use of fillers – to bring forward the words and phrases you need and organise them in the service of your communication strategy.

USE YOUR GERMAN

With your partner, take turns in interviewing each other on your work, working conditions, etc. Have there been strikes in your company? Were you involved? Should strikes be allowed? Must there always be 'the two sides of industry'? Has British industry anything to learn from the Austrian experience? Could the **Betriebsrat** work in Britain? Perhaps this is a good opportunity to find out the German names for jobs and the technical equipment and processes in your own field. A good technical dictionary would help. Are there German specialist journals or magazines, or technical handbooks you could consult? After all, from now on, you'll probably be developing your German further on your own initiative. You've seen how to use genuine texts to extract the German language you need for your own living. Why not start now to collect useful texts and systematically plunder them!

Working alone, why not prepare a job application for a plum job in your line of work advertised by a leading German firm who want just your particular expertise and will pay double your present salary (this could really happen, especially as EC plans for a free labour market develop). But they want detailed information about your qualifications, experience and present duties. **Viel Erfolg!**

FÜRS KÖPFCHEN

Coordinating and subordinating conjunctions.

The following conjunctions are 'coordinating'. Word order in the clause they introduce is the same as that of a main clause or a simple sentence:
aber, denn, oder, sondern, und

Other conjunctions are 'subordinating'. The verb comes at the end of the clause (or, sometimes in speech, at the end of the phrase):
als, bevor, bis, da, damit, daß, ehe, indem, nachdem, ob, obgleich, obwohl, seit, während, weil, wenn

KÖNNEN SIE'S? 1

Nachrichten aus der Arbeitswelt

You've been listening to a programme on Austrian radio (**Österreichischer Rundfunk**) about the work situation, and your head's still buzzing with all the different terms. Can you fill in the words where they belong?

Die Metallgewerkschaft gab heute bekannt, daß man bei den ... ein deutliches Stück weitergekommen sei. Die ... und Gehälter werden um

zwei Prozent angehoben, eine gute Nachricht also für Arbeiter und ....
Bei den Pensionen und ... aber sind keine Veränderungen zu erwarten.
In den nächsten Monaten wird man sich auf Fragen der ... und damit
auf eine Reduzierung der Wochenstunden konzentrieren.

Ein weiteres wichtiges Thema ist die ... der Geräte. Steigt die ...
weiter an, so sind nach Meinung vieler Betriebsräte auch ... nicht mehr
auszuschließen.

2

Betriebsratssitzung

After discussions with the management over pay increases, the **Betriebsrat** is reporting to the workers. Rephrase what he says, beginning
with the word in brackets.

Zum Beispiel: **Da wir heute wenig Zeit haben, möchte ich gleich zum
Thema Lohnerhöhungen kommen.**

(da)   Wir haben heute wenig Zeit, ich möchte also gleich zum Thema Lohner-
         höhungen kommen.

(obwohl) Wir haben monatelang mit dem Management verhandelt, trotzdem
         geben sie uns nur leere Versprechungen.

(als)	Ich sprach gestern mit der Firmenleitung, und sie wollten uns schon wieder nichts Konkretes versprechen.
(wenn)	Wir müssen jetzt endlich etwas tun, sonst bekommen wir keine höheren Löhne.
(weil)	Die Sache wird dringend, deshalb müssen wir uns morgen wieder treffen.

3

Wer sagte was?
Look at the interviews again. Who said what?

1 Achtzig Prozent ist man zufrieden.
2 Wir rechnen den Streik pro Kopf pro Jahr in Sekunden.
3 Die Modernisierung der Geräte ist die Voraussetzung überhaupt, daß wir unsere Arbeitsplätze halten können.
4 Der Österreichische Gewerkschaftsbund ist überparteilich.
5 Die Arbeiter und Angestellten machen sehr viele Überstunden.
6 Urlaub ist immer zu wenig!
7 Wir sind hundertprozentig organisiert.
8 Wenn einer nicht einen gewissen Standard hat, ein gewisses Niveau, dann paßt er eben nicht zu uns.
9 Der Leistungsdruck ist bei uns das größte Problem.
10 Es ist heutzutage für jeden schwierig, einen Arbeitsplatz zu bekommen, und für Frauen wahrscheinlich um so mehr.

4

Im großen und ganzen bin ich zufrieden
You work in a small factory in Bedford. Herr Blum, an Austrian journalist, asks you about your working conditions.

Herr Blum	Zunächst einmal würde ich gern wissen, wann hier morgens die Arbeit anfängt.
Sie	(*gleitende Arbeitszeit*)
Herr Blum	Und wann fangen Sie meist an zu arbeiten?
Sie	(*gegen 7.30 Uhr*)
Herr Blum	Gibt es morgens eine richtige Kaffeepause?
Sie	(*zwischendurch*)
Herr Blum	Und wie lang ist Ihre Mittagspause?
Sie	(*1 Stunde*)
Herr Blum	Wie viele Stunden arbeiten Sie in der Woche?
Sie	(*noch die 40-Stunden-Woche*)

Herr Blum	Machen Sie auch Überstunden?
Sie	(*etwa 10 pro Monat*)
Herr Blum	Wieviel Urlaub bekommen Sie im Jahr?
Sie	(*3 Wochen*)
Herr Blum	Und wie lange arbeiten Sie jetzt schon hier?
Sie	(*15 Jahre*)
Herr Blum	Und gefällt es Ihnen noch?
Sie	(*im großen und ganzen zufrieden*)

5

Die österreichischen Gewerkschaften

As an active trade unionist you've been asked to write an article about the Austrian trade unions. Here are your notes. See if you can write the article and, where necessary, use extra link words to make it read smoothly.

- 15 Fachgewerkschaften
- im Österreichischen Gewerkschaftsbund zusammengeschlossen
- überparteilich
- mit der freiwilligen Mitgliedschaft gut durchgekommen
- Gewerkschaftsbeitrag: 1 Prozent vom Bruttogehalt
- wichtige Aufgaben: Lohnverhandlungen, Verhandlungen über Arbeitszeit und Urlaub
- Arbeitnehmer im großen und ganzen zufrieden, deshalb niedrige Streikrate (6 Sekunden pro Kopf pro Jahr)
- Probleme für Gewerkschaftsbewegung zur Zeit: Arbeitslosigkeit, Modernisierung der Geräte

Hier nun der Titel und der Anfang des Artikels:

Gestreikt wird wirklich selten
In Österreich gibt es …

6

Die verstaatlichte Industrie Österreichs

Read the article, then try the questions and puzzle that follow.

In den letzten Jahren hat die Österreicher nichts so verstört wie der Niedergang ihrer verstaatlichten Industrie, denn mit der „Verstaatlichten", wie sie allgemein genannt wird, war ein Ideal verbunden:

der Glaube an einen Weg zwischen Kapitalismus und zentralisierter Planwirtschaft.

Der folgende Artikel (abgeändert) aus dem Nachrichtenmagazin *Der Spiegel* erklärt, worum es sich bei der „Verstaatlichten" eigentlich handelt, und wie es zu ihrem Verfall kommen konnte.

DER NIEDERGANG DER „VERSTAATLICHTEN"

1946 beschlossen Österreichs neugegründete Parteien die Verstaatlichung von 70, zumeist im Osten des Landes gelegenen Industriebetrieben. Nur so waren dort wieder Arbeitsplätze zu beschaffen, denn private Unternehmer hätten aus Kapitalmangel die zum größten Teil stark zerstörten Anlagen nicht allein wieder aufbauen können. Die „Verstaatlichte" wurde zum Stolz der Republik. Noch vor zehn Jahren brachten die Staatsbetriebe Österreichs mit der Produktion von Stahl, Aluminium, Kraftwerksturbinen, Erdölprodukten und Düngemitteln ein Viertel des Industrieumsatzes.

Doch dann wurde nach und nach deutlich, daß die „Verstaatlichte" den Einstieg in neue Technologien und damit in neue, gewinnträchtige Sparten verpaßt hatte. Verantwortlich hierfür ist ein jahrelanges Mismanagement, welches das wirtschaftliche Fundament der Staatsbetriebe zerstörte. Dies ist nicht erstaunlich, wenn man bedenkt, daß Parteizugehörigkeit und nicht fachliches Können häufig die Wahl der Manager bestimmte.

Mittlerweile steht die „Verstaatlichte", immerhin der größte Arbeitgeber Österreichs, vor dem Kollaps. Die dereinst 130.000 Arbeitsplätze in fast 200 Staatsbetrieben sind auf knapp 100.000 geschrumpft. Und dabei wird es nicht bleiben, wenn erst einmal das Sanierungskonzept des Staates Wirkung zeigt: 49 Prozent der „Verstaatlichten" sollen an Privatunternehmen verkauft werden. Anfang der 90er Jahre werden dann voraussichtlich nur 55.000 Arbeitnehmer ihren Job behalten haben – im günstigsten Fall.

Can you pick out the sentences that tell you:

1   after the war the newly established political parties decided to nationalise a number of industrial companies.
2   it gradually became clear that the nationalised industries had failed to keep pace with new technologies.
3   how many of the nationalised industries are to be sold to private contractors.

Rätsel

Can you sort out these products? They're all produced by the Austrian State Company:

```
R  W  E  E  N  T  R  K  U  R  A  K  S  F  T  N  B  I
M  D  I  E  L  Ü  G  E  T  N  T
H  A  S  T  L
D  U  Ö  E  R  D  L  T  E  K  P  O  R
M  I  N  U  L  A  U  M  I
```

SOZIALPARTNERSCHAFT

Dem Streik geht's in Österreich gar nicht gut; manche meinen gar, er sei am Aussterben. Anderswo zählt man Streiks pro Kopf pro Jahr noch in Tagen, Stunden oder doch wenigstens in Minuten, aber in Österreich gibt's ihn nur noch sekundenweise (etwa 6 Sekunden pro Kopf der Arbeitnehmer pro Jahr). Wo liegen die Ursachen für diese Misere? Vielleicht will sich die Zweite Republik Österreich (seit 1945) auf diese Weise von der konfliktgeladenen Ersten Republik (1918–1938) distanzieren. Jedenfalls bemühen sich heute Arbeitgeber und Arbeitnehmer gleichermaßen um Konsens.

Arbeitgeber und Arbeitnehmer sehen sich als Partner, die die Rechte und Pflichten beider Seiten gemeinsam im Gespräch aushandeln. Die derzeitige Stabilität in ihrem Verhältnis hängt zumindest teilweise mit der zentralisierten Organisation beider Seiten und mit dem System der sogenannten Kollektivvertragsverhandlungen zusammen.

Die *Arbeitgeber* haben sich in der *Bundeskammer der gewerblichen Wirtschaft* zusammengeschlossen, die aus sechs Sektionen besteht: Industrie; Gewerbe; Handel; Geld-, Kredit- und Versicherungswesen; Verkehr; Fremdenverkehr. Auf Landesebene (Österreich hat neun Länder) gibt es entsprechende Landeskammern der gewerblichen Wirtschaft und außerdem Landwirtschaftskammern, die nur auf Landesebene bestehen.

Der *Österreichische Gewerkschaftsbund (ÖGB)* und die *Arbeiterkammern* vertreten die Interessen der *Arbeitnehmer* (Arbeiter, Angestellte, öffentlich Bedienstete); für Arbeitnehmer in der Landwirtschaft gibt es außerdem die Landarbeiterkammern. Die Arbeiterkammern sind öffentlich-rechtliche Einrichtungen (auf Bundesebene bilden sie den Österreichischen Arbeiterkammertag) und befassen sich mit Industriepolitik, Gesetzen, Schulung und Beratung der Arbeitnehmer, Öffentlichkeitsarbeit usw. Jeder Arbeitnehmer muß Mitglied der Arbeiterkammer seines Landes sein.

Der ÖGB dagegen ist ein Verein mit freiwilliger Mitgliedschaft. Er bildet eine Dachorganisation, die alle 15 österreichischen Fach-

Gewerkschaft der Privatangestellten

 Gewerkschaft Öffentlicher Dienst

 Gewerkschaft der Gemeindebediensteten

 Gewerkschaft Kunst, Medien, freie Berufe

 Gewerkschaft der Bau- und Holzarbeiter

 Gewerkschaft der Chemiearbeiter

 Gewerkschaft der Eisenbahner

 Gewerkschaft Druck und Papier

 Gewerkschaft Handel, Transport, Verkehr

 Gewerkschaft Hotel, Gastgewerbe, Persönlicher Dienst

 Gewerkschaft Land – Forst – Garten

 Gewerkschaft der Lebens- und Genußmittelarbeiter

 Gewerkschaft Metall – Bergbau – Energie

 Gewerkschaft Textil, Bekleidung, Leder

 Gewerkschaft der Post- und Fernmeldebediensteten

gewerkschaften umfaßt. Er ist „überparteilich, aber nicht unpolitisch", d.h. er ist zwar nicht an eine Partei gebunden, aber die politischen Richtungen sind als Fraktionen vertreten; am stärksten ist die sozialistische Fraktion. Aufgabe des ÖGB ist es, jedes Jahr mit der Bundeskammer der gewerblichen Wirtschaft die Lohnverhandlungen zu führen. Die beiden Wirtschaftspartner setzen dabei in Kollektivverträgen die Arbeitslöhne und -gehälter fest, die dann in ganz Österreich als rechtsverbindliche Mindestlöhne gelten. Innerhalb der Betriebe selbst sorgen dann die Verhandlungen zwischen Betriebsführung und Betriebsrat für die Erhaltung der Rechte und Erfüllung der Pflichten. Partnerschaft ist alles.

TITEL, TITEL, TITEL ...

Lange Zeit wichtiger als Geld, – und auch heute noch grassiert die ... TITELSUCHT ... Mehrere Hundert hat es einst gegeben, und erst in letzter Zeit ist es etwas gelungen, die phantasievolle Flut einzudämmen. Denn von Hofrat bis Oberparkwächter war da alles vertreten. Die Frau eines Betitelten erwirbt per Ehering das Recht, mit dem Titel ihres Mannes angesprochen zu werden (pervertierte Form: „Frau Hofrätin"). – Natürlich muß der oft ellenlange Bandwurm der Ober- und Unterzwischenmittelüberkanzleiratsvorsteherstellvertreter auch mit auf den Grabstein, auf dem der Name dann fast keinen Platz mehr hat. Es gibt keine Hackordnung durch Leistung, sondern eine Titelhierarchie! – Gewiefte Reporter führen ellenlange Listen mit sich, um Interviewpartner durch Anrede mit richtigem, vollem Titel gesprächsbereiter zu machen. (aus Norbert Steidls *Wien Stadtbuch*)

Der Allmächtige hat heute meine liebe Frau, meine gute Mutter, unsere Oma, Schwester und Tante

Frau Anna Kammerl

Dampfkesselreinigungsunternehmersgattin

im Alter von 73 Jahren zu sich in die ewige Heimat heimgeholt.

Wien, den 18. April

In tiefer Trauer:
Hubert Kammerl
im Namen aller Hinterbliebenen

Requiem: Samstag, den 23. April um 9.00 Uhr in St. Peter.
Beerdigung: Samstag, den 23. April um 13.00 Uhr im Zentralfriedhof.

ABC DER MODE

der Anzug – was für Männer, wenn sie sich fein oder mittelfein anziehen wollen oder zur Arbeit gehen

Eleganz macht (angeblich) müde Männer munter

eine Brille trägt man, wenn man kurz- oder weitsichtig ist, wenn man schielt, wenn die Sonne scheint, oder wenn man besonders Cool ausschauen will

bei manchen sitzt die Fliege an der Wand, bei anderen unterm Gesicht

der Glamour-Look – einfach Marlene oder Marilyn imitieren!

das Image – wie hätten Sie's denn gerne? Vornehm oder Salopp? Betont Modisch oder lieber Zeitlos Klassisch?

Hosenträger – manche brauchen sie wegen ihrem dicken Bauch, bei anderen sind sie eher blanker LuXus

es geht doch nichts über bequeme Jeans

ja, und das Schlimmste beim Anziehen – die Qual der Wahl!

Oben Ohne – was das wohl ist? (ein Tip: nur bei Frauen interessant)

und als ganz persönliche Note ein Dezentes Parfum oder auf Regendes Rasierwasser

Y-förmige Liebestöter – was ist das?   ¡uǝsoɥɹǝʇunɹǝuuɐW

das T-Shirt hat nur das T mit dem T-bone-Steak gemeinsam

ein Umstandskleid trägt man (oder besser: frau) wenn sie „in anderen Umständen" ist, d.h. ein Kind kriegt

10 ICH HAB' WAS IRRSINNIG SCHÖNES BEKOMMEN

Colloquial talk
And some views of young people

1

Zum Valentinstag hat Fanny zehn rote Rosen geschenkt bekommen. Aber von wem?

Achim	Hast du gestern zum Valentinstag ein Geschenk bekommen?
Fanny	Ja, ich hab' gestern was … was irrsinnig Schönes bekommen, und zwar ist es mir noch nie passiert: zehn rote Rosen! Irrsinnig schön, ganz lange, haben irrsinnig gut geduftet, ja und, also, ich mein', ich weiß nicht, ob … ob meine Vermutung stimmt, aber … sind die von dir?
Achim	Ja!

2

Iris, die Redakteurin von *Ganz spontan!*, wohnte in einem Hotel direkt am Stephansplatz. Vom Hotelzimmer aus bewundert Achim die Aussicht.

Achim	Ich finde, Sie haben ein großartiges Glück mit Ihrer Unterkunft; den Stephansdom direkt vom Fenster aus, ich finde das großartig.
Iris	Ja, es ist herrlich, nicht?

Achim	Ja, und wenn man schon einmal in Wien ist, find' ich es fabelhaft, wenn man vom Hotelzimmer aus alles sehen kann, was Wien heißt. Also erstens den herrlichen Stephansdom, vor allem bei diesem hervorragenden Wetter; und dann die Fiaker mit den herrlich geschmückten Pferden und die Kärntnerstraße* ... ja, und überhaupt das ganze Zentrum von Wien. Also, ich glaub', mehr Glück können Sie nicht haben.
Iris	Ja, find' ich auch.

*Wiens eleganteste Geschäftsstraße

Geschmückter Fiaker vor dem Stephansdom

So, if you're enthusiastic about something, you can say:

Es ist fabelhaft, herrlich, hervorragend, großartig, irrsinnig schön!

?

Wie sind die Rosen, die Fanny bekommen hat?
Was kann Iris von ihrem Fenster aus alles sehen?

3

Dana und Patricia studieren am Max Reinhardt Seminar in Wien Schauspielkunst. Dabei muß man natürlich viel Theater spielen. Beim ersten Bühnenauftritt waren beide sehr nervös, und es gab auch prompt Probleme.

Patricia	Also, wie war denn das, als du das erste Mal irgendwo gespielt hast, was hast du 'n da gespielt?
Dana	Ja, *Nicht Fisch, nicht Fleisch**, da im Schloßtheater.
Patricia	Und nervös?
Dana	Ja, du, ich war schon nervös, aber bis ich anfing, hab' ich mich irgendwie beruhigt gehabt, und dann hat der Jeff, den kennst du ja auch, ... (Hm.) der Jeff nach seinem zweiten Satz 'n Hänger gehabt, und da hab' ich gedacht, ich sterbe.
Patricia	Und so irgendwie körperlich was gemacht, also ich mein', so Beine, Knie gezittert oder so?
Dana	Ja, ich lag im Bett.
Patricia	Ah ja, und Knie schlottern oder so macht sich ja da nicht bemerkbar, wenn man im Bett liegt. (Eben nicht.) Sehr praktisch! (Ja.) Das ist toll!
Dana	Aber als Jeff seinen Hänger hatte, war ich also total daneben und hab' gedacht: „Um Gottes willen!", bin ihm dann ins Wort also reingefahren und, ach, war furchtbar! Und bei dir?
Patricia	Ah, bei mir war das erste *Virginia Woolf***, und, also ich war wahnsinnig nervös, weil ich noch keine Schauspielausbildung hatte und das innerhalb von vier Tagen gelernt hab', und mein erster Satz sollte sein: „Ach, das ist aber schön hier", so 'n Blick über das Wohnzimmer werfend, und ich mach' die Tür auf, guck' über das Wohnzimmer, und das ist 'n Blackout, ich wußte nichts mehr. Und dann fiel mir wieder ein so nach 'n paar Sekunden, daß ich irgendwas über das Wohnzimmer sagen sollte, und dann hab' ich gesagt: „Oh, ich hab' auch schon mal was Schöneres gesehen!", (Ach du Schande!) womit dann natürlich die ganze Anfangsszene in den Keller ging, weil ich den falschen Satz gesagt hatte. Und dann hat mich also mein Partner, der meinen Mann gespielt hat, irgendwie drüber gerettet, und alle anderen haben gelacht auf der Bühne, und es war schlimm.
Dana	Ja, und bist du jetzt auch noch aufgeregt?
Patricia	Kurz vorher, so zwei Sekunden bevor ich rausgeh', fangen meine Knie an zu zittern; wenn ich draußen stehe, ist es weg.

* von Franz Xaver Kroetz (geb. 1946)
** *Wer hat Angst vor Virginia Woolf?* von Edward Albee (geb. 1928)

How did you feel when things went wrong?

Ich war wahnsinnig nervös.   Ich wußte nichts mehr.
Ich war total daneben.   Ich hab' gedacht, ich sterbe.

Es war schlimm.
Es war furchtbar!

er hat einen Hänger gehabt   *he fluffed*
in den Keller gehen   *to be ruined*

?

Was für ein Gefühl hatte Dana, als Jeff einen Hänger hatte?
Warum war Patricia bei ihrer ersten Rolle wahnsinnig nervös?
Was passiert bei ihr jetzt noch kurz vor einer Vorstellung?

4

Was sagen Sie, wenn Ihnen etwas wirklich gut gefällt? Und was sagen Sie, wenn Sie etwas gar nicht mögen? Patricia, Dana, Fanny und Achim haben alle ihre Lieblingsausdrücke.

Patricia	Wenn ich zum Beispiel ins Theater gehe und eine gute Vorstellung seh' und dann rauskomm', sag' ich in den meisten Fällen: „Bo, das war echt toll, was ich da gesehen hab'."
Dana	Ja, das würd' ich vielleicht auch sagen, aber ich glaub', ich … em … ich würde das eher qualitativ angeben, würde wahrscheinlich sagen: „'s war ein genialer Abend, der und der war genial gut, oder hervorragend, irrsinnig toll!"
Fanny	Ich würd' wahrscheinlich auch sagen: „Irrsinnig toll!", oder: „Ein wahnsinnig guter Abend!", oder so in der Art. „Mensch, das war … das war irrsinnig toll, so etwa."
Achim	Ja, wenn mir etwas wirklich sehr gut gefallen hat, dann würd' ich wahrscheinlich sagen: „Es war spitzenmäßig."
Dana	Ja, das ist ein deutscher Ausdruck, gelt? Der ist im Moment in Deutschland so (Ja.) modern.
Achim	Ja.
Dana	Spitzenmäßig.
Achim	Aber wenn dann mal was wirklich ganz furchtbar war, dann würd' ich entweder sagen: „Ganz furchtbar" oder vielleicht „Saumäßig!" oder so was, wenn's ganz extrem war.
Dana	Auf jeden Fall irgendwas mit „mäßig"!
Achim	(*lachend*) Ja.
Dana	Ja, ich würd' wahrscheinlich sagen: „Grauenhaft!" Das sag' ich mei-

	stens, wenn mir was nicht gefallen hat, daß ich's grauenhaft fand.
Fanny	Ja, „grauenhaft" oder: „Das war echt mies!"
Achim	„Mies", ja.
Patricia	Das würd' ich wahrscheinlich alles gar nicht sagen; ich würd' entweder sagen: „Das war absoluter Käse!", oder: „Es war Mist!"
Dana	„Unter aller Sau!"
Patricia	„Unter aller Kanone!" (Ja.) Das wäre auch noch 'ne Möglichkeit zu sagen.
Achim	Aber ich glaub', vergessen darf man nicht das gebräuchlichste: „Es ist Scheiße!", oder „Es war beschissen!"

More things to say if you liked it:

Mensch, das war echt toll, irrsinnig toll, spitzenmäßig! Das war ein genialer Abend.

And if you didn't:

Es war saumäßig, grauenhaft, echt mies, absoluter Käse, Mist, unter aller Sau, unter aller Kanone, Scheiße, beschissen!

?

Was würde Patricia nach einer guten Vorstellung sagen?
Und Achim?
Was sagt Dana, wenn ihr eine Vorstellung überhaupt nicht gefallen hat?
Und Fanny, was würde sie sagen?

5

In Österreich müssen alle Ehepaare zuerst einmal standesamtlich heiraten, und wenn sie es wollen, können sie danach noch kirchlich getraut werden. Zum Standesamt trägt die Braut üblicherweise ein blaues Kleid und der Bräutigam Cut und gestreifte Hosen. Aber für Patricia und Charly wäre das einfach zu konventionell gewesen.

Achim	Ist das wirklich euer Hochzeitsbild? Es sieht etwas ungewöhnlich aus ...
Patricia	Also, wir wollten nicht so 'ne Hochzeit, wie sie jeder macht, und deswegen eben kein hellblaues Kleid am Standesamt und kein Cut und keine gestreiften Hosen für den Herrn, sondern ...
Charly	Ja, das war einfach zu üblich, hm?
Achim	Ihr wart euch beide einig, daß ihr das nicht so haben wolltet ...?
Charly	Vollkommen.

Patricia	Richtig, ja, ganz klar.
Achim	Wann habt ihr eigentlich geheiratet?
Patricia	Am 2. Januar um 10 Uhr morgens.
Charly	Ja, 'ne fürchterliche Zeit, um 10 Uhr morgens zu heiraten!
Achim	Könnt ihr mir vielleicht beschreiben, was ihr damals angehabt habt?
Patricia	(*zu Charly*) Em, ich beschreib' dich, und du beschreibst mich, okay?
Charly	Okay, Okay.
Patricia	Also, der Charly hatte an eine schwarze Rauhlederhose, ein weißes Frackhemd und 'ne Fliege und eine ... eine Frackjacke ohne ... ohne die Frackschöße; die ist dunkelblau-schwarz-kariert mit schwarzen, matten Revers. (Ja.) Stimmt das? (Ja.) Hab' ich was vergessen?

Charly	Die schwarzen Schuhe.
Patricia	(*lachend*) Ah, schwarze Schuhe. Du bist dran!
Charly	Ja.
Achim	Ja, und was hat deine Braut angehabt?
Charly	Ein wunderschönes schwarzes Kleid, das ist nur ein bisserl schwer zu beschreiben; also sehr schlicht, aber doch sehr elegant, und ja, wie sagt man's am besten... ? Na ja, auf jeden Fall hast du umwerfend ausgeschaut, kann man so sagen, zauberhaft mit einem Wort.
Patricia	Du auch!

When did they marry?	Zu einer fürchterlichen Zeit.
What was she wearing?	Ein wunderschönes schwarzes Kleid.
How did she look?	Zauberhaft, umwerfend!

?

Was für eine Hochzeit wollten Patricia und Charly nicht?
Können Sie ihre Kleidung beschreiben?

6

Dana und Fanny blättern in der Frauenzeitschrift *Brigitte*. Die neuesten Moden gefallen Dana gut, aber Fanny ist nicht begeistert.

Dana	Du, sag' mal, ich hab' gehört, daß es jetzt wieder modern werden soll, daß enge Sachen getragen werden, was hältst du denn davon?
Fanny	Ich find' das ... na ... grauslich.
Dana	Aber schau mal, den Pullover hier, der ist doch super.
Fanny	Na ja.
Dana	Also mir gefällt das total gut, also ich glaub' schon, daß ich das tragen werde.
Fanny	Ich kann mich halten. Na, schau mal zum Vergleich, hier hab' ich was Weites auch gefunden; ich mein', das ist doch viel bequemer.
Dana	Mein Gott, aber das hat man doch jetzt jahrelang getragen! Also ich find' das stinklangweilig inzwischen.
Fanny	Schau mal, hier ist so ein Punk, würdest du so was anziehen?
Dana	Ja, würd' ich schon anziehen, also ich würd' es wahrscheinlich nicht genau so anziehen, aber im Prinzip gefällt mir das manchmal ganz gut, was die anhaben.
Fanny	Ich find' das irrsinning grauslich, es schaut so ...
Dana	Also, mir gefällt das ganz gut, erstens mal mag ich Leder unheimlich gern, und dann find' ich das mit den Nieten sehr schön; ich weiß nicht, ob ich mich ganz so rausputzen würde, aber ...
Fanny	Mensch, das ist doch unheimlich viel Arbeit.

Dana	Ja, und? Dafür sieht's affengeil aus.
Fanny	Na ja, also wenn dir das das Wichtigste ist …
Dana	Ja, natürlich, das ist mir immer 's Wichtigste, wenn ich mich anzieh'. Ich mein', ich würd' mir die Haare nicht so hochstylen, und ich würde

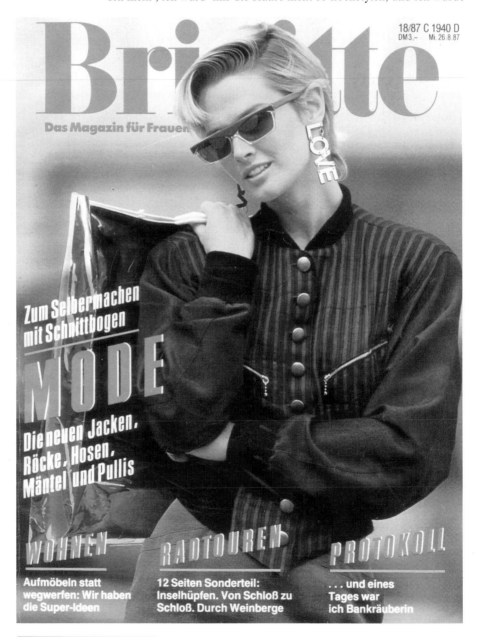

wahrscheinlich auch nicht so viel mit der Schminke machen, aber so als Kleidung find' ich das super.

Fanny Na, das find' ich das Letzte, wirklich!

Again, if you like it:	And if you don't:
Mir gefällt das total gut.	Es ist grauslich.
Ich mag's unheimlich gern.	Es ist stinklangweilig.
Ich find's super, affengeil!	Es ist das Letzte, wirklich!

?

Warum bevorzugt Fanny weite Kleidung?
Was hält Dana von der Punkmode?
Und was hält Fanny davon?

7

Da sie gerade mit Fanny über Punks gesprochen hat, fällt es Dana auf, daß man in Wien nur selten welche sieht. Das führt zu einer Diskussion über die österreichische Jugend.

Dana Also, was mich hier in Wien immer wieder wundert, ist, daß man so selten Punks sieht, also wenn ich mal in Deutschland bin, laufen mir ständig welche übern Weg, hier sieht man eigentlich überhaupt keine.

Fanny Ja, also ich glaub', daß das eher so eine verwischte Modeerscheinung ist, die halt aus England, Deutschland rübergekommen ist, aber nicht wirklich zum Tragen kommt.

Patricia Ich glaub' gar nicht, daß die Österreicher die ... ganz so sehr die Veranlagung haben zu ... zu Punks. In England oder Deutschland zum Beispiel sind sie relativ radikal und ... und, ja, etwas verbrecherisch angehaucht, würd' ich sagen, und das ist in Österreich, glaub' ich, gar nicht; es ist wirklich nur 'ne Modeerscheinung, und viele haben sie halt nicht angenommen, während in England, wenn man 'ne Gruppe von Punks sieht, nimmt man am besten die Beine in die Hand und rennt weg, weil's besteht immer die Gefahr, daß sie einem körperlich weh tun, auch wenn man ihnen überhaupt nichts getan hat, nur an ihnen vorbeigehen will.

Dana Also, ich glaub', es hängt viel damit zusammen, daß die Österreicher oder überhaupt die österreichische Jugend im allgemeinen nicht so extrem ist wie die deutsche Jugend oder auch vielleicht die englische oder ... eh italienische, daß hier sehr viel weniger Extremmeinungen herrschen und darum auch solche Szeneerscheinungen wie die Punks oder die Popper, oder was es da alles gibt, hier gar nicht so sehr auftauchen.

Charly	Ja, da muß ich dir widersprechen, das stimmt nicht, weil die Popper und diese Szene war in Wien und in Österreich an und für sich schon sehr vorhanden und genauso die Punks, nur muß man wissen, wo man sie zu finden hat. Der Unterschied ist, glaub' ich, nur der, daß die Punks bei uns in Wien, also von der Öffentlichkeit, von der Bevölkerung immer angepöbelt werden, und ich glaub', die trauen sich gar nicht so richtig, wie soll ich sagen, mächtig zu werden, wie's vielleicht in anderen Staaten der Fall ist.
Fanny	Also ich glaub' eher, daß das auch wieder eine Mentalitätsfrage ist, nämlich also, daß Punks und Popper usw., das sind Dinge, die eben übernommen wurden, und deswegen sind sie hier in Österreich oder halt speziell in Wien nicht so extrem. Aber was jetzt … wenn wir jetzt überhaupt reden von der Szene, glaub' ich, daß die Szene in Wien, die jetzt entsteht, eben nichts Übernommenes ist, und daher, daß das, was jetzt da ist, schon eigenständig ist, nur diese Sachen, die her- überkommen, die sind sehr wischiwaschi eben.

laufen mir ständig welche übern Weg   *I'm always running across them*
die nicht wirklich zum Tragen kommt   *which hasn't really caught on*
verbrecherisch angehaucht   *with a criminal tendency*
nimmt man am besten die Beine in die Hand   *it's best to take to your heels*
anpöbeln (*sep. vb.*)   *to harass*

?

Was sind die Punks für Fanny und Patricia?

Inwiefern findet Dana die österreichische Jugend anders als die deutsche oder englische?

Was ist Fannys Meinung nach das Besondere an der Szene, die jetzt in Wien entsteht?

HÖREN SIE GUT ZU!

In seinem Gespräch mit Traudl Lisey (*siehe S. 138*) stellt Achim auch einige Fragen über die österreichische Jugend. Frau Lisey meint, es geht ihr gut.

1 When does Frau Lisey think young people have difficulties finding work?
2 How does she say Vienna has changed in recent years?
3 In her opinion which problems hardly exist in Vienna?
4 What does she find remarkable? And why?

WIE WAR DAS?

1 Wenn man schon einmal in Wien ist, find' ich es fabelhaft, wenn man ... ... alles sehen kann, was Wien heißt.
2 ... ... irgendwas mit „mäßig"!
3 Ich hab' gehört, daß es jetzt wieder modern werden soll, daß enge Sachen getragen werden, was ... ... denn ...?
4 Aber ... ..., den Pullover hier, der ist doch super.
5 Ja, würd' ich schon anziehen, also ich würd' es wahrscheinlich ... ...

251

... anziehen, aber ... ... gefällt mir das manchmal ... ..., was die anhaben.

6   Also wenn ich mal in Deutschland bin, laufen mir ständig welche übern Weg, hier sieht man eigentlich ... .

7   Es besteht immer die Gefahr, daß sie ... körperlich ... ..., auch wenn man ihnen ... ... getan hat, nur ... ... will.

8   Ich glaub', daß die Österreicher oder überhaupt die österreichische Jugend ... ... nicht so extrem ist wie die deutsche Jugend oder auch vielleicht die englische.

9   Diese Szene war in Wien und in Österreich ... ... schon sehr vorhanden.

10   Ich glaub', die trauen sich gar nicht so richtig, ..., mächtig zu werden.

ALLES KLAR?

After the serious interviews with responsible middle-aged people on culture and the world of work, be it industry, sport or catering, it's good to know that Vienna is again a city for the young and lighthearted. For the outside world, Vienna has always had that reputation since the days of Mozart and especially Johann Strauss, kept alive by the New Year's Day concert and the continuing popularity of *Die Fledermaus* and other Viennese operettas.

In fact, the First World War put an end to all that. After the war, the break-up of the Austro-Hungarian Empire (**die k. und k. Monarchie**) left Vienna a major city in a tiny country, **Kopf ohne Körper.** In an atmosphere of decay and decline there were bitter struggles between left and right, leading to the forcible annexation of Austria by Nazi Germany, renewed war and occupation. Following the withdrawal of all the occupying powers, independent neutral Austria has set about first reconstruction and then economic development based on tourism and light industry. Now, the Austrian people are again saying 'tu felix Austria' and enjoying peace, stability and prosperity. Vienna, long used to a declining, aging population, finds itself no longer **'eine museale Stadt'** ... As Frau Lisey says (*Hören Sie gut zu!*): **'Wien ist eine junge Stadt geworden!'**.

One of the most important features of young people's speech (say 16–25) is that they continue to use **du** freely amongst themselves, reserving **Sie** for those over that age. Achim, for instance, says **du** to Fanny, Patricia and Charly, but **Sie** to Iris and Frau Lisey.

Another very obvious feature is the use of hyperbole. Rather than being **gut** or **schön**, things, people and events are **fabelhaft, spitzenmäßig, super,** etc. Rather than **schlecht** or **schlimm,** they're **furchtbar, saumäßig, grauenhaft,** etc. Or they're **irrsinnig schön, echt toll, wahnsinnig gut, absoluter Käse.**

irrsinnig	gut	schlecht
wahnsinnig	schön	schlimm
echt	großartig	furchtbar
einfach	fabelhaft	grauenhaft, grauslich
total	hervorragend	mies
unheimlich	genial	Käse
halt	toll	Mist
furchtbar	spitzenmäßig	unter aller Sau
ganz	super	unter aller Kanone
absolut	umwerfend	Scheiße, beschissen

The young people in the recordings use intensifying compounds:
wunderschön, affengeil, stinklangweilig

and a number of striking idioms:
Man nimmt am besten die Beine in die Hand und rennt weg.
Die ganze Anfangsszene ging in den Keller.
In Deutschland laufen mir ständig Punks übern Weg.
Da hab' ich gedacht, ich sterbe.

A further characteristic is the use of **irgendwie, irgendwo, irgendwas** as 'fillers', as well as the extensive use of **so**:
Und so irgendwie körperlich was gemacht, also ich mein', so Beine, Knie gezittert oder so?

Of course, not all young people speak in this way. There are differences between men and women, and between different personality types.

You'll have noticed that Dana, Fanny, Patricia and Achim change their way of speaking according to whom they're talking with and what they're talking about. A number of expressions, and even tones of voice, may be appropriate in one situation, but not in another. You need to be especially careful with **Scheiße, beschissen.** They're perhaps less offensive than their English equivalents, but before you use them yourself, note who uses them to whom and under what circumstances. The same principle applies more generally, of course. **Mensch**, for example, is used among students, colleagues and close friends as a way of emphasising what follows. When Fanny protests: **'Mensch, das ist doch unheimlich viel Arbeit.'** Dana's reply: **'Ja, und?'** is the equivalent of 'So what?'. The conversation is one between friends.

It's up to you, in the light of your own personality, to decide which of all the different people you've listened to, you'd most like to sound like. To be careful and correct, reflecting and taking your time? Brief and businesslike, using as few words as are strictly necessary? Spontaneous and enthusiastic, letting the words come out as they will, right or wrong? The world has room for us all. A language comes alive for us when we can make it our own and be ourselves.

EXTEND YOUR GERMAN
Compound tenses

The *perfect tense* (*see pp. 48, 97, 121, opposite*) is the one most commonly used for telling about the recent past, especially if the results are still relevant now. It's formed by using the present tense of **haben** or **sein** together with the past participle. Most verbs take **haben**.

All transitive verbs (those which have objects) and reflexive verbs take **haben**. Verbs which take **sein** include **sein** itself, **werden, bleiben, erscheinen, gelingen, geschehen, passieren** and many verbs of motion, such as **fahren, fliegen, gehen, kommen, laufen, springen, steigen**. Verbs taking **sein** are indicated in the *Glossary* with an asterisk.

Ich *hab' gedacht:* „Um Gottes willen!", *bin* ihm dann ins Wort also *reingefahren* und, ach, war furchtbar!

The *pluperfect tense* indicates that one event had already taken place before another occurred. It's formed by using the past tense of **haben** or **sein** with the past participle:

Ich habe mir diese Sendung einmal angesehen, da *war* der Großvater aber inzwischen *verstorben*.

The *future tense* is used to talk about future events, if the context is not clear enough for the simple present tense to be used. It's formed with the present tense of **werden** with the infinitive:

Ich denke, das menschliche Hirn *wird* einen Ausweg *finden*.
Ich glaube, man *wird* seine Arbeit *vermissen*.

The *conditional tense* is used for unreal or hypothetical conditions. It's formed with the past subjunctive of **werden** with the infinitive (or the past subjunctive alone of some common verbs like **haben, sein** and the modal verbs).

Was *würden* Sie anders *machen*, wenn Sie noch mal 40 sein *könnten*?
Ich *würde* vielleicht in meinem Beruf *bleiben*.

The *passive voice* (*see opposite*) is used to make the logical object of an action the grammatical subject of a sentence – especially if you can't, or don't wish to name the person responsible. It's formed with the appropriate tense of **werden** together with the past participle:

Punks und Popper, das sind Dinge, die eben *übernommen wurden*.

Die Punks bei uns in Wien *werden* von der Bevölkerung immer *angepöbelt*.

USE YOUR GERMAN

With a partner, or in a group, discuss briefly a number of topics that need to be treated in a different tone, or 'register'. In some cases you may feel it appropriate to be lighthearted and slangy, in others more serious. See how far you can now use the many different means of expression used by native German speakers in the dialogues you've listened to. Never be ashamed of 'lifting' what you've heard native speakers say – but be careful only to use it when it's in place. Try discussing, say, fashion, sport, music, TV, newspapers, first in a lighthearted way and then let the discussions become more serious. But don't feel that you must be untrue to your own self, or expect other members of the group to be.

If you're working alone, try taking one of the earlier interviews and imagine how it might have gone if one of the young people in this chapter had asked the questions – and vice versa.

We hope that, if these programmes have brought you together with other people who enjoy talking German, you'll keep up your friendship – if possible on a regular basis. It's regular practice that keeps your mind and tongue supple. **Viel Spaß! Und auf Wiederhören!**

FÜRS KÖPFCHEN

The passive voice

fragen

	Present passive		*Imperfect passive*	
ich	werde		wurde	
du	wirst		wurdest	
er/sie/es	wird	gefragt	wurde	gefragt
wir	werden		wurden	
ihr	werdet		wurdet	
Sie/sie	werden		wurden	

	Perfect passive		*Future passive*	
ich	bin		werde	
du	bist		wirst	
er/sie/es	ist	gefragt worden	wird	gefragt werden
wir	sind		werden	
ihr	seid		werdet	
Sie/sie	sind		werden	

KÖNNEN SIE'S?

1

Geschmäcker sind eben verschieden

You've just been to the cinema with Dana and Achim. You enjoyed it tremendously but Dana wasn't impressed – and Achim thought it was absolutely awful. Who said what? Fill in the numbers in the boxes.

SIE					
DANA					
ACHIM					

1   Den Film fand ich wirklich relativ gut.
2   Ich fand ihn irrsinnig toll.
3   Die Schauspieler waren wahnsinnig gut.
4   Die waren doch unter aller Kanone.
5   Also, die Musik war nicht schlecht.
6   Die war doch wohl spitzenmäßig.
7   Die Synchronisation war furchtbar.
8   Ja, die fand ich auch nicht so toll.
9   Und die Handlung war doch hervorragend.
10 Eine genial gute Idee.
11 Also, für mich war das absoluter Käse.
12 Den Schluß vor allem fand ich echt mies.
13 Na, den fand ich ganz okay.
14 Ich ärgere mich wirklich, daß ich für einen solchen Mist auch noch Geld ausgegeben habe.
15 Also, mir macht es nichts aus, mir auch mal einen mittelmäßigen Film anzusehen.

2

Die neue Disko

Here's what you and your friends think of the new disco. Try to find German equivalents for the words in italics. There may be more than one possibility.

1   You think it's *lousy*.
2   Dieter thinks it's *smashing*.
3   Marion says it's a *super* place.
4   Georg's verdict: *dead boring*.
5   Corinna dismisses it as *awful*.

6   Anna thinks it's *extremely good.*
7   For Bernd it's *just great.*
8   And Susanne's comment?: *terrible.*

3

Und was ist Ihre Meinung?

Say what you think about the following. No key to this one, only you
know what you think!

Sacher Torte mit Schlagobers
Fußballrowdies
Die Aussicht aus dem Fenster
Die letzten Wahlergebnisse
Zoos
Rote Rosen
Die neuesten Moden
Seifenopern im Fernsehen

4

Ganz spontan!

A last conversation for you to take part in – your considered opinion
of *Ganz spontan!*

Freund	Was hältst du eigentlich von *Ganz spontan!*?
Sie	(*You think it's terrifically good.*)

Freund	Meinst du denn das Buch oder die Radiosendungen?
Sie	(*Both, the book's really super and the radio programmes were great as well.*)
Freund	War das alles nicht unheimlich viel Arbeit?
Sie	(*Yes, it was, but you've learnt so much, and you really liked it.*)
Freund	Letztes Jahr wolltest du aber dein Deutsch aufgeben.
Sie	(*Yes, the teacher was the end, really, and the classes* (der Unterricht) *were dead boring. It was terrible, you thought you'd die.*)

Freund	Aber dieses Jahr war das wohl anders?
Sie	(*Yes, the teacher was fabulous and the classes were tremendous fun. In July you're all going to Vienna.*)
Freund	Dann wünsch' ich dir viel Vergnügen!

And now, say what you really think! Again, no key to this one.

5

Popmusik
Read the article, then try the riddle that follows.

Falco

Wien hat so allerlei Musikalisches hervorgebracht: den Walzer, die Schrammelmusik und nun auch einen Popsänger, der mittlerweile Weltruhm erlangt hat.

Der folgende Artikel (abgeändert) aus dem *Spiegel* beschäftigt sich mit diesem Mann, dessen steile Karriere selbst für Profis ein Phänomen ist:

FALCO: POPSTAR AUS WIEN

Geboren wurde er 1957, mit bürgerlichem Namen heißt er Johann Hölzel, aber alle kennen ihn eigentlich nur als „Falco". Sein Rap-Song „Der Kommissar", in dem er sich über die Drogen-Subkultur mokiert, machte ihn Anfang der 80er Jahre weltberühmt. 6,5 millionenmal wurde der Hit verkauft, ein Superergebnis für einen Newcomer.

Mit „Rock Me, Amadeus" ging es dann munter so weiter. In diesem Song erlebt Mozart seine Wiedergeburt als „Punker", als echter „Freak". Falcos aufgepoppter Klassiker kam gerade recht in einer Zeit des wahren Mozart-Booms, den kurz zuvor Milos Formans „Amadeus"-Film ausgelöst hatte. Allein in Deutschland wurde die Platte innerhalb von 12 Monaten 3 millionenmal verkauft. Sein dritter Knüller „Jeanny, Part I" kam Anfang 1986 heraus. Der Text gab zu den kontroversesten Diskussionen in Presse, Rundfunk und Fernsehen Anlaß. Man fragte sich, ob es hier womöglich um die Vergewaltigung eines Mädchens ginge, gar aus der Sicht des Täters? Der skandalumwitterte Song verkaufte sich indessen nur um so besser.

Falco hat es zu etwas gebracht. Er gilt als einer der erfolgreichsten Musik-Unterhalter, die je aus dem deutschsprachigen Raum kamen. Gerade hat er einer US-Plattenfirma den höchstdotierten Vertrag unterzeichnet, den je ein nicht-englischsprechender Musiker bekommen hat. Für 3 LPs wird er mehr als zehn Millionen Dollar erhalten. Was ist sein Geheimrezept? Durchsetzungsvermögen, gnadenloser Ehrgeiz und Erfolgsgier sagt man ihm nach. Vor allem jedoch hat er ein sicheres Gefühl für Trends. Die Frage, die ihn am meisten interessiert, lautet: „Was wollen die Leute hören?"

Rätsel: Was ist's?
● Es ist entweder aus Metall oder aus Papier.
● Man kann es verdienen, verlieren, anlegen oder ausgeben.
● Auf jeden Fall kann man es immer gut gebrauchen.

DEUTSCH – EINE SPRACHE ODER VIELE?

Januar oder Jänner? Fleischer, Metzger, Schlachter oder Fleisch-hacker? Auf Wiedersehen, auf Wiederschauen, tschüs, ade, pfüet di, servus, babá, tschau, salü? Was ist richtig?

Das kommt darauf an, ob man sich in Norddeutschland, Süddeutsch-land, Österreich oder der Schweiz befindet und ob man in der Hoch-

sprache, Umgangssprache oder Mundart spricht. Die Mundarten im deutschen Sprachraum sind ungeheuer vielfältig. Oftmals wechselt der Dialekt von Ort zu Ort, manchmal gibt es sogar innerhalb eines Dorfes Unterschiede im Sprachgebrauch. In den Großstädten dagegen zeigt sich eine Glättung der sprachlichen Unterschiede, allerdings auch jeweils eine eigene charakteristische Sprechweise. Grob unterscheidet man die niederdeutschen Dialekte im Norden, dann die mitteldeutschen und schließlich im Süden die oberdeutschen Dialekte.

Die niederdeutschen Dialekte, oft „Plattdeutsch" genannt, sind in vielem dem Niederländischen und auch Englischen verwandt, z.B. sagt man im Niederdeutschen *schip* oder *schep* statt *Schiff*, *water* statt *Wasser*, *maken* statt *machen**. Unter den Großstädtern sind die Hamburger und Hannoveraner an der scharfen Aussprache des *s* vor *t* oder *p* erkennbar: In anderen deutschsprachigen Gegenden „*sch*tolpert man übern *sch*pitzen *Sch*tein", die Hamburger und Hannoveraner jedoch „*s*tolpern übern *s*pitzen *S*tein" (also wie man es schreibt).

Mitteldeutsche Dialekte sind zum Beispiel im Westen das Rheinische (um Köln und Trier) und Hessische (um Frankfurt), und im Osten das Sächsische, die charakteristische Mundart in den südlichen Teilen der DDR (um Leipzig und Dresden). Das „Kölsch" profiliert sich besonders in der Karnevalszeit: Bundesweit sehen die Fernsehzuschauer Kölner Karnevalsszenen und Komiker, die am laufenden Band ihre kölschen Witze reißen. Nicht zu vergessen ist außerdem die „Berliner Schnauze" ganz im Nordosten des mitteldeutschen Sprachbereichs: „Wenn der mal stirbt, muß de Schnauze extra dotjeschlagen (=totgeschlagen) wern (=werden)"; und auf seine „jroße Schnauze" ist der Berliner auch noch stolz.

Das oberdeutsche Dialektgebiet umfaßt wiederum sehr verschiedene Dialekte. Von der Stuttgarter Gegend bis fast an den Bodensee spricht man schwäbisch. Harte Arbeit („schaffen"), Sparsamkeit und Hausbau sind für die Schwaben besonders typisch: „Schaffe, schaffe, Häusle baue und net nach de Mädle schaue", so heißt es in einem bekannten Lied; auffallend am Schwäbischen sind die vielen Verkleinerungsformen (*-le*) und das fehlende *-n* bei den Endungen. Das bairische** Sprachgebiet ist nicht identisch mit dem Land Bayern. In Nordbayern, also um Würzburg und Nürnberg herum, spricht man Fränkisch, was dem Schwäbischen nähersteht als dem Bairischen. Andererseits reicht der bairische Dialekt aber auch weit über Bayern hinaus umd umfaßt Österreich (außer Vorarlberg). Ganz anders ist wiederum das Schwyzerdütsch im deutschsprachigen Teil der Schweiz: Zum Beispiel sagt man dort „Grüezi", in Bayern, Württemberg und Österreich dagegen „Grüß Gott" und anderswo „Guten Tag".

Zu guter Letzt ein Beispiel aus dem Essensbereich, wo die mundartlichen Unterschiede generell besonders auffallend sind. Das sogenannte „deutsche Beefsteak" oder der Hamburger hat in den verschiedenen Sprachbereichen auch viele andere Namen: Frikadelle (im Westen/Norden), Bulette (um Berlin), Klops (im Osten), Fleischklößchen (Südrand der DDR), Fleischküchle (Südwesten/Franken), Fleischpflanz(e)l (im Südosten Bayerns), Fleischlaiberl, faschiertes Laiberl oder Faschiertes (Österreich), Fleischtätschli oder Hackblätzli (Schweiz); gerade die verschiedenen Verkleinerungsformen (*-chen*, *-le*, *-(e)l*, *-erl*, *-li*) sind für die südlichen Gegenden typisch. Wenn man allerdings zu einem der amerikanischen Schnellrestaurants geht, fragt man immer am besten nach einem Hamburger (ausgesprochen „Hämbörger"), Cheeseburger („Tschiesbörger") usw., je nach Lust und Laune.

* Die niederdeutschen Dialekte haben die „hochdeutsche Lautverschiebung" im 5.–7. Jahrhundert nicht mitgemacht, bei der sich die Konsonanten p, t, k veränderten. Diese Lautverschiebung unterschied die hochdeutschen (=mitteldeutschen und oberdeutschen) Dialekte von allen anderen germanischen Sprachen.
** In der Mundartforschung schreibt man „b*ai*risch", in politisch-kulturellem Zusammenhang dagegen „b*ay*(e)risch".

Wienerisch (für Anfänger)

a (*kurz*) = eine
a (*lang*) = auch
Bappm = Maul, Mund
Bleamal = Blümlein
Gaudi = Vergnügen
gemma = gehen wir
Gfrett = Mühe, Plage
glühn = schnell fahren
gnua = genug
Goschn = Maul, Mund
Großkopferter = eingebildeter Intellektueller
Häusl = Toilette
homma = haben wir
host = hast du
i = ich
Joa = Jahr
mi = mich
mia = mir, wir
mocht = gemacht
na = nein
Powidl = Zwetschgenmus
es ist powidl = es ist egal, uninteressant
schiach = häßlich
Schmarrn = Art Mehlspeise; Blödsinn

TESTEN SIE SICH! (2)

Based on Chapters 6–10.
For guidance on working through the test see p. 130.

A   WIE SAGT MAN DAS?

A Viennese friend is an opera buff. He asks you to book for a whole list of operas you haven't heard of, among them Mussorgsky's *Chowanschtschina*.
Ask:

1   if you could just interrupt
2   what was the name of the composer again
3   could he spell *Chowanschtschina* please
4   what sort of opera is it
5   can he tell you in which year Mussorgsky composed *Chowanschtschina*

You're talking to your ski instructor.
Ask:

6   what he finds attractive about skiing
7   if he'd class skiing as a dangerous sport
And say:
8   your favourite sport is tennis
9   the nice thing about it is that you can play tennis at almost any age
10 your club has a very strong team

While staying with a family in Vienna you join your hostess in the kitchen. What's being prepared? *Wiener Schnitzel*, of course!
Say:

11 you could eat *Wiener Schnitzel* almost every day
12 what you like here, too, is the marvellous 'coffee-house' culture
13 you quite like eating wholefoods
And ask:
14 if the fat has to be very hot
15 if you should fetch the plates for her now

On a trip to Britain an Austrian visitor asks you about your job.
Say:

16   you've been working for this firm for fifteen years
17   you have flexi-time; people can begin between 6 and 8 in the morning
18   most begin either at 6 or at 7.30
19   although you do a lot of overtime, on the whole you're contented
20   the greatest problem at the moment is the modernisation of equipment

You had to give a speech at the reception for the twinning committee.
Say:

21   you were incredibly nervous
22   you thought you'd die
23   the speech (**die Rede**) was dead boring
24   but the reception (**der Empfang**) was simply great
25   and the food was fabulous

B   VERSTEHEN SIE DAS?

Which is the right answer?

1   On a tour of Vienna the guide says: **Schloß Schönbrunn sollte ursprünglich noch größer und prachtvoller werden als das Schloß von Versailles.**
Was Schönbrunn:
a   originally bigger and more splendid than Versailles?
b   supposed to be bigger and more splendid than Versailles?
c   at first thought to be bigger and more splendid than Versailles?

2   At the *Staatsoper* the guide says about Karajan: **Er ist eine Persönlichkeit, die, glaub' ich, in unserem Jahrhundert sicherlich einmalig ist.**
Does he think a personality like Karajan:
a   will appear at most only once more in this century?
b   was known only once before in this century?
c   is unique in this century?

3   You talk about Viennese music and he says: **Gott, als richtig typisch
Wiener Musik gibt's eigentlich nur zwei Dinge, und das ist die
Schrammelmusik, die Sie richtig erwähnten, und den Walzer.** Have you
already mentioned:
a   *Schrammelmusik*?
b   the Viennese waltz?
c   both?

4   On a skiing holiday your instructor tells you: **Für mich ist das Schönste,**

von der Piste weg in einen Hang hineinzugehen, der unberührt ist, wo's Tiefschnee gibt, und dann den Tiefschnee hinunterzubrausen. Which kind of snow doesn't he mention:

a   deep snow?
b   undisturbed snow?
c   fresh snow?

5   He's in the team of the local skiing club and says: **Nach einem Tief von nahezu zwei Jahren, glaub' ich, ist die Mannschaft jetzt wieder auf dem Weg dorthin, wo sie einmal war.** Is the team:
a   on the way to being as good as it used to be?
b   as good as ever?
c   nowhere near as good as it used to be?

6   When you ask about other sporting activities he tells you: **Die Aerobicswelle ist allerdings schon wieder abgeklungen, die ist nicht mehr „in", Fitneßcenter sind „in", Drachenfliegen, würd' ich sagen, gibt es in Wien nicht, dazu haben wir nicht die Möglichkeiten.** Which kind of sporting activity has there never been in Vienna:
a   aerobics?
b   fitness centres?
c   hang-gliding?

7   Over a meal with friends in a Viennese restaurant you ask about *Wiener Schnitzel*. They tell you: **Das echte Wiener Schnitzel ist aus Kalbfleisch gemacht, aber großteils der Wiener verwendet auch Schweinefleisch dazu.** Do the Viennese:
a   cook pork with their *Wiener Schnitzel*?
b   use pork as well as veal for their *Wiener Schnitzel*?
c   always make their *Wiener Schnitzel* from pork?

8   When you ask about eating habits in Vienna, they say: **Die Wiener sind mit ihrer Küche sehr viel familiärer als andere Länder.** Are they telling you that in Vienna:
a   cooking is a more familiar occupation than in other countries?
b   eating is more of a family affair than in other countries?
c   people know more about cooking than in other countries?

9   Talk then turns to natural foods and they say: **Der Prozentsatz der Leute, die auf Naturkost zumindest teilweise umstellen, ist im Wachsen.** Are they telling you that:
a   the number of people who are at least partly changing to natural foods is growing?

b a growing number of people are to some extent taking a stand against natural foods?

c the percentage of people interested in natural foods is to some extent influencing how they are grown?

10 While entertaining the export manager of a small Austrian firm you ask if it's difficult for women to find jobs in Austria. He says: **Ja, es ist heutzutage für jeden schwierig, einen Arbeitsplatz zu bekommen, und für Frauen wahrscheinlich um so mehr, weil die Männer doch meistens den Frauen vorgezogen werden.** Is finding a job:

a equally difficult for everyone?

b harder for men?

c harder for women?

11 He tells you: **Die Modernisierung der Geräte ist die Voraussetzung überhaupt, daß wir unsere Arbeitsplätze halten können.** Is he saying that in his firm the modernisation of machinery:

a has caused job losses?

b is, as everywhere else, the reason for the lack of jobs?

c has made it possible for jobs to be kept?

12 You ask how the unions react to new developments and he tells you: **Die Gewerkschaften sind jedenfalls aufgefordert, die neuen Entwicklungen, die die Arbeit betreffen, zu studieren und diesen Entwicklungen entsprechend Rechnung zu tragen.** Are the unions being asked:

a to reject the new developments?

b to take them into consideration?

c to accept them?

13 You're window shopping with your host's teenage daughters. Looking at a model in a shop window one says: **Ich mein', ich würd' mir die Haare nicht so hochstylen, und ich würde wahrscheinlich auch nicht so viel mit der Schminke machen, aber so als Kleidung find' ich das super.** What has she no reservations about:

a the clothes?

b the make-up?

c the hair style?

14 Of the dress on another model Anna says: **Das ist ja affengeil!** Barbara says: **Ich kann mich halten.** And Christina says: **Ich find' das irrsinnig grauslich!** Which of the following is correct?

a Christina likes it more than Barbara

b Barbara is not impressed

c Anna is the least enthusiastic

15 Then you talk about the Viennese 'scene'. One of them says: **Ich glaub',
daß die Szene in Wien, die jetzt entsteht, eben nichts Übernommenes ist,
und daher, daß das, was jetzt da ist, schon eigenständig ist, nur diese
Sachen, die herüberkommen, die sind sehr wischiwaschi eben.** Is she
telling you that the true Viennese 'scene':
   a   has been taken over from other countries?
   b   is a rather wishy washy affair?
   c   has grown up independently in Vienna?

C   WIE WAR DAS?
   Imagine you're talking to Austrian friends. Can you fill in the missing
   words?

1   You've been involved in a couple of minor road accidents, but *touch
   wood* nothing serious has happened to you.
   Es ist uns – ..., ..., ... – **nie etwas Ernstliches passiert.**

2   One of the nice things about your house is the *very pleasant view* from
   the windows.
   Wir haben einen ... ... aus den Fenstern.

3   Your children are always up to mischief. They seem to have *no fear of*
   accidents.
   Sie haben ... ... Unfällen.

4   At home football *is* certainly *among* the most popular sports.
   ... den beliebtesten Sportarten ... zweifellos der Fußball.

5   *What surprises you* in Vienna is that so many eating places are closed
   on Sundays.
   Viele Gasthäuser haben am Sonntag zu, ...

6   You're keen to try a genuine *Wiener Schnitzel*, but what should you
   eat with it?
   Was nehme ich am besten ... ... ?

7   As well as doing a full-time job, you run a youth club. You've *more or
   less* got two jobs.
   Ich habe ... ... zwei Berufe.

8   But *by and large* you're happy.
   Ich bin ... ... zufrieden.

9   On the whole you're not too keen on teenage fashions, but sometimes you *quite like* what young people wear.
Das gefällt mir manchmal … …, was die anhaben.

10   It seems to you that *in general* young people in Austria aren't as extreme as in England.
Ich glaube, daß die österreichische Jugend … … nicht so extrem ist wie die englische.

D   WAS IST DAS?

Can you match the German words in the box with their descriptions below?

> Aufschnitt; aus Gesundheitsbewußtsein; das Bruttogehalt; einig; eine Glatze; im Gedächtnis; im Scherz; künstlich; rasch; die Schätze; schlicht; der Schütze; sterben; eine Tatsache; üblich; umwerfend; ursprünglich; der Vertreter; zischen; zweifellos.

1   It's here if you remember it.
2   If you've lost your hair you've still got this.
3   These valuable objects are often found in museums.
4   Used when you talk of how things were originally.
5   This shows there's no doubt about it.
6   You say it like this if you're joking.
7   Something that's this can't be genuine.
8   He's the player who scores the goal.
9   Food does this when it's put into hot fat.
10   It's another word for *schnell*.
11   You eat this in a *Heuriger*.
12   This is why many people eat natural foods.
13   It's this if it's usual.
14   This is what you earn before tax.
15   It's a fact.
16   He's the representative.
17   What you do at the end of your life.
18   If you agree with someone you're both this.
19   A plain and simple dress is this.
20   This describes you if you look stunning.

GRAMMAR INDEX

ANSWERS TO EXERCISES

We've given what we think are the most likely answers (with some alternative suggestions in brackets), but these aren't exhaustive. You may sometimes find other right answers!

CHAPTER 1

? p. 14 Weil es in den letzten Wochen eine große Katastrophe gab. – (Daß so viel Chemie ins Wasser reinkommt,) daß die Pflanzen und Tiere nicht mehr leben können, (daß die Fische sterben und daß man die Aale oben schwimmen sehen kann.)

? p. 16 Daß der ganze Rhein ausstirbt. –Weil die Umwelt dort noch heil ist (*oder* Weil sie einen kleinen Sohn hat, und wenn der mal spielen kann, und wenn er draußen im Wald rumlaufen kann, dann ist das eine schöne Sache). – (Sie glaubt, so) irgend etwas mittendrin.

? p. 19 (Daß man sich an diesen Zustand gewöhnt und) daß immer mehr Leute den kranken Wald einfach hinnehmen, ohne wütend zu werden. –Man kann Energie sparen, man kann einkaufen gehen und wenig Abfall dabei produzieren, man kann mit dem Fahrrad zur Arbeit fahren und nicht mit dem Auto, und man kann Bus und Bahn benutzen. –Weil man aus den Katastrophen, aus Tschernobyl und aus Sandoz, noch keine Konsequenzen gezogen hat. –Wenn er pessimistisch wäre.

Was meinen Sie dazu? Daß dieser Fluß so dreckig ist (*oder* Wie dreckig dieser Fluß ist). –Weil sie den Fluß (nicht nur für Abwässer sondern auch als Kühlwasser, als Transportmittel) benutzen können. –Daß die wirtschaftlichen Interessen so im Vordergrund stehen. –Daß auch die Leute, die in der Chemie so viel Macht haben (und so kurzfristig denken), Kinder haben, (so daß sie eines Tages erkennen, daß wir eine saubere Umwelt brauchen, auch damit ihre Kinder weiterleben können.)

Wie war das? 1 im 2 in der 3 über 4 an 5 vor zwei Jahren 6 an 7 noch nicht 8 an 9 mit dem Fahrrad; mit dem Auto 10 immer noch.

Können Sie's?

1 e; c; b; f; d; a. *oder* e; c; f; b; a; d.

2 größte; schonender; optimistischer; Schlimmste; schmutzigste; größer; schönsten.

3 *Bernhard* Es ist einfach unmöglich. *Annette* Ich bin ganz wütend. *Herbert* Ich habe nichts dagegen. *Peter* Es ist wirklich furchtbar. *Trudi* Was mich so ärgert, ist, daß es immer wieder passiert. *Dieter* Ich bin sauer, weil ich auch letzten Samstag gearbeitet habe. *Ilse* Ich bin (sehr) traurig darüber, aber was können wir (*oder* kann man) tun? *Michael* Es macht mich auch sehr betroffen. *Helmut* Ich bin unheimlich pessimistisch, denn ich fürchte, daß wir auch am Sonntag arbeiten müssen.

4 daran; an; gegen; an; daran; darüber; an; dagegen.

5 Ja, das finde ich auch (*oder* ich finde auch). –Ja, finden Sie das nicht schlimm? –Und was mich so ärgert, ist, daß sie oft beschädigt sind. –Es ist wirklich bedauerlich, daß die Leute so lange warten müssen. –Ja, es bringt mich manchmal bis zur Verzweiflung. –Es hat mich oft ganz wütend gemacht. –Ich hoffe, daß Sie auch etwas tun (werden).

6 1 SCHADSTOFFARM 2 BLEIFREI 3 ABGASENTGIFTER 4 AUTO-ABGASE 5 VERPESTEN 6 IN DER BUNDESREPUBLIK 7 UMWELT-BEWUSST 8 MEHRKOSTEN 9 PERSOENLICH 10 SPANIEN *And the political party*: **DIE GRUENEN**.

? p. 36 (Sie würde vielleicht) in ihrem Beruf bleiben. –Das viele Reisen (*oder* Sie ist früher viel gereist *oder* Sie hat viele Reisen gemacht). –Frieden schaffen ohne Waffen.

? p. 38 Weil der Krieg kam (und ihr Mann gemustert wurde). –Wie sie total ausgebombt wurden.

? p. 39 Sie glaubt, daß es ihnen gutgeht (*oder* Sie glaubt, sie sind (durchweg) zufrieden). –Weil sie glaubt, sie sollen ihr Leben leben (*oder* daß sie ihr Leben leben sollen), wie sie's für richtig halten.

? p. 41 Weil das Gemütliche, das Familiäre darunter leiden würde. –Weil sie ihres Erachtens nicht genug orientiert sind.

? p. 42 (Er würde) im Garten arbeiten, (ein bißchen) töpfern und (auch mal gerne) Tennis (weiter)spielen. –Weil 65 ihm zu lang ist (*oder* Weil die Schule als Job sehr anstrengend ist, und er glaubt, es wird anstrengender, je älter man wird).

Was meinen Sie dazu? Schön – er würde viel reisen, seine Hobbys verfolgen, viel fotografieren (und alles das machen, was er in seiner Arbeitszeit nicht unternehmen konnte). –Weil er seinen Beruf vermissen würde. –Daß er dann noch gesund ist.

Wie war das? 1 sieht man Ihnen … an   2 weiß … Bescheid   3 sie sich … ließen   4 für richtig halten   5 über … verfügen; sich Gedanken darüber   6 mit 65 Jahren   7 ist mir zu lang   8 je älter   9 noch gar nicht so   10 sich die Zeit einteilen.

Können Sie's?

1 a … wäre (iv);   b … hätte (i);   c … könnte (vi);   d … hätte (ii);
e … könnte (viii);   f … hätte (iii);   g … wäre (vii);   h … könnte (v).

2 Wenn ich das gewußt hätte, wäre ich nicht mit dem Taxi in die Stadt gefahren. …, wäre ich (am Fluß) spazierengegangen. …, wäre ich nicht einkaufen gegangen. …, hätte ich mir ein Würstchen gekauft (*oder* hätte ich ein Würstchen gegessen). …, hätte ich nicht im Restaurant gegessen. …, hätte ich zu Hause ferngesehen. …, wäre ich nicht ins Theater gegangen.

3 mal; ja; eben; doch (*oder* wohl); schon; schon; denn; doch (*oder* schon *oder* ja); denn; wohl (*oder* schon); denn; doch; denn; doch (*oder* ja); ja (*oder* doch).

4 Darf ich Sie fragen, wie alt Sie sind? (*oder* Darf ich Sie nach Ihrem Alter fragen?) –Neunzig! Das sieht man Ihnen nicht an! Wären sie gern noch mal jung? (*oder* Möchten Sie noch mal jung sein?) –Darf ich Sie fragen, warum nicht? –Was, würden Sie sagen, war das schlimmste Erlebnis in Ihrem Leben? – Ja, furchtbar. Was, würden Sie sagen, war die glücklichste Zeit in Ihrem Leben? –Glauben Sie, daß es Ihnen bessergehen könnte?

5 *Zum Beispiel*: Clara Bethig wurde 1906 in Herford in Nordrhein-Westfalen geboren. 1925 machte sie ihr Abitur und studierte dann Medizin in Berlin, wo sie eine der ersten Studentinnen war. Nach dem Studium bekam sie eine Stelle in einem Berliner Krankenhaus, und während des Krieges arbeitete sie dann als Ärztin für das Rote Kreuz. Nach dem Krieg hatte sie in Herford ihre eigene Praxis. 1971 ging sie in Ruhestand, schrieb aber bis 1984 noch Artikel für eine medizinische Zeitschrift. 1984 zog sie dann wegen ihrer schlechten Augen ins Altersheim. Clara Bethig ist heute zufrieden mit ihrem Leben und würde alles wieder so machen.

6 1c; 2b; 3c; 4a; 5c; 6b.

? *p.60* Die Abrüstung, Rücksicht auf die natürlichen Grundlagen, die dritte Welt, und zum vierten ist es notwendig, alle gesellschaftlichen Gruppen zu Wort kommen zu lassen. –Die Dritte-Welt-Politik.

? *p.62* Die Sicherung des Friedens und (eine) Reduzierung der Arbeitslosenzahlen. –Die Friedenspolitik.

? *p.62* Die Verbesserung der Umwelt, Friedenssicherung und Bekämpfung der Arbeitslosigkeit. –Die Jugendarbeitslosigkeit.

? *p.63* Die Sicherung des Friedens in Freiheit, soziale Gerechtigkeit, das Offenhalten der deutschen Frage und die Lösung der deutschen Frage (im Rahmen eines europäischen Friedensvertrages). –Möglichst heil.

? *p.65* Sie sind sicher. –Impulse für Abrüstung und Frieden.

? *p.67* Sie findet, daß das ein ziemlich schlimmes Geschäft ist. –Daß der Rhein vergiftet wurde. –Keine sehr gute Meinung; (sie sind nicht immer ehrlich sich selbst gegenüber).

Was meinen Sie dazu? Um unsere Energieversorgung decken zu können. –Man konnte keinen Salat essen, man konnte nicht nach draußen gehen, die Kinder konnten nicht im Sand spielen, und die Milch war verseucht. –Daß so wenig davon vorhanden ist und daß sie so wechselhaft ist (und daß man sich darauf nicht verlassen kann). –Solarenergie, Wasserstoff(energie) oder Wasserenergie. –Weil sie sicherer sind (als die Kernkraft).

Wie war das? 1 zur Zeit; vor allem   2 zwar; doch   3 erheblich höhere   4 höchste Zeit   5 doch ziemlich   6 da ist eine Menge zu machen   7 stimme mit dir überein; möglichst schnell   8 kann doch nicht so weitergehen   9 bleibe bei meiner Meinung   10 hast du recht.

Können Sie's?

2 *Zum Beispiel: A* Meiner Meinung nach hat er eine schreckliche Stimme. Ich finde, er singt immer zu tief. Ich denke, er ist viel zu alt.   *B* Ich finde, er hat eine wunderschöne Stimme. Ich würde sagen, er sieht gut aus. Ich glaube, er lernt auch sehr schnell.   C Ich glaube, er hat viel Erfahrung. Meines Erachtens hat er eine ziemlich starke Stimme. Ich bin der Meinung, er spielt auch ganz gut.

3   *Possible beginnings*: Die wichtigste (*oder* Eine wichtige) Frage ist …; Das wichtigste (*oder* Ein wichtiges) Thema ist …; Das größte (*oder* Ein großes) Problem ist …; Problem Nummer eins ist …; Von großer Bedeutung ist …; Eine Kernfrage ist …; Mir liegt … sehr am Herzen.
And the endings: *Herr Schmidt* … die Wirtschaft. *Frau Schmidt* … die Friedenssicherung. *Gerd* … die Arbeitslosigkeit. *Barbara* … die Umwelt. *Onkel Fritz* … die dritte Welt. *Tante Trude* … die Innenpolitik.

4   1 Ich denke, wir sollten ihn zum Tierarzt bringen.   2 Ich bin der Meinung, wir sollten den Arzt kommen lassen.   3 Ich denke, wir müssen den Klempner holen.   4 Meines Erachtens sollten wir die Polizei rufen.   5 Ich würde sagen, wir brauchen einen Elektriker.   6 Meiner Meinung nach sollten wir die Feuerwehr holen.   7 Ich glaube, wir sollten nicht zu Hause sein.

5   (Die) Arbeitslosigkeit und (die) Umwelt sind zwei Kernfragen. Aber Problem Nummer eins ist die Friedenssicherung; wir müssen kontinuierlich und geduldig mit anderen Ländern verhandeln. Meine Partei tritt auch für soziale Gerechtigkeit ein; da ist eine Menge zu machen. Ich bin gegen Kernkraft; wir sollten die Solarenergie entwickeln. Und wir müssen die Steuern senken. Ich finde nicht, daß die Regierung richtig handelt. Wir brauchen (wirklich *oder* also) eine neue Regierung.

6   Ich glaube nicht, daß es allen gutgeht. –Keine Probleme! Meiner Meinung nach ist (die) Arbeitslosigkeit zum Beispiel ein sehr wichtiges Problem. Das kann (doch) nicht so weitergehen. –Ich stimme gar nicht mit Ihnen überein (*oder* Da muß ich widersprechen). Eine Reduzierung der Arbeitslosenzahlen ist Problem Nummer eins. –Also, ich muß sagen, ich habe keine sehr gute Meinung von Politikern. Sie sollten zum Beispiel mehr tun, um die Umwelt zu schützen. –Interessiert Sie denn die Friedenssicherung?

7   1 richtig 2 richtig 3 falsch 4 falsch 5 richtig 6 falsch 7 richtig 8 richtig.

CHAPTER 4   *? p. 85*   (Erstens) Sportsendungen und (zweitens) politische Sendungen (, selten Spielfilme und ab und zu mal einen Krimi). –Eine überregionale Wochenzeitung. Auf das Radio.

? p. 86   Amerikanische Reihen. –Eigentlich nie.

? p. 87   Weil sie das toll finden und weil sie so sein möchten, wie der Held aus dem Fernsehstück. (Zu Zeiten,) wenn die Kinder noch auf sind (und nicht im Bett sind).

? p. 89   Anders und nicht so gut wie in Deutschland. –Zwischen 6 und 8 Uhr abends. –Die neun Rundfunkanstalten der Länder und das Zweite Deutsche Fernsehen. –Es ist für ihn ernsthafter (, es bringt mehr Anlaß zur Diskussion, mehr Eigenproduktionen, mehr ernsthaftes Fernsehspiel und mehr ernsthafte politische Sendungen). –Der Abschaltknopf.

Was meinen Sie dazu?   *Anke meint*: Es ist einfacher fernzusehen (, als Zeitung zu lesen); im Fernsehen werden Informationen schneller vermittelt (als bei der Zeitung); das Fernsehen ist unterhaltender (als die Zeitung). *Norbert findet*: Jeder kann Radio hören, und er kann dabei arbeiten und andere Sachen tun; im Radio kann Kurzinformation auch sachlich präsentiert werden; mit dem Radio kann man sich kurz, knapp, unterhaltend und schnell informieren; im Radio werden kurze und auch ausführliche Informationen geboten, die man auswählen kann. *Christoph plädiert für die Zeitung*, weil man eine Zeitung überall lesen kann; weil es ein breites Spektrum an Zeitungen gibt; weil die freie Auswahl der Information ein positiver Gesichtspunkt ist; weil die Zeitungen ein riesiges Spektrum an Information bieten.

Wie war das? 1 an erster Stelle 2 zur Hauptsache; auf andere Weise 3 zum ersten Mal; ein Kollege von mir 4 zu Zeiten 5 überhaupt keine 6 alle Viertelstunde; überhaupt nicht 7 nicht nur; relativ billige; sondern ... auch 8 überhaupt noch 9 Die meisten; sondern 10 ich bin ja dafür.

Können Sie's?

1 *Frau A*: 1, 3, 7, 9, 14 *Frau B*: 2, 5, 10, 12, 15 *Frau C*: 4, 6, 8, 11, 13.

2 1 Ich sehe gern Sport, weil ... 2 Ich höre gern Nachrichten, denn ... 3 Ich höre gern Sendungen mit Hörerbeteiligung wegen ... 4 Ich sehe gern Berichte über fremde Länder, weil ... 5 Ich sehe gern Ratespiele, weil ... 6 Ich sehe gern politische Sendungen, nicht wegen ... wegen ... 7 Ich höre gern Magazinsendungen, denn ... 8 Ich höre gern Hörspiele, denn ... 9 Ich sehe gern Sendungen über Naturkunde wegen ... 10 Ich höre gern Musik, denn ....

3 dieselbe; denselben; derselben; denselben; denselben; demselben; derselbe.

4 Das stimmt ja nun nicht ...; Ich denke, daß es nicht gut ist ...; Ich bin wirklich dagegen ...; Um eines ganz klarzustellen ...; Ich bin dafür ...; Du brauchst nicht auf ... zu verzichten; Das finde ich unfair ...; Das ist sicher ein wichtiger Gesichtspunkt ...; Das sehe ich überhaupt nicht so ...; Ich bin nach wie vor sehr skeptisch.

5 Ich lese den *Observer*. –Nein, das ist eine Sonntagszeitung. –Nein, sie ist eine überregionale Zeitung, aber ich lese außerdem (*oder* auch) die *Yorkshire Post*. Da ist der Akzent (dann eigentlich) eher auf regionalem Geschehen. –Ich habe in der Woche einfach keine Zeit. Ich höre morgens im Radio alles, was wichtig ist, und abends lese ich die *Post* und sehe die Nachrichten im Fernsehen. –Da stimme ich nicht mit Ihnen überein (*oder* Da muß ich widersprechen). Ich sehe viele interessante politische Sendungen. Ich bin bestimmt so gut informiert wie Sie!

6 1 falsch 2 falsch 3 richtig 4 falsch 5 richtig 6 richtig 7 falsch 8 richtig.

CHAPTER 5 ? *p. 109* Eine Pensionspferdehaltung. –Sie werden gefüttert, eingestreut und ausgemistet. –Sie versorgt (die) Pferde und reitet (dort) auch.

? *p. 111* Sie sind im Vergleich zu den landwirtschaftlichen Betrieben in Frankreich und Großbritannien recht klein; die durchschnittliche Größe beträgt nur 15, 16 Hektar. –(Außerhalb der Landwirtschaft,) in der Industrie und in Dienstleistungsunternehmen.

? p. 112 Auf einem Betrieb, der Schweinezucht und –mast hatte und nebenbei auch 35 Hektar Ackerland und eine große Fläche Wald (hatte). –Bei der Geburt der Ferkel mitzuhelfen (*oder* das Mithelfen bei der Geburt der Ferkel).

? p. 114 Etliche hundert Mark von der EG-Behörde. –Er hat sich zuerst mit Subventionen Milchkühe angeschafft, dann hat er mit Subventionen die Milchkühe wieder abgeschafft, dann hat er sich mit Subventionen eine Schafzucht aufgebaut, und zur Zeit macht er Schweinezucht.

? p. 115 Daß (sehr) viele kleinere Flächen zusammengelegt wurden, Hecken gerodet wurden, Bäche begradigt wurden. –Weil die Landschaft nicht mehr so ist, wie sie sie kennen oder gerne haben möchten; weil es keine wilden Vögel, Fasanen und Rebhühner mehr gibt; weil sie möchten, daß die Landschaft stärker Rücksicht nimmt auf die natürlichen Gegebenheiten.

Was meinen Sie dazu? Fast auf dem Lande. – (Er könnte sich zum Beispiel) die schönen Bäume ansehen, (morgens, wenn er aufwacht, könnte er) die Vögel zwitschern hören(,) und (er könnte) die reine Luft atmen. –Weil er ziemlich weit weg von einer Straße wohnt und Doppelfenster hat.

Wie war das? 1 alles, was 2 im Vergleich zu 3 zu Hause 4 etwas Kleines 5 Mitte der siebziger Jahre 6 auf einmal 7 gar nicht mehr 8 nach und nach 9 hältst ... vom 10 sich an ... gewöhnen; mich ... an ... gewöhnt.

Können Sie's?
1   *Zum Beispiel:* 1 Landwirt, Landwirtschaft, Landschaft, Landschaftsbild 2 Reitanlage, Reithalle, Reitplatz 3 Bauernhof, Bauernverband 4 Pferdestall, Pferdebox 5 Nebenbetrieb, Nebenerwerbslandwirt 6 Pensionspferdehaltung, Milchviehhaltung 7 Sauerland, Grünland, Ackerland 8 Schweinezucht, Schafzucht 9 Großstadtkinder 10 Autokrach.

2   Die Kühe sollten muhen. 2 Die Hunde sollten bellen. 3 ... sollten quaken. 4 ... sollten gackern. 5 ... schnurren. 6 ... zwitschern. 7 ... blöken. 8 ... krähen. 9 ... wiehern. 10 ... grunzen. 11 ... schnattern. 12 ... quieken.

3   Fritz! Komm mal her! Noch ein Stück. So ist's schön. So, sitz! ... und bleib! Ja, so ist's brav. (Ein braver Hund bist du!).

4   *21. Juli* aufgewacht, mitgeholfen; genieße, ernähre *23. Juli* komme ... zurecht; miste ... aus, streue ... ein; reite ... aus. *27. Juli* verdienen; bewirtschaften, angeschafft *30. Juli* zugesehen; sehen ... aus *3. August* fahre ... zurück; fällt ... schwer, gewöhnt.

5   Hättest du nicht Lust ...?; Wir können sicher ...; Vielleicht sollten wir ...; Wir sollten ...; Wie wär's ...?; Und was hältst du dann von ...?; Wir könnten ja zum Beispiel auch ...; Hättest du was dagegen ...?

6   Ich würde sagen, ungefähr (*oder* etwa) zwei Kilometer. –Er ist relativ groß, so um die (*oder* etwa *oder* ungefähr) achtzig Hektar. –Hauptsächlich Getreide, aber auch etwas Raps. – Oh, verhältnismäßig wenig(e). Wir haben ungefähr hundert Kühe. –Ja, wir haben eine ziemlich (*oder* recht) große Pferdezucht. – Die meisten, ja. –Seit fast genau fünf Jahren. –Ja, es gibt immer eine Menge (*oder* viel) zu tun ... –Nein, gar (*oder* überhaupt) nicht. Es gefällt mir hier.

7

```
A N H J X G T A K S F C B U P
B M A E H D R E S C H E R D Y
V Q W C G X F H J H X O A A B
F U Z B D G S V E L I L O D N
R E S O P V E H J E W E I X V
K L A E W E H K L P A O C B N
X B H L N A O E D P B U O N D
B Q W O I S R T X E B P N M P
M I L C H Z E N T R I F U G E
B N H L O P I R G S V L B N U
S A D B N X C V I Z U U W A S
O C Z H J A D F V B N G E O V
```

MAEHDRESCHER
SCHLEPPER
EGGE
SENSE
MILCHZENTRIFUGE
PFLUG

TESTEN SIE SICH! 1

A Wie sagt man das? 1 Ich bin (schon) ziemlich erregt. 2 Es ist wirklich furchtbar (*oder* ganz fürchterlich, schrecklich, einfach schlimm). 3 Ich habe Angst (*oder* Ich fürchte), daß das Problem noch größer wird. 4 Was fühlen (*oder* empfinden) Sie (denn), wenn Sie von der Umweltverschmutzung hören? 5 Sind Sie für die Zukunft eher optimistisch oder eher pessimistisch? 6 Darf ich fragen, wie alt Sie sind? (*oder* Darf ich nach Ihrem Alter fragen?) 7 Was war die schönste Zeit in Ihrem Leben? 8 Was wäre für Sie der ideale Ruhestand? 9 Ich würde viel reisen. 10 Ich glaube, ich würde meinen Beruf vermissen. 11 Was, glauben (*oder* denken) Sie, sind die wichtigsten Themen (*oder* Fragen) der Zeit? 12 Welche Probleme liegen Ihnen besonders am Herzen? 13 Ich bin gegen Kernkraft. 14 Und meiner Meinung nach ist Arbeitslosigkeit eine sehr wichtige Frage. 15 Das kann (doch) nicht so weitergehen. 16 Da muß ich widersprechen. 17 Das Fernsehen ist nicht so gut wie zu Hause. 18 Was, glauben Sie, sind die populärsten (*oder* beliebtesten) Sendungen in Deutschland? 19 Was für Sendungen sehen Sie gern(e)? 20 Glauben Sie, daß im Fernsehen zu viel Sex und Horror gezeigt wird? 21 Der Bauernhof ist ziemlich weit weg. 22 Er ist ganz klein. 23 Er hat ungefähr (*oder* zirka *oder* etwa) fünfunddreißig Hektar Ackerland und eine große Fläche Wald. 24 Als Nebenbetrieb haben sie eine Pensionspferdehaltung. 25 Was halten Sie vom Leben auf dem Lande?

B Verstehen Sie das? 1 b; 2 c; 3 b; 4 a; 5 c; 6 a; 7 b; 8 b; 9 a; 10 b; 11 c; 12 b; 13 c; 14 a; 15 c.

C Wie war das? 1 im Moment 2 bis zur Verzweiflung 3 für richtig halten 4 mit fünf 5 höchste Zeit 6 zur Zeit 7 überhaupt nicht 8 bin dafür 9 Im Vergleich zu 10 an … gewöhnt.

D Was ist das? 1 die Aale 2 etwas außerhalb 3 vorsichtig 4 der Abfall 5 im allgemeinen 6 eine Hochzeit 7 in den Ruhestand gehen 8 ich freue mich darauf 9 notwendig 10 möglichst viele 11 zur Zeit 12 die Zukunft 13 ab und zu 14 ernsthaft 15 die Werbung 16 die Gebühren 17 der Fasan 18 knurren 19 was halten Sie davon? 20 reine Luft.

CHAPTER 6

? p. 139 Weil die meisten (irgendwo) unten in einem Keller unter einem Kaffeehaus oder unter einem alten Palais sind. –Eigentlich nur die Schrammelmusik und der Walzer. –Weil der Hof erstens der Auftraggeber war und zweitens auch das Zentrum, wo Kultur sich ausbreiten konnte.

? p. 142 Ende des siebzehnten Jahrhunderts (unter der Herrschaft Karls des Sechsten) vom Barockarchitekten Fischer von Erlach. –Weil sie fröhliche Innenräume liebte. –Direkt vis-à-vis vom Schloß Schönbrunn auf einem Hügel. –

(Eigentlich nur) eine Fassade. –Anstelle der Gloriette auf diesem Hügel (; es sollte sich dann terrassenförmig hinunterziehen bis zum Wienfluß).

? *p. 144* Mit Herbert von Karajan zusammenzuarbeiten. –Weil Karajan für ihn eine Persönlichkeit ist, die in unserem Jahrhundert sicherlich einmalig ist. – Für denjenigen, der auf der Bühne steht, ist das Konzept klar, und auch für den Zuschauer ist es klar erkennbar; es ist immer ästhetisch und schön anzuschauen, und es ist immer eine wunderbare Basis, um auf die Musik zu hören.

? *p. 146* Akrobaten, Jongleure, Zauberer, Kunstreiter. Weil sie sich als Totpunkt die (*oder* eine) Glatze eines Herrn ausgesucht hatte. –Das ist ein ruhiger, stehender Punkt.

Hören Sie gut zu! 1 They wear white breeches, black boots that reach above the knee, long brown jackets and black hats with a gold emblem. 2 Almost religious; it's quiet, serious and dignified. 3 It has to lift its legs very high and every step must be regular. 4 Sugar.

Wie war das? 1 einen Reichtum an Schätzen 2 auf Anhieb 3 schon seit jeher 4 Ende des siebzehnten Jahrhunderts 5 ließ … umbauen 6 im Gegensatz zum 7 einen angenehmen Blick aus den Fenstern 8 immer wieder ein Erlebnis 9 toi, toi, toi; … etwas Ernstliches 10 in diesem Fall.

Können Sie's?
1 Darf (*oder* Dürfte) ich Sie mal (*oder* kurz) unterbrechen, was heißt eigentlich „gotisch"? –Entschuldigung, wie heißt noch mal der Dom (*oder* der Dom noch mal)? –Könn(t)en Sie „Steffl" bitte buchstabieren? –Ich habe noch eine Frage. Könnten Sie mir vielleicht sagen, wie hoch der Turm ist? –Darf (*oder* Dürfte) ich Sie noch mal unterbrechen, können Sie mir (vielleicht) ein paar Beispiele nennen? –Die „Pummerin", können Sie mir erklären (*oder* sagen), was das genau ist?

2 Architekten; Herrn; Mensch; Architekten; Namen; Artisten; Herr; Akrobaten; Architekten; Menschen; Name.

3 2 die jeden Abend (voll) besetzt sind. 3 die vom Staat unterstützt werden. 4 der ab September gilt. 5 in denen (wirklich) viel Theater gespielt wird. 6 die weltberühmt sind. 7 der nicht auf der Bühne steht. 8 den ich mir vorstellen kann.

4 *Herr Meisel's replies*: Ich bin Cellist (in einem großen Wiener Orchester). –(Ja,) seit fünfundzwanzig Jahren. –Ich habe mit zwölf Jahren begonnen, weil das Quartett in meiner Familie ein Cello brauchte. –(Ich habe schon) fast überall in der Welt (gespielt). –Ich spiele alle Wiener Klassiker gern, aber mein Lieblingskomponist ist (wohl) Beethoven. –Ich finde seine Musik so optimistisch (*oder* Weil seine Musik so optimistisch ist).

5

Wunsch					Alternative		
Datum	Vorstellung	Anzahl	Kategorie	Preis	Datum	Kategorie	Preis
22. Juli	Die Fledermaus	2	Balkon Mitte 2. Reihe	400,–	22. Juli	Galerie Mitte 1. Reihe	400,–
24. Juli	Die Zauberflöte	4	Parterre 2. Reihe	700,–	24. Juli	Balkon Mitte 1. Reihe	700,–
30. Juli	Die Fledermaus	2	Parterre-Loge 1–6 2. Reihe	300,–	30. Juli	1. Rang Loge 7 3. Reihe	300,–

6 1 falsch 2 falsch 3 richtig 4 falsch 5 richtig 6 falsch 7 richtig.

? p.166 Fußball und Skilaufen. –Ein Sport- und Freizeitparadies („wie es wenige andere Städte aufweisen können. *oder* Eine ganz große Sache).

? p.168 Als (einen) Skifahrer aus Leidenschaft. –Von der Piste weg in einen Hang hineinzugehen, der unberührt ist, wo es Tiefschnee gibt, und dann den Tiefschnee hinunterzubrausen. –Weil Kinder keine Angst vor Beinbrüchen oder Unfällen oder der Geschwindigkeit haben, und weil sie viel spielerischer mit dem Sportinstrument umgehen. –Als der Schüler die Piste hinunterfuhr, verlor er nach dem dritten Schwung die Kontrolle und raste direkt auf einen Baum zu. Er ist dann gestürzt und hat sich (leider) ein Bein gebrochen.

? p.171 Die Mannschaft (*oder* Sie) ist jetzt wieder (wirklich) gut beisammen. –Recht gut, wie jedes Jahr. –Sie umarmen sich (; das ist eigentlich ganz spontan). –Zu der Zeit, als Bobby Charlton, Denis Law, George Best usw. für *Manchester United* gespielt haben.

? p.173 Weil man dann länger Übungen machen kann. –Man geht in die (sogenannte) Abfahrtshocke (; das heißt, man beugt seine Knie durch, daß der Popo fast auf den Boden kommt). Und in dieser Stellung bleibt man (genau) drei Minuten stehen. –Daß es in den Oberschenkeln zu brennen beginnt. –Ungefähr 40 Sekunden.

Hören Sie gut zu! 1 Because there's more to it than just waggling your head or your hips. To dance well enough to perform on stage you need a lot of the classical groundwork. 2 When it's fun and well taught. 3 By making you aware of the different parts of your body so that you don't move it as a single mass.

Wie war das? 1 Zu … zählt 2 im Ausland 3 einen ungeheuren Aufschwung genommen 4 eine ganz große Sache 5 aus Leidenschaft 6 in jedem Alter 7 keine Angst vor 8 von Grund auf; mit … umgehen 9 zuerst einmal 10 ganz spontan; kommt … darauf an.

Können Sie's?

1 1 Fußball ... 2 Tennis 3 Skifahren 4 Windsurfen 5 Drachenfliegen
6 Jogging 7 Segeln 8 ... gymnastik.

And you add: b Tennis, sagt sie, war (schon) immer ihr Lieblingssport.
c Skifahren, sagt er, ist nicht gefährlicher als irgendein anderer Sport. d Mit
der neuen Donau, sagt sie, hat das Windsurfen einen ungeheuren Aufschwung
genommen. e Es ist eben (*oder* gerade) die Gefahr, sagt er, die das Drachenfliegen so attraktiv macht. f Das Schöne am Jogging, sagt sie, ist, (*oder*
Das Schöne am Jogging ist, sagt sie,) daß man es in jedem Alter machen kann.
g Segeln, sagt er, ist eine ganz große Sache. h Seniorengymnastik, sagt sie,
macht einfach großen (*oder* unheimlich viel) Spaß.

2 Das ist eine ganz große Sache. Das hat einen ungeheuren Aufschwung genommen. Ja, das ist heutzutage recht beliebt. Aerobics, würd' ich sagen, ist nicht
schlecht. Wir haben noch nicht so viel davon gehört. Die Welle ist doch schon
wieder abgeklungen. Das ist absolut nicht mehr „in".

3 über diesen, In den, ohne einen; darauf, zwischen; an Ihrem; Für mich, daran,
mit meinem; um Ihre; gegen einen, davon; zu Ihrem; in ein, nach.

4 Seit wann spielen Sie Fußball? Was ist für Sie das Attraktive daran? In welchem
Alter (*oder* Mit wieviel Jahren) fängt man am besten damit (*oder* mit dem
Fußballspielen *oder* das Fußballspielen) an? Wie oft trainieren Sie? Erinnern
Sie sich an irgendein besonderes Erlebnis? (*oder* Ist Ihnen irgendein besonderes
Erlebnis in Erinnerung geblieben)? Gibt es in Österreich Probleme mit Rowdies?
Haben Sie eine Lieblingsmannschaft in Großbritannien? Wer, meinen Sie, wird
(der) Sieger in der nächsten Weltmeisterschaft (sein)?

5 Fußball (255.000), Turnen (148.595), Skilaufen (112.320), Tennis (88.161), Eis-
schießen (63.821), Schwimmen (42.243), Radfahren (40.904), Wurftau-
benschießen (33.263), Schießen (32.236), Heeressport (24.507).
Turnen: hundertachtundvierzigtausendfünfhundertfünfundneunzig
Skilaufen: hundertzwölftausenddreihundertzwanzig
Tennis: achtundachtzigtausendeinhunderteinundsechzig
Eisschießen: dreiundsechzigtausendachthunderteinundzwanzig
Schwimmen: zweiundvierzigtausendzweihundertdreiundvierzig
Radfahren: vierzigtausendneunhundertvier
Wurftaubenschießen: dreiunddreißigtausendzweihundertdreiundsechzig
Schießen: zweiunddreißigtausendzweihundertsechsunddreißig
Heeressport: vierundzwanzigtausendfünfhundertsieben

6 1 <u>S</u>ERFAUS 2 <u>SKI</u>PARADIES 3 SONNENSCHE<u>I</u>NDAUER
4 <u>S</u>ESSEL 5 S<u>C</u>HLEPPLIFTEN 6 SC<u>H</u>NEE 7 SKIK<u>U</u>RS 8 SKI-
<u>L</u>EHRER 9 SK<u>I</u>ER 10 **SKISCHULE**.

? p. 191 Die böhmische Küche, die tschechoslowakische Küche und die ungarische Küche. –Schweinsbraten mit Semmelknödeln. –Weil sonntags die (ganze) Familie zusammen zu Hause ißt (*oder* Weil man sonntags zu Hause ißt *oder* Weil das Sonntagsessen hauptsächlich im Familienkreise stattfindet).

? p. 194 Kalbfleisch. Mehl, Eier, Brösel(n), Öl und Salz. –Sie müssen zuerst ins Mehl gelegt werden (, kommen dann in das versprudelte Ei und dann in die Bröseln). –Petersil(ien)kartoffeln und (viel) Salat. –Weil (man später aufsteht und trödelt, und) sie bald gemacht sind.

? p. 197 Man trinkt den heurigen Wein und ißt kalten Aufschnitt. –Sie sind immer voll mit Wienern. –Die Beamten, die Geschäftsleute, die älteren Leute und die jungen Leute (,Punker, Ausgeflippte und reichere Leute). –Ende des siebzehnten Jahrhunderts (,nachdem die Türken geschlagen wurden *oder* worden waren).

? p. 199 Weil die Umwelt immer stärker belastet wird und das Bewußtsein immer stärker da ist. –Ein Schweinsbraten mit Saft und Knödeln und eventuell ein Schnitzel.

Hören Sie gut zu! 1 He worked at Prince Metternich's court, and when on one occasion he had to stand in for the head pastry cook, he was called on to make something special. 2 It's kept in Herr Gürtler's safe, and every pastry-cook who works at *Hotel Sacher* has to sign an agreement not to take it out of the house. 3 To distinguish the original *Sacher Torte* from the many imitations. 4 A lawsuit. 5 With whipped cream!

Wie war das? 1 stammt aus 2 mich wundert 3 dafür; Das mag sein 4 als Beilage 5 alle zwei Wochen 6 wollen wir 7 für ... typisch 8 sich ... trifft; sich ... treffen; sich ... treffen 9 worin besteht ... der Unterschied 10 schmecken mir sehr gut.

Können Sie's?

1 Zum Heurigen (*oder* in ein Heurigenlokal). 2 Ins Café Sacher. 3 Ins Kaffeehaus. 4 Zum Heurigen (*oder* in ein Heurigenlokal). 5 In ein Restaurant. 6 Ins Kaffeehaus.

2 muß; dürfen; wollen; kann; mag; müssen; soll; will.

3 *Zum Beispiel*: Wie lange gibt es schon Kaffeehäuser? Wie hat die Wiener Kaffeehauskultur begonnen (*oder* angefangen)? Was ist das Spezielle daran (*oder* an der Kaffeehauskultur)? Was für Kaffeesorten kann man bestellen? Worin besteht der Unterschied zwischen einem Einspänner und einer Melange? Was kann man im Kaffeehaus essen? Wer geht alles (*oder* Was für Leute gehen) ins Kaffeehaus? Was kann man dort machen? Wie lange kann man dort bleiben?

4 waschen; schaben; raspeln; vermengen; hinzufügen; süßen; servieren.

5 7; 6; 3; 14; 11; 2; 5; 12; 1; 10; 13; 8; 9; 4; 15.

6 APFELSTRUDEL

? p. 219 Die Firma hat (eine) gleitende Arbeitszeit; man kann zwischen sechs und halb acht Uhr morgens (*oder* in der Früh) beginnen. –Weil die Firma einfach keine Leute mit (sehr) hoher Qualifikation kriegt (*oder* Weil die Firma Leute mit (sehr) hoher Qualifikation einfach nicht kriegt). –Die Modernisierung der Geräte. –Leute, die nicht die entsprechende Schulung (*oder* einen gewissen Standard) haben (*oder* die nicht hochqualifiziert sind).

? p. 220 Weil die Kunden Maschinen in einer sehr kurzen Lieferzeit wünschen und jede Maschine neu konstruiert werden muß. –Achtunddreißigeinhalb Stunden.

? p. 222 Um die Probleme der Arbeiter. –(Zu) 80 Prozent ist man (*oder* sind sie) zufrieden. –Sie handelt Lohn, Urlaub etc. (*oder* usw.) aus.

? p. 223 Für die Termine von Herrn Frohn, für seine Schreiben, für die Korrespondenz(bearbeitung) und für Informationsfluß im Betrieb. –Nein. Urlaub, sagt sie, ist immer zu wenig! –Weil die Männer (doch) meistens den Frauen vorgezogen werden.

? p. 225 15. –Weil beide Wirtschaftspartner (*oder* die Vertreter der Arbeiter und die Vertreter der Unternehmer) immer versuchen, in Gesprächen und Verhandlungen zu einem für beide Teile annehmbaren Ergebnis zu kommen. – Die Arbeitslosigkeit. –Der (heutige) Wandel der Arbeitswelt von der alten traditionellen Arbeit hin zu neuen Formen der Arbeit.

Hören Sie gut zu! 1 A lot of manufacturing industry: on the one hand small businesses making hand-crafted products or providing services, on the other hand industrial companies concerned with electronics or the production of metal goods.   2 Because they've recognised that it's necessary (and because the employees' organisations, e.g. the union, encourage it).   3 Because the parties concerned (the employers' organisations, chambers of commerce and unions) are always willing to talk, which is closely connected with the Austrian characteristic of talking things over.   4 Pollution and difficulties caused by adapting to new technologies and new raw materials.   5 Because high technology is used in so many companies.

Wie war das? 1 entweder ... oder 2 in keiner Weise 3 ist keine Rede 4 meiner persönlichen Ansicht nach 5 sieht es aus; nehm' ich an 6 im großen und ganzen 7 auf einen Nenner ... bringen 8 mehr oder weniger 9 halten ... für 10 an erster Stelle.

Können Sie's?

1 Lohnverhandlungen; Löhne; Angestellte; Renten; Arbeitszeit; Modernisierung; Arbeitslosigkeit; Streiks.

2 Obwohl wir monatelang mit dem Management verhandelt haben, geben sie uns nur leere Versprechungen. –Als ich gestern mit der Firmenleitung sprach, wollten sie uns schon wieder nichts Konkretes versprechen. –Wenn wir jetzt nicht endlich etwas tun, bekommen wir keine höheren Löhne. –Weil die Sache dringend wird, müssen wir uns morgen wieder treffen.

3 1 Herr Veit 2 Herr Nachtnebel 3 Herr Frohn 4 Herr Nachtnebel 5 Herr Frauenhoffer 6 Frau Kreuzer 7 Herr Veit 8 Herr Frohn 9 Herr Frauenhoffer 10 Frau Kreuzer.

4   *Zum Beispiel*: Wir haben (hier eine) gleitende Arbeitszeit. –Ich fange meist so gegen halb acht (*oder* sieben Uhr dreißig) an. –Nein, (das ist in keiner Weise geregelt,) das läuft da zwischendurch. –Eine Stunde. –Wir arbeiten immer noch 40 Stunden in der Woche (*oder* Wir haben immer noch die 40-Stunden-Woche). –Ja, ich mache etwa zehn Überstunden pro Monat. –Ich bekomme drei Wochen Urlaub. –Ich arbeite (schon) seit fünfzehn Jahren (*oder* schon 15 Jahre) hier. –Ja, im großen und ganzen bin ich zufrieden.

5   *Zum Beispiel*: In Österreich gibt es fünfzehn Fachgewerkschaften, die im Österreichischen Gewerkschaftsbund unter einem Dach zusammengeschlossen sind. Der ÖGB ist überparteilich und ist mit der freiwilligen Mitgliedschaft gut durchgekommen. Der Gewerkschaftsbeitrag beträgt (*oder* ist) ein Prozent (*oder* Als Gewerkschaftsbeitrag zahlt man ein Prozent) vom Bruttogehalt. Der ÖGB hat viele wichtige Aufgaben, zum Beispiel (*oder* vor allem) Lohnverhandlungen und Verhandlungen über Arbeitszeit und Urlaub. Die Arbeitnehmer sind im großen und ganzen zufrieden, und Österreich hat deshalb eine sehr niedrige Streikrate: nur 6 Sekunden pro Kopf pro Jahr. Die größten Probleme für die Gewerkschaftsbewegung sind zur Zeit die Arbeitslosigkeit und die Modernisierung der Geräte.

6   1 First paragraph, first sentence.   2 Second paragraph, first sentence.   3 Third paragraph, third sentence. *Rätsel*: Kraftwerksturbinen; Düngemittel; Stahl; Erdölprodukte; Aluminium.

? *p. 242*   Irrsinnig schön, ganz lang, und sie haben irrsinnig gut geduftet. –Alles, was Wien heißt: (also erstens) den (herrlichen) Stephansdom, (und dann) die Fiaker (mit den herrlich geschmückten Pferden), die Kärntnerstraße und überhaupt das ganze Zentrum von Wien.

? *p. 244*   Sie hat gedacht, sie stirbt; sie war total daneben. –Weil sie noch keine Schauspielausbildung hatte und ihre Rolle (*oder* das) innerhalb von vier Tagen gelernt hatte. –Ihre Knie fangen an zu zittern.

? *p. 245*   Bo, das war echt toll. –Es war spitzenmäßig. –Grauenhaft (*oder* unter aller Sau). –Das war echt mies.

? *p. 247*   Eine Hochzeit, wie sie jeder macht. –Patricia trägt ein (wunderschönes) schwarzes Kleid, sehr schlicht, aber doch sehr elegant. Charly trägt eine schwarze Rauhlederhose, ein weißes Frackhemd, eine Fliege und eine Frackjacke ohne (die) Frackschöße. (Sie ist dunkelblau-schwarz-kariert mit schwarzen, matten Revers.) Er trägt außerdem (*oder* auch) schwarze Schuhe.

? *p. 249*   Weil die viel bequemer ist. –Im Prinzip gefällt sie ihr ganz gut. –Sie findet sie irrsinnig grauslich (*oder* Sie findet, Punkmode ist das Letzte).

? *p. 251*   Eine Modeerscheinung. –Sie glaubt, daß die österreichische Jugend (im allgemeinen) nicht so extrem ist wie die deutsche oder englische (Jugend). – Daß sie nicht übernommen ist und daß sie eigenständig ist.

Hören Sie gut zu!   1 When they expect more than their education equips them for, or when they've been given the wrong advice and want to take up jobs which are overcrowded.   2 Vienna has become a young city; there are many new places where mainly young people get together, for instance the so-called

'Bermuda Triangle'. Young people have contributed to Vienna's becoming a young city. 3 Drug problems. 4 That as a woman she can go through the park or along the streets without being afraid. She finds it remarkable because it's by no means universal.

Wie war das? 1 vom Hotelzimmer aus   2 Auf jeden Fall   3 hältst du ... davon   4 schau mal   5 nicht genau so; im Prinzip; ganz gut   6 überhaupt keine   7 einem ... weh tun; überhaupt nichts; an ihnen vorbeigehen   8 im allgemeinen   9 an und für sich   10 wie soll ich sagen.

Können Sie's?

1   *Sie*: 2, 3, 6, 9, 10   *Dana*: 1, 5, 8, 13, 15   *Achim*: 4, 7, 11, 12, 14.

2   1, 5 *und* 8 saumäßig, absoluter Käse, echt mies, grauslich, das Letzte, unter aller Sau, unter aller Kanone, furchtbar, grauenhaft   2 *und* 7 fabelhaft, hervorragend, unheimlich gut, echt toll, total gut, spitzenmäßig   3 super   4 stinklangweilig   6 unheimlich gut, hervorragend.

4   Ich find's unheimlich gut. –Beide, das Buch ist echt (*oder* wirklich) super, und die Radiosendungen waren auch toll. –Ja, schon, aber ich hab' (so) viel gelernt, und es hat mir wirklich gut gefallen. –Ja, der Lehrer war das Letzte, wirklich, und der Unterricht war stinklangweilig. Es war furchtbar, ich hab' gedacht, ich sterbe. –Ja, der Lehrer war fabelhaft, und der Unterricht hat mir ungeheuren Spaß gemacht. Im Juli fahren wir alle nach Wien.

6   Geld.

A   **Wie sagt man das?** 1 Dürfte (*oder* Darf) ich Sie mal (*oder* kurz) unterbrechen?   2 Wie war noch mal der Name von dem Komponisten?   3 Könnten Sie *Chowanschtschina* buchstabieren, bitte (*oder* bitte buchstabieren)?   4 Was für eine Oper ist das?   5 Könnten Sie mir sagen, in welchem Jahr Mussorgsky *Chowanschtschina* komponierte (*oder* komponiert hat)?   6 Was ist für Sie (*oder* dich) das Attraktive am Skifahren?   7 Würden Sie (*oder* Würdest du) Skifahren als einen gefährlichen Sport bezeichnen?   8 Mein Lieblingssport ist Tennis.   9 Das Schöne daran ist, daß man es in fast jedem Alter spielen kann.   10 Unser (*oder* Mein) Klub hat eine sehr starke Mannschaft.   11 Wiener Schnitzel könnte ich fast jeden Tag essen (*oder* Ich könnte Wiener Schnitzel fast jeden Tag essen).   12 Was mir hier auch gefällt, ist die großartige Kaffeehauskultur.   13 Ich esse ganz gern Naturkost.   14 Muß das Fett sehr heiß sein?   15 Soll ich Ihnen jetzt die Teller bringen (*oder* holen)?   16 Ich arbeite schon fünfzehn Jahre (*oder* seit fünfzehn Jahren) bei dieser Firma.   17 Wir haben (eine) gleitende Arbeitszeit; man kann zwischen sechs und acht Uhr in der Früh (*oder* morgens) anfangen (*oder* beginnen).   18 Die meisten beginnen entweder um sechs oder um halb acht (*oder* um sieben Uhr dreißig).   19 Obwohl ich viele Überstunden mache, bin ich im großen und ganzen zufrieden.   20 Das größte Problem ist zur Zeit (*oder* im Moment) die Modernisierung der Geräte.   21 Ich war wahnsinnig nervös.   22 Ich habe gedacht, ich sterbe.   23 Die Rede war stinklangweilig.   24 Aber der Empfang war einfach toll (*oder* großartig).   25 Und das Essen war fabelhaft.

B   **Verstehen Sie das?** 1 b;   2 c;   3 a;   4 c;   5 a;   6 c;   7 b;   8 b;   9 a;   10 c;   11 c;   12 b;   13 a;   14 b;   15 c.

C   **Wie war das?** 1 toi, toi, toi   2 sehr angenehmen Blick   3 keine Angst vor   4 Zu

... zählt   5 was mich wundert   6 als Beilage   7 mehr oder weniger   8 im großen und ganzen   9 ganz gut   10 im allgemeinen.

D   **Was ist das?** 1 im Gedächtnis   2 eine Glatze   3 die Schätze   4 ursprünglich   5 zweifellos   6 im Scherz   7 künstlich   8 der Schütze   9 zischen   10 rasch   11 Aufschnitt   12 aus Gesundheitsbewußtsein   13 üblich   14 das Bruttogehalt   15 eine Tatsache   16 der Vertreter   17 sterben   18 einig   19 schlicht   20 umwerfend.

GLOSSARY

Please note:

- **English versions** given apply to the words as they are used in *Ganz spontan!*
- **Abbreviations** used are (*coll.*) colloquial; (*f*) female; (*lit.*) literally; (*m*) male; (*pl*) plural; *s.* south; (*sep.*) separable; (*wk m*) weak masculine.
- **Plural forms** of nouns are indicated in brackets.
- Where the meaning of a **compound noun** is not given, this can be found by looking up its separate parts.
- **Vowel changes** in verb forms are given, where they occur, after the infinitive. An asterisk * indicates that the auxiliary is **sein**.
- **'Filler word'** indicates a word that adds colour or emphasis with no direct English equivalent.
- Numbers, days and months are not included.

A

à *with, at*
der Aal (-e) *eel*
  ab *from;* ab und zu *now and then*
der Abbau *dismantling*
  abbauen (*sep.*) *to dismantle*
  abbrechen (*sep.*) (i), a, o * *to break (in two)*
der Abend (-e) *evening*
das Abendblatt (¨er) *evening paper*
  abends *in the evening(s)*
  aber *but, however,* (*filler word*)
die Abfahrt (-en) *departure, downhill skiing*
die Abfahrtshocke (-n) *downhill racing position, schuss position*
der Abfahrtslauf (¨e) *downhill racing*
der Abfall (¨e) *rubbish*
  abfinden (*sep.*) a, u *to compensate;* sich abfinden mit *to accept, come to terms with*
das Abgas (-e) *exhaust (fumes)*
der Abgasentgifter (-) *catalytic converter*
die Abgasentgiftung (-en) *exhaust emission control*
  abgeben (*sep.*) (i), a, e *to give (away), emit*
der/die Abgeordnete (-n) *member (of the Bundestag)*
das Abgeordnetenhaus *parliament in West Berlin*
  abgestorben *dead*
  abhalten (*sep.*) (ä), ie, a *to keep (from)*

abhängen (*sep.*) i, a *to depend;* es hängt davon ab, ... *it depends on ...*
  abhängig von *dependent on*
sich abheben (*sep.*) o, o *to get away (from)*
das Abitur *equivalent to A-levels*
  abklingen (*sep.*) a, u * *to subside, abate*
  abkommen (*sep.*) a, o * *to get out of*
  ablassen (*sep.*) (ä), ie, a *to discharge*
der Ablauf (¨e) *course, process, order of events*
die Abnahmegarantie (-n) *guaranteed quota*
das Abonnement (-s) *subscription;* im Abonnement *by subscription*
die Abrüstung *disarmament*
  abschaffen (*sep.*) *to do away with, get rid of*
  abschalten (*sep.*) *to shut down, switch off*
der Abschaltknopf (¨e) *(on/)off switch*
der Abschied (-e) *farewell*
  abschließend *in conclusion*
der Abschluß (¨sse) *end, completion*
die Absicherung (-en) *protection, support*
  absolut *absolute(ly), all-time, definite(ly)*
  absolvieren *to complete a course of study, graduate*
  abspringen (*sep.*) a, u * *to jump out*
  abstellen (*sep.*) *to park*
  absterben (*sep.*) (i), a, o * *to die (off)*
das Absterben *dying, extinction*
der Absturz (¨e) *fall*
  abstürzen (*sep.*) * *to fall*

abtropfen (*sep.*) * *to drip;* lassen wir es
etwas abtropfen *we'll let it drain a bit*
abverlangen (*sep.*) *to demand*
abwarten (*sep.*) *to wait for;* es bleibt
abzuwarten *it remains to be seen*
das Abwasser (⁻) *waste water*
die Abwechslung (-en) *change, variety*
die Abwesenheit (-en) *absence*
abziehen (*sep.*) o, o *to deduct*
ach: ach so *I see;* ach! *oh!*
achten auf *to pay attention to*
die Achtung *attention, respect;*
Achtung! *watch out! beware!*
der Ackerbau *arable farming*
der Ackerbaubetrieb (-e) *arable farm*
das Ackerland *arable land*
der ADAC = Allgemeiner Deutscher
Automobilklub (*equivalent to
AA/RAC*)
ade (*good*)*bye*
der Adler (-) *eagle*
das Aerobic (-s) *aerobics*
affengeil *way out, great*
Afrika *Africa*
aggressiv *aggressive*
die Agrarpolitik *agricultural policy*
die Agrarpreispolitik *agricultural prices
policy*
die Agrarstruktur *agricultural structure*
aha *I see*
ähnlich *similar*(*ly*)
der, die, das Ähnliche *similar thing*
die Ähnlichkeit (-en) *similarity, resemblance*
die Ahnung (-en) *idea*
die Akademie (-n) *academy*
der Akrobat (*wk m*) (-en) *acrobat*
die Akrobatik *acrobatics*
die Aktion (-en) *campaign*
aktiv *active*(*ly*)
die Aktivierung (-en) *activation*
der Akzent (-e) *accent, emphasis*
der Alarm *alarm*
Albanien *Albania*
der Alkohol (-e) *alcohol*
all(e), alles *all, every;* alle *everybody;*
alles *everything;* alle vier Jahre *every
four years*
allein *alone*
alleinstehend *single, living alone*
allerdings *of course, (al)though,
admittedly, however, (filler word)*

der, die, das allergrößte *greatest*
allerhand *a great deal, a lot, all sorts of*
Allerheiligen *All Saints' Day*
allerlei *all kinds of*
der, die, das Allerwichtigste *most important
thing, focal point*
allgemein *general*(*ly*)
allmählich *gradually*
der Alltag *everyday life*
allzeit *always*
allzu *too*
der Almer (-) (*Austrian*) *shepherd*
die Alpen (*pl*) *Alps*
als *when, as*
also *so, therefore, that is, well, (filler
word)*
alt *old*
der/die Alte (-n) *old man/woman;* die Alten
(*pl*) *old people*
alteingesessen *old-established*
die Altenbetreuung *caring for the elderly*
das Alter (-) *age, old age*
alternativ *alternative*
die Alternative (-n) *alternative*
alters: von alters her *from time
immemorial*
die Altersgrenze (-n) *age limit*
das Altersheim (-e) *old-people's home*
das Aluminium *aluminium*
am = an dem
das Ambiente *ambience, milieu, atmosphere*
Amerika *America*
amerikanisch *American*
an *at, on, of, to, by;* an sich *as such, in
principle;* an und für sich *in itself, in
fact;* das Schlimmste an der
Katastrophe *the worst thing about the
catastrophe*
anbacken (*sep.*) (ä) *to fry*
anbieten (*sep.*) o, o *to offer*
der Anblick (-e) *sight*
anderer, anderes *other*(*s*),
another
andererseits *on the other hand*
die andern (*pl*) *others*
sich ändern *to change, alter*
anders *different*
anderswo *elsewhere*
anfallen (*sep.*) (ä), ie, a * *to turn up, arise*
der Anfang (⁻e) *beginning*
anfangen (*sep.*) (ä), i, a *to begin*

der Anfänger (-) *beginner*
die Anfangsszene (-n) *opening scene*
angeben (*sep.*) (i), a, e *to set, say;* den Ton angeben *to set the pace*
angeblich *alleged(ly), reputed(ly), supposed(ly)*
das Angebot (-e) *offer, programme, amenities, facilities;* sich am Angebot beteiligen *to take part in broadcasting, to broadcast*
angehaucht *tinged with*
angehören (*sep.*) *to belong*
die Angel (-n) *fishing rod/line*
die Angelegenheit (-en) *affair(s)*
angemessen *adequate, reasonable, competitive*
angenehm *pleasant, good*
angesichts *in view of*
der/die Angestellte (-n), ein Angestellter (*salaried*) *employee*
angreifen (*sep.*) i, i *to tackle, attack, touch*
die Angst (¨e) *fear;* vor etwas Angst haben *to fear something, be afraid of something*
angucken (*sep.*) *to look at, see, watch*
anhaben (*sep.*) (hat an), hatte an, angehabt *to wear, have on*
anhalten (*sep.*) (ä), ie, a *to stop*
der Anhänger (-) *fan, follower*
anheben (*sep.*) o, o *to increase*
Anhieb: auf Anhieb *straight away, off the top of my head*
anhocken (*sep.*) *to draw one's knees up to one's body*
sich anhören (*sep.*) *to sound*
ankommen (*sep.*) a, o * *to depend;* es kommt darauf an *it depends*
die Anlage (-n) *system, (industrial) plant*
der Anlaß (¨sse) *cause, reason, opportunity*
anlegen (*sep.*) *to invest*
das Anliegen (-) *wish, concern*
annehmbar *acceptable*
annehmen (*sep.*) (i), a, o *to accept, take on, assume, suspect*
anordnen (*sep.*) *to order, direct*
anpacken (*sep.*) *to take on, tackle*
anpöbeln (*sep.*) (*coll.*) *to abuse, harass*
die Anrechnung (-en) *calculation*
die Anrede (-n) *form of address*
anrufen (*sep.*) ie, u *to ring up, phone*
ans = an das

der Ansatz (¨e) *beginning*
anschaffen (*sep.*) *to buy*
anschauen (*sep.*) *to watch;* sich etwas anschauen *to watch something*
anschaulich *concrete, vivid, clear*
(sich) anschließen (*sep.*) o, o *to go along with, connect*
der Anschluß (¨sse) *connection, annexation, union*
ansehen (*sep.*) (ie), a, e *to look at, view;* sich etwas ansehen *to look at/watch something;* das sieht man Ihnen nicht an! *you don't look it!*
die Ansicht (-en) *view;* meiner Ansicht nach *in my view*
sich ansiedeln (*sep.*) *to settle*
ansonsten *apart from that, otherwise*
ansprechen (*sep.*) (i), a, o *to mention, show, address*
anspritzen (*sep.*) *to spatter*
der Anspruch (¨e) *claim;* in Anspruch nehmen *to use, take advantage of*
die Anstalt (-en) (*broadcasting*) *corporation*
anstatt *instead of*
anstelle *instead of*
der Anstieg (-e) *rise, increase*
anstreben (*sep.*) *to work towards, work for*
anstrengend *strenuous, demanding*
die Anstrengung (-en) *effort*
die Anti-Atomkraftbewegung (-en) *anti-nuclear movement*
der Antrag (¨e) *application;* einen Antrag stellen *to make an application*
antreffen (*sep.*) (i), a, o *to find, meet*
anvisieren (*sep.*) *to aim at, to take bearings from*
die Anzahl *number*
anziehen (*sep.*) o, o *to put on (clothes), wear*
das Anziehen *getting dressed*
der Anzug (¨e) *suit*
anzünden (*sep.*) *to light*
das Apartment (-s) *flat*
der Apfel (¨) *apple*
das Apfelmus *apple purée/jam/spread*
die Apfelsine (-n) *orange*
der Apfelstrudel (-) *apple strudel*
der Appetit *appetite*
applaudieren *to applaud*
die Aprikose (-n) *apricot*

die Arbeit (-en) *work, job, task*
arbeiten *to work*
der/die Arbeitende (-n) *working man/
woman*
der Arbeiter (-) *worker, wage earner*
die Arbeiterkammer (-n) *chamber of
employees (public institution at* Land
*level in Austria concerned with industrial
policy, laws, training, advising
employees, etc.);* der Arbeiterkammertag
national chamber of employees
der Arbeitgeber (-) *employer*
der Arbeitnehmer (-) *employee*
arbeitsam *industrious, hard-working*
die Arbeitsgemeinschaft (-en) *corporation*
arbeitsintensiv *labour intensive*
der Arbeitskonflikt (-e) *industrial dispute*
die Arbeitskräfte (*pl*) *labour*
der Arbeitskreis (-e) *working group*
der Arbeitslose (-n) *unemployed person*
die Arbeitslosigkeit *unemployment*
der Arbeitsminister (-) *employment minister*
der Arbeitsplatz (-e) *job*
der Arbeitsplätzeverlust (-e) *loss of jobs,
redundancy*
die Arbeitsstelle (-n) *job, post*
das Arbeitsverhältnis (-se) *job, contractual
relationship between employee and
employer*
die Arbeitszeit (-en) *working hours*
die Arbeitszeitverkürzung (-en) *reduction in
working hours*
der Architekt (*wk m*) (-en) *architect*
architektonisch *architectural(ly)*
die Architektur (-en) *architecture*
die ARD = Arbeitsgemeinschaft der
öffentlich-rechtlichen
Rundfunkanstalten der Bundesrepublik
Deutschland
ärgern *to anger;* sich ärgern *to be angry,
annoyed*
arm *poor*
der/die Arme (-n) *poor (person)*
ärmlich (*rather*) *poor*
die Armut *poverty*
die Art (-en) *kind, way, sort, species*
der Artikel (-) *item, article*
der Artist (*wk m*) (-en) *artiste*
der Arzt (-e) *doctor (m)*
ästhetisch *aesthetic*
atmen *to breathe*

die Atmosphäre (-n) *atmosphere*
atonal *atonal*
das Attentat (-e) *assassination*
attraktiv *attractive;* das Attraktive *the
attractive thing*
auch *also, as well, either,* (*filler word*)
auf *on* (*to*), *in* (*to*), *to, for;* die Kinder sind
noch auf *the children are still up*
aufbauen (*sep.*) *to stack/build up,
reconstruct*
auffallen (*sep.*) (ä), ie, a * *to be
conspicuous, appear*
auffallend *striking*
auffangen (*sep.*) (ä), i, a *to catch*
auffordern (*sep.*) *to call upon*
auffressen (*sep.*) (i), a, e *to eat up* (*of
animals*)
die Aufgabe (-n) *task, function*
aufgeben (*sep.*) (i), a, e *to give up*
aufgeregt *excited*
aufgrund *on the basis/account of*
aufhören (*sep.*) *to stop, lay off*
aufklären (*sep.*) *to inform*
die Aufklärung (-en) *enlightenment*
aufkommen (*sep.*) a, o * *to arise, develop*
die Auflage (-n) *circulation*
auflagenstark *with a high circulation*
aufliegen (*sep.*) a, e *to be available*
aufmachen (*sep.*) *to open*
die Aufmachung (-en) *presentation, layout*
aufmerksam *attentive;* auf sich
aufmerksam machen *to draw attention
to itself/oneself*
die Aufnahme (-n) *entrance, employment*
aufnehmen (*sep.*) (i), a, o *to record, take
on, employ;* Kontakt aufnehmen mit
to make contact with, pass through
aufpoppen (*sep.*) *to jazz up*
aufregend *exciting*
die Aufrüstung (-en) *rearmament, arms race*
der Aufschluß (-sse) *explanation*
der Aufschnitt *sliced cold meats*
der Aufschwung (-e) *upturn, boost*
der Aufstand (-e) *uprising*
aufstehen (*sep.*) a, a * *to get up*
aufstöbern (*sep.*) *to discover, unearth*
auftauchen (*sep.*) * *to appear, emerge*
aufteilen (*sep.*) *to divide, allocate;* neu
aufteilen *to re-allocate*
die Aufteilung (-en) *division*
der Auftraggeber (-) *patron, customer*

auftreten (*sep.*) (i), a, e *   *to appear*
der Auftrittssaal (-säle)   *arena*
aufwachen (*sep.*)*   *to wake up*
aufwachsen (*sep.*) (ä), u, a *   *to grow up*
aufweisen (*sep.*) ie, ie   *to show, boast*
aufwerfen (*sep.*) (i), a, o   *to throw up, create*
aufziehen (*sep.*) o, o   *to bring up*
das Auge (-n)   *eye*
der Augenblick (-e)   *moment;* im Augenblick   *at the moment*
aus   *from, out of;* aus Leder   *made of leather*
ausarbeiten (*sep.*)   *to work out, compose*
das Ausbacken   *thorough baking*
ausbilden (*sep.*)   *to educate, train*
die Ausbildung (-en)   *education, training*
der Ausblick (-e)   *view*
ausbomben (*sep.*)   *to bomb out*
sich ausbreiten (*sep.*)   *to spread (out), develop*
ausbrennen (*sep.*) a, a *   *to burn out*
der Ausdruck (-̈e)   *expression*
ausdrucksvoll   *expressive*
auseinanderliegen (*sep.*) a, e   *to lie apart*
die Auseinandersetzung (-en)   *dispute, argument, concern*
ausführlich   *detailed*
die Ausgaben (*pl*)   *expenditure*
der Ausgang (-̈e)   *exit, outcome*
ausgeben (*sep.*) (i), a, e   *to pay out, spend*
der/die Ausgeflippte (-n)   *freak*
ausgehen (*sep.*) i, a *   *to go out, initiate, radiate;* ich gehe davon aus   *I assume, should think*
ausgerechnet   *of all;* ausgerechnet heute   *today of all days*
aushandeln (*sep.*)   *to negotiate, bargain*
das Ausland   *foreign countries;* im Ausland   *abroad*
sich ausleben (*sep.*)   *to live to the full*
ausleihen (*sep.*) ie, ie   *to borrow*
auslösen (*sep.*)   *to release, trigger off*
das Ausmaß   *extent, proportion;* größeren Ausmaßes   *large-scale*
ausmisten (*sep.*)   *to muck out*
ausnutzen (*sep.*)   *to exploit, make use of*
ausprobieren (*sep.*)   *to try (out)*
ausreichen (*sep.*)   *to be enough, suffice*
ausreichend   *sufficient*
ausreiten (*sep.*) i, i *   *to go for a ride*
ausschauen (*sep.*)   *to look*

ausschenken (*sep.*)   *to pour out, sell*
ausschlaggebend   *of paramount importance*
ausschließen (*sep.*) o, o   *to exclude*
ausschließlich   *exclusive(ly)*
der Ausschnitt (-e)   *excerpt, highlight*
die Ausschreitung (-en)   *incident, violence*
aussehen (*sep.*) (ie), a, e   *to look (like)*
das Aussehen   *appearance, form*
die Außenpolitik   *foreign affairs*
die Außenstelle (-n)   *local office*
außer   *except*
außerdem   *besides, in addition, also*
außergewöhnlich   *unusual*
außerhalb   *outside, out of town*
äußern   *to utter, come up with;* sich äußern   *to speak, manifest itself*
äußerste: an meine äußerste Grenze gehen   *to go to the limits of my endurance*
die Aussicht (-en)   *view, prospect*
die Aussprache (-n)   *pronunciation*
aussprechen (*sep.*) (i), a, o   *to pronounce*
ausstatten (*sep.*)   *to fit, equip, furnish*
die Ausstattung (-en)   *decoration, design*
ausstecken (*sep.*)   *to hang out;* ausgesteckt is   (*Austrian*) *new wine is on tap*
ausstehend   *outstanding, due*
die Ausstellung (-en)   *exhibition*
aussterben (*sep.*) (i), a, o *   *to become extinct, die (out)*
das Aussterben   *extinction*
ausstrahlen (*sep.*)   *to broadcast*
aussuchen (*sep.*)   *to select*
sich austoben (*sep.*)   *to make the most of, go to town on*
austragen (*sep.*) (ä), u, a   *to hold, play*
ausüben (*sep.*)   *to carry out, practise*
die Auswahl (-en)   *choice*
auswählen (*sep.*)   *to choose, select*
auswärts   *outside (of), out of town*
der Ausweg (-e)   *solution*
der Auszug (-̈e)   *extract*
das Auto (-s)   *car*
die Autobahn (-en)   *motorway*
das Autofahren   *driving*
der Autofahrer (-)   *driver, motorist*
automatisch   *automatic(ally)*
das Automobil (-e)   *car*
die Automobilfertigung   *car production*
der Autor (*wk m*) (-en)   *author*
die Autostunde (-n)   *hour's drive*

B

babá (*Austrian*) *bye-bye*
der Bach (-e) *stream*
der Bachlauf (-e) *stream*
  backen (ä) *to bake, fry*
das Bad (-er) *bath*(*room*)
der Badeort (-e) *spa*
die Bahn (-en) *train, railway*
  bairisch *Bavarian* (*language*)
der Bajuware (*wk m*) (-n) *Bavarian* (*member
  of tribe*)
  bald *soon*
  baldig *early, speedy*
der Balkon (-s *or* -e) *balcony*
der Ball (-e) *ball*
der Ballaststoff (-e) *roughage*
das Ballett (-e) *ballet*
die Ballettänzerin (-nen) *ballet dancer* (*f*)
der Ballon (-s) *balloon*
  baltisch *Baltic*
das Band (-er) *tape;* am laufenden
  Band *continuously*
das Bandonion (-s) *bandonion* (*type of
  accordion*)
der Bandwurm (-er) *tapeworm, interminably
  long sentence*
die Bank (-en) *bank*
das Bankenzentrum (-tren) *banking centre*
der Barbar (*wk m*) (-en) *barbarian*
das Barock, barock *baroque*
  Basel *Basle;* Baseler *of Basle*
  basieren auf *to be based on, founded on*
die Basis (Basen) *basis*
  basteln *to make, work on*
der Bau (-ten) *construction, building*
der Bauch (-e) *stomach*
  bauen *to build, construct, cultivate;* nach
  dem Muster gebaut *based on the model*
der Bauer (*wk m*) (-n) *farmer*
  bäuerlich *rural;* der bäuerliche
  Betrieb *farm*
der Bauernhof (-e) *farm*
die Bauernregel (-n) *country saying* (lit.
  farmer's maxim)
der Baum (-e) *tree*
der Baustil (-e) *architectural style*
die Bauweise (-n) *architectural style*
das Bauwerk (-e) *building, structure*
  bay(e)risch *Bavarian*
  Bayern *Bavaria*

  beachten *to take account of*
die Beachtung *attention;* Beachtung
  finden *to gain prominence*
der Beamte (-n), ein Beamter *public official
  with special legal status*
  beängstigen *to frighten, harm*
  beanspruchen *to claim*
  beantworten *to answer*
die Bearbeitung (-en) *processing, handling*
der Bedarf *need, demand*
  bedauerlich *regrettable*
  bedauerlicherweise *unfortunately*
  bedauern *to regret*
  bedeckt *covered*
  bedenken, bedachte, bedacht *to consider*
  bedeuten *to mean*
  bedeutend *important*
die Bedeutung (-en) *meaning, significance*
  sich bedienen *to serve oneself, get*
der/die Bedienstete (-n) *servant*
die Bedienung (-en) *service, waiter, waitress*
  bedrückend *depressing*
das Beefsteak (-s) *beefsteak;* deutsches
  Beefsteak *hamburger*
  beeindrucken *to impress*
  beeinflussen *to influence*
  beenden *to finish, come to an end*
  sich befassen mit *to be concerned with*
der Befehl (-e) *order*
  sich befinden, a, u *to be* (*located*)
  befördern *to transport, carry*
  befragen *to interview*
  befürchten *to fear, be afraid of*
die Begegnungsstätte (-n) *meeting place*
  begeistert *enthusiastic;* ich war nicht
  begeistert *I wasn't impressed*
die Begeisterung *fervour, enthusiasm*
der Beginn *beginning*
  beginnen, a, o *to begin*
  begradigen *to straighten*
die Begradigung (-en) *straightening,
  alignment*
  begreifen, i, i *to understand, realise*
der Begriff (-e) *idea, concept;* für meine
  Begriffe *in my view, as I see it*
  behalten (ä), ie, a *to keep*
die Behandlung (-en) *treatment*
  behaupten *to assert, claim, establish;* sich
  behaupten *to assert oneself*
  beherrschen *to dominate*
die Behörde (-n) *authority*

behüten *to look after, watch over;* es behüte dich Gott! *God be with you!*

bei *at, near, with, in the case of, on the point of;* bei uns *in our house/country;* Mitglied bei den Grünen *member of the Greens;* bei Stuttgart *near Stuttgart*

beibringen (*sep.*) brachte bei, beigebracht *to teach*

beide(s) *both*

die Beilage (-n) *vegetables, trimmings, side-dish;* was machen Sie als Beilage? *what do you serve with ...?*

beim = bei dem

das Bein (-e) *leg*

der Beiname (-n) *nickname, additional name*

der Beinbruch (¨e) *broken leg*

beisammen *together*

beisammensein (*sep.*) (ist beisammen), war beisammen, beisammen gewesen *: gut beisammensein *to be in good shape*

das Beis(e)l (-n) (*Austrian*) *simple restaurant, pub*

das Beispiel (-e) *example;* zum Beispiel (z.B.) *for example*

beispielsweise *for example*

der Beitrag (¨e) *contribution, due, fee*

beitragen (*sep.*) (ä), u, a *to contribute*

beitreten (*sep.*) (i), a, e * *to join*

die Bekämpfung (-en) *battle (against)*

bekannt *well-known, familiar*

bekanntgeben (*sep.*) (i), a, e *to make known/public, announce*

bekanntlich *it's a well-known fact ...*

sich beklagen *to complain*

bekommen, a, o *to get, receive*

belächeln *to make fun of, not take seriously*

belagern *to besiege*

die Belange (*pl*) *concerns*

belasten *to pollute*

belebend *enlivening, varied*

die Belegschaft (-en) *workforce*

Belieben: nach Belieben *to taste*

beliebt *popular*

die Beliebtheit *popularity*

bellen *to bark*

bemerkbar *noticeable, apparent;* sich bemerkbar machen *to be apparent*

bemerken *to notice, say, remark*

bemerkenswert *remarkable*

sich bemühen *to try, make an effort*

die Bemühung (-en) *effort*

benötigen *to need, require*

benutzen *or* benützen *to use*

das Benzin *petrol*

beobachten *to observe, look at*

der Beobachter (-) *onlooker*

bequem *convenient, comfortable, relaxing*

beraten (ä), ie, a *to advise, give advice*

die Beratung (-en) *consultation, advice*

berechtigt *entitled, justified*

der Bereich (-e) *area, sphere*

bereisen *to travel in*

bereit *ready, willing*

bereiten *to prepare;* Freude bereiten *to give pleasure*

bereithalten (*sep.*) (ä), ie, a *to hold/have ready*

bereits *already*

die Bereitschaft *willingness*

der Berg (-e) *mountain*

der Bericht (-e) *report, documentary*

berichten *to relate, report (on)*

der Berliner (-) (*inhabitant*) *of Berlin*

berüchtigt *notorious, infamous*

der Beruf (-e) *job, occupation*

berufen, ie, u *to call;* sich berufen fühlen *to feel a calling*

berufstätig *in employment*

beruhen auf *to rest on, be based on*

sich beruhigen *to calm down*

beruhigt *calm*

berühmt *famous*

die Besatzungsmacht (¨e) *occupying power*

die Besatzungszone (-n) *occupation zone*

beschädigt *damaged*

beschaffen *to get, obtain*

beschaffen sein: wie müssen die Neuwagen beschaffen sein? *what do the new cars have to be like/to have?*

beschäftigen *to employ, occupy;* sich beschäftigen mit *to be concerned with, be about*

der/ die Beschäftigte (-n) *person employed*

das Beschäftigungsprogramm (-e) *job-creation scheme*

der Bescheid (-e) *information;* Bescheid wissen *to know about things, know what's what*

beschissen *crappy*

beschließen, o, o *to decide*

der Beschluß (-üsse) *resolution*
(sich) beschränken *to limit, confine (oneself)*
beschreiben, ie, ie *to describe*
die Beschwerde (-n) *complaint*
sich beschweren *to complain*
beschwingt *lively*
beseitigen *to remove*
die Beseitigung *clearance, removal*
besetzen *to occupy*
besetzt *occupied, full*
die Besetzung (-en) *occupation, cast*
die Besiedlung (-en) *settlement*
besiegt *defeated*
der Besitz (-e) *possession, property*
besitzen, besaß, besessen *to own*
der Besitzer (-) *owner, landlord*
der, die, das Besondere *special thing*
besonders *particularly, especially;* ganz
    besonders *(emphatic) particularly*
bespielen *to perform in*
besprechen (i), a, o *to discuss, talk
    about*
besser *better*
bessergehen *(sep.)*, ging besser,
    bessergegangen * *see* gutgehen
beständig *settled, fair*
bestätigen *to confirm, certify,
    authenticate*
das Bestattungsmuseum (-museen) *burial
    museum*
der, die, das beste *the best;* das Beste *the
        best (thing);* am besten *it's best if*
das Besteck *cutlery*
bestehen, a, a *to exist, be, consist of*
bestellen *to order*
die Bestellkarte (-n) *order/booking form*
die Bestellung (-en) *order/booking;* auf
    Bestellung *to order*
bestimmen *to decide, determine*
bestimmt *definite(ly), certain(ly)*
bestreuen *to sprinkle*
der Besuch (-e) *visit, visitors*
besuchen *to visit*
der Besucher (-) *visitor*
sich beteiligen (an) *to take part (in)*
der/die Betitelte (-en) *titled person*
betont *marked(ly), emphatic(ally)*
betrachten *to look at, observe*
der Betrag (-̈e) *payment, sum (of money)*
betragen (ä), u, a *to be, amount to*
betreffen, i, o *to affect, concern*

betreiben, ie, ie *to pursue, carry on, be
    engaged in;* Umweltverschmutzung wird
    überall betrieben *the environment is
    being polluted everywhere*
betreuen *to look after*
der Betrieb (-e) *business, farm, operation*
die Betriebsführung (-en) *management*
das Betriebsklima *working atmosphere*
der Betriebsrat (-̈e) *works council, employees'
    elected representative*
der Betriebswirtschaftler (-) *management
    consultant*
der Betriebszyklus (-zyklen) *(operating) cycle*
betroffen *concerned*
das Bett (-en) *bed*
beugen *to bend*
beunruhigend *disturbing, alarming*
die Bevölkerung (-en) *population, public*
bevor *before*
bevorzugen *to prefer*
bewachen *to watch over, guard*
bewahren *to preserve, retain*
bewältigen *to accomplish, complete*
sich bewegen *to move*
beweglich *active, flexible*
die Bewegung (-en) *movement*
der Bewegungsablauf (-̈e) *sequence of
    movements, routine*
beweisen, ie, ie *to prove, show*
bewirken *to achieve, have an effect*
bewirtschaften *to manage, run, farm,
    cultivate*
bewundern *to admire*
bewußt *aware, conscious(ly)*
das Bewußtsein *awareness, consciousness*
die Bezahlung (-en) *payment*
bezeichnen *to call, describe*
beziehen, o, o *to buy, purchase*
der Bezirk (-e) *district*
die Biene (-n) *bee*
das Bier (-e) *beer*
der Bierdeckel (-) *beer mat*
bieten, o, o *to offer, present*
das Bild (-er) *picture, photo*
bilden *to form*
der Bildschirm (-e) *TV screen*
die Bildtafel (-n) *display board*
die Bildung (-en) *education*
die Bildungsstätte (-n) *educational
    centre*
billig *cheap*

binden, a, u *to bind, unite*
biologisch *biological(ly)*
bis *until, to;* eins bis zwei *one to/or two;*
  bis nach Sizilien runter *right down to*
  Sicily
bisher *up to now, so far*
bislang *up to now*
bißchen: ein bißchen *a little/bit*
bisserl *Austrian/s. German for* bißchen
bissig *vicious;* Achtung! Bissiger
  Hund! *Beware of the dog!*
die Bitte (-n) *request*
bitte *please, not at all*
bitten, bat, gebeten (um) *to ask (for)*
das Blackout (-s) *blackout*
blank *plain, pure*
blasen (ä), ie, a *to blow*
das Blatt (¨er) *leaf, newspaper*
blättern in *to flick through*
blau *blue*
bleiben, ie, ie * *to stay, remain*
bleifrei *lead-free*
der Blick (-e) *view, glance*
blitzen *to sparkle*
der Block (¨e) *block*
der Blödsinn *nonsense*
blöken *to bleat*
bloß *only, naked;* bloß nicht *on no*
  account
der Blumenkohl (-e) *cauliflower*
das Blümlein (-) *little flower*
die Blüte (-n) *blossom, flower, heyday*
blutig *bloody (-ily)*
der Blutwert (-e) *blood count*
  Bo! *wow!*
der Boden (¨) *land, soil*
die Bodenbearbeitung (-en) *cultivation*
der Bodensee *Lake Constance*
  böhmisch *Bohemian*
die Bohne (-n) *bean*
der Bombenerfolg (-e) *roaring success*
die Bonner (pl) *citizens of Bonn*
der Bonus (-se) *bonus*
der Boom (-s) *boom*
das Boot (-e) *boat*
die Börse (-n) *stock exchange*
das Börsenzentrum (-tren) *financial centre*
  böse *cross*
der Bösewicht (-er) *villain*
das Boulevardblatt (¨er) *tabloid*
die Boulevardzeitung (-en) *tabloid*

die Box (-en) *stall*
der Brand (¨e) *fire*
die Brandbombe (-n) *incendiary bomb*
  brauchen *to need, take, use*
die Brauerfamilie (-n) *brewing family*
  braun *brown*
der Braune (-n) *(Austrian) cup of coffee with*
  a little milk or cream
  brausen *to roar, thunder*
die Braut (¨e) *bride*
der Bräutigam (-e) *bridegroom*
  brav *good, well*
  BRD (=Bundesrepublik
  Deutschland) *FRG*
  breit *wide*
  brennen, a, a *to burn*
das Brett (-er) *(surf) board*
der Brief (-e) *letter*
die Brille (-n) *spectacles, glasses*
  bringen, brachte, gebracht *to bring, have,*
  offer, broadcast; in eine Reihenfolge
  bringen *to arrange in sequence;* zum
  Tierarzt bringen *to take to the vet;* es
  zu etwas bringen *to make it, be*
  successful
  britannisch *Britannic*
  britisch *British*
die Broschüre (-n) *brochure*
die Brösel(n) (pl) *breadcrumbs*
die Bröselprobe (-n) *breadcrumb test*
das Brot (-e) *bread, loaf*
das Brötchen (-) *bread roll*
die Brücke (-n) *bridge*
der Bruder (¨) *brother*
  brühen *to scald*
der Brunnen (-) *well, fountain*
die Brust (¨e) *chest, breast*
das Bruttogehalt (¨er) *salary (before tax)*
  brutzeln *to sizzle*
der Bub (wk m) (-en) *boy, lad, youth*
das Buch (¨er) *book*
  buchstabieren *to spell*
die Bucht (-en) *bay, basin*
sich bücken *to bend down*
das Büffet (-s) *buffet*
die Bühne (-n) *stage, theatre*
der Bühnenauftritt (-e) *stage appearance*
das Bühnenfestspiel (-e) *drama festival*
  bühnengerecht *suitable for the stage*
die Bulette (-n) *hamburger*
  Bulgarien *Bulgaria*

der Bund (⁻e) *association, federation, Bund,*
  Federal Government
der Bundesbürger (-) *West German national*
die Bundesebene (-n) *federal level*
die Bundeshauptstadt (⁻e) *federal capital*
das Bundeshaus (⁻er) *parliament building*
das Bundeskabinett (-e) *Federal Cabinet*
die Bundeskammer (-n): Bundeskammer der
  gewerblichen Wirtschaft *Federal*
  Chamber of Trade and Industry
der Bundeskanzler (-) *Federal Chancellor*
das Bundesland (⁻er) *(Federal) Land*
die Bundesliga (-gen) *National League*
  (*football*)
die Bundespost *Federal Post Office*
die Bundesrepublik (Deutschland) *Federal*
  Republic (of Germany)
der Bundestag *Bundestag (the second*
  chamber in the FRG parliament)
bundesweit *nation-wide*
bunt *colourful, bright*
buntscheckig *variegated, many-sided*
die Burg (-en) *castle*
der Bürger (-) *citizen, member of the public*
die Bürgerinitiative (-n) *pressure group,*
  campaign
bürgerlich *bourgeois, ordinary*
der Bürgermeister (-) *mayor*
die Bürgerschaft (-en) *parliament in*
  Hamburg and Bremen
der Bürgersteig (-e) *pavement*
das Büro (-s) *office*
der Bus (-se) *bus, coach*
der Busch (⁻e) *bush, shrub*
die Butter *butter*
butterig *buttery*
Butterpogatscherln *Austrian dessert*
  made with butter, egg, flour
bzw. (=beziehungsweise) *or*

C

ca. (=circa) *about*
das Cabaret (-s) *cabaret*
das Café (-s) *café*
die Cassette (-n) *cassette*
CDU=Christlich-Demokratische Union
der Cellist (wk m) (-en) *cellist*
das Cello (-s) *cello*
das Center (-) *centre*
chaotisch *chaotic*

der Charakter (-e) *character*
charakteristisch *characteristic*
der Charme *charm*
der Cheeseburger (-) *cheeseburger*
der Chef (-s) *manager, boss, head (m)*
der Chefarzt (⁻e) *consultant*
der Chefpatissier (-s) *head pastry cook*
die Chefsekretärin (-nen) *personal assistant,*
  MD's secretary
die Chemie *chemistry, (coll.) chemicals,*
  chemicals industry
das Chemiewerk (-e) *chemicals factory*
die Chemikalie (-n) *chemical*
chinesisch *Chinese*
das Chlorid (-e) *chloride*
der Chor (⁻e) *choir, chorus*
das Chormitglied (-er) *member of chorus*
Christi Himmelfahrt (lit. *Ascension of*
  Christ into Heaven) *Ascension Day*
christlich *Christian*
die Christlich-Demokratische
  Union *Christian Democratic Union*
die Christlich-Soziale Union *Christian*
  Social Union
der Christtag (-e) *Christmas Day*
Christus: vor Christus, v.Chr. *before*
  Christ, BC; nach Christus,
  n.Chr. *after Christ, AD*
circa *about*
der Club(-s) *club*
cool *cool*
CSU=Christlich-Soziale Union
der Cut (-s) *morning coat*

D

da *here, there, since, because, (filler word)*
dabei *about it, in doing so, at the same*
  time, part of it; das Spiel ist täglich
  dabei *games play a part every day*
das Dach (⁻er) *roof*
die Dachorganisation (-en) *umbrella*
  organisation
der Dachshund (-e) *dachshund*
dachte *from* denken
dadurch *through it/them, by that means,*
  in that way
dafür *for it/them, to make up for it,*
  instead of that
dagegen *against it/them, on the other hand*
daher *therefore, hence*

dahin   (to) there, hence
dahinfliegen (sep.) o, o *   to rush by, fly
  along
damals   at that time, then
die Dame (-n)   lady
damit   with it/them/this, so (that), i.e.
der Dampf (-̈e)   steam
der Dampfkessel (-)   steam boiler
danach   after(wards), after it/them,
  according to that
daneben   in addition, with it/them, on the
  side, as a sideline, part-time; ich war total
  daneben   I was completely confused
der Dank   thanks; dank   thanks to
dankbar   thankful
danke   thank you
danken   to thank
dann   then
daran   at, on, about, in (it/them); es liegt
  daran, daß ...   it's because
darangehen (sep.) i, a *   to get down to
darauf   on it/them
daraufhin   thereupon
daraus   out of it/them, from it/them
darf   (from dürfen): darf ich?   may I?
darin   in it/them
darstellen (sep.)   to be, represent
darstellend: darstellende
  Kunst   performing art
darüber   over it/them; about it/them;
  meanwhile
darüberhinaus   moreover, in addition
darum   therefore, around, about it/them;
  darum!   because!
darunter   under it/them, by that
das   the, this, who, which, it, that
daß   that
dasselbe   the same
dat (dialect)=das
das Datum   date; Daten (pl) data
die Dauer   duration
dauerhaft · constant
dauern   to last, take
dauernd   constantly
der Daumen (-)   thumb
davon   of it/them, away from it, with
  it/them
davor   in front (of it), before that, about it
dazu   for it, to do it, about it, in addition
dazugeben (sep.) (i), a, e   to add

dazugießen (sep.) o, o   to pour in, add
DDR(=Deutsche Demokratische
  Republik) GDR
debütieren   to make one's debut
decken   to cover, set
defekt   not functioning properly
dein(e)   your
dem   (to) the/whom; which
dementsprechend   accordingly
der Demokrat (wk m) (-en)   democrat
die Demokratie (-n)   democracy
demokratisch   democratic
demokratisieren   to democratise
demolieren   to demolish
die Demonstration (-en)   demonstration
demonstrieren   to demonstrate, show
den   the, which, whom
denen   (to) which/whom
denkbar   conceivable
denken, dachte, gedacht   to think; an
  etwas denken   to think about something;
  nicht zu denken   inconceivable
denn   for, because, then, (filler word)
der   the, this, who, which, it, that, he
der-, die-, dasselbe   the same
dereinst   once
deren   their, whose, of which
derjenige: derjenige, der ...   anyone who
derzeit   at present
derzeitig   present
des   of the, which, whom
deshalb   therefore, for that reason
dessen   his, its, whose, of which
das Dessert (-s)   dessert, pudding
deswegen   therefore, for that reason
Detail: bis ins Detail   detailed
deutlich   clear, obvious
deutsch   German
das Deutsch(e)   German (language)
der/die Deutsche (-n), ein Deutscher   German
  Deutsche Demokratische
    Republik   German Democratic
    Republic
  Deutschland   Germany
deutschsprachig   German(-speaking)
dezent   discreet
d.h. (=das heißt)   i.e.
die Diagonale (-n)   diagonal
der Dialekt (-e)   dialect
die Diät (-en)   diet

die Diavorführung (-en) *slide show*
dich *you*
dicht *close(ly)*
der Dichter (-) *poet*
dick *fat*
Dicker *Fatty (term of endearment)*
die *the, this, those, who, which, it, that, she, they*
diejenigen *those*
das Dienstjahr (-e) *year of service*
die Dienstleistung (-en) *service*
das Dienstleistungsunternehmen (-) *service company*
dies *this*
diese(r), dieses *this, these*
diesjährig *of this year, this year's*
diesmal *this time*
das Ding (-e) *thing;* vor allen Dingen *above all*
der Diplomingenieur (-e) *qualified engineer*
dir *(to) you*
direkt *exact(ly), direct(ly), 'live', straight (at, for)*
der Direktor (*wk m*) (-en) *director*
der Dirigent (*wk m*) (-en) *conductor*
das Dirigentenpult (-e) *conductor's rostrum*
die Disko (-s), die Diskothek (-en) *disco*
die Diskussion (-en) *discussion*
diskutieren *to discuss, have discussions*
sich distanzieren *to distance oneself*
divers *different, various*
doch *yes (contradicting 'no'); yet, nevertheless, certainly, surely, you must admit, without regret, don't worry, (filler word)*
der Dom (-e) *cathedral*
dominieren *to dominate*
die Donau *(River) Danube*
der Donnerhall *reverberating thunder*
das Doppelfenster (-) *double glazing*
die Doppelmonarchie (-n) *dual monarchy*
das Dorf (¨-er) *village*
dort *there*
dorthin *(to) there*
das Drachenfliegen *hang-gliding*
dran = *daran;* du bist dran *it's your turn*
der Drang *urge;* man hat den Drang *you feel the urge*
drauf = darauf
draufgeben (*sep.*) (i), a, e *to add*
draußen *outside*
dreckig *dirty, filthy*
das Drehbuch (¨-er) *film script*
drehen *to turn, film*
der Drehort (-e) *location*
das Dreieck (-e) *triangle*
dreieinhalbtägig *lasting three and a half days*
dreimal *threefold, three times*
dreinreden (*sep.*) *to interfere, influence*
die Dreißigerjahre (*pl*) *thirties*
die Dreiviertelstunde (-n) *three-quarters of an hour*
der Dreivierteltakt (-e) *three-four time*
drin = darin
dringend *urgent*
drinreden = dreinreden
der, die, das dritte *third;* die Dritte-Welt-Politik *Third-World policy*
die Droge (-n) *drug;* die Drogen-Subkultur *drug subculture*
die Drogenabhängigkeit (-en) *drug dependence*
das Drogenproblem (-e) *drug problem*
drüber = darüber
der Druck *pressure*
drücken *to reduce*
drum = darum; drum rum *surrounding;* alles Drum und Dran *everything connected with it, with all the bits and pieces*
du *you (familiar)*
duften *to smell, be fragrant*
das Düngemittel (-) *fertiliser*
die Düngung (-en) *manuring, fertilisation*
dunkelblau *dark blue*
dunkelbraun *dark brown*
dunkeln *to grow dark*
durch *through*
durchaus *thoroughly, definitely*
durchbrennen, a, a * *to blow (fuse)*
durcheinander *mixed up, confused*
durchgehend *continuous(ly), evergreen*
durchhalten (*sep.*) (ä), ie, a *to last out, keep going*
durchkommen (*sep.*) a, o * *to get by, be successful*
durchschlagend *sweeping, complete*
der Durchschnitt (-e) *average*
durchschnittlich *average, on average*
durchsein (*sep.*) * *to be done, cooked through*

sich durchsetzen (*sep.*) *to assert oneself, win through*

das Durchsetzungsvermögen *will to succeed, stamina*

durchweg *all right, thoroughly*

dürfen (a), u, u *to be allowed;* du darfst nicht *you mustn't;* Sie dürfen nur *you must only;* zwei Jahrzehnte dürfte es dauern *it will probably take two decades*

dynamisch *dynamic(ally)*

E

eben *just, after all, precisely*

ebenfalls *likewise*

ebenso *just as, equally, also*

das Echo (-s) *echo, reaction*

echt *genuine, traditional, really*

die Ecke (-n) *corner;* Ecken und Winkel *nooks and crannies*

edel *noble*

EG (=Europäische Gemeinschaft) *EC (European Community)*

egal: es ist egal *it doesn't matter*

die Egge (-n) *harrow*

eh *anyway*

eh (*interjection*) *er*

der Ehemann (⁻er) *husband*

das Ehepaar (-e) (*married*) *couple*

eher *rather, more*

der Ehering (-e) *wedding ring*

ehesten: am ehesten *most easily/likely*

die Ehre (-n) *honour*

der Ehrgeiz *ambition*

ehrlich *honest(ly)*

das Ei (-er) *egg*

der *or* das Eidotter (-) *egg yolk*

eierreich *rich in egg(s)*

eifrig *enthusiastic(ally), busy;* eifrig am Basteln *busy making things*

das Eigelb *egg yolk*

eigene, eigener, eigenes *own*

die Eigenart (-en) *characteristic*

die Eigenproduktion (-en) *in-house production*

eigenständig *independent*

eigentlich *actually, really, rather,* (*filler word*)

der Eigentümer (-) *proprietor, owner*

ein(e) *one, a;* die einen ... die andern *some ... others;* zum einen ... zum andern *firstly ... secondly*

einbauen (*sep.*) *to fit;* sich einen Katalysator einbauen lassen *to have a catalytic converter fitted*

einbrechen (*sep.*) (i), a, o *to break in*

eindämmen (*sep.*) *to stem*

der Eindruck (⁻e) *impression*

eindrücken (*sep.*) *to press in*

eindrucksvoll *impressive*

eineinhalb *one and a half*

einerseits *on the one hand*

einfach *simple(-ly), easy(-ily),* (*filler word*)

einfallen (*sep.*) (ä), ie, a * *to occur;* es fällt mir ein *it occurs to me, I remember*

die Einflußnahme (-n) *influence*

die Einführung (-en) *introduction*

die Eingangstür (-en) *entrance*

eingebildet *big-headed, conceited*

eingehen (*sep.*) ging ein, eingegangen * *to be received, go to the wall, die*

eingreifen (*sep.*) i, i *to intervene*

einig *in agreement, united, agreed*

einige *some*

sich einigen *to agree*

einigermaßen *to some extent, reasonable (-ly)*

die Einigkeit (-en) *unity*

einkaufen (*sep.*) *to buy;* einkaufen gehen *to go shopping*

das Einkommen (-) *income*

die Einkünfte (*pl*) *income, revenue*

einmal *once, one of, for once, really, once in a while, sometimes first of all,* (*filler word*); auf einmal *suddenly;* noch (ein)mal *again*

einmalig *unique*

einmarschieren (*sep.*) * *to march in, invade*

sich einquartieren (*sep.*) *to be quartered*

die Einrichtung (-en) *institution, facility*

der Einsatz (⁻e) *effort*

einschätzen (*sep.*) *to rate*

einschlafen (*sep.*) (ä), ie, a * *to doze off, fall asleep*

einschlagen (*sep.*) (ä), u, a *to smash in*

sich einschleichen (*sep.*) i, i *to creep in*

einschneiden (*sep.*) i, i *to cut (into), score* (*meat*)

sich einsetzen (*sep.*) *to support, uphold*
die Einsetzung (-en) *use*
der Einspänner (-) *(Austrian) black coffee with whipped cream*
einst *once upon a time*
einsteigen (*sep.*) ie, ie * *to get in*
das Einsteigen *climbing, starting the routine*
einstellen (*sep.*) *to adapt, adjust;* sich einstellen *to come, appear, adapt*
die Einstellung (-en) *attitude*
der Einstieg (-e) *getting in;* den Einstieg verpassen *to miss the boat, fail to break into*
einstreuen (*sep.*) *to litter down*
einteilen (*sep.*) *to organise, divide*
eintreten (i), a, e * *to occur, support, stand for;* wenn der Punkt eintritt *when it comes to the point*
einwerfen (i), a, o *to insert*
der Einwohner (-) *inhabitant, member of the public*
einzahlen (*sep.*) *to pay into, contribute to*
der Einzelfall (-̈e) *isolated case*
einzeln *single*
einziehen (*sep.*) o, o *to collect*
einziehen (*sep.*) o, o * *to move in, enter*
einzig *only*
einzigartig *unique*
das Eisbein (-e) *knuckle of pork*
der Eischnee *whipped egg-whites*
das Eisschießen *game similar to curling*
der Eiswürfel (-) *ice cube*
der Eiszapfen (-) *icicle*
das Eiweiß (-e) *egg-white*
elegant *elegant*
die Eleganz *elegance*
der Elektriker (-) *electrician*
elektrisieren *to electrify*
die Elektrizität *electricity*
die Elektronik *electronics*
das Element (-e) *element*
das Elend *misery*
elf *eleven*
ellenlang *interminable*
die Eltern (*pl*) *parents*
em *(interjection) mm*
emotional *emotional*
der Empfang (-̈e) *reception*
empfangen (ä), i, a *to receive*

die Empfängnis (-se) *conception;* Mariä Empfängnis *Day of the Immaculate Conception*
empfehlen (ie), a, o *to recommend*
empfinden, a, u *to feel, think*
empört *angry, up in arms*
das Ende (-n) *end;* am Ende *eventually;* Ende 1986 *at the end of 1986*
das Endergebnis (-se) *final result*
endgültig *final(ly)*
endlich *at last, finally*
die Endung (-en) *ending*
die Energie (-n) *energy*
die Energiequelle (-n) *energy source*
energisch *energetic(ally), vibrant*
eng *close(ly), tight, close-fitting*
das Engagement (-s) *action, involvement*
engagieren *to engage*
engagiert *active, involved*
England *England*
englisch *English*
das Englische *English (language)*
englischsprechend *English-speaking*
der Enkel (-) *grandchild, grandson*
das Enkelkind (-er) *grandchild*
enorm *massive*
das Ensemble (-s) *ensemble*
entdecken *to discover*
die Ente (-n) *duck*
die Entfaltung (-en) *unfolding;* zur Entfaltung kommen *to develop*
entfernen *to remove*
entfernt *distant*
entgegen *towards, contrary to, against*
entgegenkommen (*sep.*) a, o * *to appeal to*
entgegensehen (*sep.*) (ie), a, e *to regard*
entgehen: sich etwas nicht entgehen lassen *to make sure one doesn't miss (out on) something*
entnazifizieren *to denazify*
sich entscheiden, ie, ie *to decide;* sich für etwas entscheiden *to go for something;* hier entscheidet es sich *here it becomes clear*
entscheidend *important, deciding*
das Entscheidende *decisive thing, crux of the matter*
die Entschuldigung (-en) *excuse;* Entschuldigung! *excuse me, pardon me!*
(sich) entspannen *to relax*
entsprechen (i), a, o *to correspond to*

entsprechend *in accordance with,
  correspondingly, appropriately*
entweder ... oder *either ... or*
(sich) entwickeln *to develop*
die Entwicklung (-en) *development*
  er *he, it*
  -er: 80er=achtziger *eighties*
  Erachtens: meines Erachtens *in my
    opinion*
  erbauen *to build*
das Erbe *legacy, inheritance*
der Erdapfel (⁻) *(Austrian) potato*
der Erdbeerknödel (-) *strawberry dumpling*
das Erdölprodukt (-e) *(mineral) oil product*
  erfahren (ä), u, a *to experience*
die Erfahrung (-en) *experience*
  erfinden, a, u *to invent*
der Erfinder (-) *inventor*
der Erfolg (-e) *success*
  erfolgreich *successful*
die Erfolgsgier *craving for success*
sich erfreuen *to enjoy*
  erfrischend *refreshing*
  erfüllen *to fulfil*
die Erfüllung (-en) *fulfilment*
  ergeben (i), a, e *to yield*
das Ergebnis (-se) *result*
  ergehen: etwas über sich ergehen
    lassen *to let something wash over you*
  ergreifen, i, i *to take up, seize*
  erhalten (ä), ie, a *to receive, keep,
    maintain, get*
die Erhaltung *preservation*
  erheblich *considerable(-ly)*
das Erhitzen *heating, pasteurising*
die Erhöhung (-en) *increase, rise*
sich erholen *to recover, get over*
die Erholung (-en) *relaxation, recreation*
der/die Erholungssuchende (-n) *person seeking
    relaxation*
sich erinnern (an) *to remember something*
die Erinnerung (-en) *memory*
  erkennbar *recognisable*
sich erkennen, a, a *to recognise*
  erklären *to explain*
die Erklärung (-en) *explanation*
  erlangen *to attain, get*
  erlauben *to allow, permit*
  erleben *to experience*
das Erlebnis (-se) *experience*
  ermöglichen *to enable, facilitate, provide*

  ermorden *to kill, murder*
  ernähren *to support, nourish, feed;* sich
    ernähren *to eat*
die Ernährung *food, nutrition, diet*
  ernährungsbedingt *nutritional, diet-
    related*
  erneuern *to renew*
die Erneuerung (-en) *renewal*
  ernst *serious(ly)*
der Ernst *seriousness;* das kann doch nicht
    Ihr Ernst sein! *surely you can't be
    serious!*
  ernsthaft *serious(ly)*
das Ernstliche *serious matter*
die Ernte (-n) *harvest*
  eröffnen *to open*
  erraten (ä), ie, a *to guess*
  erregt *angry*
  erreichbar *attainable*
  erreichen *to reach, achieve, do, ensure*
  errichten *to build*
die Ersatz-Oma (-s) *surrogate grandmother*
  erscheinen, ie, ie * *to appear;* wöchentlich
    erscheinend *published weekly*
das Erscheinungsbild (-er) *appearance*
  erschrecken (i), a, o * *to be shocked,
    horrified*
  erschreckend *horrifying(ly)*
  erschreckt *horrified*
  ersehen (ie), a, e *to see;* daraus ersehen
    wir *it is clear from that*
  ersetzen *to substitute*
  erst *only, not until;* erst (ein)mal *for the
    time being, first(ly), as a prerequisite*
  erstaunlich *surprising*
der, die, das erste *first*
  erstens, als erstes *first(ly)*
die Erststimme (-n) *first vote*
der Ertrag (⁻e) *yield*
  ertragen (ä), u, a *to bear*
die Ertragssteigerung (-en) *increase, yield*
der/die Erwachsene (-n) *adult*
  erwähnen *to mention, talk about, refer to*
  erwarten *to expect*
die Erwartung (-en) *expectation*
  erwerben (i), a, o *to purchase, gain*
der/die Erwerbstätige (-n) *(gainfully) employed
    person*
  erwischen: der, den's erwischt hat *the one
    who got caught out*
  erzählen *to tell, relate, talk about*

der Erzählung (-en) *story*
erzeugen *to produce*
der Erzeugerpreis (-e) *manufacturer's price*
das Erzeugnis (-se) *product*
erziehen, o, o *to bring up*
die Erziehungsleistung (-en) *bringing up children*
die Erziehungszeit (-en) *period of motherhood*
es *it*
essen (ißt), aß, gegessen *to eat;* essen gehen *to go out for a meal*
das Essen *meal, food*
Essener *of Essen*
der Essenskorb (⁻e) *food basket*
der Eßlöffel (-) *tablespoon*
Estland *Estonia*
etabliert *established*
die Etappe (-n) *stage*
etliche *several*
etwa *approximately, about*
etwas *something, anything, somewhat, rather, a little;* so (et)was *something like that*
euch *(to) you*
euer, eure *your*
Europa *Europe*
das Europacupspiel (-e) *European-Cup match*
europäisch *European*
eventuell *possible, possibly, any*
existenzfähig *viable*
die Existenzgründung (-en) *setting up a business*
existieren *to exist*
exklusiv *exclusive*
das Experiment (-e) *experiment*
experimentieren *to experiment*
der Export (-e) *export*
exportieren *to export*
extensiv *extensive*
extra *additional(ly), special(ly)*
extrem *extreme(ly)*
die Extremmeinung (-en) *extreme opinion*
exzellent *excellent*

F

fabelhaft *fabulous*
der Fabrikant (*wk m*) (-en) *manufacturer*
der Facharbeiter (-) *skilled worker*

die Fachgewerkschaft (-en) *trade union*
fachlich *technical(ly), professional(ly)*
fahren (ä), u, a * *to drive, travel, go (by transport)*
das Fahrrad (⁻er) *bicycle*
der Fall (⁻e) *case*
fallen (ä), ie, a * *to fall;* da fällt die Wahl schon schwer *it's certainly a difficult choice to make*
falsch *wrong*
familiär *familiar, family, personal*
das Familiäre *family atmosphere*
die Familie (-n) *family*
familienähnlich *like a family*
der Familienkreis (-e):* im Familienkreise *at home, with the family*
fangen (ä), i, a *to catch*
der Fangriemen (-) *(safety) strap*
der Fanklub (-s) *fan club*
die Farbe (-n) *colour, paint*
der Fasan (-e *or* -en) *pheasant*
faschiert *(Austrian) minced*
das Faschierte *(Austrian) mince*
die Fassade (-n) *façade*
die Fasson (-s *or* -en) *taste*
fast *almost, practically*
die Faszination (-en) *fascination*
faszinieren *to fascinate*
die Fauna *fauna*
FDP = Freie Demokratische Partei
der Feber *(Austrian) February*
fehlen *to lack, be missing*
fehlend *lacking, absent*
der Fehler (-) *mistake*
feiern *to celebrate*
der Feiertag (-e) *public/bank holiday*
fein *excellent, perfect, formal(ly)*
das Feld (-er) *field, area, sphere*
die Feldfrucht (⁻e) *crop*
felix *(Latin) happy*
der Fels (-en), Felsen (-) *rock*
das Felsenriff (-e) *(rocky) reef*
das Fenster (-) *window*
der Fensterputzer (-) *window cleaner*
die Ferien (*pl*) *holidays*
der Ferienort (-e) *holiday resort*
das Ferkel (-) *piglet*
fern *far*
die Ferne *distance;* in weiter Ferne liegen *to be a long way away*
Fernseh ... *television ...*

die Fernsehanstalt (-en) *television corporation/organisation*
der Fernsehapparat (-e) *television set*
fernsehen (*sep.*) (ie), a, e *to watch television*
das Fernsehen *television*
der Fernseher (-) *television set*
fernsehfrei *without television*
die Fernsehgebühr (-en) *television licence fee*
der Fernsehkonsum *television consumption, viewing time*
die Fernsehpause (-n) *television ban*
der Fernsehrausch *television stupor/haze*
fernsehschauen (*sep.*) *to watch television*
fertig *finished, ready*
fesseln *to chain, rivet*
fest *firm*
festhalten an (*sep.*) (ä) ie, a *to hold on to, decide*
festlegen (*sep.*) *to lay down, establish*
das Festspiel (-e) *festival performance*
feststehen (*sep.*) a, a *to be clear/certain*
feststellen (*sep.*) *to see, realise*
das Fett *fat*
fetzen * *to tear, fly up*
die Feuerwehr *fire brigade*
feurig *fiery, glowing, passionate*
der Fiaker (-) (*Austrian*) *two-horse coach*
das Fieber *fever, temperature*
die Figur (-en) *figure, character*
der Film (-e) *film*
das Fin de siècle (*French*) *end of the century*
finanziell *financial(ly)*
finanzieren *to finance*
finden, a, u *to find;* ich finde auch *I think so too;* das finde ich gut *I like that*
das Fingerspitzengefühl (-e) *intuitive feeling*
die Firma (Firmen) *firm, company*
die Firmenleitung (-en) *management*
der Fisch (-e) *fish;* nicht Fisch, nicht Fleisch *neither fish, flesh nor good red herring*
fischen *to fish*
der Fischer (-) *fisherman*
das Fitneßcenter (-) *fitness centre*
die Fläche (-n) *surface, land, area*
das Flächenschleifen *surface grinding*
der Fleck (-en) *spot, place*
Die Fledermaus *The Bat*

der Flegel (-) *uncouth fellow, scallywag*
das Fleisch *meat*
der Fleischer (-) *butcher*
der Fleischhacker (-) (*Austrian*) *butcher*
der Fleischhauer (-) (*Austrian*) *butcher*
das Fleischküchle (-) *hamburger*
das Fleischklößchen (-) *hamburger*
das Fleischlaiberl (-) *hamburger*
das Fleischpflanz(e)l (-) *hamburger*
das Fleischtätschli (-) *hamburger*
fleißig *hard-working*
die Fliege (-n) *fly, bow-tie*
fliegen, o, o * *to fly*
fließen, o, o * *to flow*
die Flora *flora*
die Flucht (-en) *flight, escape*
der Flug (ꞌe) *flight*
der Flughafen (ꞌ) *airport*
die Flur (-en) *fields, land*
die Flurbereinigung (-en) *re-allocation and consolidation of agricultural land to reduce the parcellation of property*
der Fluß (Flüsse) *river*
das Flußbett (-en) *river bed*
flüssig *fluid, liquid*
die Flut (-en) *flood*
föderalistisch *federal*
föderativ *federative;* föderativer Staat *federation*
der Föhrenbuschen (-) (*hung out as a sign that new wine is on sale*)
die Folge (-n) *episode, result;* zur Folge haben *to result in*
folgen* *to follow*
folglich *as a result*
die Forderung (-en) *demand*
die Förderung (-en) *promotion, subsidy*
die Form (-en) *shape, form, design*
formal *formal*
die Forschung (-en) *research*
die Fortbildung (-en) *further training/education, refresher training*
fortschrittlich *progressive*
fortsetzen (*sep.*) *to continue*
das Foto (-s) *photograph*
fotografieren *to photograph*
das Foul (-s) *foul*
die Fracht (-en) *freight, load*
das Frackhemd (-en) *dress shirt*
die Frackjacke (-n) *tails, tail coat*
der Frackschoß (ꞌe) *coat-tail*

die Frage (-n) *question, issue, matter;* nicht in Frage kommen *to be out of the question*
fragen *to ask*
die Fraktion (-en) *parliamentary group*
Franken *Franconia*
Frankfurt a. M. (=am Main) *Frankfurt-on-Main*
Frankfurter *of Frankfurt*
fränkisch *Franconian*
Frankreich *France*
französisch *French*
frau *feminist equivalent of* man
die Frau (-en) *woman, wife, Mrs, Ms*
das Fräulein (- or -s) *young woman, girl, Miss*
der Freak (-s) *freak*
frei *free, vacant*
der Freiberufler (-) *freelance, self-employed person*
der Freibetrag (⁻e) *allowance*
die Freie Demokratische Partei *Free Democratic Party*
die Freiheit (-en) *freedom, liberty*
das Freilichtmuseum (-museen) *open-air museum*
der Freiraum (⁻e) *freedom*
freiwillig *voluntary(-ily)*
die Freiwilligkeit *voluntary nature*
die Freizeit *spare time, leisure*
das Freizeitparadies (-e) *recreation centre*
fremd *foreign, strange*
der Fremdenverkehr *tourism*
der Fremdenverkehrsverband (⁻e) *regional tourist association*
die Fremdsprache (-n) *foreign language*
frequentieren *to frequent, patronise*
die Freude (-n) *joy, pleasure*
sich freuen *to be pleased about, to enjoy;* sich freuen auf *to look forward to*
der Freund (-e) *friend*
der Freundeskreis (-e) *circle of friends;* im Freundeskreis *with friends*
freundlich *friendly, pleasing*
der Friede, Frieden *peace;* Frieden schaffen ohne Waffen *peace without arms*
die Friedenspolitik *peace policies*
die Friedenssicherung (-en) *maintenance of peace*
der Friedensvertrag (⁻e) *peace treaty*
frieren, o, o *to freeze*
der Fries (-e) *frieze*

die Frikadelle (-n) *hamburger*
frisch *fresh*
fröhlich *happy, merry, cheerful*
der Fronleichnam *Corpus Christi*
fruchtbar *fertile*
die Fruchtfolge (-n) *crop rotation*
früh *early*
die Früh(e): in der Früh (*Austrian/s. German*) *in the morning*
früher *in the past;* frühere Manager *retired managers*
das Frühstück (-e) *breakfast*
die Frustrationstoleranz *tolerance to frustration*
frustrieren *to frustrate*
fühlen *to feel;* sich verantwortlich fühlen *to feel responsible*
führen *to lead, guide, hold, carry out;* es führen mehrere Wege … *more than one path leads to …*
der Führer (-) *guide*
der Führerschein (-e) *driving-licence*
die Führung (-en) *guidance, tour*
füllen *to fill, stuff*
das Fundament (-e) *foundation*
die Fundis (*pl*) *fundamentalists*
der/die Fünfjährige (-n) *five-year-old*
fünfmal *fivefold, five times*
die Fünftagewoche (-n) *five-day week*
der, die, das fünfte *fifth*
der Funk *radio, broadcasting*
funkeln *to sparkle*
das Funktionieren *functioning*
funktionierend: gut funktionierend *strong*
für *for;* Tag für Tag *day after day*
furchtbar *frightful, terrible*
fürchten *to fear;* um etwas fürchten *to fear for something*
fürchterlich *frightful, terrible*
der Fürst (*wk m*) (-en) *prince*
der Fuß (⁻e) *foot;* zu Fuß *on foot*
der Fußball *football*
der Fußballfan (-s) *football fan*
das Fußballfeld (-er) *football pitch*
der Fußballplatz (⁻e) *football ground*
das Fußgängerdorf (⁻er) *pedestrian village*
die Fußstapfen (*pl*) *footsteps, track*
das Futter *fodder*
füttern *to feed (animals)*

G

gab: es gab *there was/were*
die Gabel (-n) *fork*
gackern *to cluck*
die Galerie (-n) *gallery*
galt *from* gelten
die Gans (¨e) *goose*
ganz *quite, whole, all of, really, very, the whole of, all over;* ganz sicher(lich) *certainly;* ganz am Schluß *right at the end*
das Ganze *the whole (thing)*
ganzheitlich *whole, complete, holistic*
ganztags *full-time* (lit. *whole days*)
gar *even, at all, indeed;* gar nicht *not at all, by no means*
gären *to ferment*
der Garten (¨) *garden*
der Gärtner (-) *gardener*
der Gast (¨e) *guest*
das Gästerennen (-) *race for holidaymakers*
das Gasthaus (¨er) *simple restaurant, small hotel, pub*
gastieren *to perform, make a guest appearance*
die Gaststätte (-n) *restaurant, pub*
der Gaukler (-) *travelling performer*
geb. = geboren
das Gebäude (-) *building*
geben (i), a, e *to give;* es gibt *there is/are*
das Gebiet (-e) *area, region, territory*
geboren *born*
Geborene: alle früher Geborenen *all those born earlier*
das Gebot (-e) *principle*
das Gebräu (-e) *brew*
gebrauchen *to use, have a use for*
gebräuchlich *common*
die Gebrüder (*pl*) *brothers*
die Gebühr (-en) *fee, charge*
das Gebührenaufkommen (-) *licence revenue*
die Geburt (-en) *birth*
gebürtig *born (in)*
die Geburtsstadt (¨e) *home town*
der Geburtstag (-e) *birthday*
gedacht *intended (see also* denken)
das Gedächtnis (-se) *memory*
der Gedanke (*wk m*) (-n) *thought, idea*
das Gedicht (-e) *poem;* das gebackene Gedicht *the heavenly dessert*

gedrängt *packed, full*
geduldig *patient(ly)*
geeignet *suitable*
die Gefahr (-en) *danger*
gefährden *to endanger, be at risk*
die Gefährdung (-) *danger, endangering*
gefährlich *dangerous*
gefallen (ä), ie, a *to please;* es gefällt mir *I like/enjoy it*
das Geflügel *poultry*
das Gefühl (-e) *feeling, impression*
die Gefühlssache: reine Gefühlssache *purely emotional*
die Gegebenheit (-en) *feature, factor, conditions*
gegen *against*
die Gegend (-en) *area, region*
der Gegenpol (-e) *counterpole, contrast*
der Gegensatz (¨e) *contrast*
gegenseitig *each other*
gegenüber *opposite, to, for, over, compared to;* sich selbst gegenüber *with themselves*
die Gegenwart *present (time)*
gegenwärtig *modern, present, current*
das Gehalt (¨er) *salary*
das Gehaltsniveau (-s) *salary level*
geheimhalten (*sep.*) (ä), ie, a *to keep secret*
das Geheimnis (-se) *secret*
das Geheimrezept (-e) *secret recipe*
gehen, ging, gegangen * *to go, walk;* es geht *it's possible;* jetzt geht's nach Wien *now we're going to Vienna;* es geht nicht um Leben und Tod *it's not a matter of life and death;* es geht um *it's about;* dann geht's los! *then off we/you go!*
gehören *to belong*
die Geige (-n) *violin*
geigen *to play the violin*
der Geist *spirit, mental faculties*
gelb *yellow*
das Geld (-er) *money, payment*
der Geldmangel *lack of money*
die Geldspende (-n) *donation, payment*
das Geldwesen *finance*
das Geleit *escort;* zum Geleit *equivalent to 'in loving memory'*
gelernt *trained*
die Geliebte (-n) *lover (f), mistress*

gelingen, a, u * *to succeed*
gell, gelt? (*Austrian/s. German*) *equivalent to* nicht wahr?
gelten (i), a, o *to apply, be regarded as, taken as*
die Geltung *recognition, validity*
gemeinsam *communal, together*
die Gemeinschaft (-en) *community, association, society*
das Gemüse *vegetable(s)*
der Gemüsebau *vegetable production*
gemütlich *at ease, relaxed*
das Gemütliche *relaxed atmosphere*
die Gemütlichkeit *geniality, cosiness, cheerfulness*
genannt *called, known as*
genau *exact(ly), particular(ly), in detail*
genauso *just as, the same, in the same way*
der General-Anzeiger (-) *General Gazette*
der Generalsekretär (-e) *general secretary*
die Generation (-en) *generation*
generell *general(ly)*
genial *amazing(ly)*
das Genie (-s) *genius*
genießen, o, o *to enjoy*
genug *enough*
genügen *to be sufficient*
genügend *sufficient(ly)*
genüßlich *pleasurably, luxuriously*
gepflegt *well looked after*
das Gepräge *character, features*
gerade *just, exactly, precisely, best*
geradezu *virtually, absolutely*
das Gerät (-e) *machine, implement;* Geräte (*pl*) *machinery, equipment*
gerecht *just*
die Gerechtigkeit (-en) *justice*
das Gerede *discussion, talk*
das Gericht (-e) *court, dish*
das Gerichtsjahr (-e) (*Austrian*) *post-doctoral year's training in court procedure*
gering *little, slight, low*
germanisch *Germanic*
der Germknödel (-) (*Austrian*) *yeast dumpling*
gern(e) *of course, certainly, willingly, happily;* gern an den Rhein gehen *to like going to the Rhine*
die Gerste *barley*
gesamt *whole, entire*
gesamtdeutsch *all-German*

die Gesamtwertung (-en) *overall classification*
der Gesang (⁻e) *song*
geschädigt *damaged*
das Geschäft (-e) *business, shop;* die Geschäfte (*pl*) *business*
der Geschäftsführer (-) *manager, executive*
die Geschäftsführerin (-nen) *manageress*
die Geschäftsleute (*pl*) *businesspeople*
der Geschäftsmann (⁻er) *businessman*
die Geschäftsstelle (-n) *office, headquarters*
die Geschäftsstraße (-n) *shopping street*
geschehen (ie), a, e * *to happen*
das Geschehen (-) *event(s)*
das Geschenk (-e) *present*
die Geschichte (-n) *story, tale, history*
geschickt *skilful(ly), skilled*
geschlossen *closed;* geschlossen haben *to be closed*
der Geschmack (⁻e *or* ⁻er) *taste*
das Geschmeide *jewellery*
geschockt *shocked*
geschwind *quick(ly)*
die Geschwindigkeit (-en) *speed*
die Geschwister (*pl*) *brothers and sisters*
gesellig *sociable*
die Gesellschaft (-en) *association, society, company*
gesellschaftlich *social, in society*
das Gesetz (-e) *law*
die Gesetzesgrundlage (-n) *legal basis*
die Gesetzgebung (-en) *legislature*
gesetzlich *legal(ly)*
gesichert *secure, certain*
das Gesicht (-er) *face*
der Gesichtspunkt (-e) *angle, aspect, factor*
gespalten *split*
gespannt *intent(ly), curious*
das Gespräch (-e) *talk, conversation, discussion*
gesprächsbereit *ready to talk, forthcoming*
die Gestalt (-en) *form, formula, (stock) figure*
gestalten *to shape*
gestanden *from* stehen
gestärkt *strengthened*
gestern *yesterday*
gestreift *striped*
gesund *healthy*
das Gesundheitsbewußtsein *health awareness;* aus Gesundheits-

bewußtsein *for health reasons*
getan *from* tun
das Getränk (-e) *drink, beverage*
das Getreide *wheat, corn, cereal, grain*
der Getreidebau *grain growing*
die Gewalt *violence*
   gewaltig *powerful*
die Gewässer (*pl*) *lakes, rivers and canals*
das Gewerbe *crafts, industry, trade, business, occupation*
der Gewerbebetrieb (-e) *business*
   gewerblich *industrial*
die Gewerkschaft (-en) (*trade*) *union*
der Gewerkschafter (-) *trade unionist*
   gewesen *from* sein
das Gewicht (-e) *weight*
   gewieft *smart, astute*
   gewinnen, a, o *to win* (*over*), *gain*
   gewinnträchtig *lucrative*
   gewiß *certain(ly)*
das Gewissen (-) *conscience*
   gewitzt *smart, cunning*
sich gewöhnen an *to get used to*
das Gewölbe (-) *vault*
   gibt (*from* geben): es gibt *there is/are*
   gießen, o, o *to pour, cast* (*metal*)
das Gift (-e) *poison*
   giftig *poisonous*
der Giftstoff (-e) *pollutant*
der Gipfel (-) *peak, summit*
der Glamour-Look *glamour look*
   glänzend *shiny*
die Glanzzeit (-en) *heyday, golden age*
   glatt *smooth(ly)*
die Glättung (-en) *standardisation*
die Glatze (-n) *bald head*
der Glaube *belief, faith*
   glauben *to believe, think;* an etwas glauben *to have faith in something*
   gleich *immediately, same, just*
die Gleichbehandlung (-en) *equal treatment*
   gleichermaßen *equal(ly)*
   gleichgültig *indifferent*
   gleichmäßig *even(ly), uniform(ly)*
   gleichzeitig *at the same time, simultaneous(ly)*
   gleitend: gleitende Arbeitszeit *flexitime*
der Gliedsatz (-̈e) *subordinate clause*
die Glocke (-n) *bell*
das Glück *luck, happiness*
   glücklich *happy*

glücklicherweise *happily, luckily*
Glückwunsch: herzlichen
   Glückwunsch *many happy returns, congratulations*
   gnadenlos *merciless, hard-nosed*
das Gold *gold*
   golden *golden*
   goldgelb *golden yellow*
die Goldkuppel (-n) *golden dome*
die Goldmedaille (-n) *gold medal*
die Gondel (-n) *cable-car*
der Gong *gong, bell* (*name of magazine similar to Radio/TV Times*)
die Gotik *Gothic style/period*
   gotisch *Gothic*
der Gott (-̈er) *god, God;* leider
   Gottes *unfortunately;* Gott sei
   Dank *thank goodness*
das Grab (-̈er) *grave*
   graben (ä), u, a *to dig, excavate*
   grad = gerade
die Graffiti (*pl*) *graffiti*
das Gramm (-e) *gram*
   grassieren *to rage, be widespread*
   grau *grey*
   grauenhaft *atrocious*
   grausam *violent*
   grauslich *ghastly, awful*
die Grenze (-n) *frontier, border, limit*
   griechisch *Greek*
der Griff (-e) *grasp;* in den Griff
   bekommen *to get under control;* im
   Griff *under control*
die Grillparty (-ies) *barbecue*
   grimmig *biting* (*cold*)
   grob *broadly*
das Grobe: im Groben gesagt *roughly speaking*
   groß *big, large, much;* im großen und
   ganzen *by and large, on the whole*
   großartig *splendid, brilliant, fantastic*
der Großbetrieb (-e) *large-scale business*
   Großbritannien *Great Britain*
das Große-weite-Welt-Gefühl *big-wide-world sensation*
die Größe (-n) *size*
die Großeltern (*pl*) *grandparents*
   größer *bigger*
die Großfamilie (-n) *extended family*
der Großhandel *wholesale trade*
die Großstadt (-̈e) *city*

der Großstädter (-) *city-dweller*
der, die, das größte *biggest*
 größteils *mainly, by and large*
 größtenteils *mainly*
der Großvater (⁻) *grandfather*
der Großversuch (-e) *large-scale experiment*
 großziehen (*sep.*) o, o *to bring up*
 Grüezi (*Swiss*) *hallo*
 grün *green*
der Grund (⁻e) *reason, basis, bottom;* im
  Grunde *basically;* von Grund
  auf *thoroughly, from the start*
 gründen *to found, initiate*
der Gründer (-) *founder, initiator*
das Grundgesetz (*FRG*) *Basic Law*
die Grundlage (-n) *principle, basis*
 gründlich *thorough(ly)*
das Grundprinzip (-ien) *basic principle*
 grundsätzlich *fundamental(ly), in/on*
  principle
das Grundstück (-e) *plot (of land)*
Die Grünen (*pl*) *the Greens*
das Grünland *grassland, pasture*
 grunzen *to grunt*
die Gruppe (-n) *group, workforce*
die Gruppierung (-en) *group, grouping*
 Grüß: Grüß Gott (*Austrian/s. German*)
  hallo, good morning/afternoon/evening
 grüßen *to greet*
 gucken *to look, watch*
der *or* das Gulasch *goulash*
der, die, das günstigste *cheapest, most*
  favourable
 gut *good, well*
das Gut (⁻er) *estate*
das Gute *goodness*
der Güterzug (⁻e) *goods train*
 gutgehen (*sep.*) i, a * *to work out all right,*
  to be/do well, have it good
das Gymnasium (-ien) *similar to grammar*
  school
die Gymnastik *gymnastics, training, keep-fit*
  classes

H

das Haar (-e) *hair*
 haben (hat), hatte, gehabt *to have;* hat es
  in sich *it's got a kick to it*
die Habsburger (*pl*) *Hapsburgs*
das Hackblätzli (-) *hamburger*

die Hackordnung (-en) *pecking order*
der Hafen (⁻) *harbour, port*
der Hahn (⁻e) *cock*
das Hähnchen (-) *chicken*
 halb *half*
 halbtags *part-time,* (lit. *half days*)
 halbwegs *more or less*
die Hälfte (-n) *half*
das Hallenbad (⁻er) *indoor swimming-pool*
 hallo *hallo*
der Hals (⁻e) *neck, throat*
 halt *just (filler word)*
 haltbar: haltbar sein *to keep*
 halten (ä), ie, a *to hold, keep, consider,*
  think; davon hat er nie viel gehalten *he*
  has never had much time for it; etwas für
  richtig halten *to think something is*
  right; ich kann mich halten *it doesn't*
  grab me
die Haltung *owning, keeping, breeding*
der Hamburger (-) *person from Hamburg* (*m*)
die Hand (⁻e) *hand*
die Handarbeit (-en) *work done by hand,*
  needlework
der Handel *trade*
 handeln *to act;* worum es sich
  handelt *what it's about*
die Handelskammer *Chamber of Commerce*
 handhaben, gehandhabt *to handle*
die Handlung (-en) *action, plot*
der Handwerker (-) *craftsman*
 handwerklich *craft*
der Hang (⁻e) *slope*
 hängen i, a *to hang*
der Hänger (-): er hat einen Hänger gehabt *he*
  fluffed (his lines)
 Hannover *Hanover*
der Hannoveraner (-) *person from Hanover* (*m*)
die Hansestadt (⁻e) *Hanseatic city*
 hart *tough, hard*
der Haß *hate, hatred*
 häßlich *ugly*
die Hast *haste, frenzy*
 häufig *often*
 Haupt- *main-*
die Hauptattraktion (-en) *main attraction*
der Hauptbestandteil (-e) *main component*
das Hauptidol (-e) *national hero(ine)*
die Hauptsache (-n) *main thing;* zur
  Hauptsache *mainly*
 hauptsächlich *main(ly)*

die Hauptstadt (-̈e) *capital*
der Hauptstrom (-̈e) *main river*
das Haus (-̈er) *house;* zu Hause *at home;*
   nach Hause gehen *to go home*
der Hausbau *building a house*
der Hausflur (-e) *hall*
die Hausfrau (-en) *housewife*
der Haushalt (-e) *household*
das Häusle (-) *(dialect) (little) house*
die Hebeakrobatik *lifting acrobatics*
die Hebenummer (-n) *lifting act*
die Hecke (-n) *hedge*
der Heeressport *army sport*
die Heidschnucke (-n) *moorland sheep*
   heikel *delicate, awkward, tricky*
   heil *unpolluted, pure, intact*
   heilig *holy;* Heilige Drei
     Könige *Twelfth Night*
die Heilpädagogin (-nen) *remedial teacher*
das Heim (-e) *home*
die Heimat (-en) *home, homeland*
   heimlich *secret(ly), covert(ly)*
der Heimwerker (-) *DIY enthusiast*
   heiraten *to marry, get married*
   heißen, ie, ei *to be called, to mean;* das
     heißt *that is*
der *or* das Hektar *hectare (10,000 m²)*
der Held (*wk m*) (-en) *hero, star*
   helfen (i), a, o *to help*
   hellauf: hellauf begeistert *ecstatic*
   hellblau *light blue*
   hellbraun *light brown*
das Hendl (-n *or* -) *(Austrian/s.German)*
   (roast) chicken
   her *here*
   heraufholen (*sep.*) *to draw up, in*
   heraus *out*
   herausfinden (*sep.*) a, u *to discover*
die Herausforderung (-en) *challenge*
   herausgehen (*sep.*) i, a * *to go on (stage)*
   herausgreifen (*sep.*) i, i *to highlight, single*
     out
   herausholen (*sep.*) *to draw out*
   herauskommen (*sep.*) a, o * *to get about,*
     come out, be published/released
sich herausputzen (*sep.*) *to get dolled up*
   heraußen *(Austrian/s. German) outside*
   herbringen (*sep.*) a, a, *to bring (along),*
     get
der Herd (-e) *stove, gas ring, burner*
   herein *in, into*

   hereinfahren (*sep.*) (ä), u, a * *to drive into;*
     ins Wort hereinfahren *to interrupt*
   hereinkommen (*sep.*) a, o * *to come/get*
     into, enter
   hereinlegen (*sep.*) *to put in*
der Herr (*wk m*) (-n *or* -en) *Mr, man,*
     gentleman, guy; mein Alter Herr *my*
     old man, father
   herrje! (*from* Herr Jesus!) *oh dear!, oh*
     wow!
   herrlich *splendid, glorious, marvellous*
   herrschen *to reign, be;* es herrschte
     keineswegs Einigkeit *there was by no*
     means unity
der Herrscher (-) *ruler*
   herstellen (*sep.*) *to produce, manufacture*
   herüberkommen (*sep.*) a, o * *to come over*
   herum *around, about*
   herumhorchen (*sep.*) *to ask* (lit. *listen*)
     around
   herumlaufen (*sep.*) (äu), ie, au * *to run*
     around/about
   herumschwimmen (*sep.*) a, o * *to swim*
     around
   herunter *down, in the cellar;* die Katze
     kann nicht herunter *the cat can't get*
     down
   herunterfallen (*sep.*) (ä), ie, a * *to fall*
     down
   hervorbringen (*sep.*) a, a *to produce*
   hervornehmen (*sep.*) (i), a, o *to pick out*
   hervorragend *outstanding, first-class*
das Herz (-en) *heart*
   herzlich *warm(ly), cordial(ly)*
die Herzogin (-nen) *countess*
   Hessen *Hesse*
   hessisch *Hessian*
das Hessische *Hessian (dialect)*
   heurig *of this year*
der Heurige (*wk m*) (-n) *(Austrian) new wine,*
     winegrower's garden selling new wine
   heute *today, now*
   heutig *of today, contemporary, current,*
     modern, today's; in der heutigen
     Zeit *nowadays, in today's world*
   heutzutage *nowadays*
   hier *here*
   hierfür *for this*
   hierüber *over here/this, about this*
   hierzulande *here in this country*
die Hilfe (-n) *help;* ohne Hilfe *helpless*

die Hilflosigkeit *helplessness*
hilfreich *helpful*
der Hilfsdienst (-e) *service, help scheme*
der Himmel (-) *sky, heaven*
die Himmelfahrt: Christi Himmelfahrt
Ascension Day; Mariä Himmelfahrt
*Assumption of the Virgin Mary,
Assumption Day*
hin *to, there*
hinauf *up(wards)*
hinaus *out*
hinausreichen (*sep.*) *to extend beyond*
hindurch *through, throughout*
hinein *in, into*
hineinbekommen (*sep.*) a, o *to get
something into*
hineingeben (*sep.*) (i), a, e *to put into,
serve on to, add*
hineingehen (*sep.*) i, a * *to go into, enter*
hineinlassen (*sep.*) (ä), ie, a *to discharge
into*
hineinspritzen: Wasser ein bißchen
hineinspritzen *flick in a few drops of
water*
hinfallen (*sep.*) (ä), ie, a * *to collapse*
hingehen (*sep.*) i, a * *to go there*
hinnehmen (*sep.*) (i), a, o *to accept, take
for granted*
hinschicken *to send (to)*
sich hinsetzen (*sep.*) *to sit down*
die Hinsicht (-en) *respect*
hinten *behind, at the back*
hinter *behind*
der Hintergrund (¨e) *background*
hinterher *afterwards, retrospective(ly)*
hinüber *over there*
hinübergehen (*sep.*) i, a * *to go over*
hinunterbrausen (*sep.*) * *to race down*
hinunterfahren (*sep.*) (ä), u, a * *to go
down*
sich hinunterziehen (*sep.*) o, o *to extend down*
hinweisen (*sep.*) ie, ie (auf) *to point out,
state*
hinzu *in addition*
hinzufügen (*sep.*) *to add*
hinzukommen (*sep.*) a, o * *to be added*
hinzusetzen *to add*
das Hirn (-e) *brain*
der Hirt (*wk m*) (-en) *shepherd*
der Hit (-s) *hit*
die Hitze *heat*

hoaß = (*Bavarian*) heiße
das Hobby (-s) *hobby*
hoch *high, senior*
die Hochburg (-en) *stronghold*
das Hochdeutsch; hochdeutsch *High
German, standard German*
hochentwickelt *highly developed, acute*
das Hochhaus (¨er) *block of flats, high-rise
building*
das Hochmittelalter *High Middle Ages*
hochqualifiziert *highly qualified, skilled*
die Hochschule (-n) *university, college,
institute (of higher education)*
die Hochsprache (-n) *standard language*
höchst *highest, highly*
höchstdotiert *most lucrative*
höchstens *at most, at best*
hochstylen (*sep.*) *to style (hair) so it
stands up*
die Hochtechnologie *high technology*
der Hochwasserfall: im Hochwasserfall *in
the case of high water/flooding*
der Hochwasserschutzbau (-ten) *flood-
protection structure/barrier*
die Hochzeit (-en) *wedding, marriage*
hocken *to crouch*
der Hof (¨e) *courtyard, court*
hoffen *to hope*
hoffentlich *hopefully, it's to be hoped*
die Hoffnung (-en) *hope*
der Hofrat (¨e) *court counsellor*
die Hofrätin (-nen) *wife of "Hofrat"*
hohe, hoher, hohes, *from* hoch
die Höhe (-n) *altitude, height*; in die
Höhe *upwards, up (in the air)*
der Höhepunkt (-e) *climax*
höher (als) *higher/more senior (than)*
holen *to fetch, call*; sich Wasser
holen *to fetch water (for themselves)*
Holland *Holland*
das Holzgebäude (-) *wooden house/building*
der Honig *honey*
Horch *old model of car (forerunner of
Audi)*
hören *to listen to, hear*
der Hörer (-) *listener (m)*
der Hörfunk *radio*
der Horror *horror*
das Hörspiel (-e) *radio play*
die Hose (-n) *or* Hosen (*pl*) (*pair of*) *trousers*
die Hosenträger (*pl*) *braces*

das Hotel (-s) *hotel*
die Hüfte (-n) *hip*
der Hügel (-) *hill*
das Huhn (¨er) *hen*
der Hund (-e) *dog*
der, die, das hunderterste *hundred and first*
    hundertprozentig *hundred percent*
der Hunne (-n) *Hun*
der Hüter (-) *guardian, custodian*

I

ich *I*
ideal *ideal, perfect*
das Ideal (-e) *ideal*
die Idee (-n) *idea*
    identisch *identical*
    ihm (*to*) *him/it*
    ihn *him, it*
    ihnen, Ihnen (*to*) *them/you*
    ihr(e) *her, its, their*
    ik spreek Hollands (*Dutch*) *I speak Dutch*
die Illustrierte (-n) *illustrated magazine*
    im = in dem
das Image (-s) *image*
    imitieren *to imitate*
    immer *always*: immer mehr *more and*
      more; immer weiter *more and more*
    immer noch *still*; immer mal *every now*
      and then; immer wieder *constantly,*
      again and again; was immer *whatever*
    immerhin *after all*
der Impuls (-e) *impulse, initiative*
    in *in, into*; im Radio *on the radio*
    inbegriffen *included*
    indem *by*; indem man Energie spart *by*
      conserving energy
    indessen *in the meantime*
der Indogermane (*wk m*) (-n) *Indo-European*
die Industrialisierung (-en) *industrialisation*
die Industrie (-n) *industry*
der Industriebetrieb (-e) *industrial company*
die Industriegesellschaft (-en) *industrial*
    society
die Inflation (-en) *inflation*
die Info = Information
die Information (-en) *information, news*
der Informationsfluß *information transfer*
    informieren *to inform*; sich
      informieren *to find out* (*about*)
die Initiative (-n) *initiative, campaign*

der Inländer (-) (*Austrian, German etc.*)
    national
die Innenpolitik *home affairs*
der Innenraum (¨e) *interior*
die Innereien (*pl*) *offal*
    innerhalb *inside* (*of*)
    ins = in das
    insbesondere *especially, in particular*
die Insel (-n) *island*
    insgesamt *altogether, in all, a total of*
die Institution (-en) *organisation, institution*
das Instrument (-e) *instrument*
    intakt *intact*
der/die Intellektuelle (-n) *intellectual*
    intensiv *intensive(ly), efficient(ly)*
    interessant *interesting*
das Interesse (-n) *interest*
    interessieren *to interest*; sich für etwas
      interessieren *to be interested in, like*
      something
    interessiert (an) *interested* (*in*)
    international *international*
das Interview (-s) *interview*
der Interviewpartner (-) *interviewee*
die Intrige (-n) *intrigue*
    investieren *to invest*
    inwiefern *to what extent, in what way*
    inzwischen *meanwhile, now*
    irgend *some* (*... or other*), *any*; irgend
      etwas *some-/anything*; eine Firma ist
      ja nicht irgend etwas *after all, a*
      company isn't just any old thing
    irgendein(e), irgendeines *some/any*
    irgendwas *some-/anything*
    irgendwelche *some/any*
    irgendwie *some-/anyhow*
    irgendwo *some-/anywhere, somehow*
    irrsinnig *tremendous(ly), fantastic(ally),*
      incredible(-bly)
    is (*coll.*) = ist
    italienisch *Italian*

J

ja *yes, what's more, after all, of course,*
    well, (*filler word*); Sie sind vierzig,
    ja? *you're forty, aren't you?*; ja
    und? *so what?*
die Jagd (-en) *hunt*
das Jahr (-e) *year*; Jahr für Jahr *every year*

jahraus *see* jahrein
jahrein: jahrein jahraus   *year in year out*
jahrelang   (*for*) *years*
der Jahrgang (-̈e)   *vintage*
das Jahrhundert (-e)   *century*
die Jahrhundertwende (-n)   *turn of the
    century*
jährig: 3000jährige Tradition   *tradition
    going back 3000 years*
jährlich   *annual(ly)*
das Jahrtausend (-e)   *millennium*
das Jahrzehnt (-e)   *decade*
der Jänner   (*Austrian*) *January*
der Jazz   *Jazz*
die Jazzkneipe (-n)   *jazz pub*
je   *ever, each*
die Jeans (-)   *jeans*
jede(r), jedes   *each, every*;
    jeder   *everyone*; ein jeder   *everyone,
    one and all*
jedenfalls   *anyhow, in any case, at any rate*
jederzeit   *at any time*
jedesmal   *every time*
jedoch   *however*
jeher: seit jeher   *from time immemorial*
jemals   *ever*
jemand   *someone, anyone*
jene(r), jenes   *that, it, him, her*
jetzt   *now*
jeweilig   *in question*
jeweils   *each time, in each case, all*
Jh. = Jahrhundert
das Jiddische   *Yiddish*
der Job (-s)   *job*
der Jogakurs (-e)   *yoga course/classes*
das Jogging   *jogging*
der Jongleur (-e)   *juggler*
der Journalist (*wk m*) (-en)   *journalist*
das Jubiläum (-läen)   *anniversary*
die Jugend   *youth, young people*
der/die Jugendliche (-n)   *young person*
der Jugendstil   *art nouveau*
die Jugendzeit (-en)   *youth*
jung   *young*
der Junge (*wk m*) (-n)   *boy*
die Jungfrau (-en)   *virgin*
der Jurist (*wk m*) (-en)   *lawyer* (*m*)
die Juristin (-nen)   *lawyer* (*f*)

K

das Kabel (-)   *cable*
das Kabelnetz (-e)   *cable network*
die Kabinenbahn (-en)   *cable-car*
die Kachel (-n)   *tile*
der Kaffee (-s)   *coffee*
die Kaffeepause (-n)   *coffee break*
die Kaffeesorte (-n)   *blend/type of coffee*
der Kahn (-̈e)   *ship*
der Kaiser (-)   *emperor*
das Kaiserhaus (-̈er)   *imperial palace/family*
die Kaiserin (-nen)   *empress*
kaiserlich   *imperial*
kaiserlich-königlich   *imperial and royal*
der Kaiserschmarr(e)n (-)   *thick pancake with
    raisins, cut up and sugared*
das Kalbfleisch   *veal*
das Kalbsschnitzel (-)   *veal escalope*
kalorienreich   *high-calorie*
kalt   *cold*
die Kälte   *cold* (*weather*)
der Kameramann (-̈er)   *cameraman*
der Kamm (-̈e)   *comb*
kämmen   *to comb*
die Kammer (-n)   *chamber*
der Kampf (-̈e)   *fight, struggle*; im Kampf
    gegen   *in competition with*
kämpfen   *to fight, struggle*; um etwas
    kämpfen   *to fight for something*
der Kanal (-̈e)   *canal*
der Kandidat (*wk m*) (-en)   *candidate*
die Kanone (-n)   *cannon*; unter aller
    Kanone   *grotty, crumby*
der Kanzleirat (-̈e)   *senior chancellery official*
der Kanzler (-)   *chancellor*
die Kapelle (-n)   *band, orchestra*
der Kapitalismus   *capitalism*
der Kapitalmangel (-̈)   *shortage of capital*
das Kapitel (-)   *chapter*
kaputt   *broken, out of order*
kaputtmachen (*sep.*)   *to smash, ruin*
der Karfiol   (*Austrian*) *cauliflower*
der Karfreitag (-e)   *Good Friday*
kariert   *check(ed)*
die Karnevalsszene (-n)   *carnival scene*
die Karnevalszeit (-en)   *carnival season*
die Karotte (-n)   *carrot*
die Karriere (-n)   *career*
die Karte (-n)   *map, ticket, card*
die Kartoffel (-n)   *potato*

der Kartoffelknödel (-) *potato dumpling*
der Käse *cheese, rubbish, nonsense*
der Kasperl (-) *Punch*
die Kasse (-n) *cash (desk)*; Kasse machen *to reap the profits, make a killing*
die Kassette (-n) *cassette*
der Kasten (⁻) *box, dispenser*
der Katalysator (-en) *catalytic converter*
katastrophal *atrocious*
die Katastrophe (-n) *catastrophe*
die Kategorie (-n) *category*
der Katholik (*wk m*) (-en) *Catholic*
katholisch *Catholic*
die Katze (-n) *cat*
kaufen *to buy*; sich etwas kaufen *to buy something*
der Käufer (-) *buyer, customer, shopper*
kaum *hardly, scarcely*
kein(e) *no, none*; ein Krieg darf keiner mehr kommen *there mustn't be another war*
keineswegs *by no means*
der Keller (-) *cellar*
kellern *to cellar (wine)*
die Kelten (*pl*) *Celts*
keltisch *Celtic*
kennen, a, a *to know (a thing)*
kennenlernen (*sep.*) *to get to know*
der Kenner (-) *connoisseur*
kennzeichnen *to designate, characterise*
der Kern (-e) *core, heart*
die Kernaufgabe (-n) *central/main task*
die Kernenergie *nuclear energy*
die Kernfrage (-n) *key question*
die Kernkraft *nuclear power*
der Kerzenhalter (-) *candle stick*
das Kerzenlicht *candlelight*
kikeriki *cock-a-doodle-doo*
das Kilo (-s), das Kilogramm (-e) *kilo(gram)*
der Kilometer (-) *kilometre*
das Kind (-er) *child*
die Kindererziehung *bringing up children*
das Kinderrennen *children's race*
die Kinderzeit (-en) *childhood*
das Kindesalter *childhood*
das Kino (-s) *cinema*
die Kirche (-n) *church*
kirchlich *ecclesiastical, in church*
der Kirschstrudel (-) *cherry strudel*
die Kirschtorte (-) *cherry cake*
klagen *to complain*

klappen *to work out, succeed, do all right*
klar *clear, simple, clear-cut*; ganz klar *definitely*
klären *to clarify*
die Klarheit (-en) *clarity, purity*
die Klarinette (-n) *clarinet*
klarstellen (*sep.*) *to get/make clear*
die Klasse (-n) *class, category, range*
klassifizieren *to classify*
die Klassik *classical period*
der Klassiker (-) *classical composer*
klassisch *classical*
das Kleid (-er) *dress*
die Kleidung *clothes/clothing*
klein *small, little*; der kleine Angestellte *the ordinary employee*
der Kleinbauer (*wk m*) (-n) *small farmer, smallholder*
der, die, das Kleine *small thing*; die Kleinen *the little ones, children*
der Klempner (-) *plumber*
klingen, a, u *to sound*
die Klinik (-en) *clinic, hospital*
klönen *to sit around having a nice chat*
klopfen *to beat*
der Klops (-e) *hamburger*
der Klub (-s) *club*
klug *clever, prudent*
der Klumpen (-) *lump*
km = Kilometer
knapp *concise(ly), about, just (under)*; knapp ein Viertel Liter Milch *about a quarter of a litre of milk but no more*
das Knie (-) *knee*
die Knochenarbeit (-en) *back-breaking work*
der Knödel (-) *dumpling*
der Knopf (⁻e) *button*
der Knüller (-) *smash hit*
die Koalition (-en) *coalition*
der Koch (⁻e) *cook, chef*
kochen *to cook, boil*
das Kochen *cooking*
der Kohl *cabbage*
das Kokain *cocaine*
der Kollaps (-e) *collapse*
der Kollege (*wk m*) (-n) *colleague (m)*
die Kollegin (-nen) *colleague (f)*
der Kollektivvertrag (⁻e) *collective agreement*
die Kollektivvertragsverhandlung (-en) *collective bargaining/agreement*
Köln *Cologne*

Kölner *of Cologne*
der Kölner (-) *person from Cologne (m)*
kolonial *colonial*
kölsch *in the Cologne dialect*
das Kölsch *dialect of the Cologne region*
die Kombination (-en) *combination*
kombinieren *to combine*
der Komiker (-) *comedian*
komisch *funny*
kommen, a, o * *to come, go, get into,*
   happen, be; nicht aus dem Sinn
   kommen *to stay in one's mind*; wie kam
   das? *how was that?* zu Wort kommen
   lassen *to allow a chance to speak, be*
   heard; jeder kommt auf seine
   Kosten *something for everyone*; den
   Arzt kommen lassen *to call the doctor*;
   zu Besuch kommen *to visit*
kommend *coming, future*
kommentieren *to comment on, remark*
der Kommissar (-e) *(police) superintendent*
der Kommunikationstreff (-s) *meeting place*
das Kommunikationszentrum
   (-zentren) *meeting point*
die Kompanie (-n) *company*
die Kompetenz (-en) *ability, authority*
kompliziert *complicated, complex*
komponieren *to compose*
der Komponist (wk m) (-en) *composer*
der Kompromiß (-sse) *compromise*
die Kondition (-en) *condition, form, stamina*
der Konditor (-en) *pastry-cook*
die Konditorei (-en) *cake shop, café*
der Konflikt (-e) *conflict*
konfliktgeladen *full of conflict, turbulent*
konform: konform gehen *to be in*
   agreement with
der Kongreß (-sse) *congress*
der König (-e) *king*
die Königin (-nen) *queen*
der Konjunktiv (-e) *subjunctive*
konkret *concrete*
das Konkrete *something concrete*
die Konkurrenz (-en) *competition*
können (kann), o, o *can, to be able*
das Können *ability, aptitude, skill*
der Könner (-) *expert*
der Konsens (-e) *consensus*
die Konsequenz (-en) *consequence,*
   conclusion, result
konservativ *conservative*

der Konsonant (wk m) (-en) *consonant*
sich konstituieren aus *to be made up of*
konstruieren *to design, construct*
konsumieren *to consume, devour*
der Kontakt (-e) *contact*
kontinuierlich *continuous(ly)*
das Konto (Konten) *account*
die Kontrolle (-n) *control*
kontrollieren *to check, inspect*
kontrovers *controversial*
konventionell *conventional*
(sich) konzentrieren *to concentrate, focus*
das Konzept (-e) *concept, idea, consequence*
das Konzert (-e) *concerto, concert*
das Konzerthaus (-̈er) *concert hall*
die Konzession (-en) *concession*
die Kooperation (-en) *cooperation*
der Kopf (-̈e) *head*; pro Kopf *per capita*
das Köpfchen (-) *little head, brains*;
   Köpfchen haben *to be clever, brainy*
die Kopie (-n) *copy*
der Korb (-̈e) *basket*
korinthisch *Corinthian*
der Körper (-) *body, torso*
körperlich *physical(ly)*
die Korrespondenzbearbeitung (-en)
   dealing with the mail
die Kost *food*
kosten *to cost, to have a taste, try*
kostenlos *free of charge*
köstlich *delicious*
der Krach *quarrel, noise*; mit jemandem
   Krach haben *to quarrel with someone*
die Kraft (-̈e) *power*; Kräfte (pl) *market*
   forces
kraftvoll *powerful*
die Kraftwerksturbine (-n) *power-station*
   turbine
krähen *to crow*
krank *ill, sick, diseased*
das Krankenhaus (-̈er) *hospital*
die Krankenschwester (-n) *nurse*
die Krankheit (-en) *disease, illness*
kredenzen *to proffer*
der Kredit (-e) *credit*
das Kreditwesen *banking*
der Kreislauf (-̈e) *circulation, cycle*
der Kren *(Austrian/s. German) horseradish*
das Kreuz (-e) *cross*
der Krieg (-e) *war*
kriegen *to get, receive, make*

die Kriegsbeute (-n) *booty, trophy*
der Kriegsdienst *national service, war service*
das Kriegsende (-n): bei Kriegsende *at the end of the war*
der Krimi (-s) *thriller*
die Krise (-n) *crisis*
die Kritik (-en) *criticism*
der Kritiker (-) *critic*
kritisch *critical*
kritisieren *to criticise*
der Kronleuchter (-) *chandelier*
der Krug (ˉe) *jug, flagon*
die Küche (-n) *kitchen, cuisine*
der Kuchen (-) *cake*
die Kuh (ˉe) *cow*
kühl *cool*
das Kühlwasser *cooling water*
die Kulisse (-n) *scenery, setting*
die Kultur (-en) *culture*
das Kulturangebot (-e) *cultural amenities/programme*
kulturell *cultural*; der kulturelle Bereich *educational and cultural affairs*
die Kulturstätte (-n) *cultural centre*
sich kümmern um *to attend to, deal with*
der Kunde (wk m) (-n) *customer*
die Kunst (ˉe) *art*
kunsthandwerklich *craft, hand-crafted*
kunsthistorisch *art historical*
der Künstler (-) *artist, genius (m)*
die Künstlerin (-nen) *artist, genius (f)*
künstlerisch *artistic*
der Künstlername (-n) *professional name*
künstlich *artificial*
der Kunstreiter (-) *circus rider, trick rider*
die Kunstrichtung (-en) *art movement*
kunstvoll *artistic*
die Kur (-en) *cure*
der Kurier (-e) *courier, messenger*
der Kurs (-e) *course*
kurz *short(ly), quick(ly), brief(ly)*
kurzfristig *short-term, short-sighted(ly)*
die Kurzinformation (-en) *concise information, summary*
kurzsichtig *short-sighted*
küssen *to kiss*; küß die Hand (lit. *kiss your hand*) *your servant, good day* (*formal, especially Austria*)

L

lachen *to laugh*
das Lachen *laugh(ter)*
lachend *laughing*
der Laden (ˉ) *shop*
die Lage (-n) *situation, location, position*; nicht mehr in der Lage *no longer able*
das Lager (-) *camp, encampment*
der Laie (wk m) (-n) *layman, amateur*
laienhaft *amateur(ish)*
die Lampe (-n) *lamp*
das Land (ˉer) *country, state, land, Land* (*second of two levels of state government*)
die Landarbeit *agricultural work*
der Landarbeiter (-) *agricultural worker*
die Landarbeiterkammer (-n) *chamber of agricultural workers, public institution at Land level in Austria* (*concerned with agricultural policy, laws, training, etc.*)
der Landbau *agriculture*
der Landbesitz (-e) *land holding, property*
die Länderregierung (-en) *Land government*
das Länderspiel (-e) *international (match)*
die Länderstruktur (-en) *Land structure*
die Landesebene (-n) *Land level*
der Landespatron (-e) *patron saint of a country/state*
die Landesregierung (-en) *Land government*
der Landkreis (-e) *administrative district* (*group of* Gemeinden, *the smallest units of local government in the FRG*)
ländlich *rural*
die Landluft *country air*
die Landmaschine (-n) *agricultural machine*
die Landschaft (-en) *landscape, countryside, scenery*
landschaftlich *in terms of the landscape*
das Landschaftsbild (-er) *landscape*
die Landsmannschaft (-en) *association of refugees from a region*; Baltische Landsmannschaft *Baltic Association*
der Landtag (-e) *Land parliament*
der Landwein (-e) *local/home-grown wine*
der Landwirt (-e) *farmer*
die Landwirtschaft *farming, agriculture*
landwirtschaftlich *agricultural(ly)*
die Landwirtschaftskammer (-n) *Chamber of Agriculture*
lang *long*
die Länge (-n) *length*

länger (als) *longer (than)*
langersehnt *long-coveted*
langfristig *long-term*
langjährig *long-standing*
der Langlauf *cross-country skiing*
langsam *slow(ly)*
längst *for a long time, long ago*; schon
  längst *for ages*
der Langstreckenbus (-se) *long-distance
  coach*
langweilig *boring*
lassen (läßt), ließ, gelassen *to let, leave,
  allow, have something done*; das Prinzip
  läßt sich erklären *the principle can be
  explained*
lässig *careless, casual, cool*
die Latte (-n) *crossbar*
der Lauf (¨e) *course, path*; freien Lauf
  lassen *to give free rein*
die Laufbahn (-en) *career*
laufen (äu), ie, au * *to run, walk, go, be
  on, go on, happen*; wie ist es
  gelaufen? *how did things go?*
die Laune (-n) *mood*
laut *loud, noisy*
lauten *to sound*
die Lautverschiebung (-en) *sound shift*
lavieren *to manipulate*; geschickt
  lavieren *to play one's cards well*
leben *to live*; die ITV lebt von
  Werbung *ITV is financed by
  advertising*
das Leben *life*; am Leben erhalten *to keep
  alive*
lebendig *alive, lively*
der, die, das Lebendige *living thing*
das Lebensjahr (-e) *year of one's life*
die Lebenskunst *art of living*
die Lebenslust *joie de vivre, zest*
das Lebensmittel (-) *food*
der Lebensmittelverkäufer (-) *food salesman,
  grocer*
die Lebensweise (-) *way of life*
das Lebewesen (-) *organism*
lecker *tasty, delicious*
das Leder *leather*
lediglich *only, merely*
leer *empty*
leeren *to empty, drain*
legen *to put, lay*
die Legende (-n) *legend*

leger *relaxed, casual*
die Lehre (-n) *apprenticeship*
der Lehrer (-) *teacher (m)*
leicht *easy, light*
die Leichtathletik *(track and field) athletics*
leichtsinnig *frivolous, reckless*
leid: es tut mir leid *I'm sorry*
leiden, litt, gelitten *to suffer*
das Leiden *suffering, illness*
die Leidenschaft (-en) *passion*; aus
  Leidenschaft *passionate*
leider *unfortunately*
leihen, lieh, geliehen *to lend, borrow*
leisten *to afford, make, carry out*; sich
  etwas leisten *to afford something*; einen
  Beitrag leisten *to make a contribution*
die Leistung (-en) *achievement, work*
der Leistungsdruck *competitive pressure,
  pressure to produce results*
der Leistungssport *competitive sport*
das Leistungstraining *intensive training*
leiten *to run, direct, chair, be in charge of,
  discharge (chemicals)*; der leitende
  Angestellte *manager, executive*
der Leiter (-) *director, head (m)*
die Leiterin (-nen) *head (f)*
der Leopoldtag (-e) *St Leopold's Day*
lernen *to learn*
die Lesbarkeit *legibility*
lesen (ie), a, e *to read*
das Lesen *reading*
der Leser (-) *reader*
Letzt: zu guter Letzt *finally*
der, die, das letzte *last, recent*; die letzten
  Tage *in the last few days, recently*
das Letzte *the end*
letztlich *in the end, in the final analysis*
die Leute (pl) *people*
liberal *liberal*
das Licht (-er) *light*
lieb *dear, kindly, good*
die Liebe (-n) *love*
lieben *to love*
liebenswürdig *kind*
lieber *rather, preferably*
die Liebesaffäre (-n) *love affair*
die Liebestöter (pl) *passion killers, bloomers,
  long johns*
der Liebling (-e) *favourite, darling*
Lieblings- *favourite-*
die Lieblingsspeise (-n) *favourite food, dish*

liebsten: am liebsten *preferably, best of all*

Liechtenstein *Liechtenstein*

das Lied (-er) *song*

liefern *to provide, supply, deliver*

die Lieferzeit (-en) *delivery period, deadline*

liegen, a, e *to lie, be situated, be located*; es liegt daran, daß ... *it's because ...*; es liegt mir am Herzen *I'm very concerned/feel strongly about it*

die Liftanlage (-n) *lift*

die Linde (-n) *lime (tree)*

die Linie (-n) *line, route, figure*

der Linienrichter (-) *linesman*

links *(on/to the) left*

linksliberal *left of centre*

die Liste (-n) *list*

der Listenplatz (⁻e) *place on the party list of candidates*

der Liter (-) *litre*

die Literatur (-en) *literature*

das Lob *praise*

locker *loose, light*

der Löffel (-) *spoon*

die Loge (-n) *box*

die Lohn (⁻e) *wage, pay*

die Loipe (-n) *ski track, ski trail*

lokal *local*

das Lokal (-e) *pub, restaurant*

die Lokalzeitung (-en) *local newspaper*

der Look (-s) *look*

die Loreley *a rock on the Rhine near Koblenz*

los: was ist jetzt los? *what's up now?*

lösen *to solve, remove, loosen*

die Lösung (-en) *solution*

der Löwenanteil (-e) *lion's share*

die Luft *air, atmosphere*

die Lust *desire, pleasure*; Lust haben *to want to*; keine Lust haben *to have no inclination*; nach Lust und Laune *depending on what you fancy*

lustig *funny, amusing, happy*

der Luxus *luxury*

die Lyrik *poetry*

M

die Machart (-en) *type*

machen *to do, make*; Urlaub machen *to go on holiday*; sich über etwas Gedanken machen *to think about something*

die Macht (⁻e) *might, power*

mächtig *powerful*

machtvoll *powerful*

das Mädchen (-) *girl*

das Mädel (-) *(Austrian/s. German) girl*

mag (*from* mögen): das mag sein *that may be*; magst ruhig sein *you may rest assured*

das Magazin (-e) *magazine, current affairs programme*

der Magen (⁻ *or* -) *stomach*

mager *lean*

mäh *baa*

der Mähdrescher (-) *combine (harvester)*

mähen *to mow*

mahnen *to remind*

der Main *(River) Main*

die Majolika (-s) *majolica (tiles with metallic glaze)*

das Mal (-e) *time*

mal = (*coll.*) einmal; einmal, zweimal, 100mal *once, twice, a hundred times*

malen *to paint*

der Maler (-) *painter*

man *one, you, they*

das Management (-s) *management*

der Manager (-) *manager*

manche *some*

manchmal *sometimes*

mangelnd *lacking, lack of*

die Mangelware *goods/commodity in short supply*; Mangelware ist das Angebot nicht *the amenities are by no means in short supply*

der Mann (⁻er) *man, husband*

die Männerunterhosen (*pl*) *men's pants*

männlich *manly, virile*

die Mannschaft (-en) *team*

das Märchen (-) *fairy tale*

die Marille (-n) *(Austrian) apricot*

der Marillenknödel (-) *apricot dumpling*

der Marineoffizier (-e) *naval officer*

die Mark (-) *mark (German currency)*

der Markt (⁻e) *market*

die Maschine (-n) *machine*; Maschinen *machinery*

das Maß (-e) *measure, degree*; in hohem Maße *to a large extent*

der Massensport *popular sport*

das Massenvernichtungsmittel (-) *means of mass destruction*

mäßig *mediocre, lack-lustre*
das Match (-s *or* e) *match*
das Material (-ien) *material*
die Mathematik *mathematics*
der Matrose (*wk m*) (-n) *sailor*
matt *blank, matt*; die Mattscheibe (-n)
(*coll.*) *television screen*
die Mauer (-n) *wall*
das Maul (-̈er) *mouth (of animal), gob*
maximal (*a*) *maximum (of), at most*
der Mazagran (-e) (*Austrian*) *coffee with ice
and rum*
der Mechanismus (-men) *mechanism*
die Medienlandschaft (-en) *media scene*
der Medienrummel *media circus*
das Medium (Medien) *medium*; die
Medien *the media*
die Medizin (-en) *medicine*
medizinisch *medical*
das Meer (-e) *sea*
der Meerrettich (-e) *horse radish*
das Mehl *flour*
die Mehlspeise (-n) (*Austrian*) *cake, dessert*
mehr *more, any more*; nicht mehr *not
any more*
mehrere *several*
die Mehrheit (-en) *majority*
die Mehrheitswahl (-en) *majority
representation*
das Mehrheitswahlrecht (-e) *majority/first-
past-the-post voting system*
die Mehrkosten (*pl*) *additional costs*
mehrmalig *repeated(ly), consistent(ly)*
meiden, ie, ie *to avoid, steer clear of*
die Meierei (-en) *dairy*
mein(e) *my*
meinen *to think, be of the opinion,
mean*
die Meinung (-en) *opinion*; unserer Meinung
nach *in our opinion*; ich bin der
Meinung *I think*; nach Meinung
von *in the opinion of*
die Meinungsverschiedenheit (-en)
disagreement, debate
meist *mostly, usually*
der, die, das meiste *most*; die meisten (*pl*)
most; am meisten *most of all*
meistens *mostly, usually*
das Meisterschaftsspiel (-e) *league match*
die Melange (-n) (*Austrian*) *milky coffee*
das Melken *milking*

die Melodie (-n) *or* (*poetic*) Melodei (-en)
melody, tune
die Menge (-n) *crowd, quantity*; in der
Menge *amongst all the people*; eine
ganze Menge *a lot*
der Mensch (*wk m*) (-en) *person*; (*pl*) *people*
menschenwürdig *humane*
menschlich *human*
die Mentalitätsfrage (-n) *question of
mentality/attitude*
das Menü (-s) *set meal*
merken *to notice, realise*
die Messe (-n) *fair, exhibition*
das Messegelände *exhibition centre, trade-
fair centre*
das Metall (-e) *metal*
die Metallgewerkschaft (-en) *metalworkers'
union*
metallverarbeitend *metalworking*
die Metallwarenerzeugung *manufacture of
metal goods*
der *or* das Meter (-) *metre*
die Methode (-n) *method*
die Metropole (-n) *metropolis, city*
der Metzger (-) *butcher*
miau *miaow*
miauen *to miaow*
mich *me*
die Mietwohnung (-en) *rented flat*
milanese (*Italian*) *Milanese*
die Milch *milk*
die Milcherzeugung (-en) *milk production*
die Milchkuh (-̈e) *dairy cow*
der Milchsee (-n) *milk lake*
das Milchvieh *dairy cattle*
die Milchzentrifuge (-n) (*cream*) *separator*
mild *mild*
die Milliarde (-n) *milliard, thousand million*
die Million (-en) *million*
der Millionär (-e) *millionaire*
mindestens *at least*
Mindest... *minimum...*
das Mineralwasser (-) *mineral water*
der Minister (-) *minister*
die Minute (-n) *minute*
Mio = Million
mir (*to/for*) *me, myself*
die Mischung (-en) *mixture, hybrid*
miserabel *miserable, lousy*
die Misere (-n) *parlous state of affairs*
das Mismanagement *mismanagement*

der Mist *dung, dung heap*
   misten *to muck out*
   mit *with*; mit dem Fahrrad *by bicycle*
der Mitarbeiter (-) *colleague (m)*
die Mitarbeiterin (-nen) *colleague (f)*
der Mitbürger (-) *fellow citizen (m)*
   miteinander *together*
das Miteinanderreden *talking (things over),*
   negotiating
   miterledigen *to help do/deal with*
   mitfinanzieren (*sep.*) *to help finance*
das Mitglied (-er) *member*
die Mitgliedschaft (-en) *membership*
   mithalten (*sep.*) (hält), ie, a *to compete*
   mithelfen (*sep.*) (i), a, o *to help/give a*
   hand with
   mitkommen (*sep.*) a, o * *to come*
   along/with
   mitkriegen (*sep.*) *to find out, experience,*
   sense, get the feel of
   mitmachen (*sep.*) *to be involved, take*
   part, join in
   mitnehmen (*sep.*) (i), a, o *to take along*
   mitprägen (*sep.*) *to influence*
   mitreisen (*sep.*) * *to travel with*
   mitspielen (*sep.*) *to take part, play with*
der Mitspieler (-) *player*, *actor*
der Mittag (-e) *midday, lunchtime*
die Mittagspause (-n) *lunch break*
die Mitte (-n) *middle*
   mittel- *medium, mid(dle)*
das Mittel (-) *means*
   mitteldeutsch *Central German*
das Mitteldeutsch(e) *Central German*
   (language)
   mittelfein *semi-formal, everyday*
das Mittelgebirge (-) *low mountain range*
   mittelmäßig *average, run of the mill*
der Mittelpunkt (-e) *centre (point)*; im
   Mittelpunkt *as the central theme*
der Mittelstand (¨e) *middle class*
   mittendrin *in the middle, in between*
   mittlerweile *meanwhile, (by) now*
   mitunter *from time to time*
der Mixer (-) *mixer*
die Möbel (*pl*) *furniture*
   mobil *active*
das Mobiliar (-e) *furniture*
   möchte (*from* mögen): ich möchte *I'd*
   like; möchte ich sagen *I'd say*
die Mode (-n) *fashion*

die Modedesignerin (-nen) *fashion designer*
die Modeerscheinung (-en) *fashion* (lit.
   fashion phenomenon)
das Modell (-e) *model, pattern*
der Moderator (-en) *presenter (m)*
   modern *modern, in, fashionable*
die Moderne *modern world/age*
die Modernisierung (-en) *modernisation*
die Modernisierungsmaßnahme (-n)
   modernisation (measure)
   modisch *fashionable*
   mögen (mag), mochte, gemocht *to like*
   möglich *possible*; alles mögliche *all*
   sorts of things
die Möglichkeit (-en) *possibility, opportunity*
   möglichst: möglichst viele/schnell *as*
   many/quickly as possible
die Möhlspeise = Mehlspeise
sich mokieren über *to sneer at, ridicule*
der Mokka(kaffee) *mocca (coffee)*
die Molkerei (-en) *dairy*
der Moment (-e) *moment*; im Moment *at*
   the moment, now
   momentan *at the moment*
die Monarchie (-n) *monarchy*
der Monat (-e) *month*
   monatelang *for months*
   monatlich *monthly*
das Monopol (-e) *monopoly*
die Montage (-n): auf Montage *away on jobs*
   montags *on Mondays*
die Morbidität *morbidity*
   morgen *tomorrow*
der Morgen (-) *morning*
   morgens *in the morning(s)*
das Motiv (-e) *motive, motif*
die Motorwelt *motoring world*
das Motto (-s) *motto*
   müde *tired*
   muh *moo*
die Mühe (-n) *trouble, effort*
   muhen *to moo*
   München *Munich*
   Münchner *of Munich*
der Mund (¨er) *mouth*
die Mundart (-en) *dialect*
die Mundartforschung *dialectology*
   mundartlich *dialect*
   munter *blithe(ly), happy (ily)*; munter
   machen *to wake up*
die Münze (-n) *coin*

museal *museum*
das Museum (Museen) *museum*
die Musik *music*
musikalisch *musical*
der Musiker (-) *musician*
müssen (muß), mußte, gemußt *to have to*;
muß das sein? *is this really necessary?*
es müßte zischen *it ought to hiss*
das Muster (-) *pattern, model*
mustern *to give a medical for conscription*
der Mut *courage, will*
die Mutter (∸) *mother*
Mutti *Mummy*

N

'n = ein *or* den *or* denn
na *then, well*; na ja *(oh) well, maybe*
nach *to, after, according to, following,
about, for*; nach und nach *gradually,
by and by*; nach wie vor *still*; nach
vorn *forwards, ahead*; nach Hause
gehen *to go home*
die Nachahmung (-en) *imitation*
der Nachbar (*wk m*) (-n) *neighbour*
die Nachbarschaftshilfe (-n) *community help*
nachdem *since, after*
der Nachfolger (-) *successor*
die Nachfrage (-n) *demand, inquiry*
nachfragen (*sep.*) *to inquire*
nachher *after(wards), later*
die Nachkriegszeit (-en) *post-war period*
der Nachmittag (-e) *afternoon*
nachmittags *in the afternoon*
die Nachricht (-en) *news*
nachsagen (*sep.*) *to say, repeat*
nachspielen (*sep.*) *to imitate, re-enact*
der, die, das nächste *next*
die Nacht (∸e) *night*
der Nachteil (-e) *disadvantage*
der Nachtisch (-e) *dessert*
nachträglich *retroactive(ly)*
nachts *at night*
der Nachttisch (-e) *bedside table*
der Nachwuchs *new generation, young blood*
nackt *naked*
nah *near*
Nähe: in der Nähe *near(by), in the
neighbourhood*
naheliegend *obvious*

näher *nearer, closer, more closely*
näherstehen (*sep.*) *to be close(r) to,
resemble more*
nahezu *nearly, almost*
nähren *to nourish, feed*
die Nahrung (-en) *nourishment, sustenance*
das Nahrungsmittel (-) *food*
der Name (*wk m, genitive* -ns) (-n) *name*
nämlich *that is, you see*
die Nase (-n) *nose*
die Nation (-en) *nation*
national *national, nationalist*
die Nationalität (-en) *nationality*
die Natur (-en) *nature*
die Natureisbahn (-en) *skating rink with
natural ice*
naturfreundlich *ecologically minded,
environmentally safe*
naturgesetzlich *natural, in accordance
with the laws of nature*
die Naturkost *whole food*
die Naturküche *whole-food cooking*
die Naturkunde *natural history*
natürlich *of course, natural(ly),
environmental*
der Naturschutz *conservation*
der Naturschützer (-) *conservationist*
der Nazi (-s) *Nazi*
n.Chr. =nach Christus *AD*
'ne = eine
der Nebel (-) *fog, mist*
neben *next to, in addition to, apart from*
nebenbei *besides, incidentally, as well*
nebenberuflich *part-time*
der Nebenbetrieb (-e) *sideline*
der Nebenerwerbslandwirt (-e) *part-time
farmer*
der Nebensatz (∸e) *subordinate clause*
der Nebenverdienst (-e) *additional income*
nehmen (nimmt), nahm, genommen *to
take, use*
nein *no*
'nen = einen
nennen, nannte, genannt *to name, call*
nennenswert *noteworthy, significant*
der Nenner (-): auf einen Nenner bringen *to
reduce to a common denominator*
neoklassizistisch *neo-classical*
nervös *nervous*
net (*dialect*) =nicht
nett *nice*

neu *new*

der Neubau (-ten) *new building, reconstruction*

das Neue *things new*

neugegründet *newly-founded, fledgling*

neugierig *curious*

der Neujahrstag (-e) *New Year's Day*

der, die, das neunte *ninth*

die Neutralität *neutrality*

der Newcomer (- or -s) *newcomer*

der Nibelungenhort *Nibelung treasure*

nicht *not, none*; noch nicht *not yet*; man sieht höchstens tote Fische, nicht? *at best you see dead fish, don't you?*; dann weiß man doch schon besser Bescheid, nicht wahr? *you're just more aware of things, aren't you/don't you think?*

nichts *nothing*

nie *never*

niederdeutsch *Low German*

das Niederdeutsch(e) *Low German*

der Niedergang (ˉe) *decline*

niedergeschlagen *suppressed, put down*

das Niederländisch(e) *Dutch*

sich niederlassen (*sep.*) (ä), ie, a *to settle*

die Niederösterreicherin (-nen) *Lower Austrian (f)*

Niedersachsen *Lower Saxony*

der Niederschlag: seinen Niederschlag finden *to manifest itself, be reflected*

niederschlagen (*sep.*) (ä), u, a *to suppress*

niedlich *sweet*

niedrig *low*

niemand *no one, nobody*

die Niete (-n) *stud*

nirgends *nowhere*

das Niveau (-s) *level*

nix (*coll.*) = nichts

der Nobelpreis (-e) *Nobel prize*

noch *still, even, as well, yet;* noch (ein)mal *again;* noch nicht *not yet;* noch größer *even greater;* nur noch (*from now on*) *only;* immer noch, noch immer *still*

nochmalig *further*

nochmals *again, once more*

Nordbayern *north Bavaria*

der Norddeutsche (-n), ein Norddeutscher *north German person (m)*

Norddeutschland *north Germany*

der Norden *north*

der Nordosten *north-east*

der Nordpol *North Pole*

Nordrhein-Westfalen *North Rhine-Westphalia*

normal *normal*

normalerweise *normally*

der Normalfall: im Normalfall *normally*

die Not (ˉe) *need, poverty, emergency*

die Notdiensteinrichtung (-en) *emergency installation/facility/services*

die Note (-n) *note, mark, quality, touch*

notieren *to make a note of, remember*

nötig *necessary*

notwendig *necessary*

die Notwendigkeit (-en) *necessity*

der Nudelpudding (-s or -e) *type of Austrian dessert with noodles*

null *zero, nil, love (tennis)*

die Nummer (-n) *number, act, routine*

nun *well, now, (filler word)*

nur *only, just*

Nürnberg *Nuremberg*

nutzen or nützen *to use*

der Nutzen *use;* aus etwas Nutzen ziehen *to make use of something*

die Nutzfläche (-n) *useful area*

nützlich *useful*

O

ob *whether*

oben *above, on top, on the surface, up;* oben im Baum *up in the tree;* von oben nach unten *from top to bottom*

Ober: Herr Ober! *waiter!*

oberbayerisch *Upper Bavarian*

oberdeutsch *southern German*

das Oberdeutsch(e) *southern German*

die Oberfläche (-n) *surface*

oberflächlich *superficial*

die Oberpantherin (-nen) *head panther (f)*

der Oberparkwächter (-) *head park-keeper*

das Obers (*Austrian*) *cream*

der Oberschenkel (-) *thigh*

der, die, das oberste *highest, supreme*

obgleich *although*

der Obulus (- or -se) *paltry sum*

obwohl *although*

oder *or;* Sie sind müde, oder? *You're tired, aren't you?*

der Ödipuskomplex (-e) *Oedipus complex*

offen *open(ly)*
das Offenhalten (-) *keeping open*
öffentlich *public*
die Öffentlichkeit *public*
die Öffentlichkeitsarbeit (-en) *publicity,*
    public relations
öffentlich-rechtlich *governed by public*
    law, public
die Öffnungszeiten (*pl*) *opening times*
oft *often*
öfter *or* öfter mal *often, sometimes*
oftmals *often*
ÖGB =Österreichischer Gewerkschafts-
    bund *equivalent of TUC*
ohne *without*
das Ohr (-en) *ear*
okay *OK*
die Ökologie *ecology*
ökologisch *ecological(ly)*
die Ökonomie (-n) *economy*
ökonomisch *economic*
das Ökosystem (-e) *ecosystem*
das Öl *oil*
die Olympiade (-n) *Olympic games*
das Olympiagold *Olympic gold medal*
der Olympiasieg (-e) *Olympic victory*
die Oma (-s) *granny*
der Onkel (-) *uncle*
der Opa (-s) *grandad*
die Oper (-n) *opera*
die Operette (-n) *operetta*
das Opfer (-) *sacrifice;* einer Sache zum Opfer
    fallen *to be the victim of something*
opfern *to sacrifice*
die Opposition (-en) *opposition*
die Oppositionsbank (-̈e) *opposition bench*
optimal *best, peak, top*
optimistisch *optimistic*
die Orange (-n) *orange*
das Orchester (-) *orchestra*
ordentlich *well, properly, a lot*
die Ordnung (-en) *order;* in Ordnung *all*
    right
ORF =Österreichischer Rundfunk
Austrian Broadcasting Corporation
die Organisation (-en) *organisation*
organisch *organic*
organisieren *to organise*
organisiert *unionised*
der Organismus (-men) *organism, body*
orientiert *(well-) informed*

das Original (-e) *original*
originell *original, unusual*
der Ort (-e) *place, village*
die Ortszeitung (-en) *local paper*
Ostberlin *East Berlin*
die Ostblockländer (*pl*) *Eastern-Bloc*
    countries
der Osten *east*
der Ostermontag (-e) *Easter Monday*
Österreich *Austria*
der Österreicher (-) *Austrian (m)*
Österreich-Ungarn *Austria-Hungary*
östlich *eastern*
die Ostsee *Baltic Sea*

P

das Paar (-e) *pair, couple, few*
paar: ein paar *some, a couple of, a few*
das Päckchen (-) *small packet*
der Pädagoge (*wk m*) (-n) *educationalist,*
    teacher
das Paket (-e) *package, packet*
der Pakt (-e) *pact*
das Palais *palace*
der Palast (-̈e) *palace*
der Palatschinken (-) *(Austrian) pancake*
das Panier *breadcrumb and egg coating*
paniert *coated in egg, flour and*
    breadcrumbs, breaded
der Panther (-) *panther*
Papa, Papi *daddy*
das Papier (-e) *paper*
der Paradeiser (-) *(Austrian) tomato*
das Paradies (-e) *paradise*
das Parfum (-s) *perfume*
der Park (-s) *park, grounds*
parken *to park*
der Parkplatz (-̈e) *car park*
das Parlament (-e) *parliament (building)*
die Partei (-en) *(political) party, side*
die Parteizugehörigkeit (-en) *party*
    allegiance/membership
das Parterre (-s) *rear stalls*
der Partner (-) *partner (m)*
die Partnerin (-nen) *partner (f)*
die Partnerschaft (-en) *partnership*
partnerschaftlich *founded on partnership*
passen *to fit, suit*
passieren * *to happen*
passiv *passive(ly)*

das Patent (-e) *patent*
der Patient (*wk m*) (-en) *patient (m)*
die Patientin (-nen) *patient (f)*
der Patriot (*wk m*) (-en) *patriot*
die Pension (-en) *retirement, (old-age)*
    pension, boarding house
    pensionieren *to retire*
die Pensionierung (-en) *retirement*
die Pensionspferdehaltung *livery stable*
    Penzberger *of Penzberg*
    per *by virtue of, by*
die Person (-en) *person, individual;* als
    Person *personally*
    personalisiert *personalised*
    persönlich *personally*
die Persönlichkeit (-en) *personality*
    pervertiert *corrupted*
    pessimistisch *pessimistic*
das Pestizid (-e) *pesticide*
die Petersilie *parsley*
    petzen *to sneak*
die Pfanne (-n) *frying pan*
der Pfannkuchen (-) *pancake*
das Pferd (-e) *horse*
die Pferdebox (-en) *stall*
der Pferdestall (⁻e) *stable*
der Pferdewagen (⁻) *horse-drawn cart*
der Pfingstmontag (-e) *Whit Monday*
die Pflanze (-n) *plant*
die Pflaume (-n) *plum*
das Pflaumenmus *plum jam, spread*
die Pflege (-n) *care;* es ist zur Pflege hier *it's*
    stabled here
    pflegen *to keep up, care for, look after*
die Pflicht (-en) *duty, obligation*
die Pflichtversicherung (-en) *statutory*
    insurance
der Pflug (⁻e) *plough*
der Pfosten (-) *goalpost*
    Pfüet di (*Austrian/s. German*) *goodbye*
das Pfund (-e) *pound*
das Phänomen (-e) *phenomenon;* es ist ein
    Phänomen *it is phenomenal*
die Phantasie (-n) *fantasy, imagination*
    phantasievoll *imaginative*
die Philharmoniker (*pl*) *philharmonic*
    orchestra
    photographieren *to photograph*
das Pianoforte (-s) *pianoforte, piano*
    piccata: piccata milanese (*Italian*)
    breaded veal cutlet with lemon

das Pils (-) *Pils, type of lager*
die Piste (-n) *ski run, piste*
    plädieren (für) *to advocate, support*
die Plage (-n) *trouble, torment*
das Plakat (-e) *advertisement, poster*
    planen *to plan, design*
die Planwirtschaft *planned economy*
das Plateau (-s) *plateau*
    plattdeutsch *Low German*
das Plattdeutsch(e) *Low German*
die Platte (-n) *record, LP*
die Plattenfirma (-firmen) *record company*
der Platz (⁻e) *square, place, seat, space*
der Plenarsaal (-säle) *plenary chamber*
    plötzlich *suddenly*
    plus *plus*
der Pokal (-e) *cup*
    Polen *Poland*
die Politik *policy, politics*
der Politiker (-) *politician*
    politisch *political*
    politisieren *to politicise*
die Polizei *police*
die Polizeidirektion (-en) *police*
    department/headquarters
die Popmusik *pop music*
der Popo (-s) *bottom, backside*
der Popper (-) *similar type to Sloane*
    Ranger/Hooray Henry
der Popsänger (-) *pop singer*
der Popstar (-s) *pop star*
    populär *popular*
die Portion (-en) *portion, helping, serving*
die Position (-en) *position, standpoint*
    positiv *positive*
die Post *post office*
die Postleitzahl (-en) *post code, zip code*
das Postwertzeichen (-) *stamp*
der Potentat (*wk m*) (-en) *potentate*
der Powidl (*Austrian*) *plum jam/spread*
die Powidltatschkerln (*pl*) *type of Austrian*
    dessert with plum jam
die Präambel (-n) *preamble*
    prachtvoll *grandiose, magnificent*
    prägen *to shape, mould, characterise*
    Prager *of Prague*
das Praktikum (Praktika) *practical training*
    praktisch *practical(ly), in practice,*
    virtually, in practical terms
    präsentieren *to present*
die Praxis *practice, experience*

präzis(e)   *precise(ly)*
die Präzision   *precision*
der Preis (-e)   *price, prize*
das Preiselbeerkompott (-e)   *cranberry sauce*
die Preisklasse (-n)   *price category/range*
die Presse (-n)   *the press*
die Pressearbeit (-en)   *public relations*
das Pressewesen (-)   *the press*
   prima   *great, splendid, first-class*
der Prinz (*wk m*) (-en)   *prince*
das Prinzip (-ien)   *principle*
   prinzipiell   *in/on principle, basically*
die Prise (-n)   *pinch*
   privat   *private*
das Privatunternehmen (-)   *private company*
   pro   *per*
die Probe (-n)   *test, rehearsal*
der Probenablauf (⁻e)   *rehearsal schedule*
   probieren   *to try, taste*
das Problem (-e)   *problem*
   problemlos   *problem-free*
die Produktion (-en)   *production*
   produktiv   *productive*
die Produktivität (-en)   *productivity*
der Produzent (*wk m*) (-en)   *producer (m)*
   produzieren   *to produce*
der Professor (-en)   *professor (m)*
der Profi (-s)   *professional, pro*
sich profilieren   *to have/get a high profile*
   profitieren   *to benefit*
die Prognose (-n)   *forecast*
das Programm (-e)   *programme, schedule*
das Programmangebot (-e)   *range of programmes*
das Projekt (-e)   *project*
das Proscenium (-ien)   *proscenium, stage*
der Protestant (*wk m*) (-en)   *Protestant*
   provinziell   *provincial*
die Provinzstadt (⁻e)   *provincial town*
   provisorisch   *provisional*
das Prozent (-e)   *per cent*
der Prozentsatz (⁻e)   *proportion*
   prozentual   *proportionately, relatively*
der Prozeß (-sse)   *process, lawsuit*
der Prüfstein (-e)   *touchstone, benchmark*
der Prunk   *grandeur, opulence*
   psychisch   *psychological, mental*
die Psychologie   *psychology*
das Publikum   *audience, public, viewers*
der Puderzucker   *icing sugar*
der Pullover (-)   *pullover*

die Pummerin (-nen)   *boomer*
der Punk (-s) *or* der Punker (-)   *punk*
der Punkt (-e)   *point, spot*
   pünktlich   *punctual(ly)*

Q

qkm = Quadratkilometer   *sq. km (square kilometre)*
qm = Quadratmeter   *sq. m (square metre)*
quak   *quack*
quaken   *to quack*
die Qual (-en)   *torment;* die Qual der Wahl   *the agony of decision*
die Qualifikation (-en)   *qualification*
die Qualität (-en)   *quality*
   qualitativ   *qualitative(ly), quality, from the point of view of quality*
der Quark   *quark, soft curd cheese similar to cottage cheese*
das Quartett (-e)   *quartet*
der Quatsch   *rubbish, nonsense*
quieken   *to squeal*

R

das Rad (⁻er)   *wheel, bicycle*
das Radfahren   *cycling*
   radikal   *radical, callous*
das Radio (-s)   *radio;* im Radio   *on the radio*
der Rahm   (*s. German*) *cream*
der Rahmen (-)   *frame, framework*
der Rand (⁻er)   *edge, verge, brink, margin;* an den Rand drängen   *to push to one side*
die Randgebiete (*pl*)   *outskirts*
der Rang (⁻e)   *row, tier;* der erste Rang   *dress circle*
der Rap-Song (-s)   *rap song*
der Raps   *rape (plant)*
   rasch   *quick(ly)*
   rasen *   *to speed, tear*
das Rasierwasser   *aftershave*
   raspeln   *to grate*
   raten (ä), ie, a   *to advise, give advice*
das Ratespiel (-e)   *quiz*
   rationell   *rational(ly)*
   ratsam   *advisable*
der Ratschlag (⁻e)   *advice*
das Rätsel (-)   *puzzle*
   rauben   *to steal, rob*

rauh   *raw, rough, harsh*
die Rauhlederhose (-n)   *suede trousers*
der Raum (-̈e)   *room, area*
der Raumschmuck   *interior decor*
raus=heraus *or* hinaus
reagieren   *to react*
die Reaktion (-en)   *reaction*
der Reaktor (-en)   *reactor*
real   *real*
realistisch   *realistic*
die Realität (-en)   *reality*
die Realos (*pl*)   *realists, pragmatists*
das Rebhuhn (-̈er)   *partridge*
rechnen   *to calculate, count (amount)*
die Rechnung (-en)   *bill;* einer Sache
   Rechnung tragen   *to take something
   into account*
das Recht (-e)   *right*
   recht   *right, rather, quite;* recht
   viele   *quite a few;* recht haben   *to be
   right;* gerade recht   *just right*
   rechtlich   *legal*
   rechts   *(on/to the) right*
   rechtsverbindlich   *legally binding*
der Redakteur (-e)   *editor (m)*
die Redakteurin (-nen)   *editor, producer (f)*
die Rede (-n)   *speech*
   reden   *to talk;* darüber reden   *to talk
   about it;* davon ist keine Rede   *there's
   no question of that*
der Redner (-)   *speaker*
das Rednerpult (-e)   *rostrum*
   reduzieren   *to reduce*
die Reduzierung (-en)   *reduction*
das Referat (-e)   *department*
die Regel (-n)   *rule, convention*
   regelmäßig   *regular(ly)*
   regeln   *to administer, regulate, lay down*
die Regelung (-en)   *regulation*
der Regent (*wk m*) (-en)   *sovereign, regent*
die Regentschaft (-en)   *reign*
das Regenwetter   *rainy weather*
die Regie (-n)   *direction, production*
   regieren   *to rule*
die Regierung (-en)   *government*
die Region (-en)   *region, area*
   regional   *regional*
der Regisseur (-e)   *director*
   regulierend: regulierend eingreifen   *play a
   regulatory role, take regulatory action*
   reich   *rich*

das Reich (-e)   *empire, realm;* das Dritte
   Reich   *the Third Reich;* das 50-
   Millionenreich   *empire with a
   population of 50 million*
der/die Reiche (-n)   *rich (person)*
   reichen   *to stretch, extend;* reichte das
   Geld nicht   *there wasn't enough money*
die Reichshauptstadt (-̈e)   *imperial capital*
der Reichtum (-̈er)   *wealth, riches*
die Reihe (-n)   *series, lot, row*
die Reihenfolge (-n)   *sequence*
   rein   *pure(ly), clean*
   rein=herein
   reinigen   *to clean*
die Reise (-n)   *trip, journey*
   reisen *   *to travel*
das Reisen   *travel, travelling*
   reißen   *to tear (up/apart);* Witze
   reißen   *to tell jokes*
   reißerisch   *sensational*
die Reitanlage (-n)   *riding facilities*
   reiten, i, i*   *to ride*
das Reiten   *horse-riding*
der Reiter (-)   *rider, horseman, cavalry*
die Reithalle (-n)   *indoor riding arena*
der Reitplatz (-̈e)   *riding ground*
die Reitschule (-n)   *riding school*
der Rekord (-e)   *record*
   relativ   *relative(ly)*
   relevant   *relevant*
   religiös   *religious*
   rennen, a, a*   *to run, race*
das Rennen (-)   *race*
die Rennkarriere (-n)   *racing career*
der Rennläufer (-)   *competitive skier*
   renovieren   *to renovate*
   rentabel   *profitable*
die Rente (-n)   *pension*
die Rentenversicherung (-en)   *pension
   insurance (fund)*
der Rentner (-)   *pensioner*
die Reparatur (-en)   *repair*
   reparieren   *to repair*
der Reporter (-)   *reporter*
die Republik (-en)   *republic*
die Residenz (-en)   *residenz, seat of ruling
   prince*
   residieren   *to reside*
die Resonanz (-en)   *response*
der Respekt   *respect*
   restlos   *without trace, utterly*

resultierend *resulting*
retten *to rescue*
der Retter (-) *rescuer*
das *or* der Revers (-) *lapel*
revolutionär *revolutionary*
das Revolutionsjahr (-e) *year of the Revolution*
das Rezept (-e) *recipe*
der Rhein (*River*) *Rhine;* Rheines Gift *pure/Rhine poison* (*wordplay on rein/Rhein*)
der Rheinanlieger (-) *person living by/ countries* (*bordering*) *on the Rhine*
rheinhessisch *of Rhinehessen*
rheinisch *Rhenish, of the Rhine*(*land*)
das Rheinische *Rhineland dialect*
das Rheinland *Rhineland*
Rheinland-Pfalz *Rhineland-Palatinate*
der Rhythmus (-men) *rhythm*
richtig *right, proper*(*ly*), *correct*(*ly*), *true*
die Richtung (-en) *direction, affiliation;* die politischen Richtungen *political views/tendencies*
richtungsweisend *pointing the way, inspirational*
riesengroß *huge, massive*
der Riesentorläufer (-) *giant-slalom skier*
riesig *huge;* ich freue mich riesig *I'm really pleased*
das Rindfleisch *beef*
der Ring (-e) *ring*
das Risiko (Risiken) *risk*
robust *hardy*
der Rock (-̈e) *skirt*
der Rock *rock* (*music*)
die Rodelbahn (-en) *toboggan run*
roden *to clear, uproot*
die Rohkost *raw* (*vegetarian*) *food, salad*
das Rokoko *rococo*
die Rolle (-n) *role, part*
rollen *to roll, rumble*
Rom *Rome*
der Roman (-e) *novel*
die Romantik *romanticism, Romanticism*
romantisch *romantic, Romantic*
die Rose (-n) *rose*
die Rosine (-n) *raisin*
rot *red*
die Rowdies (*pl*) *rowdies, hooligans*
rüber =herüber, hinüber

der Rückblick (-e) *retrospective survey*
rücken *to move*
der Rücken (-) *back*
der Rückgang (-̈e) *drop, decline*
die Rücksicht (-en) *consideration;* Rücksicht nehmen auf *to show consideration for, to take account of*
rückwirkend *retroactive*(*ly*)
der Ruf (-e) *call, cry*
rufen, ie, u *to call, cry*
die Ruhe *peace, quiet;* Ruhe und Erholung *peace and quiet*
ruhen *to rest*
der Ruhestand *retirement*
ruhig *quiet, peaceful;* das können wir ruhig tun *we can certainly do that*
rühren *to stir*
das Ruhrgebiet *Ruhr area*
rum =herum; drum rum *surrounding*
der Rum *rum*
der Rummel *fuss*
rund *about, approximately*
die Runde (-n) *round;* über die Runden kommen *to pull through, make ends meet*
die Rundfahrt (-en) (*sight-seeing*) *tour*
der Rundfunk (*radio*) *broadcasting corporation*
die Rundfunkanstalt (-en) *broadcasting corporation*
das Rundfunkwesen *broadcasting*
der Rundgang (-̈e) *tour*
die Rundschau (-en) *review*
das Rundschreiben (-) *circular letter*
runten =(her)unten
runter =herunter

S

's =es *or* das
der Saal (Säle) *hall*
das Saarland *The Saarland*
saarländisch *of The Saarland*
die Sache (-n) *thing, matter*
Sacher: Sacher Torte *a rich chocolate cake*
sachlich *objective*(*ly*)
sächsisch *Saxon*
das Sächsisch(e) *Saxon dialect*
der Sack (-̈e) *sack*
der Saft (-̈e) *sauce, juice*

die Sage (-n) *myth, legend*
  sagen *to say, tell*
  sagenumwoben *steeped in legend*
die Sahne *cream*
der Salat (-e) *salad, lettuce*
  salopp *casual*
  salü (*Swiss*) (*good*)*bye*
das Salz *salt*
  salzen *to salt*
  sammeln *to collect*
die Sammlung (-en) *collection*
  Samnaunberge *Samnaun Mountains*
  sämtlich(e) *all*
der Sand *sand*
das Sanierungskonzept (-e) *restruc-
    turing/redevelopment policy*
der Satellit (*wk m*) (-en) *satellite*
der Satiriker (-) *satirist*
der Satz (¨e) *sentence, clause, set* (*tennis*)
die Sau (¨e) *sow;* unter aller Sau *really bad,
    atrocious*
  sauber *clean, unpolluted*
die Sauce (-n) *sauce*
  sauer *sour, bitter, angry*
die Säule (-n) *column*
  saumäßig *lousy*
die Sauna (-s *or* -nen) *sauna*
  schaben *to scrape*
  schädigen *to damage, be harmful*
  schädlich *harmful*
  schadstoffarm *low-emission*
das Schaf (-e) *sheep*
  schaffen *to manage* (*to do something*),
    provide, (*Swabian*) *work*
  schaffen, schuf, geschaffen *to create,
    provide*
der Schaffner (-) *conductor*
das Schafsfleisch *mutton, lamb*
die Schale (-n) *bowl, dish, cup, skin*
die Schande *shame;* ach du
    Schande! *whoops! oh boy!*
  scharf *sharp, hard, strict*(*ly*)
der Schatz (¨e) *treasure*
  schätzen *to rate* (*highly*)
  schauen *to look, see*
das Schaufenster (-) *shop/display window*
der Schauplatz (¨e) *showplace, arena, scene*
die Schauspielausbildung (-en) *drama
    training, training to be an actor/actress*
der Schauspieler (-) *actor*
die Schauspielkunst *drama*

die Scheibe (-n) *slice*
  scheinen, ie, ie *to seem, to shine*
die Scheiße *crap, shit*
der Scherz (-e) *joke*
  scheuen *to shy away from*
  scheuern *to scrub*
die Scheune (-n) *barn*
  schicken *to send*
der Schiedsrichter (-) *referee*
  schiefgehen (*sep.*) i, a * *to go wrong*
  schielen *to squint, be cross-eyed*
  schießen *to shoot, score* (*a goal*)
das Schießen *shooting*
das Schiff (-e) *ship*
die Schiffahrt *shipping, sailing*
der Schiffer (-) *boatman*
das Schild (-er) *sign*
der Schilling (-e) (*Austrian*) *schilling*
der Schimmel (-) *white horse, grey*
der Schlachter (-) *butcher*
der Schlachthof (¨e) *slaughterhouse*
  schlafen (ä), ie, a *to sleep*
die Schlafenszeit (-en) *bedtime*
  schlagen (ä), u, a *to strike, beat, defeat*
das Schlagobers (*Austrian*) *whipped cream*
die Schlagsahne *whipped/whipping cream*
die Schlangenlinie (-n) *wavy line*
  schlank *slim;* nichts für die schlanke
    Linie *it does nothing for your figure*
  schlecht *bad*(*ly*)
der Schlepper (-) *tractor*
der Schlepplift (-e) *drag lift*
die Schleudernummer (-n) *throwing act,
    springboard act*
  schlicht *simple, plain*
  schließen, o, o *to close;* geschlossen
    haben/sein *to be closed*
  schließlich *finally*
  schlimm *bad, severe, awful, serious*
der, die, das schlimmste *worst;*
    das Schlimmste daran *the worst thing
    about it*
das Schloß (¨sser) *castle*
  schlottern *to shake, knock*
der Schluß (¨sse) *end, ending;* Schluß
    haben *to finish*
das Schmalzbrot (-e) *bread and dripping*
der Schmarr(e)n (-) *type of pancake cut up
    into pieces, nonsense, rubbish*
  schmecken *to taste;* schmeckt Ihnen
    das? *do you like it?*

der Schmerz (-en) *pain*
die Schmiedewerkstatt (-̈en) *smithy, forge*
die Schminke (-n) *make-up*
  schmücken *to decorate*
das Schmuckstück (-e) *piece of jewellery,*
  jewel
  schmutzig *dirty*
die Schnalle (-n) *buckle*
der Schnappschuß (-̈sse) *snapshot*
  schnattern *to gaggle, cackle*
  schnauben *to snort*
die Schnauze (-n) *mouth (of an animal),*
  muzzle
der Schnee *snow*
der Schneider (-) *tailor*
  schnell *fast, quick*
das Schnellrestaurant (-s) *fast-food*
  restaurant
der Schnitt (-e) *cut, crop;* seinen Schnitt
  machen *to make a profit*
das Schnitzel (- or -n) *escalope, cutlet*
  schnurren *to purr*
die Schokolade (-n) *chocolate*
  schon *already, still, certainly, really, in*
  fact, (*filler word*); schon wieder *yet*
  again; wie lang(e) wohnen Sie schon
  hier? *how long have you been living*
  here? es ist schon so weit *it's ready*
  schön *nice, beautiful*
das Schöne *the nice/beautiful thing*
  schonend *careful, harmless*
der, die, das schönste *nicest*
  Schottland *Scotland*
die Schrammelmusik *light music played by a*
  Schrammel quartet
das Schrammelquartett *popular Viennese*
  quartet made up of 2 violins, a guitar and
  accordion (or clarinet)
der Schrecken (-) *alarm, panic, shock*
  schrecklich *frightful, awful*
  schreiben, ie, ie *to write*
das Schreiben (-) *letter, (pl) correspondence*
der Schriftsteller (-) *author*
der Schritt (-e) *step*
  schrumpfen * *to shrink*
der Schuh (-e) *shoe, boot*
die Schule (-n) *school*
  schulen *to train*
der Schüler (-) *pupil (m), schoolboy*
die Schülerin (-nen) *pupil (f), schoolgirl*
das Schulfernsehen (-) *schools television*

das Schulsystem (-e) *school system*
die Schulung (-en) *training*
der Schuß *dash (of milk/cream)*
die Schüssel (-n) *bowl*
  schütteln *to shake*
der Schutzbund (-̈e) *defensive alliance*
der Schütze (*wk m*) (-n) *scorer*
  schützen *to protect*
der Schützenkönig (-e) *champion*
  marksman/scorer
  Schwaben *Swabia*
  schwäbisch *Swabian*
  schwächer *weaker*
  schwarz *black*
der Schwarzwald *Black Forest*
die Schwebebahn (-en) *suspension railway*
das Schwein (-e) *pig*
das Schweinchen (-) *piglet*
das Schweinefleisch *pork*
der Schweinsbraten (-) *roast pork*
die Schweiz *Switzerland*
  Schweizer *Swiss*
das Schweizerdeutsch *Swiss German*
  schwer *heavy, difficult, severe(ly)*
  schwerfallen (*sep.*) (ä), ie, a *: es fällt mir
  schwer *I find it hard*
das Schwertgeklirr *clash of swords*
die Schwester (-n) *sister, nurse*
die Schwiegertochter (-̈) *daughter-in-law*
  schwierig *difficult*
die Schwierigkeit (-en) *difficulty, problem*
das Schwierigste *most difficult thing*
  schwimmen, a, o * *to swim, float*
das Schwimmen *swimming*
der Schwimmverein (-e) *swimming club*
der Schwung (-̈e) *verve, swing, turn*
  schwungvoll *vivacious, lively*
das Schwyzerdütsch = Schweizerdeutsch
der, die, das sechste *sixth*
  sechzehnjährig *sixteen years old*
  segeln * *to sail*
der Segen (-) *blessing*
  sehen (ie), a, e *to see, watch, look at*
sich sehnen nach *to long for*
  sehnlichst *longingly*
  sehr *very;* sehr viel *a lot (of)*
  sei (*from* sein) *is (subjunctive);* sei's *so*
  be it
die Seifenoper (-n) *soap (opera)*
die Seilbahn (-en) *cable car*
  sein (ist), war, gewesen * *to be*

sein(e)   *his, its*
Seinige: das Seinige leisten   *to do one's bit*
seit   *since, for*
seitdem   *since (then)*
die Seite (-n)   *side, page*
die Seitenlinie (-n)   *branch*
der Seitwärtsschritt (-e)   *sideways step*
die Sekretärin (-nen)   *secretary*
die Sektion (-en)   *section, sector;* die Sektion
   Industrie   *industrial sector*
die Sekunde (-n)   *second*
   sekundenweise   *by the second*
   selber *or* selbst   *myself, yourself, himself,*
   herself, itself, etc.
   selbst   *even (see also* selber)
   selbständig   *self-employed, independent*
der/die Selbständige (-n)   *self-employed person*
der Selbstversorger (-)   *self-caterer*
die Selbstverwaltung   *self-administration,*
   self-government
der *or* die Sellerie   *celery*
   selten   *rare, seldom*
das Seminar (-e)   *college, (drama) school*
die Semmel (-n)   *(Austrian/s. German) bread*
   roll
   semmelblond   *golden*
der Semmelknödel (-)   *white-bread dumpling*
der Senatsrat (-̈e)   *councillor of the senate*
   senden   *to broadcast*
der Sender (-)   *broadcasting corporation,*
   transmitter
die Sendung (-en)   *broadcast, programme*
die Senioren (*pl*)   *senior citizens*
der Senioren-Schutz-Bund (-̈e)   *senior-*
   citizens' rights organisation
   senken   *to reduce, lower*
   senkrecht   *vertical*
der Senner (-)   *(Austrian/s. German) shepherd*
   sensationell   *sensational*
die Sense (-n)   *scythe*
die Serie (-n)   *series*
   seriös   *serious, respectable*
der Service   *service*
   servieren   *to serve*
die Servierkraft (-̈e)   *bar staff*
   Servus   *(Austrian/s. German) hallo,*
   goodbye
der Sessel (-)   *armchair*
der Sessellift (-e)   *chair-lift*
   setzen   *to put;* sich setzen   *to sit down*
der Sex   *sex*

die Sezession (-en)   *Secession (name taken by*
   different groups of German and Austrian
   artists in defiance of the Salon system
   during the 1890s)
   sich   *oneself, himself, herself, itself,*
   yourself, yourselves; eine Stadt für
   sich   *a town in itself*
   sicher   *certain(ly), safe(ly), secure(ly),*
   reliable(-ly), no doubt
die Sicherheit (-en)   *safety*
die Sicherheitsbindung (-en)   *safety binding*
   sicherlich   *certainly, no doubt*
   sicherstellen (*sep.*)   *to make sure*
die Sicherung (-en)   *safeguarding/*
   maintenance (of peace), fuse
   Sicht: auf lange Sicht   *in the long run*
   sie   *she, her, it, they, them*
   Sie   *you (polite)*
   sieben   *to sieve*
das Siebengebirge   *(the) Siebengebirge (hills*
   by the Rhine south-east of Bonn)
der, die, das siebte   *seventh*
   siedeln   *to settle*
die Siedlung (-en)   *residential area,*
   settlement, housing estate
die Siedlungsfläche (-n)   *building land*
der Sieg (-e)   *victory*
der Sieger (-)   *winner, champion*
die Siegesserie (-n)   *run of victories*
   singen, a, u   *to sing*
das Singen   *singing*
der Sinn (-e)   *meaning, point, mind, sense*
die Situation (-en)   *situation*
der Sitz (-e)   *seat, court, headquarters;* mit Sitz
   in Bonn   *located in Bonn*
   sitzen, saß, gesessen   *to sit*
der Sitzplatz (-̈e)   *seat*
die Sitzung (-en)   *meeting, session*
   Sizilien   *Sicily*
   skandalumwittert   *dogged by scandal*
der Skat (-e *or* -s)   *skat (card game)*
   skeptisch   *sceptical*
der Ski (-er *or* -)   *ski;* Ski fahren, Ski
   laufen   *to ski*
die Skiausrüstung (-en)   *skiing gear*
die Skibrille (-n)   *ski-goggles, ski-mask*
das Skifahren   *skiing*
der Skifahrer (-)   *skier*
   skifahrerisch   *skiing*
die Skihauptschule (-n)   *specialist secondary*
   school with emphasis on skiing

der Skikindergarten(⁻) *ski kindergarten*
der Skikurs (-e) *ski school, course*
der Skilanglauf *cross-country skiing*
das Skilaufen *skiing*
skiläuferisch *skiing*
der Skilehrer (-) *ski instructor*
der Skiort (-e) *ski resort*
das Skiparadies *top ski centre/resort*
der Skirennsport *competitive skiing*
der Skischuh (-e) *ski boot*
die Skischule (-n) *ski school*
der Ski-Spitzensport *top-class skiing*
der Skisport *skiing*
der Skistar (-s) *ski champion*
der Skistock (⁻e) *ski stick, ski pole*
das Skiwachs *ski-wax*
der Slalom (-s) *slalom*
so *so, well, such that, like this, about, in that case, that way, according to, (filler word);* so wie *(just) as;* so ... wie ... *as ... as ...;* so was/irgend etwas *something;* so daß *so that*
sodann *then*
sofern *provided (that), if*
sofort *immediately*
sogar *even*
sogenannt *so-called (often non-pejorative), known as, called*
der Sohn (⁻e) *son*
solange *as/so long as*
solar *solar*
die Solarenergie *solar energy*
das Solarium (Solarien) *solarium*
solche(r), solches *such a, like that*
der Soldat (*wk m*) (-en) *soldier*
die Solidarität *solidarity*
sollen (soll), sollte, gesollt *to be supposed to be;* was das soll *what that means;* soll er doch! *that's fine too!;* ich sollte *I should, ought to*
somit *thereby*
der Sommer *summer*
sondern *but, on the contrary*
der Sonderstatus (-) *special status*
der Song (-s) *song*
der Sonnabend (-e) *Saturday*
die Sonne (-n) *sun*
der Sonnenbrand (⁻e) *sunburn*
die Sonnenenergie *solar energy*
der Sonnenschein *sunshine*
sonnig *sunny*

der Sonntagsaushilfswurstverkäufer (-) *relief sausage sales person for Sundays*
der Sonntagsbraten (-) *Sunday roast*
das Sonntagsessen (-) *Sunday lunch*
sonst *otherwise, usually, else;* sonst bin ich jeden Tag mit dem Fahrrad vorbeigefahren *I used to ride along on my bicycle every day*
sonstig *other*
die Sorge (-n) *worry, concern;* sich Sorgen machen *to worry, be worried*
sorgen *to take care of;* sich um etwas sorgen *to be concerned about something;* Sie können dafür sorgen *you can see to it*
die Soße (-n) *sauce*
soviel *as much as, as/so far as*
sowie *as well as, and*
sowjetisch *Soviet*
die Sowjets (*pl*) *Soviets*
die Sowjetunion *Soviet Union*
sowohl ... als auch ... *both ... and*
sozial *social*
der Sozialbereich (-e) *social sector*
sozialdemokratisch *social-democrat(ic)*
die Sozialdemokratische Partei Deutschlands *Social Democratic Party of Germany*
der Sozialist (*wk m*) (-en) *socialist*
sozialistisch *socialist*
sozialkritisch *sociocritical, anti-establishment*
die Sozialpartnerschaft (-en) *social partnership*
Spanien *Spain*
spanisch *Spanish*
spannend *exciting*
sparen *to save, conserve*
die Sparsamkeit *thrift*
die Sparte (-n) *area (of business)*
die Sparvariante (-n) *economy version*
der Spaß (⁻e) *fun;* es macht mir Spaß *I enjoy it*
spät *late*
später *later*
spätestens *at the latest*
das Spätmittelalter *Late Middle Ages*
spazierengehen (*sep.*) i, a * *to go for a walk*
der Spaziergang (⁻e) *walk;* einen Spaziergang machen *to go for a walk*
SPD = Sozialdemokratische Partei Deutschlands
der Speckknödel (-) *bacon dumpling*

die Speisekarte (-n)   *menu*
das Spektrum (-tren)   *spectrum*
der Spezialbetrieb (-e)   *specialist company*
die Spezialisierung (-en)   *specialisation*
der Spezialist (*wk m*) (-en)   *specialist*
die Spezialität (-en)   *speciality*
   speziell   *special(ly), particular(ly)*
das Spezielle   *the special thing*
der Spiegel (-)   *mirror (name of a current affairs magazine)*
das Spiel (-e)   *game, match, playing games;* das freie Spiel der Kräfte   *free play of market forces*
   spielen   *to play, perform, act out, act*
der Spieler (-)   *player*
   spielerisch   *playful(ly), carefree*
das Spielfeld (-er)   *pitch, court*
der Spielfilm (-e)   *feature film*
der Spielplan (-e)   *theatre programme*
die Spielzeit (-en)   *(football) season*
   spitz   *sharp*
die Spitzenklasse (-n)   *top class, first class*
der Spitzensportler (-)   *top sportsman*
   spontan   *spontaneous(ly)*
der Sport   *sport*
die Sportart (-en)   *(type of) sport*
das Sportinstrument (-e)   *sport*
der Sportler (-)   *athlete, player, sportsman*
   sportlich   *sporting*
der Sprachbereich (-e)   *linguistic area*
die Sprache (-n)   *language*
das Sprachgebiet (-e)   *linguistic region*
der Sprachgebrauch   *linguistic usage*
   sprachlich   *linguistic*
der Sprachraum (-e)   *linguistic area*
das Sprachrohr (-e)   *mouthpiece*
   sprechen (i), a, o   *to speak*
   sprechend   *speaking, eloquent, striking*
der Sprecher (-)   *spokesman*
die Sprecherin (-nen)   *spokeswoman*
die Sprechweise (-n)   *way of speaking*
   spreek *see* ik
   sprich   *i.e.*
   sprichwörtlich   *proverbial*
   springen, a, u *   *to jump*
   spritzen   *to sizzle, spatter*
der Sprößling (-e)   *son, offspring*
der Spruch (-e)   *saying, proverb*
die Spur (-en)   *trace, track, path;* auf den Spuren   *on the track*
   spüren   *to feel, sense*

SRG = Schweizer Radio- und Fernsehgesellschaft   *Swiss Broadcasting Corporation*
der Staat (-en)   *state*
die Staaten (*pl*)   *the States (USA)*
   staatlich   *state*
der Staatsbankrott (-e)   *national bankruptcy*
der Staatsbetrieb (-e)   *state industry*
der Staatsvertrag (-e)   *treaty between the Länder*
   stabil   *stable*
die Stabilisierung (-en)   *stabilisation*
die Stabilität   *stability*
das Stadion (-ien)   *stadium*
die Stadt (-e)   *town, city*
der Stadtführer (-)   *city guide*
   städtisch   *municipal, local authority*
der Stadtstaat (-en)   *city state*
der Stadtteil (-e)   *district, quarter*
die Stadtverwaltung (-en)   *local government, local authority*
   staffeln   *to stagger*
   stagnierend   *stagnating*
der Stahl   *steel*
der Stall (-e)   *stable, pigsty, cowshed*
   stammen aus/von   *to originate from*
der Stammgast (-e)   *regular customer*
der Stammwähler (-)   *traditional voter;* die Stammwähler   *party faithful*
der Standard (-s)   *standard*
das Standesamt (-er)   *registry office*
   standesamtlich   *civil, at a registry office*
die Standhaftigkeit (-en)   *steadfastness*
   ständig   *permanent(ly), constant(ly)*
der Standplatz (-e)   *station*
   stark   *strong(ly), highly, sharp(ly), heavily*
die Stärke (-n)   *strength, thickness*
   stärker   *stronger, more*
der Start (-s)   *start*
   statt   *instead of*
   stattdessen   *instead (of that)*
   stattfinden (*sep.*) a, u   *to take place*
   stecken   *to be*
   stehen, stand, gestanden   *to stand, be;* unter Wasser stehen   *to be flooded;* zu Kompromissen bereit stehen   *to be ready to compromise;* hinter der Sache stehen   *to be committed;* im Vordergrund stehen   *to be paramount;* wie steht's mit der Unterkunft?   *what about accommodation?*

stehend *static*

steif *stiff*

steigen, ie, ie * *to rise, increase*

die Steigerung (-en) *increase, rise*

steil *steep, meteoric*

der Stein (-e) *stone*

die Stelle (-n) *place, spot, job, post, office;* an
  erster Stelle *first class, top quality, first
  and foremost*

stellen *to put, be;* zur Verfügung
  stellen *to provide*

der Stellenwert (-e) *rating, status*

die Stellung (-en) *position*

stellvertretend *deputy*

der Stellvertreter (-) *deputy*

die Stelze (-n) *(Austrian) knuckle of pork*

stemmen *to press, prop*

der Stephantag (-e) *Boxing Day*

sterben (i), a, o * *to die*

der Stern (-e) *star (name of a current affairs
  magazine)*

stetig *constant(ly), continuous(ly)*

stets *always*

die Steuer (-n) *tax*

der Stiefel (-) *boot*

die Stieftochter (ⁱ) *step daughter*

der Stil (-e) *style*

stimmberechtigt *entitled to vote*

die Stimme (-n) *voice, vote*

stimmen *to be true, correct;*
  stimmt *that's right;* das stimmt
  nicht *that's not true;* es stimmt
  alles *everything's right*

das Stimmrecht (-e) *voting right*

die Stimmung (-en) *mood*

stimmungsvoll *full of atmosphere,
  emotional, schmaltzy*

der Stimmzettel (-) *voting/ballot paper*

stinken, a, u *to stink*

stinklangweilig *dead boring*

der Stoff (-e) *material, matter, substance*

stolpern * *to trip, stumble*

stolz *proud*

der Stolz *pride*

stören *to disturb*

der Störfall (ⁱe) *incident*

der Strafraum (ⁱe) *penalty area*

Straßburg *Strasburg*

die Straße (-n) *street, road*

die Straßenerweiterung (-en) *road widening*

der Straßengraben (ⁱ) *ditch*

der Straßenverkauf (ⁱe) *street sale, retail sale*

streben *to strive*

die Strecke (-n) *distance, stretch*

der Streik (-s) *strike*

streiken *to strike*

die Streikrate (-n) *strike rate*

der Streit *quarrel, argument*

streiten, stritt, gestritten *to argue,
  quarrel, squabble, fight*

die Streitigkeit (-en) *dispute*

streng *severe, strict(ly), rigid(ly)*

der Streß *stress*

stricken *to knit*

der Strom (ⁱe) *(large) river*

der Strudel (-) *whirlpool, strudel*

die Struktur (-en) *structure*

strukturieren *to structure*

die Stube (-n) *room, lounge*

der Stuck *stucco*

das Stück (-e) *(a) piece (of), play, bit, step or
  two*

der Student (*wk m*) (-en) *student (m)*

die Studentin (-nen) *student (f)*

studieren *to study, go to university*

das Studium (Studien) *(course of) study,
  studies*

die Stufenregelung (-en) *graduated
  settlement*

stufenweise *incremental, gradual*

die Stunde (-n) *hour*

stundenlang *for hours*

stur *stubborn*

der Sturm *(fermenting) grape juice*

stürmen *to storm*

stürmisch *stormy, passionate*

der Sturz (ⁱe) *fall, tumble*

stürzen * *to fall, come a cropper*

das Stürzen *falling*

Stuttgarter *of Stuttgart*

die Subkultur (-en) *sub-culture*

die Subvention (-en) *subsidy*

subventionieren *to subsidise*

die Suche (-n) *quest, search*

suchen *to search, look for;* sich etwas
  suchen *to look for something*

das Suchen *search*

süddeutsch *south German*

Süddeutschland *south Germany*

der Süden *south*

Südeuropa *southern Europe*

südlich *southern*

der Südosten   *south-east*
der Südosthang (⁻e)   *south-east slope*
   südöstlich   *south-east(ern)*
der Südrand (⁻er)   *southern part*
der Südwesten   *south west*
   süffig   *eminently drinkable*
die Sultanine (-n)   *sultana*
die Summe (-n)   *sum, total;* in der Summe
   altogether, in the final analysis
die Sünde (-n)   *sin*
   sündigen   *to sin, indulge*
   super   *super, great, fantastic*
das Superergebnis (-se)   *super result*
   süß   *sweet*
   süßen   *to sweeten*
die Süßspeise   *dessert, sweet*
das Symbol (-e)   *symbol*
   sympathisch   *likeable*
die Symphonie (-n)   *symphony*
die Symphoniker (*pl*)   *symphony orchestra*
die Synchronisation (-en)   *synchronisation*
das System (-e)   *system*
die Szene (-n)   *scene, stage*
die Szeneerscheinung: das ist eine Szeneerscheinung   *that's part of the scene*
   szenisch   *theatrical(ly)*

T

der Tabak (-e)   *tobacco*
der Tafelspitz (-e)   *boiled fillet of beef*
der Tag (-e)   *day;* eines Tages   *one day, one
   of these days;* freier Tag   *day off;* Tag
   der Arbeit   *Labour Day;* Thema des
   Tages   *topical subject*
   tagelang   *for days*
   tagen   *to meet, assemble*
das Tagesgeschehen   *daily events*
die Tagesordnung (-en)   *agenda, order of the
   day*
die Tagesstätte (-n)   *day centre*
die Tageszeitung (-en)   *daily newspaper*
   täglich   *daily, everyday*
   tagsüber   *during the day*
   tagtäglich   *routine*
das Talent (-e)   *talent*
   tanken   *to fill up, use (petrol)*
die Tankstelle (-n)   *petrol station*
die Tante (-n)   *aunt*
der Tanz (⁻e)   *dance, dancing*
   tänzeln   *to dance, jig*

das Tanzen   *dancing*
die Tänzerin (-nen)   *dancer (f)*
das Tanzfest (-e)   *dance, ball*
die Tasche (-n)   *(hand)bag, pocket*
die Tat (-en)   *deed, act;* in der Tat   *indeed, in
   fact, in practice*
der Täter (-)   *perpetrator, culprit*
   tätig   *active;* tätig sein   *to be employed*
die Tätigkeit (-en)   *job*
die Tatsache (-n)   *fact*
   tatsächlich   *in fact, in practice*
   tauchen (haben *or* sein)   *to dive*
   Tausende   *thousands*
das Taxi (-s)   *taxi*
der Taxifahrer (-)   *taxi driver*
das T-bone-Steak (-s)   *T-bone steak*
das Team (-s)   *team*
die Technik (-en)   *technology, engineering,
   technique*
der Techniker (-)   *technician, engineer*
die Technologie (-n)   *technology*
   technologisch   *technological*
der Tee (-s)   *tea*
der Teich (-e)   *pond*
der Teig (-e)   *dough, batter*
der *or* das Teil (-e)   *part, party;* zum gesamten
   Teil   *totally;* zu einem großen
   Teil   *extensively;* zum Teil   *partly,
   partially*
   teilen   *to share, divide*
   teilnehmen (*sep.*) (i), a, o   *to take part*
der Teilnehmer (-)   *participant*
die Teilung (-en)   *division*
   teilweise   *partly, partially*
das Telefon (-e)   *telephone*
die Telefonkette (-n)   *telephone chain*
das Telegramm (-e)   *telegram*
der Teller (-)   *plate*
das Tempo (-s)   *speed*
die Tendenz (-en)   *direction, bias, inclination,
   political affiliation*
   tendieren   *to tend, incline*
das Tennis   *tennis*
der Teppich (-e)   *carpet, backdrop*
der Termin (-e)   *appointment*
   terrassenförmig   *in terraces*
   tertiär   *tertiary*
   teuer   *expensive*
der Teufel (-)   *devil;* zum Teufel schicken   *to
   write off*
der Text (-e)   *lyrics*

das Theater (-) *theatre;* Theater spielen *to act, perform*
die Theaterpraxis *theatrical experience*
das Theaterspielen *drama, acting*
das Theaterstück (-e) *play*
das Thema (Themen) *theme, subject*
der Thronfolger (-) *heir to the throne*
tief *deep*
die Tiefenpsychologie *depth psychology, psychoanalysis*
der Tiefschnee *deep snow*
das Tier (-e) *animal*
der Tierarzt (-̈e) *vet*
tierisch *animal*
der Tip (-s) *tip*
Tirol *the Tyrol*
der Titel (-) *title*
die Titelhierarchie (-n) *title hierarchy*
die Titelsucht *mania for titles*
tja *well*
die Tochter (-̈) *daughter*
der Tod (-e) *death*
die Todesangst (-̈e) *fear of death*
die Todessehnsucht (-̈e) *yearning for death*
toi: toi, toi, toi *equivalent to 'touch wood'*
die Toilette (-n) *toilet, lavatory*
toll *great, smashing, zappy, incredible*
die Tomate (-n) *tomato*
der Ton (-̈e) *sound*
der Ton *clay*
die Tonne (-n) *tonne (metric)*
der Topf (-̈e) *saucepan, pot*
der Topfen *(Austrian/s. German)* = Quark
die Topfengolatschen *(pl)* *type of Austrian dessert with quark*
der Topfenpalatschinken (-) *(Austrian) rolled pancake filled with sweetened quark*
der Töpfer (-) *potter*
töpfern *to make pottery*
das Töpfern *pottery-making*
das Tor (-e) *gate, goal;* das Tor zur Welt *gateway to the world*
die Torte (-n) *gâteau, flan, cake*
der Torwart (-e) *goalkeeper*
tot *dead*
total *complete(ly), utter(ly);* total gut *really good*
töten *to kill*
toto: in toto *overall*
der Totpunkt (-e) *dead centre, reference point*
totschlagen *(sep.)* (ä), u, a *to kill, strike dead*

der Tourismus *tourism*
der Tourist *(wk m)* (-en) *tourist (m)*
die Touristin (-nen) *tourist (f)*
die Tradition (-en) *tradition*
traditionell *traditional*
traditionsreich *rich in tradition*
tragen (ä), u, a *to carry, wear*
das Tragen: stärker zum Tragen kommen *to come into its/their own*
die Tragödie (-n) *tragedy*
trainieren *to train*
das Training (-s) *training*
der Traktor (-en) *tractor*
die Träne (-n) *tear*
transportieren *to transport*
das Transportmittel (-) *means of transport, (pl) transport facilities*
der Traubensaft (-̈e) *grape juice*
trauen *to trust, marry;* kirchlich getraut werden *to get married in church*
der Traum (-̈e) *dream*
traurig *sad*
treffen (i), a, o *to meet*
treiben, ie, ie: Sport treiben *to go in for sport*
der Trend (-s) *trend*
trennen *to separate*
das Treppchen *little staircase, steps*
die Treppenstufe (-n) *step*
treten (i), a, e * *to step*
treu *true, loyal*
der Trick (-s) *trick*
trinken, a, u *to drink*
das Trinken *drinking*
das Trinkgeld (-er) *tip*
die Trinkkultur *drinking customs*
das Trinkwasser *drinking water*
trödeln *to dawdle, fiddle about*
trotz *in spite of, despite*
trotzdem *nevertheless, still*
das Trümmerfeld (-er) *rubble (fields)*
die Trümmerfrau (-en) *woman who took part in clearing away the rubble after the Second World War*
tschau *(from Italian* ciao) *'bye*
die Tschechoslowakei *Czechoslovakia*
tschechoslowakisch *Czechoslovak*
Tschernobyl *Chernobyl*
tschüs *(from Spanish* adiós) *'bye*
das T-Shirt (-s) *T-shirt*
tu felix Austria *(Latin) thou happy Austria*

tun, tat, getan   *to do, deal with;* es tut sich
   nicht viel   *nothing much is happening;*
   wenn man ihnen nichts getan hat   *if you*
   haven't harmed them
das Tun   *conduct, action*
die Tür (-en)   *door;* vor der Tür   *on the*
   doorstep
die Türkei   *Turkey*
die Türken (*pl*)   *Turks*
die Türkenbelagerung (-en)   *Turkish*
   occupation
türkisch   *Turkish*
der Turm (-̈e)   *tower*
das Turnen   *gymnastics*
das Turnier (-e)   *tournament*
typisch   *typical*
das Typische   *the norm/custom, something*
   typical

U

u.a. (=unter anderen) *amongst others*
das Übel (-)   *problem, disaster*
üben   *to exercise, practise*
über   *over, above, more than, about*
überall   *everywhere*
überdacht   *thought out*
überdurchschnittlich   *above average*
übereinstimmen (*sep.*) mit   *to agree with*
überflüssig   *superfluous*
überfordern   *to ask too much of*
der Übergang (-̈e)   *crossing, transition*
die Übergangslösung (-en)   *interim solution*
der Übergangsstaat (-en)   *transition state*
überhaupt   *at all, generally*
die Überheblichkeit   *arrogance*
überkonfessionell   *independent of*
   religious affiliation, non-religious
überladen   *overloaded, cluttered*
überlassen (ä), ie, a   *to leave to*
überlaufen (äu), ie, au   *to overrun*
überleben   *to survive*
die Überlebenschance (-n)   *chance of survival*
überlegt   *deliberate, considered*
die Überlegung (-en)   *consideration, thought*
überliefern   *to hand over, pass on/down*
übermorgen   *the day after tomorrow*
übern =über den
übernehmen (i), a, o   *to take over*
überparteilich   *without party affiliation*

die Überproduktion (-en)   *surplus*
überragend   *striking, outstanding*
überregional   *national*
überschreiten, i, i   *to cross over*
die Überschrift (-en)   *headline, title*
die Überschußproduktion   *surplus*
überschwemmt   *flooded*
das Überschwemmungsgebiet (-e)   *flood zone*
übersetzen   *to translate*
die Überstunde (-n)   (*hour of*) *overtime;* die
   Überstunden (*pl*)   *overtime*
übertragen (ä), u, a   *to broadcast*
überzeugt   *convinced*
üblich   *usual, ordinary*
üblicherweise   *usually, customarily*
übrig   *remaining*
übrigens   *by the way, incidentally*
die Übung (-en)   *exercise*
das Ufer (-)   (*river*) *bank*
die Uhr (-en)   *watch, clock;* 8 Uhr   *8 o'clock*
um   *for, about, by, around;* um ... zu   *in*
   order to; um so mehr   *all the more*
umarmen   *to embrace, hug*
umbauen (*sep.*)   *to rebuild, reconstruct*
umdenken (*sep.*) a, a   *to rethink*
der Umdenkungsprozeß (-esse)   *process of*
   reorientation
umdrehen (*sep.*)   *to turn over*
umfallen (*sep.*) (ä), ie, a *   *to fall/keel*
   over
umfassen   *to include, cover*
die Umfrage (-n)   *survey*
die Umgangssprache (-n)   *colloquial German*
die Umgebung (-en)   *surrounding area*
umgehen (*sep.*) i, a *: umgehen mit   *to use,*
   organise, treat
umgestalten (*sep.*)   *to alter, redesign*
umkommen (*sep.*) a, o *   *to die, be killed*
der Umlaut (-e)   *umlaut*
umschulen (*sep.*)   *to retrain*
der Umstand (-̈e)   *condition, circumstance;* in
   anderen Umständen sein   *to be*
   pregnant
das Umstandskleid (-er)   *maternity dress*
sich umstellen (*sep.*) auf   *to convert, change*
   over to
die Umstellung (-en)   *adjustment*
die Umstrukturierung (-en)   *restructuring*
die Umwelt   *environment*
die Umweltbelastung (-en)   *environmental*
   damage/pollution

umweltbewußt *environment-conscious, ecology-minded*

der Umweltschutz *environmental protection*

umwenden (*sep.*) *to turn over*

umwerfend *stunning*

unabhängig *independent*

die Unabhängigkeit (-en) *independence*

unbedingt *absolute(ly), without question*

unbegrenzt *unlimited*

unberührt *untouched, virgin*

und *and;* und so weiter (usw.) *and so on, etc*

unecht *false, not authentic*

unfair *unfair*

der Unfall (¨e) *accident*

unflexibel *inflexible*

ungarisch *Hungarian*

Ungarn *Hungary*

ungefähr *about, approximately*

ungeheuer, ungeheu(e)re *huge, high(ly)*

ungerecht *unjust*

ungern: ich zahle ungern *I don't like paying*

ungeschickt *clumsy, tactless*

ungewöhnlich *unusual, novel*

unglaublich *unbelievable*

das Unglück (-e) *accident, misfortune*

unheimlich *really, tremendously*

die Uniform (-en) *uniform*

uninteressant *uninteresting, irrelevant*

die Universität (-en) *university*

die Unmenge (-n) *large quantity*

unmöglich *impossible*

unpolitisch *non-political*

das Unrecht *injustice*

die Unruhe (-n) *restlessness;* die Unruhen (*pl*) *disturbance(s), violence*

uns (*to*) *us*

unser(e), unsre *our*

unten *down, (at the) bottom, underneath*

unter *under, beneath, among, in with*

der Unterbeamte (*wk m*) (-n) *subordinate official*

unterbrechen (i), a, o *to interrupt*

unterbringen (*sep.*) a, a *to accommodate, house, locate*

untergehen (*sep.*) i, a * *to come to an end*

die Untergrundbahn (-en) *underground (railway), tube*

der Unterhalt *upkeep, maintenance*

unterhalten (ä), ie, a *to entertain*

sich unterhalten (ä), ie, a *to talk, converse*

unterhaltend *lively, entertaining*

der Unterhalter (-) *entertainer*

die Unterhaltung (-en) *conversation, entertainment, amusement*

unterirdisch *subterranean, underground*

die Unterkunft (¨e) *accommodation*

unterliegen, a, e *to be subject to*

unterm = unter dem

unternehmen (i), a, o *to do*

der Unternehmer (-) *businessman, employer, industrialist, entrepreneur*

der Unterricht *lesson(s), tuition*

unterrichten *to teach*

unterrühren (*sep.*) *to fold in*

unterscheiden, ie, ie *to differ, distinguish*

der Unterschied (-e) *difference*

unterschiedlich *variable, different;* das ist unterschiedlich *it varies*

unterschreiben, ie, ie *to sign*

die Unterschrift (-en) *signature*

die Unterschriftenaktion (-en) *petition (campaign)*

die Unterschriftensammlung (-en) *petition*

unterstellen (*sep.*) *to stable*

unterstützen *to support, subsidise*

die Unterstützung (-en) *support*

die Untersuchung (-en) *investigation*

unterwegs *on the way*

unterzeichnen *to sign*

unterziehen (*sep.*) o, o *to fold in*

unvergleichlich *incomparable (-ly)*

unvermeidlich *inevitable (-ly)*

unversehrt *undamaged, intact*

unweit *not far*

unzählig *innumerable*

uralt *ancient*

der Urenkel (-) *great-grandson;* die Urenkel (*pl*) *great-grandchildren*

die Urenkelin (-nen) *great-granddaughter*

urig *original, traditional*

die Urkunde (-n) *record, certificate*

urkundlich *documentary, in documents*

der Urlaub (-e) *holiday;* Urlaub machen *to have a holiday, go on holiday*

der Urlaubsort (-e) *holiday resort*

das Urlaubsziel (-e) *holiday destination*

die Ursache (-n) *cause*

ursprünglich *original(ly)*

die Ururenkelin *great-great-granddaughter*

die USA *United States of America, USA*
usw. *etc.*
die Utopie (-) *Utopia*

V

der Valentinstag (-e) *St Valentine's Day*
das Varieté (-s) *variety*
der Vater (⁻) *father*
das Vaterland (⁻er) *fatherland*
v.Chr. = vor Christus *BC*
der Veltliner (-) *Valtelline wine*
verändern *to change*
die Veränderung (-en) *change*
die Veranlagung (-en) *predisposition*
veranstalten *to hold*
die Veranstaltung (-en) *event*
verantwortlich *responsible*
verantwortungsbewußt *responsible*
der Verband (⁻e) *association, union,*
  federation, society
verbessern *to improve*
die Verbesserung (-en) *improvement*
das Verbot (-e) *ban, restriction*
verbracht *see* verbringen
der Verbraucher (-) *consumer*
verbraucht *stale, past one's prime*
das Verbrechen (-) *crime*
verbrecherisch *criminal*
verbreiten *to circulate*
die Verbreitung (-en) *distribution*
verbringen, verbrachte, verbracht *to*
  spend (time)
verbunden *connected, linked, bound*
verdienen *to earn*
der Verein (-e) *club, society*
der Verfall *decline*
die Verfassung (-en) *constitution*
verfeinern *to improve, finish*
verfolgen *to pursue, follow*
verfügen über *to have at one's disposal;*
  Sie können über Ihre Zeit
  verfügen *your time is your own*
die Verfügung: zur Verfügung stellen *to*
  provide
die Verführung (-en) *temptation*
vergangen *past, last*
die Vergangenheit (-en) *past*
vergessen (i), a, e *to forget*
die Vergewaltigung (-en) *rape*
vergiften *to poison, contaminate*

der Vergleich (-e) *comparison;* im Vergleich
  zu *in comparison with*
vergleichen, i, i *to compare*
das Vergnügen *pleasure, enjoyment*
sich verhalten (ä), ie, a *to behave, act*
das Verhältnis (-se) *ratio, relation(ship),*
  (*pl*) *circumstances*
verhältnismäßig *relatively, comparatively*
die Verhältniswahl (-en) *proportional*
  representation
das Verhältniswahlrecht (*system of*)
  proportional representation
verhandeln *to negotiate*
die Verhandlung (-en) *negotiation*
verheiratet *married*
verhindern *to prevent*
verkaufen *to sell*
der Verkehr *traffic, transport (and*
  communication)
der Verkehrsknotenpunkt (-e) *traffic junction*
der Verkehrslärm *traffic noise*
verkehrt *wrong(ly), upside-down*
die Verkleinerungsform (-en) *diminutive*
verkürzen *to shorten*
der Verlag (-e) *publisher's, publishing*
  house/company
verlangen *to demand*
verlassen (ä), ie, a: etwas verlassen *to*
  leave something; sich auf etwas
  verlassen *to rely on something*
verlaufen (äu), ie, au * *to pass, go off,*
  proceed
verletzen *to hurt*
verlieren, o, o *to lose*
verlorengehen (*sep.*) i, a * *to get lost*
vermeiden, ie, ie *to avoid*
vermengen *to blend*
vermieten *to rent (out), let*
der Vermieter (-) *landlord*
vermissen *to miss*
vermitteln *to arrange*
vermutlich *probably*
die Vermutung (-en) *assumption, suspicion*
vernünftig *sensible, reasonable*
verpassen *to miss*
verpesten *to pollute*
verquirlen *to beat, whisk, mix*
die Versammlung (-en) *meeting*
verschicken *to send (off)*
verschieden *various, different*
verschleiert *veiled, covert*

verschlingen, a, u *to swallow up, engulf*
der Verschluß (¨sse) *catch, lock*
verschmutzen *to pollute*
die Verschmutzung *pollution*
verschnörkelt *ornate, elaborate*
verschüttet *buried*
versenken *to cast into*
verseucht *polluted, contaminated*
versichern *to insure, assure*
die Versicherung (-en) *insurance (company)*
das Versicherungswesen (-) *insurance*
versorgen *to supply, cover, look after*
die Versorgung *supply, provision*
verspielt *ornate, elaborate*
versprechen (i), a, o *to promise*
die Versprechung (-en) *promise*
versprudeln (*Austrian*) *to beat, whisk*
verstaatlichen *to nationalise*
die Verstaatlichten (*pl*) (*Austrian*)
    nationalised industries
die Verstaatlichung (-en) *nationalisation*
verstehen, a, a *to understand*
verstorben *dead*
verstört *distressed, disturbed*
versuchen *to try;* es wird überhaupt nicht
    versucht *no attempts are being made*
die Verteidigung (-en) *defence*
verteilen *to distribute*
die Vertiefung (-en) *depression, hollow*
der Vertrag (¨e) *contract, agreement*
vertrauen *to trust;* auf etwas
    vertrauen *to rely on something*
vertreten (i), a, e *to represent;* welche
    Ziele vertritt die CDU? *what are the*
    policies (lit. aims) of the CDU?
der Vertreter (-) *representative*
verursachen *to cause*
der Verwalter (-) *manager*
die Verwaltung (-en) *administration,*
    management
verwandt *related*
verwässern *to dilute*
verwechseln *to confuse*
die Verweigerung (-en) *refusal*
verwenden *to use*
verwirklichen *to realise, put into effect*
verwischt *indistinct*
verwöhnen *to spoil*
verzehren *to consume*
verzichten auf *to do without*
verziert *decorated*

die Verzweiflung (-en) *despair;* bis zur
    Verzweiflung bringen *to drive to the*
    verge of despair
der Vetter (-n) *cousin (m)*
das Video (-s) *video*
der Videorecorder (-) *videorecorder*
die Video-Studie (-n) *video study*
das Vieh *cattle*
viel *much, many;* sehr viel *a lot (of), a*
    great deal of; in vielem *in many ways*
viel(e) *many, all*
die Vielfalt *diversity*
vielfältig *varied, diverse, versatile*
vielleicht *perhaps*
der Viermächtestatus *four-power status*
der, die, das vierte *fourth*
das Viertel (-) *quarter, area, district*
der, die, das viertpopulärste *fourth most*
    popular
vis-à-vis *opposite*
der Vogel (¨) *bird*
das Volk (¨er) *people*
die Völkerwanderung (-en) *völkerwanderung,*
    migration of the Germanic tribes and
    other peoples in Europe during the late
    Roman Empire and early Middle Ages
der Volksgarten (¨) *public gardens*
der Volksmusiker (-) *folk musician*
die Volkspartei (-en) *people's party*
der Volkssport *national/popular sport*
voll *full(y)*
vollbringen, a, a *to achieve, complete*
voller *full of*
der Vollerwerbsbetrieb (-e) *fully*
    commercially operated farm
völlig *complete(ly)*
vollkommen *complete(ly)*
das Vollkornbrot (-e) (*coarse*) *wholemeal*
    bread
die Vollkornkost *wholemeal food*
das Vollkornmehl *wholemeal flour*
vollständig *complete(ly), entire(ly)*
die Vollwertkost (-) *wholefood*
vollziehen, o, o *to execute, carry out*
vom = von dem
von *of, from, by, lasting;* von der
    Oppositionsbank aus *from the*
    opposition bench; von der Zeit her *from*
    the point of view of time
vor *before, in front of, ago;* vor
    allem *above all, mainly*

vorankommen (*sep.*) a, o*   *to take a step forwards*

die Voraussetzung (-en)   *prerequisite, requirement*

voraussichtlich   *provisionally, as far as one can tell*

vorbei   *past, over, gone*

vorbeifahren (*sep.*) (ä), u, a *   *to pass by (in a vehicle)*

vorbeigehen (*sep.*) i, a *   *to pass by*

vorbeikommen (*sep.*) a, o *   *to call in*

vorbereiten (*sep.*)   *to prepare*

die Vorbereitung (-en)   *preparation*

das Vorbild (-er)   *model, example*

der Vordergrund (-̈e)   *foreground*

vorführen (*sep.*)   *to perform, demonstrate*

die Vorführung (-en)   *performance, show*

vorgehen (*sep.*) i, a *   *to proceed*

der Vorgesetzte (-n)   *superior, boss*

vorhanden   *available, present;* vorhanden sein   *to exist*

vorher   *before, previously, just now*

vorhin   *a while ago*

die Vorkriegszeit (-en)   *pre-war period*

vorläufig   *temporary (-ily)*

der Vormittag (-e)   *morning*

vorn: nach vorn   *forward, into the future*

der Vorname (*wk m; genitive -ns*) (-n)   *first name*

vorne   *in front (of)*

vornehm   *formal*

vornehmen (*sep.*) (i), a, o   *to take;* sich etwas vornehmen   *to resolve to do something*

vorsehen (*sep.*) (ie), a, e   *to envisage, provide for*

vorsetzen (*sep.*)   *to serve*

die Vorsicht: Vorsicht!   *beware!*

vorsichtig   *careful(ly)*

das Vorsingen   *audition*

der/die Vorsitzende (-n)   *chairman/woman, chairperson*

der Vorsteher (-)   *senior/chief official*

sich vorstellen (*sep.*)   *to introduce oneself, imagine*

die Vorstellung (-en)   *idea, performance*

der Vorteil (-e)   *advantage*

vorweisen (*sep.*) ie, ie   *to present*

vorwerfen (*sep.*) (i), a, o   *to accuse*

vorwiegend   *mainly*

vorziehen (*sep.*) o, o   *to prefer*

vorzugsweise   *preferably*

W

wachsen (ä), u, a *   *to grow, expand*

das Wachstesten: das Ski- und Wachstesten   *ski and wax testing*

die Wacht (-en)   *watch*

die Waffe (-n)   *weapon;* die Waffen   *arms*

der Wagen (-)   *car, tanker*

der Waggon (-s)   *goods van/waggon*

die Wahl (-en)   *choice, election*

wählbar   *an electoral option*

wählen   *to choose, elect, vote (in/for)*

der Wähler (-)   *voter*

die Wählerstimme (-n)   *vote*

der Wahlkreis (-e)   *constituency*

das Wahlrecht   *electoral system*

der Wahlspot (-s)   *election spot, party political broadcast*

das Wahlsystem (-e)   *electoral system*

wahnsinnig   *fantastic(ally), awful(ly)*

wahnwitzig   *insane*

wahr   *true;* nicht wahr? *see* nicht

während   *during, while*

währenddessen   *meanwhile*

die Wahrheit (-en)   *truth*

wahrnehmen (*sep.*) (i), a, o   *to perceive, carry out, execute*

wahrscheinlich   *probably, very likely*

das Wahrzeichen (-)   *landmark*

der Wald (-ër)   *forest, woods*

das Waldsterben   *dying of forests*

der Walzer (-)   *waltz*

die Wand (-̈e)   *wall*

der Wandel   *change, development*

sich wandeln   *to change*

wandern *   *to hike, ramble*

der Wanderweg (-e)   *footpath*

wann(?)   *when (?)*

warm   *warm*

Warschauer: der Warschauer Pakt   *Warsaw Pact*

warten (auf)   *to wait (for)*

die Warteschlange (-n)   *queue*

warum(?)   *why(?)*

was(?)   *what(?);* was für(?)   *what kind of(?);* Er singt schön, was?   *He sings beautifully, doesn't he? (see also* etwas)

(sich) waschen (ä), u, a   *to wash*

die Waschmaschine (-n)   *washing machine*

das Wasser   *water;* sich über Wasser halten   *to keep one's head above water*

der Wasserstoff *hydrogen*
die Wasserstraße (-n) *waterway*
der Wasserwagen (-) *water tanker*
das Wasserwerk (-e) *waterworks*
wau wau *bow wow, woof woof*
wechselhaft *changeable*
wechseln *to change, vary*
weder: weder … noch *neither … nor*
der Weg (-e) *way, path, footpath*
weg: weit weg *far away;* es ist weg *it's gone*
wegdenken (*sep.*) a, a *to imagine without*
wegen *because of*
das Weh *woe*
weh: weh tun *to hurt*
der Wehrdienst *national service*
sich wehren *to defend oneself*
das Weib (-er) (*derogatory or archaic*) *woman*
die Weide (-n) *pasture*
das Weihwasserbecken (-) *baptismal font*
weil *because*
die Weile (-n) *while;* eine Weile *for a while, for the time being*
Weimarer: die Weimarer Republik *Weimar Republic*
der Wein (-e) *wine;* im Wein die Wahrheit *in vino veritas*
der Weinbau *wine growing*
die Weinbeere (-n) (*Austrian*) *raisin*
der Weinberg (-e) *vineyard*
die Weinlese (-n) *grape harvest*
das Weinlokal (-e) *wine bar*
die Weise (-n) *way*
weiß *white*
weit *far, wide, baggy, loose;* es reicht weit über Bayern hinaus *it extends far beyond Bavaria*
weitaus *much, far*
weiter *further, more*
weitergehen (*sep.*) i, a * *to go on*
weiterhin: etwas weiterhin betreiben *to continue (to pursue) something*
weiterkommen (*sep.*) a, o * *to advance, make progress*
weiterleben (*sep.*) *to live on, survive*
die Weiterschulung (-en) *further/in-house training*
die Weiterverarbeitungsindustrie (-n) *processing industry*
weitsichtig *long-sighted*
der Weizen *wheat*

welche(r), welches(?) *which(?), what (kind of)(?)*
die Welle (-n) *wave*
die Welt (-en) *world*
der Weltcup (-s) *world cup*
die Weltcupabfahrt (-en) *world-cup downhill race*
das Weltcupeinzelrennen (-) *world-cup individual race*
die Weltmeisterin (-nen) *world champion (f)*
die Weltmeisterschaft (-en) *world championship, world cup*
der Weltruhm *world fame*
wem(?) (*to/for*) *whom(?)*
wen(?) *whom(?), who(?)*
(sich) wenden *to turn (to);* sich nach außen wenden *to turn to someone outside*
wenig *little, few;* ein wenig *a little, rather, quite*
wenigstens *at least*
wenn *if, when*
wer(?) *who(?)*
die Werbeeinnahme (-n) *advertising revenue*
der Werbespot (-s) *commercial, advertisement (spot)*
die Werbung (-en) *advertising*
werden (wird), wurde, geworden * *to become, turn out; also used to form the future and the passive*
werfen (i), a, o *to throw;* einen Blick werfend *casting a glance*
das Werk (-e) *work, plant, station*
die Werksküche (-n) *canteen*
die Werkzeugmaschine (-n) *machine tool*
wert *worth;* Berlin ist eine Reise wert *Berlin is worth a visit*
wertvoll *valuable*
das Wesen (-) *essence, creature, beast*
wesentlich *important, essential, much;* im wesentlichen *essentially, substantially*
die Weser (*River*) *Weser*
weshalb(?) *why(?)*
westdeutsch *west/West German;* der Westdeutsche Rundfunk *West-German Broadcasting Service*
der Westen *west, West*
Westeuropa *Western Europe*
westlich *western*
der Wettbewerb (-e) *competition*
das Wetter *weather*

die Wettkampfteilnahme (-n) *participation in competitions*
das Wettstricken *knitting competition*
WG(ler) = Wohngemeinschaft(ler)
wichtig *important*
wider *against*
widersinnig *absurd*
widerspiegeln (*sep.*) *to reflect*
widersprechen (i), a, o *to contradict*
(sich) widmen *to devote one's attention to, to set aside for*
wie *how, as, like*
wieder *again*
die Wiedergeburt (-en) *rebirth, reincarnation*
wiederholen *to repeat*
Wiederhören: auf Wiederhören *goodbye (usually on the telephone)*
Wiederschauen: auf Wiederschauen *goodbye*
Wiedersehen: auf Wiedersehen *goodbye*
wiederum *again*
die Wiedervereinigung (-en) *reunification*
wiehern *to neigh*
Wien *Vienna*
Wiener *of Vienna*
der Wiener (-), die Wienerin (-nen) *person from Vienna*
wienerisch *of Vienna*
der Wienerwald *Vienna Woods*
der Wienfluß *River Wien*
die Wiese (-n) *meadow*
wieso(?) *why(?)*
wieviel(?) *how much/many(?)*; wie viele(?) *how many(?)*; mit wieviel Jahren? *at what age?*
wild *wild*
der Wille *will, intention*; um Gottes willen! *good God!, well!, for heaven's sake!*
willkommen *welcome*
der Wind (-e) *wind*
das Windsurfen *wind-surfing*
der Winter (-) *winter*
wir *we*
wirken *to work, affect, have an effect*
wirklich *really, in fact*
wirksam *effective*
die Wirkung (-en) *effect*; Wirkung zeigen *to take effect*
die Wirtschaft *economy*; gewerbliche Wirtschaft *trade and industry*

wirtschaftend *run, managed*
wirtschaftlich *economic, financial(ly), cost-effective*
der Wirtschaftspartner (-) (*lit.*) *economic partner*; beide Wirtschaftspartner *both sides of industry*
das Wirtschaftswachstum *economic growth*
die Wirtschaftsweise (-n) *way in which the economy is run*
die Wirtschaftswelt *business world*
das Wirtshaus (-̈er) *restaurant, pub*
wischiwaschi *wishy-washy*
wissen (weiß), wußte, gewußt *to know (a fact)*; wußten Sie schon? *did you know?*
das Wissen *knowledge, expertise*
die Witwe (-n) *widow*
der Witz (-e) *joke*
wo(?) *where, when(?)*
wobei *and, to which*
die Woche (-n) *week*
das Wochenende (-n) *weekend*
die Wochenstunde (-n): wieviele Wochenstunden? *how many hours in the working week?*
wöchentlich *weekly*
wofür(?) *why, what for(?)*
die Woge (-n) *wave*
der Wogenprall *crashing of the waves*
wohin(?) *where (to)(?)*
wohl *presumably, well, probably, about, around, (filler word)*
wohlhabend *prosperous, wealthy*
der Wohlstand *prosperity*
die Wohnanlage (-n) *residential complex*
wohnen *to live*
die Wohngemeinschaft (-en) *house/flat share*
der Wohngemeinschaftler (-) (*coll.*) *person who lives in a shared house/flat*
das Wohnhaus (-̈er) (*dwelling*) *house, residential property*
der Wohnort (-e) *town*
der Wohnsitz (-e) *address, home*
die Wohnung (-en) *flat*
das Wohnverhältnis (-se)· *living conditions*
das Wohnzimmer (-) *living-room*
wollen (will), wollte, gewollt *to want (to)*
womit(?) *with what(?)*
womöglich *possibly, perhaps*
woran(?) *what, how, why(?)*; woran liegt das? *why's that?*
worauf(?) *for what (?)*

woraus(?) *what, from which, what ... of(?)*
das Wort (-̈er *or* -e) *word*
das Wörtchen (-) *little word*
worüber(?) *what ... about (?)*
worum(?) *what ... about(?)*
wozu(?) *why, to what(?)*
wunderbar *wonderful(ly)*
sich wundern über *to be surprised about/at*
wundersam *wondrous*
wunderschön *beautiful*
das Wunderteam (-s) *miracle team*
der Wunsch (-̈e) *wish, request, requirement*
wünschen *to wish, want*; sich etwas
  wünschen *to want/wish for something*
Wuppertaler *of Wuppertal*
würdevoll *dignified*
die Wurfnummer (-n) *throwing act*
das Wurftaubenschießen *clay-pigeon
  shooting*
die Wurst (-̈e) *sausage*
würzig *spicy, piquant*
der Wust *hotchpotch*
wütend *furious*

Y

Y-förmig *Y-shaped*

Z

die Zahl (-en) *number, figure*
zahlen *to pay*
zählen *to count, number (among)*
die Zahlung (-en) *payment*
zart *light*
der Zauberer (-) *magician*
Die Zauberflöte *The Magic Flute*
zauberhaft *enchanting*
das Zauberwort (-e) *magic word*
z.B. =zum Beispiel *e.g.*
ZDF = Zweites Deutsches Fernsehen
  Second Television Channel (FRG)
zeigen *to show*; zeigen auf *to point to*;
  sich zeigen *to emerge*
die Zeit (-en) *time, period*; zur Zeit *at
  present*
das Zeitalter (-) *age, era*
zeitbegrenzt *for a limited period*
zeitlos *timeless(ly)*
die Zeitschrift (-en) *magazine, journal*
die Zeitung (-en) *newspaper*

der Zeitungshändler (-) *newsagent*
der Zeitungskiosk (-e) *newspaper stand*
die Zeitungsleute (*pl*) *newspapermen,
  journalists*
der *or* das Zentimeter (-) *centimetre*
zentral *central*
die Zentrale (-n) *headquarters*
der Zentralfriedhof (-̈e) *main cemetery*
zentralisiert *centralised*
das Zentrum (Zentren) *centre*
der Zeppelin (-e) *Zeppelin*
zergehen, i, a * *to melt*; auf der Zunge
  zergehen *to melt in the mouth*
zerlassen (ä), ie, a *to melt*
zerschellen * *to be wrecked*
zerschossen *shot to pieces*
zersplittert *fragmented*
zerstören *to destroy, damage*
die Zerstörung (-en) *destruction*
zertrümmert *shattered, smashed*
die Ziege (-n) *goat*
ziehen, zog, gezogen *to pull, draw*; die
  Konsequenzen ziehen *to take the
  necessary action*; gut ziehen (*TV
  programme*) *to attract big audiences*
ziehen, zog, gezogen * *to move (house)*
die Ziehharmonika (-s) *accordion*
das Ziel (-e) *aim, target, goal, objective*
zielgerichtet *purposeful, targeted*
ziemlich *fairly, rather, quite*
Der Zigeunerbaron *The Gypsy Baron*
das Zimmer (-) *room*
zirka *approximately*
der Zirkel (-) *circle, group*
der Zirkus (-se) *circus*
zischen *to hiss*
die Zitrone (-n) *lemon*
zittern *to shake, tremble*
der Zivildienst *community service*
zollen: Lob zollen *to praise*
der Zoo (-s) *zoo*
zu *to, at, too, on*; zum einen ... zum
  andern *first(ly) ... second(ly)*
zubereiten (*sep.*) *to prepare*
die Zucht *breeding, cultivation*
der Zucker *sugar*
die Zuckerrübe (-n) *sugar beet*
zuerst (*at*) *first*
zufrieden *satisfied*
der Zug (-̈e) *train*
zugänglich *accessible*

zugeben (*sep.*) (i), a, e *to admit*

die Zugkraft *traction power*; tierische Zugkraft *draught animals*

zugleich *at the same time, simultaneous(ly)*

der Zuhörer (-) *listener*

die Zukunft *future*

zulegen (*sep.*): sich etwas zulegen *to buy something*

zum = zu dem

zumachen (*sep.*) *to close*

zumeist *general(ly), mainly*

zumindest *at least*

zunächst *or* zunächst mal *first of all*

zünden *to ignite, fire*

zunehmend *increasing(ly)*

die Zunge (-n) *tongue*

zuordnen (*sep.*) *to assign*

zur = zu der

zurasen auf (*sep.*) * *to rush towards*

sich zurechtfinden (*sep.*) a, u *to find one's way around/through*

zurechtklopfen (*sep.*) *to beat into shape*

zurechtkommen (*sep.*) a, o * *to manage, organise*

zurück *back*

zurückfahren (*sep.*) (ä), u, a * *to go back*

zurückgehen (*sep.*) i, a * (auf) *to date back (to)*

zurückkehren (*sep.*) * *to return*

zurückkommen (*sep.*) a, o * *to come back, return*

sich zurückziehen (*sep.*) o, o *to withdraw*

zusammen *together*

zusammenarbeiten (*sep.*) *to work together, work with, cooperate*

zusammenfassen (*sep.*) *to combine*

der Zusammenhang (⁻e) *connection, context*

zusammenhängen (*sep.*) (ä), i, a (mit) *to be linked (with), depend (on)*

zusammenlaufen (*sep.*) (äu) ie, au *: da läuft einem das Wasser im Mund zusammen *it makes your mouth water*

zusammenlegen (*sep.*) *to combine*

zusammenrühren (*sep.*) *to mix, blend*

zusammenschließen (*sep.*) o, o *to combine, merge, unite, group*

die Zusammensetzung (-en) *combination, composition*

der Zusatz (⁻e) *addition*; der Zusatz, den man in den Kaffee gibt *what you take with coffee*

zusätzlich *additional(ly), supplementary*

zuschauen (*sep.*) *to watch*

der Zuschauer (-) *spectator, viewer*; die Zuschauer (*pl*) *audience*

der Zuschlag (⁻e) *supplement*

zuschreiben (*sep.*) ie, ie *to attribute*

zusehen (*sep.*) (ie), a, e *to watch*

der Zustand (⁻e) *condition, state of affairs*

zuständig *responsible*

die Zutat (-en) *ingredient*

zuviel *too much*

zuvor *first, before that*

der Zuwachs *growth, following*

sich zuwenden (*sep.*) *to turn to*

zwanzigjährig *twenty-year-old, twenty years old*

zwar *indeed, although, in fact*; zwar ... aber *although ..., but*

der Zweck (-e) *aim*

zweckmäßig *functional*

zweifellos *without doubt, unquestionably*

zweifelsohne *without doubt*

der Zweig (-e) *branch*

der, die, das zweite *second*

zweitens *secondly*

der, die, das zweitgrößte *second largest*

die Zweitstimme (-n) *second vote*

die Zwetschge *or* (*Austrian*) Zwetschke (-n) (*Austrian/s. German*) *plum*

das Zwetschgenmus *plum jam/spread*

Zwetschken-Pofesen *Austrian dessert made with bread, egg and plums*

zwischen *between*

zwischendurch *in between*

zwitschern *to cheep*

zwölf: fünf vor zwölf *the eleventh hour* (lit.: *five to twelve*)

Photographic acknowledgements:

ASSOCIATED PRESS page 33; AUSTRIAN NATIONAL TOURIST OFFICE pages 151, 162, 164 (top and centre), 165, 184, 187, 191 (right), 196, 201, 209 and 214; BARNABY'S PICTURE LIBRARY pages 124 (Hubertus Kanus), 141 (F. Vahrmeyer), 147 (left, Ken Lambert) and 153 (Peter Larsen); BILDARCHIV DER ÖSTERREICHISCHEN NATIONALBIBLIOTHEK pages 136, 137, 139, 140, 143 (left), 158 (both), 189, 199, 212, 242 and 258 (top); BUNDESBILDSTELLE, BONN pages 13, 61, 78, 80 and 110; CAFÉ SACHER, VIENNA page 200; CAMERA PRESS pages 64 (Poly-Press), 65 (Erma), 86 (Jerry Watson), 143 (right, Erma), 195 and 258 (bottom, Terry Smith); COLORSPORT pages 164 (bottom left and right) and 171; DIE ZWEI DONNIEZ page 146; PATRICIA FITZGERALD HORKY page 246; HELMUT GÜTTINGER page 34 (bottom); TOMMY HINDLEY page 181; KLARTEXT-VERLAG (Götz Linzenmeier) pages 55 and 56; JOACHIM KOTHE pages 16 and 30; MARIA LIMBERG page 34 (top); DANIEL ROSE page 186; SALOMON page 185; BY PERMISSION OF THE TRUSTEES OF THE WALLACE COLLECTION, LONDON page 160; SPANISH RIDING SCHOOL, VIENNA page 147 (right); THOMAS WILKIE page 112.

The remaining photographs are the copyright of the BBC.